法鼓山年鑑 2015

◆方丈和尚對 2015 年的祝福

善願開啟光明遠大

阿彌陀佛，一元復始，萬象更新。非常歡喜迎接 2015 年到來，一年有兩個新年，可說是華人社會特殊的景象，除了元旦，現在又迎來民俗氣氛濃厚的農曆年。無論過哪個年，都祝福大家：展現活力、朝氣，心想事成，充滿希望與光明。

點亮心燈，光明遠大

請問大家新年有什麼心願或是新希望？可能有些有，有些沒有。個人的心願，通常是對自我的期許，或是學業、事業，或是家庭、情感、人際關係等，都有人許願。從心願到實現，實有要訣。第一，常於心中提起心願。第二，努力耕耘，腳踏實地。第三，配合環境因緣成熟。結合三者，自然水到渠成。

也有許多人新春期間到寺院祈願，希望藉由信仰的加持，圓滿心願。佛法雖講：「眾生有感，佛菩薩有應。」如果是私欲，或是不好的念頭，教佛菩薩如何感應？佛菩薩的願是清淨的大願，體現無我的智慧，涵容平等的慈悲，不參雜絲毫的貪念。

因此，此心與佛菩薩「感應道交」，並不神祕，也不困難，只要心願與慈悲智慧相應，便能獲得加持。如同一般所說：「自助、人助，而後天助。」使我們更有勇氣、毅力和決心，完成心中所願。

大悲為油，大願為炷

2015 年法鼓山以「光明遠大」為年度主題，為世界人類祝福，邀請大家從一個善願開始，開發心中的光明；以自心光明，照亮人間的溫暖。

「光明遠大」四字，仍選自創辦人聖嚴師父的《遊心禪悅》

法鼓山 2015 年以「光明遠大」作為對社會的祝福，方丈和尚與大眾共勉：「智慧轉境，自心光明；慈悲利他，希望遠大。」

書法集，落實方法則有兩句話：「智慧轉境，自心光明；慈悲利他，希望遠大。」

每個人身上都有光，清淨的光是從內心散發出來的。《華嚴經》講：「菩提心燈，大悲為油，大願為炷，光照法界。」菩提心燈的根本，是清淨無我的智慧，以大願為燈炷，而使心燈綿延無盡的能源，從大悲心而來。

不過，剛開始學佛，要能體驗清淨的智慧並不容易，難免還是有自我中心的執著，這就要從觀念調整與方法練習著手。

新春期間，法鼓山總本山與海內外各地分院道場，安排了多種共修活動，歡迎就近參加。此外，五月的母親節結合浴佛節，於臺北國父紀念館舉辦「心靈環保──Stop‧Relax‧Enjoy」活動，也提供實用的生活禪法，邀請大家：停一下、放鬆，享受生命的美好。

菩提心燈，利他第一

煩惱與智慧是一體的兩面，煩惱若減一分，智慧光明便增一分。持續體驗佛法，修學佛法的過程，就叫作行願。慈悲、智慧與願心三者，使我們精進不退的是願心，使我們調心轉境的是智慧，使人間社會淨化提昇的動能，則在慈悲。

聖嚴師父一向叮嚀：「何謂菩提心，利他為第一。」因為從佛菩薩的境界來講，已是無相、無願、無所求，但為了利益眾生，而現各種身相，投入眾生群中，與眾生一同受苦受難，卻能救苦救難，而不覺得有苦有難。發菩提心、行菩薩道，若是缺少利他的慈悲，心燈的明亮與影響力都是有限的。

希望新的一年事事順利、平安快樂，發心立願是轉變的契機。讓我們共同勉勵，以智慧轉境，點亮自心光明；用慈悲利他，照亮人間的希望遠大。祝福大家，阿彌陀佛。

編輯體例

一、本年鑑輯錄法鼓山西元 2015 年 1 月至 12 月間之記事。

二、正文分為三部，第一部為綜觀篇，含括法鼓山方丈和尚（果東法師）、法鼓山僧團、法鼓山體系組織概述，俾使讀者對 2015 年的法鼓山體系運作有立即性、全面性且宏觀的認識。第二部為實踐篇，即法鼓山理念的具體實現，以三大教育架構，放眼國際，分為大普化、大關懷、大學院、國際弘化。各單元首先以總論宏觀論述這一年來主要事件之象徵意義及影響，再依事件發生時序以「記事報導」呈現內容，對於特別重大的事件則另闢篇幅做深入「特別報導」。第三部為全年度「大事記」，依事件發生時間順序記錄，便於查詢。

三、同一類型的活動若於不同時間舉辦多場時，於「記事報導」處合併敘述，並依第一場時間排列報導順序。但於「大事記」中則不合併，依各場舉辦日期時間分別記載。

四、內文中年、月、日一律以阿拉伯數字書寫，如：2015 年 3 月 21 日。其餘人數、金額等數值皆以國字書寫。

五、人物稱呼：聖嚴法師皆稱聖嚴師父。其他法師若為監院或監院以上職務，則一律先職銜後法名，如方丈和尚果東法師、僧團副住持果品法師。一般人員敘述，若有職銜則省略先生、小姐，如法鼓山社會大學校長曾濟群。

六、法鼓山各事業體單位名稱，部分因名稱過長，只在全書第一次出現時以全名稱呼，其餘以簡稱代替，詳如下：

法鼓山世界佛教教育園區簡稱「法鼓山園區」、「法鼓山總本山」

中華佛教文化館簡稱「文化館」

法鼓山社會福利慈善事業基金會（法鼓山慈善基金會）簡稱「慈基會」

法鼓佛教學院簡稱「佛教學院」

法鼓文理學院簡稱「文理學院」

中華佛學研究所簡稱「中華佛研所」

法鼓山僧伽大學簡稱「僧大」

法鼓山社會大學簡稱「法鼓山社大」

法鼓山人文社會基金會簡稱「人基會」

聖嚴教育基金會簡稱「聖基會」

護法會北投辦事處簡稱「北投辦事處」

七、檢索方法：本年鑑使用方法主要有四種：

其一：了解法鼓山弘化運作的整體概況。請進入綜觀篇。

　　　自〈法鼓山方丈和尚〉、〈僧團〉、〈法鼓山體系組織〉各篇專文，深入法鼓山弘化事業的精神理念、指導核心，及整體組織概況。

其二：依事件分類，檢索相關報導。

　　　請進入實踐篇。事件分為四類，包括大普化教育、大關懷教育、大學院教育，及國際弘化，可於各類之首〈總論〉一文，了解該類事件的全年整體意義說明；並於「記事報導」依事件發生時間，檢索相關報導。

　　　各事件的分類原則大致如下：

　　·大普化教育：

　　　凡運用佛教修行與現代文化，所舉辦的相關修行弘化、教育成長活動。

　　　例如：禪坐、念佛、法會、朝山、誦戒、讀經等修行弘化，佛學課程、演講、講座、讀書會、成長營、禪修營、教師營、兒童營、人才培育等佛法普及、教育成長，對談、展覽、音樂會、文化出版與推廣等相關活動，以及僧團禮祖、剃度，心六倫運動，法鼓山在臺灣所舉辦的國際性普化、青年活動等。

　　·大關懷教育：

　　　凡對於社會大眾、信眾之間的相互關懷，急難救助以及心靈環保、禮儀環保、自然環保、生活環保等相關活動。

　　　例如：關懷感恩分享會、悅眾成長營、正副會團長與轄召、召委聯席會議等信眾關懷教育，佛化祝壽、佛化婚禮、佛化奠祭、助念關懷、心靈環保博覽會等社會關懷教育，以及海內外慈善救助、災難救援關懷，國際關懷生命獎等。

　　·大學院教育：

　　　凡為造就高層次的研究、教學、弘法及專業服務人才之教育單位，所舉辦的相關活動。

　　　例如：中華佛學研究所、法鼓文理學院、法鼓山僧伽大學等所舉辦的活動，包括國際學術研討會、成長營、禪修，以及聖嚴教育基金會主辦的「聖嚴思想國際學術研討會」等。

　　·國際弘化：

　　　凡由法鼓山海外分院道場、據點等，所主辦的相關弘化活動、所參與的國際性活動；以及法鼓山於海外所舉辦的弘化活動等。

　　　例如：美國紐約東初禪寺、象岡道場、加州洛杉磯道場，加拿大溫哥華道場，

以及海外弘化據點，包括各國護法會，以及各聯絡處及聯絡點等。各地所舉
辦、參與的各項活動，包括各項禪修、念佛、法會及演講、慰訪關懷等。

另有聖嚴教育基金會與美國哥倫比亞大學共同設立的「聖嚴漢傳佛學講座教
授」，海外人士至法鼓山拜訪，海外學術單位至法鼓山園區參學等。

其三：依事件發生時間順序，檢索事件內容綱要。請進入大事記。

其四：檢索法會、禪修、讀書會等相關資料統計或圖表。

請進入附錄，依事件類別查詢所需資料。

例如：大普化教育單位所舉辦的法會、禪修、佛學課程之場次統計，主要出版
品概況等。國際會議參與情形以及聖嚴師父相關主要學術研究論文一覽等。

※ 使用範例：

範例 1：查詢事件「第九屆大悲心水陸法會」

　　　　方法 1：進入實踐篇→大普化教育→於 11 月 28 日→可查得該事件相關報導

　　　　方法 2：進入大事記→於 11 月 28 日→可查得該事件內容綱要

範例 2：查詢單位「法鼓文理學院」

　　　　進入綜觀篇→〈法鼓山體系組織〉一文→於教育體系中，可查得該單位 2015
　　　　年的整體運作概況

範例 3：查詢「法鼓山 2015 年各地主要法會統計」

　　　　進入附錄→法鼓山 2015 年各地主要法會統計

48 實踐篇

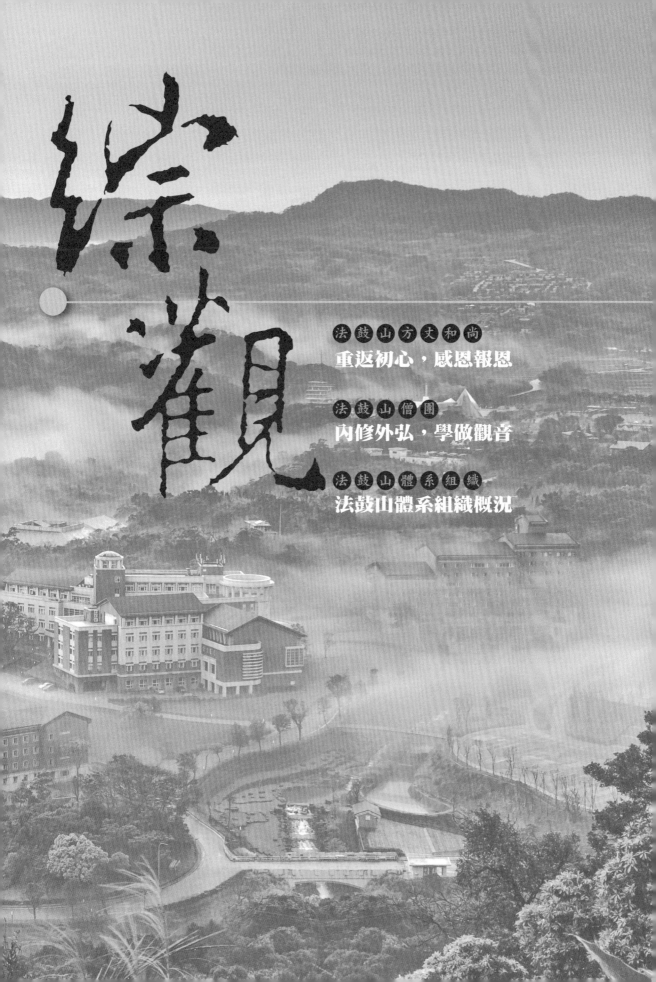

綜觀

重返初心，感恩報恩

「能夠參與法鼓山，追隨聖嚴師父修學佛法，很感恩，這是我的福報。」2015年底，續任法鼓山教團第五任方丈和尚，果東法師有感而發談起，接任方丈之初，能有聖嚴師父親自帶著、看著是最大「福報」。凡事堅持回歸師父教導的他，隨即補充：「知福、惜福、培福、種福，才能永遠有福。」

我們共有的福德因緣

總是提點大眾重視當下、珍惜因緣，而現溫暖關懷的果東法師，3月出席榮譽董事會新春祝福活動，也曾就法鼓山僧俗四眾共有的福德因緣，道出三重感恩。包括：親近聖嚴師父，無論直接或間接因緣，人人可運用法鼓山理念，照顧自己，關懷他人。其次，感恩社會各界的關心，敦促法鼓山僧俗四眾精進努力。三則凝聚眾人向心，護持三大教育，使法鼓山持續培養人才，關懷社會，淨化人心。

重返初心，珍惜擁有，奉獻利他，是方丈和尚看重的「善根福德」。如此反思重整的思惟與腳步，於2015年的法鼓山，同見氣氛濃郁。11月1日舉行的法鼓山全球信眾大會，方丈和尚代表教團提出「法鼓山未來三年方針」，或可視為實踐理念的一次反芻。

「法鼓山未來三年方針」內容為：一、深化教育關懷：透過教育，關懷不同族群及年齡層，體驗禪法；二、淨化世界風氣：帶動以奉獻、服務的精神來關懷世界；三、形塑「心靈環保」組織文化：培育快樂、奉獻、利他的四眾人才，從內部做起，成為感動社會大眾的組織文化。

回望2015年的方丈和尚，其行程，忙碌如昔；其身影，隨緣奉獻；其致力，廣接眾生；而其用心，只為忠實傳達法鼓山理念。以下即從理念分享、社會關懷，以及「心靈環保」團體三面向，簡述方丈和尚年度行腳。

理念分享

法鼓山2015年度主題「光明遠大」，自除夕撞鐘祈福典禮揭示後，方丈和尚隨即演繹

主題意涵，並勸請大眾以善念、善願，開啟新氣象；以「慈悲關懷人、智慧處理事、和樂同生活、尊敬相對待」，點亮自性心燈，成就整體社會的光明遠大。

3月，另一場以揭佛幔及祈福皈依大典慶祝落成的臺中寶雲寺重建啟用大典，在五千多位出席觀禮來賓的祝福中，方丈和尚與眾共勉，從自身做起，開啟自性的慈悲光、智慧光；化成朵朵寶

心靈環保SRE活動中，方丈和尚（中）、惠敏法師（右）、柯文哲市長（左）共同浴佛，感念佛陀與母親的雙重恩典。

雲，積極走入人群，為社會帶來平安、快樂與幸福。

接觸佛法、體驗心法，進以開發悲智願行，對此極具信心的方丈和尚，對於初始入門者，則提出按部就班、循序漸進的引導學程。於北、中、南舉行的年度四場「祈福皈依大典」，方丈和尚祝賀新皈依弟子「生日快樂！」期許眾人向著「開發佛性，提起覺性。轉化個性，淡化習性。淨化心性，回歸自性」的學習之旅，精勤努力，找回自己。4月於農禪寺舉行的皈依典禮，更指出，佛法的生命關懷，不僅是照顧自己，尚須待他人及環境如自身。因而勉勵：「不再僅是求觀音，還要念觀音、學觀音、做觀音」，使自他與環境，都能平安、健康、快樂、幸福。

「停一下，才能放鬆；停一下，才能清楚；停一下，更能享受當下的美好。」5月的佛誕日暨母親節，法鼓山持續以禪修主軸，在國父紀念館中山公園廣場舉辦「心靈環保Stop‧Relax‧Enjoy」活動。方丈和尚致詞時強調，禪修，可使身心常保放鬆、專注及安定；活在當下，隨時隨地充滿感恩。包括臺北市長柯文哲、民政局長藍世聰、國父紀念館館長王福林等各界來賓與現場民眾近萬人，皆親嘗「當下」的禪法滋味。

而在地球的另一端，2015年7月，由法國政府於巴黎舉行的「氣候心靈高峰會」，一連多日躍居各國媒體頭條新聞。以行程因素無法與會的方丈和尚，除了指派由法鼓山聯合國NGO規畫小組成員常濟法師，及馬來西亞道場監院常藻法師代表出席，另應主辦單位邀請，於巴黎氣候心靈高峰會網站（https://www.whydoicare.org/en/personnalites）發表短文，回應大會主題：「我為什麼要關心（Why Do I Care）」。文中表達：「環保，是思惟，是生活方式，也是善待大地的一種行動。」並據四種環保理念，鄭重提出法鼓山珍視全球生態的具體承諾。

社會關懷

　　親切、圓融、溫暖，是方丈和尚應接眾生的人格特質；將佛法轉化為生活用語，則見其應機說法的巧妙。近年，方丈和尚以「願」與「緣」雙主題架構的人生價值觀，互為襯映，所收回饋顯著。「要感謝所有共同的『參與者』」，方丈和尚謙稱，題材來自大眾現身說法，他只是配合參與，分享佛法體驗。

　　方丈和尚與眾交流的學佛心得，在出版方面，繼2012年出版首本著作《抱願，不抱怨》之後，第二本文字出版品《原諒，好緣亮！》於2015年2月問世。此書關注自他互動的人際關係，指出人生旅程順逆二境，都是有因有緣；面對困境，逃避不是辦法，卻可採取迴避，或創造轉圜的空間。書中提出「當下承擔」、「不以負面情緒反應處理」、以「利他」帶動自我成長，皆是自安安人，增進福慧二業的保障。

　　隨各方講說邀約不斷，方丈和尚倡議「願」與「緣」的正向思惟，同步於海內外各地發酵。

　　4月，以「抱願，不抱怨」為題，應臺灣鐵路管理局邀請，方丈和尚與近百位臺鐵主管分享面對壓力，指出轉煩惱為智慧的樞紐，就在承擔；勉勵抱持「聞過則喜」的氣度與胸襟，「以健康的心態處理問題，以謙卑柔軟的態度溝通協調」，思考逆境所給予的啟發。月底，於中華科技大學臺北校區，分享順逆境緣，只在一念之間。「心念轉為正念，希望光明無限；心念化為淨念，當下淨土照見。」道出心念轉變，固然無法立即改變當下的環境，然而一顆安靜的心，所體驗的世界，已然不同。

　　5月前往北美，出席美國紐約東初禪寺浴佛節及法集會，方丈和尚提醒大眾，善緣須有智慧的引導，正如「普賢十大願」的恆順眾生願，須配合另外的九願相輔而成，才能行願無礙。月底，出席北美護法會加州舊金山分會新會所啟用暨佛像開光典禮，除了感恩眾緣和合、眾人成就新會所誕生，並期勉大家，效法觀自在暨觀世音菩薩精神，以智慧轉境，將自己的所能奉獻利他。6月，於加州洛杉磯舉行的「禪──二十一世紀的安心法門」公開演講，方丈和尚分析生命的活動，展現於身、語、意三業行為；身心的安頓，則有安心、安身、安家、安業等進程，勉勵學習慈悲智慧，成長自我；以積極正向心態，創造美好的未來。

　　7月中旬，前往東南亞巡迴關懷，方丈和尚分別於馬來西亞主講「清淨、智慧、結好緣」，在泰國分享「心安好福緣」，至新加坡，則以著作同名「原諒，好緣亮！」主持公開講座。方丈和尚從《心經》的智慧表示，人生旅程不可能不受到埋怨、批評，若能以忍辱培養福澤，用精勤增長善根，把一切境界，當成是讓我們變得更好的期盼，至於結果，時間自然會給出答案。

　　紛沓而至的演講邀約，尚有臺南成功大學「隨緣盡分結好緣」，及臺灣電力公司

「難，過！正面解讀，逆向思考」講座，方丈和尚贈語，森羅萬象都在放光說法，「把握因緣、創造因緣、隨順因緣」，便是最積極的人生觀。

「心靈環保」團體

2015年對法鼓山而言，由內部做起，培育快樂、奉獻、利他的四眾人才，成為感動大眾的「心靈環保」組織文化，是團體重要的命題；大眾亦皆關注：「法鼓

信眾大會圓滿後，方丈和尚帶領僧團法師關懷信眾，勉勵大眾發願再向前。

山未來怎麼走？」。11月1日於法鼓山世界佛教教育園區舉行的全球信眾大會上，由方丈和尚做了清楚陳述。

方丈和尚發表的十分鐘致詞，於「心靈環保」組織、法鼓山未來作為，及僧俗四眾終身學習計畫等訊息揭示，均具指標性意義。重點如下：

一、法鼓文理學院首屆新生已於九月入學，大學院教育邁出關鍵性的一步。

二、揭示法鼓山未來三年方針：深化教育關懷、淨化世界風氣、形塑「心靈環保」組織文化。

三、啟動「學觀音，做觀音——心靈環保年度開學日」。

四、提出法鼓山四眾弟子終身學習計畫：以成就他人，來成長自己。以心靈的淨化，來主導終身學習。以終身的學習，來推動法鼓山的全面教育。

結語

法鼓山創辦人聖嚴師父曾言：「法鼓山有光榮的過去，得來不易，應當珍惜；法鼓山更有無限的未來，尚待開發，必須精進。」眾緣和合、眾願成就的法鼓山團體，在既有基石之上，持續以心靈環保為核心，推動三大教育，為社會奉獻，方丈和尚多次表達感恩，也常於海內外道場啟用場合直言：「理念，才是法鼓山真正的建設。」用心如此，只為提醒：將理念融入生活，將所擁有的資源，回饋全體社會，才能符應法鼓山存在的意義。

方丈和尚籲請四眾，「以感恩心承擔，以報恩心奉獻」；自身實踐理念，才能感動人，成為助人的力量。當接受僧團賦予第五任方丈執事，方丈和尚也回應：「只有感激、感恩大家的成就，當繼續學習，奉獻承擔。」

法鼓山僧團

內修外弘，學做觀音

2015年，法鼓山園區啟用十週年。6月底，召開第七屆全球僧團大會，通過現任方丈和尚果東法師續任第五任方丈，同時，禮請法鼓文理學院校長惠敏法師續任僧團首座和尚，更增聘果暉、果元、果品、果醒、果祥、果燦等六位法師擔任副住持，俾使對教團內部及整體社會，發揮更多照顧與關懷的功能。

應機調整，除彰顯僧團在創辦人聖嚴師父建立的組織、制度上能順利運作之外，更能呼應時代潮流所趨，讓僧團永續發展，以六種和敬共住同修，和光同塵。僧團都監果光法師也於僧團大會中提出「心靈環保組織」報告，強調法鼓山秉持禪宗「化繁為簡、實用活用」的精神，對內形塑心靈環保的組織文化；對外則遵行聖嚴師父教誡，持續「做對世界有用的事」。

11月，以「學觀音，做觀音」為主題，法鼓山再一次舉辦全球信眾大會，除為園區落成十週年感恩相聚，更聚焦於落實法鼓山成為「心靈環保組織」，讓聖嚴師父所提出的四種環保、心五四、心六倫等理念，成為社會人心的依止，一起學習，共同成長，為世界帶來和平與安樂。

以下就法務推廣、僧眾培育、道場建設、國際參與等四個面向，說明僧團於2015年的弘法踐履：

法務推廣

本年度僧團在法務推廣上，持續運用傳統佛教的各種修行活動，禪修、佛學教育、法會共修等，賦予大普化、大關懷、大學院的使命及教育功能，期能以佛法灌溉大眾心田，引領學習悲智雙運，在熱惱中得到清涼，進而開展光明遠大的人生。

首先在教育推廣上，僧團向以淺顯平易而生活化的普化教育入手，讓佛法更能貼近人心，2015年，海內外聖嚴書院佛學班、禪學班、福田班、長青班，以及快樂學佛人等系列課程，密集展開，僧眾投入的人數、開班數以及接引的人數，皆呈穩定成長，包括：七十位僧團法師藉由次第性的課程，傳授佛學與禪修教理法脈，為近四千七百位佛學班

及禪學班學員建立正知正見與方法；也有五十七位、五十八法師分別接引近一千八百位大眾、三千一百多位長者踏上快樂學佛之旅、開展樂齡的終身學習；更有八十四位法師在福田班課程中，帶領逾一千五百位義工，學做自利利人的萬行菩薩。

另外，本年更擴大全方位周全照顧社會各族群，從兒童讀經至長者樂齡，從社區敦親睦鄰課程到前進校園啟發學子，在在回應

僧團法師於臺北國父紀念館廣場，帶領大眾體驗動禪的放鬆與安定。

現代社會的不同需求，廣傳利益人間的教法。

禪修推廣方面，禪堂、傳燈院戮力研發現代人所需的課程，將活動系統化、層次化，全年不間斷的精進禪修活動中，包括了首次開辦的醫護禪修營，及第二屆舉辦的社工禪修營，幫助第一線的醫護人員及社工人員，在放鬆中更能發揮專業、救人助人。5月佛誕日暨母親節，在臺北國父紀念館廣場舉辦「心靈環保SRE」禪修活動，百餘位法師與現場近萬名民眾、遊客，藉由分享佛法以及生活化的禪法，為世界傳遞祝福與希望。此外，各式禪修活動並走入社區、企業與校園，應機接引各類族群分眾修行，幫助大眾安心、安身、安家、安業。

法會共修等相關活動上，於聖嚴師父圓寂六週年之際，2月底，全臺包括園區及十一個分支道場，同步舉辦「法鼓傳燈日」傳燈法會，全體僧眾與五千六百多位弟子共同參與。3月舉行第二十屆在家菩薩戒，僧團共投入近九十餘人次的僧眾參與內護，圓滿一千二百六十六位戒子圓滿受戒，不論參與的僧眾以及戒子人數，均為歷年之冠。11月底，第九屆「大悲心水陸法會」於法鼓山園區啟建，國內各地分院、護法會辦事處及共修處、海外分支單位等，共三十三處據點同步展開，總計每日精進共修超過八萬人次，雲端祈福牌位近九十萬筆。

社會關懷上，一年一度的歲末關懷於總本山及全臺各分寺院、護法會辦事處展開，共計兩千九百個關懷戶參加，除了致贈慰問金與民生物資外，僧眾也帶領祈福及念佛共修，祈願心安平安。另一方面，在國內、外發生災難事件之際，如馬來西亞水患、尼泊爾地震、中東難民潮，及國內墜機、粉塵爆炸等重大意外，僧團除了透過慈基會與各地分院展開後續關懷，7月並於北投農禪寺舉辦「全民祈福平安大法會」，期能藉由法會共修，為世界帶來平安的力量。

僧眾培育

聖嚴師父期勉弟子：「佛法是為救世而應現，我們必須一邊努力於修學，一邊為社會作全力的奉獻。」處於日新月異的二十一世紀，僧眾必須契應時代與社會需求，不斷成長自己，俾能更契理契機地提供佛法的服務。

為此，三學院於2015年規畫了「菩薩本願工作坊」、「初階弘講課程」、「初階關懷課程」、「培力弘講課程」，以及「僧大畢結業生領執培訓」，從認識自我、肯定自我開始，進而成長自我，提昇溝通、關懷、執事以及弘講能力，期使在法鼓山的三大教育中充分奉獻，自化化他，達成教育與關懷的目的。

2015年的僧眾精進共修，以美國紐約象岡道場首度舉辦的僧眾冬安居展開序幕，為期十一天，共有十位於美國領執的僧眾參與，放下萬緣，精進用功。而一年一度的結夏安居，今年安排三個階段：第一梯次以禪四調整身心；第二梯次是首辦的禪二十一，由聖嚴師父法子繼程法師擔任主七法師，採取「只出不進」的原則，以凝聚用功氛圍；第三梯次則是「常住菩薩營」，聆聽聖嚴師父於1991年的開示，深入觀音法門的修持，更以開放論壇與工作坊型式，讓僧眾思考各項議題，以回應社會時代對佛法、禪法的需求。

解夏之後，第七屆全球僧團大會隨即召開，共有兩百餘位僧眾參加。9月舉行剃度大典，十三位沙彌、沙彌尼圓頂剃度，並有十八位行者求受行同沙彌、沙彌尼戒，發願上求佛道，下化眾生，學習成為漢傳佛教宗教師。10月，園區啟用十週年當天，僧團舉辦「承先啟後──行腳走師道」溯源活動，六十多位僧團法師歷經十三個小時，從法鼓山回到祖庭北投文化館禮祖發願，以師志為己志，實踐發揚法鼓山的理念。

道場建設

聖嚴師父曾指出，法鼓山建設道場的意義不是在開疆闢土，而是為了奉獻佛法。2015年，位於宜蘭羅東的蘭陽精舍正在建設中，美國紐約東初禪寺則進行擴建。

臺中寶雲寺，在歷經四年工程建設後，於3月舉行重建啟用大典，二十多年來，經過五次搬遷，終於因著四眾弟子的同心同願，而成就這座位於中臺灣的教育中心；展望未來，肩負法鼓山在中部的弘化使命，除定期舉辦禪修、念佛及法會，引導大眾從安定身心進而安家、安業，也開辦各類佛學班、福田班，以及快樂學佛人、寶雲講談、讀經班、兒童故事花園、英文讀書會等講座及課程，接引大眾學習佛法，歡喜成長。

國際參與

接續聖嚴師父西方弘化腳步，也隨著禪眾對禪法的受用與渴求，2015年，僧團法師積極參與國際間探討全球永續、跨宗教對談等論壇或會議，分享不一樣的內外和平觀點，

俾使具實用性、包容性與適應性的漢傳禪佛教的智慧，更廣為世人所用；同時也不間斷地應邀至全球帶領禪修，於跨文化間普傳漢傳禪法的芬芳。

2015年全世界最為關注的，莫過於7月於巴黎舉行的氣候心靈高峰會，以及聯合國氣候變化綱要公約（United Nations Framework Convention on Climate Change, UNFCCC）於

我願：學觀音，做觀音；
　　　在眾生中，學做觀音。
願我：學觀音，做觀音；
　　　學觀眾生，是我觀音。

信眾大會上，方丈和尚、僧團法師帶領大眾齊心發願，深化實踐提昇人品、建設淨土理念的信心。

11月舉辦的第二十一次締約國大會（COP21）。氣候心靈高峰會由常濟法師、常藻法師代表法鼓山出席，與近四百位全球宗教、文化、人文等領域領袖及聯合國會員國大使等共同討論因應全球氣候變遷的議題，為全場唯一的漢傳佛教代表。至於COP21，則由果禪法師、常濟法師、常藻法師和師父西方法子查可・安德列塞維克（Žarko Andričević）代表參加，呼籲世人找回自然環境、人性與工業發展的平衡點，讓地球永續。

在宗教交流上，應「美國天主教主教團普世與跨宗教事務主教團委員會（United States Conference of Catholic Bishops, USCCB）」之邀，於6月出席在義大利舉辦的「天主教與佛教之宗教對話」，由果見法師與常華法師代表參加。10月，方丈和尚果東法師、僧團副住持果品法師、關懷院監院常緽法師，以及弘化發展專案召集人果慨法師等，受邀出席於中國大陸舉辦的第四屆世界佛教論壇，與五十二國佛教代表交流，分享法鼓山推廣環保自然葬法以及「雲端祈福」的理念與歷程。

另外，禪堂堂主果元法師偕僧大學僧，於7至9月，在美國、墨西哥、新加坡、印尼等地，主持禪修活動及課程；繼程法師與象岡道場法師，8月應邀至波蘭指導禪二十一；香港道場副寺常展法師也於8月，受邀前往英國倫敦帶領禪五及進行兩場禪修講座。

結語

法鼓山園區啟用典禮上，聖嚴師父曾開示期許：「建築物要有意義、發揮作用，就要用它來做對社會與世界有用的事。」十年間，雖然師父已然捨報，僧團秉持師父提出的四大堅持：法鼓山的理念、三大教育、四種環保、漢傳禪佛教，立足臺灣，接軌國際；做為漢傳禪佛教的僧團，除了在對外弘化上念茲在茲、積極從事，期使佛法的祝福普及於世界，同時，更著重於僧眾修行上的深化，成長自己，累積度眾化眾的資糧，這正是漢傳佛教宗教師的本分，也是菩薩精神的學習與實踐。

法鼓山體系組織概況

　　2015年，法鼓山體系組織以「心靈環保組織——二十一世紀的修行型組織」自期，將漢傳禪佛教化繁為簡、實用活用的心法，運用在組織運作之中，持續累積動能，落實推動心靈環保的大用，於社會間共創「智慧轉境，自心光明，慈悲利他，希望遠大」的光明遠大年。

　　在修行型組織架構下，法鼓山弘化事業群及相關事業單位，統整為運作、發展、教育、支援四大體系，僧俗四眾同心同願，以心靈環保為核心、心六倫為軌範、心五四為方法，內修外弘，共同推動法鼓山的理念。

　　以下就四大體系在2015年的主要工作及活動內容，進行重點概述。

一、運作體系

　　運作體系包括全球寺院及護法總會，於海內外以佛法深化教育關懷，帶動淨化世界風氣。全球寺院包括國內各分寺院、歐美區、亞太區、大中華區四部分；護法總會則有護法會團、各地辦事處及共修處、關懷院、服務處、專案祕書室等。

（一）全球寺院

　　法鼓山海內外弘化據點，在臺灣，除總本山法鼓山園區，另有十二處分寺院：北投中華佛教文化館、農禪寺、雲來寺，以及臺北安和分院、三峽天南寺、桃園齋明寺、臺中寶雲寺、南投德華寺、臺南分院、臺南雲集寺、高雄紫雲寺、臺東信行寺；兩處別苑：桃園齋明別苑、臺中寶雲別苑；三處精舍：臺北中山精舍、基隆精舍、高雄三民精舍。

　　海外部分，北美地區有四個道場：美國紐約東初禪寺、象岡道場，以及加州洛杉磯道場、加拿大溫哥華道場；八個分會：美國紐約州、新澤西州、伊利諾州芝加哥、加州洛杉磯、加州舊金山、華盛頓州西雅圖與加拿大溫哥華、安省多倫多；另設有十四個聯絡處、十個聯絡點。歐洲則有盧森堡、倫敦兩個聯絡處，以及里茲聯絡點。

　　亞太區除了亞洲的馬來西亞道場，另有新加坡、泰國護法會與澳洲的雪梨、墨爾本

分會；大中華區則有香港道場專案。

　　其中，舊金山分會於5月舉辦「新會所啟用暨佛像開光典禮」，提供大眾更優質的佛法修學空間與完整的服務功能。

1.國內各分寺院

　　2015年，3月臺中寶雲寺重建啟用、10月法鼓山園區開山十週年，前者成就的不僅是法鼓山在中臺灣的教育中心，也是大臺中地區的一處心靈地標；後者更彰顯四眾弟子秉持聖嚴師父的理念，以心靈環保為核心，從臺灣走向全世界。

　　園區方面，自2月除夕撞鐘、新春系列、傳燈法會開始，全年修行、弘化活動不斷，包括3月在家菩薩戒戒會、5月朝山浴佛、9月剃度典禮與祈福皈依大典、11月底大悲心水陸法會等；最受矚目的大型活動為11月1日於園區舉辦的全球信眾大會，以「學觀音，做觀音」為主題，邀請上萬名信眾以禪修、法會，為世間遭受苦難的眾生祈福，互勉終身實踐心靈環保。

　　另一方面，園區內開山紀念館喜迎落成開山十週年，常設四大展區全面換展，展出佛教、法鼓山發展及聖嚴師父的相關文物，以嶄新風貌引領參訪者走進觀音道場，了解法鼓山的法脈傳承。

　　而其他各分院道場，主要藉由法會、禪修推廣、成長課程等活動，表達對社會、文化的關懷。法會方面，大型的有新春普佛、元宵燃燈供佛、清明報恩、浴佛、梁皇寶懺、中元地藏等法會，並有例行的每週念佛共修，每月的菩薩戒誦戒會，以及大悲懺、藥師、觀音等法會，接引大眾薰習正法。另有，農禪寺於1至5月、7至11月期間，每週四舉辦「《金剛經》共修」；安和分院於1至5月舉行「49部《地藏經》共修」、9月展開「《法華經》共修」，帶領都會區民眾以佛法安定身心。

　　禪修推廣上，除了每週的禪坐共修，各分寺院因地制宜開設禪修指引、初級禪訓班、中級1禪訓班、禪一、戶外禪等，引領現代人體驗禪修的安定與放鬆。其中，結合修行與休閒的「禪悅四日營」，全年於信行寺展開四梯次，有近兩百位民眾透過禪訓班、戶外禪等課程，學習動靜皆宜的禪法；農禪寺於10月起，每週三、六進行輕鬆有趣的「禪修心體驗活動」，由導覽義工帶領參訪大眾練習行禪、托水缽及池邊靜坐，感受放鬆與自在。

水陸法會是法鼓山規模最大的法會共修。圖為法會期中的藥師壇佛事。

佛學課程上，臺南分院3月的佛
學課程，由弘化發展專案負責人果
慨法師主講「佛教徒的生死觀」，
講說《金剛經》、《阿彌陀經》、
《地藏經》與《心經》等經典中生
命實相，每堂均有近四百人參加；
安和分院於4、5月週日的《法華
經》講座，也由果慨法師從經義介
紹佛教的修行觀；齋明寺8至9月舉
辦「《地藏經》講記」，則由果竣

雲來寺開辦社區課程，啟發小朋友創作與表達能力。

法師帶領大眾理解體會地藏菩薩「地獄不空，誓不成佛」的深切悲願。

在教育成長活動方面，融攝佛法、禪法、生活、文化、藝術於一體，呈現活潑的多
元面貌。紫雲寺全年舉辦九場「法鼓青年開講」，透過深刻的對話與交流，引導青年
開展生命方向，實踐生命的價值；齋明別苑於每月第三週週日進行心靈環保講座，全
年共十二場，廣邀各界知名人士分享生命智慧與啟示。

為關懷社區民眾，雲來寺自2月起，陸續開辦敦親睦鄰系列課程，包含禪坐共修、兒
童故事花園、心靈茶會、心靈環保讀書會等，提供北投居民活動與學習空間，也回饋
社區的護持。安和分院每週日開辦「童趣班」，包括繪本故事、手作DIY，以及簡易禪
修及讀經課程，讓菩提種子在趣味的課程中萌芽；中山精舍為國小學童開設的「童話
心視野」課程，從「流浪動物的生命」到「人類新生兒的誕生」，帶領學童尊重生命
的意義與價值。寶雲寺則為六十五歲以上長者開辦「銀采樂活營」，兩週一次的學習
活動中，長者再展生命活力，成為快樂的學佛人。

2015年，法鼓山所屬佛教基金會、文化館、雲來寺、農禪寺，獲頒內政部「104年宗
教績優團體」；文化館、農禪寺亦同時獲臺北市績優宗教團體肯定。

2.歐美區

繼起聖嚴師父於西方修行弘化的腳步，2015年歐美地區的分支道場及護法體系，持
續透過多元的跨宗教對話與交流，讓法鼓山在國際發聲，與世界接軌，包括6月洛杉磯
道場監院果見法師和北美護法會輔導法師常華法師代表僧團出席羅馬「天主教與佛教
之宗教對話」；美國法鼓山佛教協會（DDMBA）常濟法師、果禪法師與馬來西亞道場
監院常藻法師，於7月及12月兩度出席於法國巴黎舉行的「氣候心靈高峰會」及聯合國
氣候變化締約國大會，分享從心靈環保出發，找回自然與經濟發展的平衡點，全球宗
教、文化、人文等領域領袖代表近四百人與會，是全場唯一的漢傳佛教代表。

10月，溫哥華道場和英屬哥倫比亞大學聯合舉辦佛學研討會，以「紙本、刻本、數

位網路空間——探討多媒體、跨領域的佛學全球網絡前景」為主題，探討多媒體、跨領域的佛學運用與推廣，成功建構國際性佛學研究平台。

各分支道場與護法體系2015年在法會、禪修、教育成長課程等各項法務推展上，均秉承2014年北美護法年會「走向社區、走入人群」的工作方向，推廣漢傳禪法在當地扎根發展，除了新春、傳燈、清明報恩、浴佛、中元地藏等大型法會如期展開外，例行的念佛、禪坐、佛學講座、中英文禪訓班等活動也持續進行，安頓大眾身心。

（1）道場部分

北美弘化重心所在的東初禪寺，除了以中文進行的念佛、禪坐、法會、佛學課程之外，為接引西方大眾，也開辦以英文講授的禪坐共修、禪訓班、一日禪及佛學研讀會。法會方面，除例行的節慶法會，如2月新春普佛、4月清明地藏、5月浴佛與8月中元報恩地藏暨三時繫念法會外，梁皇寶懺法會於5月啟建，有近七百人次參加；並於6至8月間舉辦「《地藏經》共修」，由常住法師帶領，祈願擴遷工程順利。

備受歡迎的「週日講座」，2015年安排多場講經活動，包括《楞嚴經》、《圓覺經》、〈信心銘〉等，分別由住持果醒法師、監院常華法師、常慧法師主講；週三的中文佛學課程，則由常諦法師講授《法華經》，深入剖析經典要義。

禪修推廣上，除了不定期的禪修指引與初級禪訓班，也邀請聖嚴師父西方弟子南茜‧波納迪（Nancy Bondari）帶領七場英文禪一；9月、12月舉行念佛禪五、念佛禪六，分別由果醒法師、常華法師帶領，體驗念佛即禪的修行法門。

象岡道場主要活動為推廣禪修，全年共舉辦八場禪一、四場禪三、一場生活禪，以及一場禪九、三場禪十。其中，5月的默照禪十與7月的禪十，分別邀請聖嚴師父法子賽門‧查爾得（Simon Child）與繼程法師帶領；6月的話頭禪十、12月的話頭禪九，則由果醒法師、美國佛羅里達州立大學宗教學系副教授俞永峯帶領體驗禪門逼拶棒喝。

1月，僧團首次於象岡道場舉辦「冬安居」，美東地區的法師們藉由打坐、拜佛、拜懺、經行，聆聽聖嚴師父的影音開示，凝聚道情；7月舉行《法華三昧懺儀》研習營，由果慨法師帶領四十八位學員，進行禮懺、禪觀等修行活動。

美國西岸的加州洛杉磯道場，以念佛、菩薩戒誦戒會、大悲懺法會及各級禪訓班、禪坐共修等例行活動，發揮接引初機的功能；也藉著禪一、禪三、禪五與禪七等活動，提昇習禪精進的向心力。

4月，關懷院監院常健法師於道場講授大事關懷系列課程，以「生死兩相安」、「助念與關懷」為主題；6月，方丈和尚果東法師美、加弘法行程，於洛杉磯參加信眾聯誼、主持祈福皈依典禮、進行「法青與方丈和尚有約」等活動，並於太平洋棕櫚度假中心（Pacific Palms Resort），以「禪——二十一世紀的安心法門」為題，與四百多位洛城民眾分享生活中的佛法智慧。

7月的「禪文化國際青年研習營」，由禪堂堂主果元法師帶領，安排基礎禪修、書法禪、茶禪等，全程以英文進行；果慨法師的弘法關懷，包括「梵唄與修行」、「佛教徒的生死觀」、「懺法心要」三場專題講座，及帶領戶外禪、義工成長課程等。

加拿大溫哥華道場2015年的弘化活動，念佛、禪坐、法會、佛學課程等活動終年不輟。為接引西方人士，2月新春活動，特別舉辦「敦親睦鄰慶新年」，邀請信眾帶著西方朋友、鄰居和社區團體，透過節慶認識中華文化，也體驗坐禪、茶禪、吃飯禪與園藝禪等生活禪法；5月舉行英語佛誕節慶祝活動，擴大邀請社區的西方人士、各佛教團體同慶，促進社區、不同傳承的佛教與學界的互動和了解。

溫哥華道場英語佛誕節祈福活動，大人小孩歡喜浴佛，領受佛法祝福。

佛學講座方面，包括常慧法師主講「心的鍛鍊」、常玄法師講《華嚴經》、果慨法師的《金剛經》講座，引領大眾建立佛法的正知見；7月並舉辦兩場英文佛學講座，分別由常濟法師主講「不完美的喜悅」，勉勵大眾接受不完美的自己，以積極正向的人生態度面對自我身心和人際關係；英屬哥倫比亞大學（University of British Columbia）亞洲研究系所教授麥潔西（Jessica L. Main）則主講「當代日本佛教──從本土型態走向系統化改革」，分享當代日本佛教觀察；11月，邀請聖嚴師父西方法子查可‧安德烈塞維克（Žarko Andričević）主講「禪與現代生活」，講說禪法在現代生活的應用，有近八十人參加。

4月，溫哥華道場首度舉辦學術論壇，探討當代佛教發展契機和挑戰，邀請東、西方學者分享研究成果；監院常悟法師亦受邀於英屬哥倫比亞大學亞洲研究學系的「漢傳佛教」課程中，講授「漢傳佛教的發展與演變」。

設於海外的美國紐約法鼓出版社，2015年持續每季出版英文《禪》雜誌（Chan Magazine）。

（2）各分會

各弘化據點因應各地信眾不同的需求，除新春活動、傳燈及浴佛、中元法會等大型活動，另安排有禪坐、念佛、讀書會、佛學課程等各式定期共修課程，僧團法師也不定期前往弘法關懷，帶領禪修、法會或是各種佛學講座，與海外信眾分享法益。

北美護法會方面，舊金山分會全年活動不斷，1至5月期間，每週六開辦「兒童心靈環保課程」，讓三十位小學員在快樂學習中，體驗四種環保、心五四、心六倫的日常運用；3月舉辦義工培訓課程，由資深悅眾講授義工的心態及威儀；4月，於庫比蒂諾市紀念公園（Memorial Park, Cupertino）舉辦親子戶外禪。5月舉辦新會所啟用系列活動，包括《地藏經》共修、佛像開光典禮、慈悲三昧水懺法會等，為分會開啟嶄新的一頁。

2015年，僧團法師也陸續前來弘講、關懷：4月常華法師講「水懺——懺悔三障輪迴業力的洗心法門」、常健法師帶領「與摯愛說再見」大事關懷系列課程；5月，果醒法師的「You Are Not You」（你不是你）、「夢中說夢」。果慨法師於7月介紹《法華經》、「佛教徒的生死觀」課程；僧團副住持果暉法師則於8月弘講次第禪觀與安般法門，分享法益。

新澤西州分會全年除舉辦法會、禪修活動外，下半年並舉辦多場講座，包括7月果慨法師於佛法講座中主講「梵唄與修行」、「《金剛經》與無悔的人生」；8月果暉法師於專題講座講「次第禪觀——以安般法門為主」、主持「安那般那研習營」。9月三場佛學講座，分別由常諦法師、繼程法師與常華法師講授《法華經》、《六祖壇經》、《地藏經》的修行法門；10月，果醒法師帶領「一茶一禪」研習營、講「空性與四念處及十二因緣」，期勉學員不與妄念互動，返妄歸真，身心就能安定。

芝加哥分會於2月舉辦「法鼓傳燈日」禪坐共修、4月念佛禪一、5月浴佛法會；8月，邀請佛羅里達州立大學宗教學系副教授俞永峯主講「如何用禪法——自在過生活」，並帶領英文禪五；10月舉辦佛法講座，由果醒法師主講「神通與人通」，說明最大的神通就在於人人本具的慈悲心，勉勵大眾以慈悲淨化心靈。

西雅圖分會於4月舉辦止觀禪五，由常慧法師帶領禪眾老實用功，細心體會方法；7月果慨法師主持六堂「佛教徒的生死觀」系列課程。10月的十四週年慶系列活動，由常華法師主講兩場佛法講座「佛教放下的藝術」、「禪意生活」，及大悲心水陸法會說明會，共有一百六十多人次參加。

加拿大安省多倫多分會4月舉行多場生活佛法講座，常慧法師主講「人生四要」，分享如何取捨「需要」、「想要」、「能要」和「該要」，獲得真正的平安與幸福；寺院管理副都監果祺法師在「敲醒夢中人」講座中，分享禪法的生活運用；常健法師講「如何看待生命」，講析生命的盡頭，該如何面對生命的消逝，將悲傷轉化為慈悲的願力。7月舉辦系列弘法活動，由果醒法師主持佛學與禪學講座、禪三、法會等，內容多元，引領大眾認識漢傳佛法的活潑意趣與實用。

在歐洲，英國倫敦聯絡處於8月，與劍橋東方文化學會聯合邀請香港道場副寺常展法師、常禪法師，帶領禪五及進行兩場禪修講座，引導青年學子認識漢傳禪法，播撒菩提種子。

3.亞太區

（1）馬來西亞道場

2015年的馬來西亞道場，定期共修活動包括中英文禪坐、念佛、合唱團練唱、菩薩戒誦戒會，另有禪修、法會、佛學課程等；其中，大型法會為8月的慈悲三昧水懺法會，為熱惱的人心注入清涼法喜，有近兩百人參加。

禪修活動上，本年推展多場分齡、生活化的體驗活動，其中3月、5月的「Fun鬆一日禪」、「山寶尋ME」戶外營，帶領近三百位青年學員放鬆身心、成長自我；5月另有舒活二日禪、菁英一日禪修體驗，接引近兩百位社會人士及當地企業家、中高階主管領略禪法的輕安自在；9月，與新加坡護法會舉辦跨國初階禪七，禪眾在動靜之間體驗安定身心的方法。

此外，常藻法師、常鑑法師亦分別應拉曼大學學院（Tunku Abdul Rahman University College）雙溪龍分校佛學會、諾丁漢大學佛學會（Nottingham Buddhist Society）之邀，指導禪修。

本年，為推廣漢傳佛教的生活應用，常藻法師出席多場講座，包括1月，與當地文化評論者覃亞灣、媒體工作者葉劍鋒對談，講說佛法的真實義、如何運用佛法簡單過生活；2月出席「教師閱讀減壓營」，分享無事掛心頭的紓壓之道；7月與心理輔導師李志祥對談「放下心包袱，展開新生命」，提點心的作用與觀照內心的方法；10月，參與馬來亞大學佛學會舉辦的「我‧幸福嗎？」座談會，與馬佛青大專協調委員會副主席蘇柔蓉對談。11月，應《星洲日報》之邀，以「觀音之美」為主題，闡述如何學習觀世音菩薩。

7月，方丈和尚果東法師、護法總會輔導法師果器法師前來弘法關懷，於怡保、八打靈主持皈依暨講座，分享法喜。

（2）各地護法會

2015年適逢新加坡護法會成立二十週年，3至4月，舉辦二十週年慶系列活動，包括禪三、講座、禪修師資培訓課程等，由常願法師、常護法師自臺灣前往帶領；義工也在參與規畫、場布、香積的過程中，凝聚力量與共識，帶動分會持續成長茁壯。

5月，果本法師帶領佛三，勉眾發願求生淨土，並行大願分享佛法；7月，方丈和尚前來關懷，於嘉龍劇院進行「原諒，好緣亮！」專題演講，從《心經》的五蘊、空、有等觀念，肯定人生的價值，期勉大眾更積極地運用生命修福修慧。8月，果元法師於專題講座中講「禪文化精髓──佛教成語」，並主持中、英文禪一各一場，共有兩百四十多人次參加。

澳洲的雪梨分會緬懷聖嚴師父師恩與教誨，於3月1日舉辦「法鼓傳燈日」活動，三十多位信眾齊聚分享親近佛法與法鼓山的因緣，有瑞典裔的澳洲人並發願要把

「禪」介紹給西方人；墨爾本分會則於4月舉辦系列禪修活動，邀請師父西方法子查可‧安德烈塞維克主持兩場講座，並帶領禪修營來介紹漢傳禪法。

6月，墨爾本分會與美國法鼓山佛教協會（DDMBA）、澳洲維多利亞佛教協會（Buddhist Council of Victoria）、墨爾本跨宗教中心（Interfaith Centre of Melbourne），

多元宗教青年在「青年培力一日工作坊」中，探討心的力量。

聯合主辦「青年培力一日工作坊」，由果禪法師、常濟法師主持，帶領不同宗教族群的青年，以積極正面的心態開創未來。

4.大中華區

大中華區主要是香港道場專案，因應弘法需求，設有九龍、港島兩會址，定期共修包括念佛、禪坐、大悲懺法會、菩薩戒誦戒會及讀書會等，年度的大型法會從2月新春普佛開始，由僧團副住持果品法師帶領，與臺灣同步連線的傳燈法會，則由副寺常展法師帶領，有近三百八十人參加；5月，於佛教孔仙洲紀念中學舉行浴佛法會，由果興法師主法，圓滿後舉辦皈依典禮，近百人成為三寶弟子；8月，中元報恩「都市地藏週」活動，期間共修七部《地藏經》，圓滿日禮拜地藏寶懺，共有逾千人次參加。12月，由常展法師帶領慈悲三昧水懺法會，四百多位信眾虔誠禮懺，精進共修。

禪修活動上，全年開辦多場初級禪訓密集班、戶外禪及禪一，6月並舉辦舒活禪二，7月於香港中文大學舉辦青年五日禪、與林大輝中學合辦「心‧安好──教育及專業人員禪修活動」，引導學員在活潑的禪修和心靈活動中，沉澱身心。9月，中級1禪訓班輔導學長培訓課程，由常乘法師、常願法師帶領；11月於基督教女青年會梁紹榮度假村舉辦中級1禪訓班二日營、禪二，分別由常展法師、常遠法師帶領，共逾百人參加。

在講座及其他活動上，1、2月，於港島會址舉辦佛學專題、大事關懷、勸募關懷培訓等課程，分別由果興法師導讀《八大人覺經》，常健法師帶領認識大關懷教育、梵唄與法器練習，以及由資深悅眾分享勸募心法；5、10、12月的專題講座，分別由果元法師講「默照銘」、常延法師介紹「佛教生死觀」、法鼓文理學院教授杜正民分享「佛典中的療癒觀」，每場均有百餘人參加。

4月，一百多位悅眾來臺於法鼓山園區舉辦禪三，圓滿後以朝山發願、「世界咖啡館」的形式彼此交流，為香港道場未來發展方向凝聚共識；7月，香港道場參加「2015香港書展」，推廣法鼓山的理念與聖嚴師父著作。10月，方丈和尚果東法師前往弘

法，主持「眾願成就 護持擴建」勸募專案啟動典禮、「無常最積極」公開講座及皈依
典禮，為近千名信眾帶來清涼與法喜，活絡當地學佛風氣。

（二）護法總會

1.會團本部

護法總會年度最重要大事首推於11月舉辦的「全球信眾大會」，上萬名來自美、加、
亞洲等海內外信眾，因著共同的信心與悲願實踐，於法鼓山園區再度聚首。會中，護法
總會名譽總會長陳嘉男率領護法悅眾，感恩聖嚴師父帶領大眾認識信仰的價值，是照顧
自己的信心，進而照顧家庭、團體和社會；四眾弟子也互勉終身實踐「心靈環保」。

為圓滿大會，護法總會於9至10月，在雲來寺舉辦兩場「全球信眾大會義工培訓課
程」，由果慨法師分享《金剛經》、〈普門品〉，勉勵鼓手在生活中運用佛法，自利
利他，成為「心靈環保」的學習者、實踐者與弘揚者。

關懷勸募鼓手、分享勸募與學佛心得的《護法》季刊，於1月復刊，期望透過刊物，
讓勸募會員獲得佛法的利益，回到初發心，利人利己；由護法總會及各地分院聯合舉
辦「邁向2015光明遠大」歲末感恩分享會，方丈和尚果東法師出席雲集寺活動主現
場，透過視訊連線對參與的七千四百多位信眾表達關懷與祝福，也感恩長期護持。

10、12月，分別於寶雲寺、農禪寺舉辦「2015新進勸募會員授證」、「2016正副會
團長、轄召、召委暨委員授證」，共有一百二十八位新進勸募會員加入鼓手行列，以
及近三百五十位悅眾參加授證。為延續師父關懷精神，12月起，啟動到府關懷，由護
法總會副都監常續法師、常應法師、主任陳高昌、胡正中，關懷全臺三十四位新任召
委闔家，凝聚悅眾家庭共同護法的信心和力量。

除了會團本部，以下就護法總會其所屬的會團、各地辦事處及共修處、信眾服務
處、關懷院、專案祕書室等單位，進行重點概述。

2.護法會團

護法會團包括法緣會、法行會、禪坐會、念佛會、法青會、教師聯誼會、榮譽董事
會、社會菁英禪修營共修會、助念團、義工團、合唱團等，由在家居士組成，為不同
屬性社會大眾，提供服務，共同成長。

法行會全年舉辦十一場例會，由僧團法師講授藥師法門、觀音法門、禪的源流、禪
的概說、次第禪法及默照禪等法義；6月，於寶雲寺舉辦中區會員大會，方丈和尚出席
勉勵會員調心轉念，運用正面思考面對無常人生；11月，南區法行會邀請法鼓文理學院
校長惠敏法師，於成功大學演講「禪修、腦科學與人生」，從腦科學的角度，說明從
腦養成好習慣，過快樂人生。

念佛會7月於法鼓山園區舉辦地鐘成長營，近兩百位執掌法器的信眾從觀摩實務研習
中，認識執掌精神與修行意涵，承擔以音聲弘揚佛法的使命；助念團3月在農禪寺舉辦

「助念團新進團員成長營」，深入了解團體的理念與關懷的原則、方法，也凝聚道情。

教聯會除延續往年於寒暑假期間，分別舉辦寒假禪五、暑期禪七外，7月於天南寺舉辦心靈環保自我成長營，透過心靈環保的觀念、禪修的方法，練習覺照自我與環境，為校園深化慈悲和智慧

法青會不定期舉辦戶外禪，體驗動禪的放鬆與安定。

的學習氛圍；另於新北市坪林、法鼓山園區，舉行兩場戶外禪。

8月，教聯會於農禪寺舉辦「二十週年回顧與展望」慶祝活動，方丈和尚果東法師、果器法師到場關懷，創會會長楊美雲分享二十年來的發展歷程，期望能結合專業與佛法，造福更多學子。

榮譽董事會2015年於全臺展開五場關懷聯誼會，近一千七百位悅眾相聚繫法緣；5、6及12月，分別於農禪寺、寶雲寺、雲集寺，舉辦北中南區榮董聘書頒發暨聯誼會，共有一千一百多人與會。另外，新春祝福活動於3月在農禪寺、雲集寺展開兩場，分別由方丈和尚與惠敏法師、果器法師主持，共近二千人與會；12月，於農禪寺舉辦第三任悅眾團隊聯席會議，七十位來自全臺及美、加地區的悅眾，分享推動會務的經驗與心得。

法青會各地分會則不定期開辦鈔經、梵唄、戶外禪、茶禪等成長課程，接引青年學子學習各種修行方法，2015年並舉辦十一場「The AMP Livehouse大師講唱系列」，邀請音樂工作者分享創作歷程與作品，傳遞音樂的正面能量；所屬的心潮梵音團隊則於5、7月，在德貴學苑舉辦「青年彌陀祈福晚會」，以梵音為尼泊爾震災、新北市八仙樂園塵爆傷亡者祈福。

3.各地辦事處及共修處

2015年全臺灣共有四十一處辦事處、十九處共修處，提供行政辦公及信眾共修、聯誼之用，共修內容包括禪坐、念佛、菩薩戒誦戒會、法器練習，以及開辦讀書會、佛學及禪藝課程等，其他諸如百年樹人獎助學金頒發、聯合祝壽、歲末關懷及水陸法會等大型活動舉辦之際，辦事處及共修處也提供人力支援，共同成就。

其中，文山辦事處於7、8月開辦「助念法器共修」密集課程，包括助念與執掌法器的威儀、往生助念的唱誦與演練、慰問關懷誦念等；8月，高雄北區辦事處舉辦勸募會員戶外聯誼活動，由悅眾分享勸募和擔任義工的心法與經驗；文山辦事處11月舉辦「早安，佛陀！」課程，包括法鼓八式動禪、《心經》與《阿彌陀經》朗讀、心靈茶會，以地區力量，陪伴鄉親成長。

本年，海山辦事處、三重蘆洲辦事處與泰山共修處分別喬遷至新會所，接引更多大眾熏習佛法，互相成就學佛因緣；花蓮辦事處、天母共修處成立二十年，也舉行祈福法會與回顧活動，由果觔法師、常續法師帶領，分享法喜。

4.關懷院

為提供大眾大事關懷教育的學習，關懷院2015年分別在桃園齋明別苑、臺北市中山區行政大樓舉辦「祈願生死兩相安」大事關懷課程，內容包括禮儀環保理念、法鼓山大事關懷作法與細則等，分享積極正向的生命態度。

關懷院3月於農禪寺舉辦助念團成長營，由常健法師、常導法師，助念團正、副團長等帶領，七百多位新舊團員為理念充電，更精準掌握大事關懷原則與方法。

4月，監院常健法師巡迴北美，於象岡與洛杉磯兩道場，以及舊金山、安省多倫多兩處分會開辦大事關懷系列課程，介紹莊嚴佛事的觀念與作法，並分享如何將悲傷轉化為慈悲的願力。

二、發展體系

發展體系以了解社會脈動需求，致力推展法鼓山修行、教育、文化等事業，包括普化中心、文化中心及相關基金會，提供現代人具體可行、安頓身心的佛法甘露。

（一）普化中心

普化中心負責規畫、研發、推廣並整合大眾學佛與禪修服務，設有信眾教育院、傳燈院、青年發展院、弘化發展專案等單位，融合豐碩的學習資源與現代科技，深入社會各層面，接引大眾在學佛路上歡喜同行。

1.信眾教育院

信眾教育院規畫分齡、分眾，完整而有次地的學佛地圖，開辦聖嚴書院佛學班、福田班、禪學班，以及快樂學佛人、長青班與法鼓講堂等課程，再輔以讀書會、心靈茶會等共學推動，深入社會各層面，將漢傳禪佛教、聖嚴師父的教法，廣與全球大眾分享。

佛學課程方面，藉由聖嚴書院各項為期三年的佛學班初階、精讀、專題及禪學班等課程，完整了解佛學與禪修教理法脈，進而建立正知正見與方法，2015年全球新開十五班次，總計有八十五班，帶領近五千位學員領略佛法教義；中區佛學班及北區佛學班，也分別於5及7月在寶雲別苑與農禪寺舉辦聯合結業典禮，共有五百一十四位學員圓滿三年學習。

解門與行門並重的福田班，全年於國內各分院及海外洛杉磯、馬來西亞道場等地展開，全年新開辦十三班次，引導逾一千五百位信眾實踐服務奉獻的福慧人生；專為學佛新手設計的「快樂學佛人」系列課程，首班於1月在農禪寺開班，隨後於全臺各地分院、護法會辦事處分別展開，方便大眾就近參與，全年共開辦二十一個班次，近

一千八百人結業；而專為六十歲以上長者開辦的「法鼓長青班」，全年共計有二十九個新班，引領三千一百多位長者快樂學習，建立樂齡心生活。

提供全球各地學員上網聽講，並參與課程討論的「法鼓講堂」佛學課程，2015年主場地設於農禪寺，並同時在心靈環保學習網

長者在長青班課程中，快樂學習，體驗樂齡生活。

進行線上直播。本年課程均由僧團法師講授，內容包括《四十二章經》、《佛說善生經》、《心經》與《法華經》等四部經典，以及「大悲懺法」、「天台學之解脫道──以藏教為主」、「中國佛教史」、「世界佛教史概論」，帶領學員認識經藏、學習佛法在生活上的應用。

推廣共讀共享的「心靈環保讀書會」，2015年海內外共有一百二十三處，包括臺灣一百一十六處、香港二處、加拿大溫哥華五處，皆由讀書會培訓課程結業的學員帶領；而「心靈環保讀書會帶領人基礎培訓課程」，也於7、10月分別在農禪寺、寶雲寺舉辦，由果毅法師、常用法師、資深讀書會帶領人方隆彰老師帶領，深化帶領人的領導技巧。

此外，一年一度的「普化教育悅眾充電營」，於3月舉行，由北美護法會前會長張允雄帶領，為一百五十多位福田班、長青班、快樂學佛人課程關懷員充足關懷和安定的能量。

數位學習推廣方面，「心靈環保學習網」除線上直播「法鼓講堂」佛學課程，並整合運用實體課程與數位課程，廣與各地民眾共享法鼓山的學佛資源。至2015年年底，累積課程數近四百三十門，會員人數近兩萬六千人。

2. 傳燈院

以禪修推廣為主的傳燈院，2015年除了協助體系內各級禪修課程及活動的舉辦，並將觸角延伸至事業體與校園，接引不同年齡與族群層，體驗禪法的活潑妙用。

本年在天南寺首辦醫護禪修營、舉行第二屆社工禪修營，課程結合初級禪訓班與禪一，由常乘法師帶領，讓社工與醫護人員，透過禪修練習收心、攝心、安心、放心。企業方面，針對全聯福利中心設計各四堂的「放鬆禪」與「紓壓禪」，帶領上班族，學習觀照自己的方法；另外也為政治大學教師研習中心的老師，進行禪修指引與法鼓八式動禪練習。

校園禪修方面，傳燈院製作「吃飯趣」教學錄音檔，提供國民中、小學運用。其中，9月起於桃園快樂國小舉辦十一場「吃飯趣」教學活動，結合禪修與用餐教育，近六百位學童練習專注吃出食物的好滋味，體驗吃飯的樂趣；禪坐會義工也應桃園中興

2015年傳燈院於校園推廣吃飯禪，帶領學童體驗吃飯的樂趣。

國中、高雄新發國中之邀，舉辦禪修營，除帶領動禪，並分享心五四的精神。

全年度的基礎禪修課程，包括八場初級禪訓密集班、兩場中級1禪訓班，也於三義DIY心靈環保教育中心舉辦四場精進禪二；為培養更多禪修的師資及種子人才，傳燈院持續開辦坐姿動禪、立姿動禪、中級1禪訓班輔導學長培訓課程，讓禪眾們對中華禪法鼓宗的內涵能有更深層的體會。

相關禪修教材的研發，除製作新版法鼓八式動禪（CD+DVD）及學習手冊，也因應現代人工作多樣化的型態，將「初級禪訓班」調整為六堂，「中級1禪訓班」調整成六堂及八堂課兩種形式，延伸回家練習體驗的學習單，引導學員實踐禪修定課，並推廣到各地分院開辦。

另一方面，為廣邀信眾擔任5月「心靈環保Stop‧Relax‧Enjoy」禪修體驗活動的推廣鼓手，2至4月底，傳燈院組織「心靈環保SRE地區宣講團」，全臺展開三十場宣講活動，地區信眾也發揮創意，錄製短片呈現禪修心法在生活中的活用，共有近一千一百人參與。

專為接引在臺外籍人士體驗漢傳禪修方法的國際禪坐會（International Meditation Group, IMG），除了每週六例行共修，全年共舉辦十場禪一，4月並於法鼓山園區舉行禪二，體驗法鼓山的境教禪風。

3.青年發展院

青年發展院致力於接引年輕人親近佛法、接觸禪修，各項活動及課程設計，多元活潑，行之有年的「青年卓越禪修營」，於2、7月在天南寺展開，以「一起來敲開心門吧！」、「夢的時空旅行」為主題，分別由常澧法師、演道法師帶領，將禪修與佛法的觀念與方法運用在團康遊戲中，帶領學員探索生命的方向，共有二百多位來自新加坡、馬來西亞、香港、大陸、美國及臺灣在學及社會青年參加。7月，於信行寺舉辦第三屆「心‧生活高中營」，共有來自德國、法國、大陸及臺灣一百一十位學子，在放鬆體驗、電影討論、團體合作遊戲、戶外活動裡，學習身心調和與人際互動。

兩梯次的「悟吧！二日營」，由常義法師、常澧法師及演道法師帶領，包括動禪、坐禪、經行及托水缽等，引導學員覺察自己的身心狀況，體驗安定的攝受力；春季活動安排大屯山連峰健走，秋季活動則邀請知名民宿「天空的院子」創辦人何培鈞，鼓

勵學員啟動自己的夢想。

10月31日信眾大會舉辦前夕，青年院於園區祈願觀音殿舉辦「祈福發願晚會」，由方丈和尚果東法師與各地監院法師帶領點燈發願；次日並於信眾大會中演出〈純真覺醒〉，有近三百位來自臺灣、溫哥華、馬來西亞的年輕學員，展現護法傳承新活力。

4.弘化發展專案

弘化發展專案包括了水陸研究推廣、梵唄統一、傳戒等，秉持聖嚴師父的教法，以清淨、簡約、環保為理念，結合數位科技潮流，引領弘化新趨勢。

因應智慧行動裝置的普及，自2013年推廣行動裝置應用程式弘法以來，至2015年修學佛法的App專案在Google Play已上架四十餘支，包含「學佛入門」、「生活佛教」、「無盡身教」及「佛化家庭」的繁體與簡體版，帶動App學佛風潮，下載者遍及八十國。

在水陸研究推廣部分，11月28日於園區啟建第九屆「大悲心水陸法會」，藉由線上直播，全球各分支道場、護法會分會、辦事處，共三十三處據點同步精進共修；或透過手機、電腦參加網路共修，每日同步精進者超過八萬人次。法會啟建前，鼓勵大眾善用法會系列與聖嚴師父講經系列App，先行了解法會修行意涵，並運用App中的聖號、經咒影音、經文內容，完成前行功課，將修行融入生活中。

傳戒方面，「第二十屆傳授在家菩薩戒會」於3月分兩梯次在法鼓山園區舉行，受戒人數創新紀錄，共有一千二百六十六位戒子圓滿受戒，共學菩薩精神。

（二）文化中心

文化中心為法鼓山主要文化出版、推廣單位，透過文化出版、文史資料的保存及展覽的推廣，戮力漢傳禪佛教與心靈環保的生活實踐，其下設有專案規畫室、文化出版處、營運推廣處、史料編譯處。其中，文化出版處下有叢書部、雜誌部、文宣編製部、影視製作部、產品開發部，營運推廣處下有整合行銷部、通路服務部、物流服務部，史料編譯處下有史料部、國際翻譯組。對外出版單位為法鼓文化。

2015年叢書部共出版二十九項新品，包含新書二十七種、影音產品一種及桌曆一種。本年共出版了四本聖嚴師父著作，包括：《光明遠大——智慧轉境，自心光明；慈悲利他，希望遠大。》、《正信的佛教》新版、《正信的佛教》大字版及《禪的世界》英文版。其中，《光明遠大》為法鼓山年度主題書，由

法青學員於信眾大會上演出〈純真覺醒〉，展現青年學佛新活力。

師父著作中精選「慈悲無我利他行」、「智慧轉境報恩行」、「自心光明修身行」、「希望遠大菩薩行」等主題開示，希望藉由利他行、報恩行、修身行，以及菩薩行的正向思考與實踐方法，超越自私自利的小我，放寬心量、放大視野，建構光明遠大的人生方向。

為了讓年長者能自在閱讀，法鼓文化新規畫了「家中寶」系列，精選學佛精典好書，以十六開大開本、加大內文字級，搭配米色護眼紙，讓年長者輕鬆活到老學到老。系列第一本書就是師父影響最廣、最深遠的《正信的佛教》，期望能接引不同年齡層的學佛人。

2015年規畫「新亞洲佛教史」、「好讀」新書系，前者集結日本重量級佛教史學者，依最新出土的文獻史料，透過不同的文化面向，研究佛教在亞洲各國的發展，4月出版《中國文化中的佛教：中國III 宋元明清》，從思想史、文化史、民眾史的角度出發，省思中國傳統佛教發展的軌跡，為讀者勾勒宋、元、明、清佛教史的文化脈絡。「好讀」新系列，與「臺大獅子吼佛學專站」合作，藉由新式標點、白話導讀、清晰註解，讓大眾更容易閱讀經藏，《好讀雜阿含經：第一冊／遠離憂悲苦惱 卷一至卷十》於5月出版，以現代人易懂易學的方式，體驗《雜阿含經》深入研讀的方法。

方丈和尚果東法師於2月出版《原諒，好緣亮！》，針對家庭、職場、人生，提供正面解讀、逆向思考的智慧。4月及7月出版的《禪味六十》、《禪門直心》，繼程法師從佛法觀點，分享人生禪味，也點撥禪修用功方法與修行心態的開示，提醒隨時回到當下、回到方法，就能回到禪悅自在。12月出版《六十感恩紀──惠敏法師訪談錄（增訂版）》，為惠敏法師傳記，由學者侯坤宏、卓遵宏專訪，惠敏法師以感恩心分享他的人生築夢方程式。

備受好評的「人生DIY」系列，2015年出版《創意佛藝好好玩──20種佛教手作藝術輕鬆上手》，收錄了吳大仁老師二十種佛藝手作示範，以簡單清楚的步驟，打造禪味生活美學；兩本攝影集《看見法鼓山最美的風景──義工身影》、《PURE LAND。淨土──許朝益攝影集》，則藉由影像記錄默默實踐佛法、成就法鼓山的萬行菩薩。

影音系列，3月出版的《菩薩行》CD，由百人交響樂團、合唱團，以磅礡氣勢展現人間菩薩的動人樂音，分享菩薩行願的故事。8月出版的《早安好食！》，邀請知名素食主廚藍子竣，規畫五十道簡單、易學的各國風味早餐，讓每個人都有活力滿滿的一天。

10月出版的《天地寬──2016年法鼓山桌曆》，則由攝影師鄧博仁，分享齋明寺天寬地廣之美，以禪心觀世界，無不喜悅安定，海闊天空。

雜誌部於2015年除了出版十二期《法鼓》雜誌（301～312）、十二期《人生》雜誌（377～388），並因業務調整，承接體系內《護法》季刊、《法鼓文理學院校刊》、《金山有情》等三份小型報紙型態季刊的委託製作，從內容企畫、執行、採編到印

製，發揮最大效能。

2015年的《法鼓》雜誌，以法鼓山弘化的腳步為風帆，滿載各單位、會團的發展成果，航向接引大眾學佛護法的大海。契應數位行動潮流，《法鼓》雜誌App於8月正式上架，除了紙本、網路之外，配合現代人的即時閱讀習慣，將每一期雜誌內容，傳送到大眾的數位行動裝置中，分享轉傳佛法訊息，更加便利。

今年適逢法鼓山園區落成十週年，同時舉辦全球信眾大會，《法鼓》雜誌從303期開始規畫系列報導，以凝聚護法信眾的共識。首先是「萬行菩薩」專欄（303期至311期），報導園區義工從分組執事的奉獻中，實踐菩薩道的精神，以及自我成長的喜悅；全球信眾大會系列報導（308期至310期），回顧如何從園區建設落實「心靈環保」理念，並闡述觀音道場與禪佛教的密切關係；311期中，僧團在10月21日，十年前落成開山典禮的日子，從金山法鼓山園區經行至發源地北投中華佛教文化館，以尋根溯源之旅，再次堅定傳承弘揚法鼓山理念的願心；另外，以〈擊法鼓　做對世界有用的事〉全版篇幅呈現十年來法鼓山秉持創辦人聖嚴師父的理念，對社會所作的奉獻與影響；312期則以三個版面，記錄在全球信眾大會中，四眾弟子從全臺，乃至海外一齊回到法鼓山，再度以「心靈環保年度開學日」為起始，發願實踐「學觀音‧做觀音」的詳盡內容。

在大普化教育方面，中臺灣教育中心──臺中寶雲寺重建啟用，《法鼓》雜誌持續報導包括系列活動「法華講座」、「大願力 大家庭 法華禮讚」感恩晚會（301期至304期）、重建啟用典禮、寶雲寺建築與空間介紹（305期）、〈到寶雲寺 走進法鼓山故事〉（307期）等，以感恩各界多年的護持。此外，諸如泰山共修處灑淨（303期）、三重蘆洲辦事處搬新家、舊金山分會新會所落成啟用（307期）、泰國護法會十周年（308期）、西雅圖分會遷入新址（309期）、海山辦事處搬遷灑淨（310期）等，則為法鼓山各地據點的發展軌跡作見證。

因聖嚴師父的興學大願，匯聚眾人願心而成就的法鼓文理學院，於2015年度首屆招生，《法鼓》雜誌除了介紹辦學理念與招生資訊（302期），更於306期實境介紹校園，以及後續的禪悅書院入住前灑淨（307期）、首屆新生開學（310期）、人文社會學群體驗營（311期）、大願校史館介紹（312期）等，將法鼓文理學院的進程動態，詳盡呈現。

還有SRE系列活動（305至306期）、傳燈法會（304期）、2015禪修月（309期）、蘇迪勒風災復原（309期）、兒童心靈環保體驗營（308期）、美國法鼓山佛教會（DDMBA）出席聯合國氣候高峰會（313期）、溫哥華道場首度舉辦英文敦親睦鄰過新年活動（304期）及首辦佛教學術論壇（305期）、法鼓山園區十週年特展（303期）、2015大悲心水陸法會（313期）等重要弘化活動，均有豐富的深入報導。

《人生》雜誌，2015年專題與專欄持續關注現代人提昇生命，以及修行法門的深

入，佛法觀念融入世學，引導讀者將修行與生活融合為一。此外，封面由知名插畫家劉建志執筆，呈現親切、雅趣的風格，適切傳達貼近生活與心靈層面的內容。

每期專題方面，實用的修行法門系列有：2月號（378期）出版「新春遇見八十八佛」、5月號（381期）「大家來學〈楞嚴咒〉」，透過圖解、內容解析，以及平易實用的Q＆A問答，介紹常見的法會、持咒、禪修等修行法門，兼具觀念與方法，解行並重。

將禪法融入日常生活的議題，企畫了3月（379期）「原諒——好緣跟著亮！」、4月（380期）「病，不煩惱」、7月（383期）「禪門過關——向堂主小參，修行不卡關」、8月號（384期）「認識六道——把握人身好修行」、12月（388期）「好好睡，好好覺」，從生活作息、人際關係、生命關懷等面向與禪修結合，從行、住、坐、臥體會禪修的妙用。

「經典義理」類專題包括1月號（373期）「光明遠大——大家來讀《金光明經》」、6月號（382期）「用〈淨行品〉過每一天」、9月號（385期）「聖嚴法師教〈觀心銘〉、10月號（386期）「大家來讀〈普門品〉——學做現代觀音」、11月號「觀音法門——《楞嚴經》耳根圓通」，除了介紹經中的旨要，更強調與修行生活的結合，例如從求觀音、念觀音，到學觀音、做觀音的觀音精神實踐，引導讀者了解發願、實踐的重要性。

專欄方面，則有生活類的「人生選擇題」、「禪味小食堂」、「電影不散場」（電影與人生），以及「大覺智海」專輯的「禪門鍊心」、「楞嚴導讀」、「東亞佛寺之旅」、「華嚴心鑰」等，不僅提供佛法的生活體悟，還有佛教義理、佛教文化的知識涵養。另外，「人生座談會」摘錄了法華智慧系列講座；「清心自在」則是讀者投稿禪修、學佛心得分享，提供現代生活的佛法視野。

《護法》季刊於 2015年復刊發行，為各地區送出一份佛法的禮物，持續發揮關懷勸募會員的功能，串起地區悅眾聯繫與交流，注入護法勸募新動力。復刊的《護法》季刊，一年發行四期，分別於1、4、7、10月出刊。頭版「護法心聞」，報導當季要聞，並節錄聖嚴師父對於鼓手心行、勉勵等開示，以理念充電站、勸募Q＆A等專欄，涵養佛法正知見。二、三版「專題特寫」，每季規畫不同主題，帶領勸募會員認識共願成就的法鼓文理學院（1月）、寶雲寺興建與中部地區護法故事（4月）、探討

法鼓文化出版多種書籍與《法鼓》、《人生》雜誌，戮力推廣漢傳禪佛教與法鼓山的理念。

不同世代鼓手的承擔與傳承（7月）、呼應師父法語「忙人時間最多」的佛法實踐（10月）等，皆深獲好評。四版「勸募法門」邀請勸募會員現身說法，分享護法弘法的用心，並開闢「處處好讚」專欄，介紹各辦事處的特色與地區人文，呈現法鼓山於不同地區發展的多元面貌。

《法鼓文理學院校刊》，2015年以季刊發行第二至第五期。每期各以不同主題，記錄學校發展點滴，內容共有四版：頭版記錄校園重要記事；第二版為校園動態與「校長Tea Time」專欄；第三版以學術交流記錄為主，包含學術出版品介紹、數位專案成果、研討會與演講回顧等；第四版則為英文版，由師生自述個人的學術研究歷程，或是參與海外學術交流心得，提昇學生的國際視野與英文讀寫能力。

本年《金山有情》季刊，分別於1、4、7、10月出刊。頭版「本期焦點」以在地即時新聞為焦點，如二媽回娘家（53期）、富貴角燈塔對外開放（54期）等。二、三版為「專題特寫」，每期規畫不同主題，深入探索人文采風與自然生態，如：針對傳統技藝的保存，邀請小童軍一起採訪，認識文化傳承，開啟世代對話（53期）；從西伯利亞小白鶴逗留清水濕地，探討生態保育（54期）。四版「北海鄉情」，挖掘在地趣味的人、事、物，包括漁村小旅行、神明淨港等文化體驗（52期）。此外，還有地方短波及法鼓山園區相關資訊，邀請鄉親參與課程、體驗修行活動。

接受體系內各單位委託製作各類文宣、結緣品的文宣編製部，2015年主要出版品包括《2014法鼓山年鑑》、法鼓山《行事曆》等，以及聖基會《今生與師父有約》、《學觀音‧做觀音》、《樂活紓壓禪》等九本中、英文結緣書籍。而廣受歡迎的《大智慧過生活》校園版套書，2015年全臺有逾三百所學校提出申請，總發行量近二十萬冊。

影視製作部2015年自製影片，包括《師徒故事》動畫系列、《聖嚴法師與觀世音菩薩的故事》、《同體大悲祈福平安》、《2015法鼓山大事記》等十七部；而在教學類的影片方面，共完成《方丈和尚精神講話之師父開示》四集、《法鼓山要做對世界有用的事》等影片的字幕製作。

研發涵容心靈環保理念的環保用品、生活飾品、修行用品為主的產品開發部，2015年共開發二十四項新品，包括念佛機、保溫杯、手帕，以及仿皮革紙書衣、票夾等，以禪修與佛法的日用，豐富現代人的生活。

史料部2015年於法鼓山園區規畫「一鼓一棒一大願——法鼓山園區落成10週年特展」、開山紀念館常設展換展，以及農禪寺開山農舍「追尋智者的心光」特展，分享法鼓山的發展與聖嚴師父的生命歷程。

（三）相關基金會

慈基會、人基會、聖基會，為法鼓山推展大普化、大關懷、大學院三大教育理念的重要相關單位。

1.慈基會

慈基會以對社會的整體關懷為著力點，2015年於國內，在例行大型關懷活動方面，首先是「103年度歲末關懷」，延續自2014年12月中旬展開的活動，至2015年2月底圓滿，合計關懷近兩千八百戶家庭；「百年

法鼓山關懷醫療團至馬來半島東海岸地區，提供醫療會診和心靈關懷。

樹人獎助學金」則於4至12月期間，在全臺各地舉辦第二十六、二十七期頒發活動；近三千四百位學子受益。5月、8月舉行端午、中秋關懷活動，除攜帶應景素粽、月餅前往關懷家庭表達祝福外，慰訪義工並至社福機關、安養機構等地與民眾歡度佳節。

災難救助上，2月復興航空客機墜落基隆河意外，慈基會派遣義工前往醫院陪伴傷者及家屬，並捐助乾式防寒潛水衣支援救難工作。8月蘇迪勒颱風為臺灣帶來災情，慈基會啟動緊急救援系統，提供新北市烏來、三峽地區緊急物資，協助居民重建清理家園；也捐贈新店區龜山國小教學所需設備，協助學子順利開學。

另一方面，為持續推廣防災公益，本年慈基會結合各界關懷資源，捐助採購住宅用火災警報器，提供基隆市、臺東縣弱勢家庭充實居家安全；在高雄氣爆事故屆滿一週年之際，祕書長果器法師與紫雲寺監院常參法師代表法鼓山，捐贈高雄市排煙消防車，提昇消防救災效能。

海外部分，持續關注中國大陸四川省震災學子心靈重建工程，1月，於安縣舉辦兩梯次生命教育課程，由安心站義工帶領認識禮儀環保與團隊合作；7、8月暑假期間，慈基會與法青會於當地舉辦兩梯次「生命教育心靈環保體驗營」，由僧團法師及僧大學僧帶領授課，共有兩百三十多位高中及大學生思考、體會「心靈環保」在生活中的實踐，並探索自我覺察與生命的意義。

對於尼泊爾在4月發生的強震災情，慈基會兩度派遣義工，前往勘災、提供物資，並援建首都加德滿都近郊的雅久日奔學校（Ngagyur Memorial School），協助學童的就學與安置。

另一方面，為關懷2014年遭逢嚴重水患的馬來西亞，慈基會與馬來西亞道場於1月由法師與義工組成關懷醫療團，提供義診，傳遞安定身心的心靈關懷；也與馬國多個佛教團體合作「未來與希望・家園重建計畫」，援助災區村落重建。

2.人基會

以心靈環保的理念、心五四的方法，落實「人文社會化，社會人文化」願景的人基

會，本年持續與教育廣播電台合作製播《幸福密碼》節目，廣邀社會賢達分享經驗、傳遞幸福；「2015光明遠大心靈講座」於每月最後一週週三於德貴學苑舉辦，邀請各領域專家學者針對社會普遍關切的如食安、養生、生命成長、宗教信仰等議題，分享正確的資訊與觀念。

為深耕「心六倫」，6月起於安和分院開辦三堂「快樂婚享班」，以家庭倫理為核心，學員交流讓愛增溫的幸福祕方。7月起於德貴學苑進行五堂「心藍海策略──企業社會責任」系列課程，分享以佛法經營企業的視野與方法，協助領導人找到安心之道，回應公民團體對於「企業社會責任」的要求。

族群倫理上，為關懷新住民所開辦的「幸福廚房」烹飪課程，協助新住民媽媽落地生根，融入社會；也規畫幸福兒童班，帶領新住民學童學習專注、尊重與感恩。結合校園倫理與自然倫理，10月起於北臺灣十所中、小學推廣香草課程，透過觀察植物的生長、榮枯，引導學童五感體驗，尊重生命。

而人基會所屬的心劇團，全年活動不斷，4月舉辦成果展，引領以六感體驗茶禪與表演藝術；7月兩梯次的「幸福體驗親子營」，親子共學，感受心六倫的幸福力量。另外，「2015轉動幸福計畫《媽媽萬歲Ⅱ旅程》」校園巡演活動，9至11月於雲林縣偏鄉演出十場，逾一千六百位學童、教師、家長及在地居民參與觀賞，啟發轉動幸福的正向力量。

心劇團深入偏鄉公演，雲林縣和平國小學童以精彩的表演，表達熱情又自信的回饋。

因推廣心六倫及從事淨化人心工作卓有成效，11月，人基會獲教育部頒發「104年度社教公益獎──推展社會教育有功團體獎」肯定，由祕書長李伸一代表出席受獎。

3.聖基會

聖基會戮力推廣、弘傳聖嚴師父思想與理念，重點工作含括舉辦經典、專題講座，以及出版、製作及推廣師父相關結緣書刊等。

2015年的「聖嚴法師經典講座」，於5、7月進行，分別由果舟法師主講「地藏菩薩之大願法門」、果祥法師四堂「藥師法門」，除講授法門要義與修持方法，法師亦分享修持心得，建立學員對佛菩薩功德願力的堅固信念；9至12月，於週日舉辦十堂「佛教生命倫理專題」講座，邀請臺灣大學哲學系教授蔡耀明主講，從佛學觀點，帶領學員思辨生命的重大課題，建立修行正道。

2015年聖基會舉辦四場兒童生活教育寫畫創作頒獎典禮，
圖為於信行寺進行的場次。

提昇孩童倫理品德發展的「2015兒童生活教育寫畫創作」徵集活動，回響熱烈，包括繪畫、作文與書法三組，海、內外共兩千三百多件作品參與。12月頒獎典禮分別在信行寺、寶雲寺、紫雲寺、及德貴學苑展開四場，方便各地學童就近參加。

在結緣書籍推廣上，2015年出版《今生與師父有約》第七集、第八集與《樂活紓壓禪》、《生活處處皆是禪》等九本新書，分享聖嚴師父的身教、行誼，以及禪修方法、觀念應用的開示，協助現代人建立身心平衡的人生觀。

三、教育體系

教育體系是推動大學院教育的基石，從宗教出發，融合人文、社會等學科，建構佛法與世學兼備的教育環境，並回應高等教育的時代需求，為社會培養在研究、教學、弘法、服務各項領域中，啟迪觀念的專業領導人才。其下包括法鼓文理學院、中華佛學研究所、僧伽大學、法鼓山社會大學、禪堂、三學研修院等單位，以下就各單位在2015年的主要工作及活動內容，進行重點概述。

（一）法鼓文理學院

以「培養關懷奉獻、博學雅健人才的園地」自期的法鼓文理學院，2015年除了佛教學系博士、碩士、學士班持續招生，人文社會學群也於春季首度招生，包括生命教育、社區再造、社會企業與創新、環境與發展等四個碩士學位學程。除了制度面的運作無礙，在教學上，持續透過學術講座及研討會、國際交流、跨領域合作與校園活動等多元管道，培育具宏觀視野的各級領導人才。

在學術交流與研討方面，10月於法鼓山園區舉辦「《中阿含經》國際研討會」，研討會採取小型、深入探討的方式進行，共有二十多位來自世界各地研究《阿含經》的學者參加，為《阿含經》在臺灣的研究提供不同研究面向；執行近二年的「藏傳佛典漢譯暨人才培訓計畫」，11月舉行學術研討會，研討藏傳佛典漢譯展望。

另一方面，4月受邀出席中國大陸北京大學佛學教育研究中心舉辦的「本煥長老與當代佛教學術研討會」，由助理教授鄧偉仁代表參加，並以「學術與修行兼備的佛教研修學院──『法鼓佛教學系』挑戰與契機」為題發表演說；11月，佛教學系教授杜正民前往中國大陸北京講學，介紹聖嚴師父思想、佛典數位典藏的過程與成果。

專題講座及演講方面，包括淡江大學中文系教授高柏園主講「佛教文化與現代社會」、第六世噶陀仁珍千寶貝瑪旺晴仁波切主講「西藏佛教覺囊派他空思想探討」、印度色拉寺康薩仁波切主講「聞思修入中論甚深道次第的方法」、日本京都大學人文學研究所副教授維習安（Christian Wittern）主講「高可靠度且可多人共享之電子佛典文獻系統之設計」、美國普林斯頓大學（Princeton University）宗教系博士候選人顧立德（Douglas Gildow）主講「中國改革開放以來的僧伽教育」等，拓展師生的研究視野與多元思維。

此外，為涵育人文素養與關懷，亦邀請聖嚴師父法子繼程法師於1、6月，分別主講「安心淨心」、「禪味六十」，分享人生的禪味與安心之道；雲門舞集舞者劉航煜主講「舞蹈‧漂浮‧以色列」，回顧希臘、保加利亞和羅馬尼亞、以色列的流浪之旅，以舞蹈體驗人生不同的經歷；建築師姚仁喜則在11月「一窺堂奧」講座中，帶領聽眾省思心靈與空間的對話。

在校園活動上，於4月展開校慶週活動，包括社團成果展、春季五分鐘說書、趣味運動競賽、綜合語言競賽等，分享學生成長；同時舉辦「法鼓文理學院」揭牌暨揚生館揭幕啟用典禮。6月，舉辦校名揭牌後首屆畢業典禮，共有二十三位佛教學系碩、學士畢結業生圓滿學習，彼此互勉運用所學，利益大眾。

9月人文社會學群首屆新生入學，同步舉辦新生營，協助學生安頓身心，適應校園新生活；10月，新圖書館「麗英館」、「大願‧校史館」開館啟用，前者提供充實的研究資源，後者期許師生飲水思源，永續感恩與迴向。12月底的圖館週系列活動，以「我的電子書時代！」為主題，包括五分鐘書評、中西參大賽、電子資料庫利用課程等，彰顯圖資館的各項服務與功能。

另一方面，文理學院禪文化研修中心2015年舉辦多場禪修活動，包括8月首辦兩岸大學校院教師禪文化研習營，二十位來自臺灣與中國大陸的教師與博士生，於法鼓山園區體驗漢傳禪法、領略人文的深度；10月舉行的「人社研修體驗營」，由人社學群教師授課，共有七十多位學員藉此了解人文社會學群課程概貌，涵養自己成為推動心靈環保的一份子。

於推廣教育，法鼓文理學院推廣教育中心在德貴學苑開辦課程，共開辦三期、近三十門課程，包括快樂生活、佛法教理、佛學語言、佛教應用等四大類，提供大眾研修佛學、親近佛法的管道。

（二）中華佛學研究所

致力於推動漢傳佛教的學術研究與出版，帶領臺灣佛學研究與國際接軌的中華佛學研究所，4月，與僧團、文理學院、文化中心等單位於德貴學苑舉辦「聖嚴法師文物史料數位典藏與理念推廣研究」專案第二次成果發表會，並邀請學者專家、科技界代

表，對談數位史料的運用與開展。

而年度最重要活動首推於6月主辦首屆「漢傳佛教青年學者論壇」，以「漢傳佛教研究的新文獻、新視野、新方法」為主題，研究題目涵蓋跨文化交流、寺院空間、佛教藝術、經論義理、民間寶卷、詩歌等。論壇的舉辦，不僅開創青年學者跨界論學平台，也增廣漢傳佛教研究新觸角。

學術出版方面，2015年出版漢傳譯叢新亞洲佛教史系列《中國文化中的佛教》、中華佛學研究所系列《陳那現量理論及其漢傳詮釋》、漢傳典籍叢刊系列《雪竇七集之研究》，以及佛教會議論文彙編系列《求法與弘法──漢傳佛教的跨文化交流國際研討會論文集》，共四本。

兩場校友活動，分別是1月在德貴學苑舉辦兩場校友專題分享座談會，由校友果祥法師、厚觀法師，越建東、黃國清等，分別以「臺灣佛教（學）教育」、「心靈環保農法經驗」為題，與歷屆校友展開知性交流；12月，於法鼓山園區舉辦校友活動，並通過成立校友會，凝聚眾人力量，對內回饋母校，對外服務社會，傳承利他為重的校風。

（三）僧伽大學

以培養解行並重、道心堅定僧才為教育理念的僧伽大學，學制設有佛學、禪學兩系。2015年有四位男眾、十四位女眾入學；並有十三位行者剃度出家，荷擔弘法利生的如來家業。

1月，首先舉辦「第十二屆生命自覺營」，共有一百七十三位來自北美、東南亞、中國大陸、香港、臺灣等地青年學員，於短期出家生活中，體驗生命的覺醒與超越；3月舉辦招生說明會，鼓勵青年學員以生命感動他人。

課綱方面，解門、行門課程之外，4月舉辦第七屆講經交流會，十二位學僧分享心的對話；6月舉辦「2015畢業製作暨禪修專題發表」，共有九位學僧運用多元媒材，展現學習成果。7月的「世界公民工作坊」，由果禪法師、常濟法師帶領探討心靈環保與永續發展的關聯，全程以英語進行，提昇學僧國際弘化的視野與能力。

7月舉辦畢結業典禮，院長方丈和尚、副院長常寬法師、果肇法師等師長出席祝福畢業生踏出利生步伐。本年有六位畢結業學僧，進入僧團，領執奉獻。8月，學僧刊物《法鼓文苑》出版第七

僧大世界公民英文工作坊，學僧探討心靈環保與永續發展的關聯。

期，以「心的甦醒——生命自覺號」為專題，透過「生命自覺營」歷年學員、執事法師和學僧的分享，共同檢視生命的轉變。

（四）法鼓山社會大學

法鼓山社大為提供民眾終身學習的教育平台，在敦親睦鄰之餘，也與地方鄉親成為生命共同體。2015年，首度成立

社大2015首開樂齡課程，長者走到戶外，練習法鼓八式動禪，伸展筋骨。

「法鼓童軍團」、開辦「樂齡課程」，落實全方位的關懷。全年總計於金山、北投、新莊三校區，開辦逾百門課程，涵蓋生活技能、心靈成長、語文學習、藝術陶冶、自然環保等層面，共有逾三千位學員透過多元學習，讓心靈更富足。

自104年春季班起，社大首度為五十五歲以上長者開設「樂齡課程」，接引輕鬆快樂學習，啟動樂齡人生，6月及12月分別於北投丹鳳公園、臺中寶雲寺舉辦聯合結業典禮，有近一百七十位學員見證「活到老，學到老」的終身學習成果。

3月，與人基會合辦新住民「幸福廚房」烹飪課程，2015年除持續在北海岸三區開課，關懷觸角延伸到新北市新店區安坑國小以及花蓮縣壽豐鄉豐裡國小，為新住民媽媽加油打氣。「法鼓童軍團」也於3月在金山校區成立，藉由團隊合作與戶外活動的訓練，以培育身心健全發展的兒童及少年，首梯募集二十六位幼童軍，並有二十多位家長與社會人士加入服務員行列，親子共同成長。

結合在地資源，促進共生共榮，5月校長曾濟群於新北市金山高中，與各界代表簽署產學合作協議，並為該校「科技創新應用教育中心」揭牌，啟動「創客」教育（Maker）。6月，於金山區金美國小舉辦「心靈環保農法經驗分享座談」，由果祥法師主持，邀請臺中世豐果園主人林世豐、雲林古坑阿瑤田舖主人李靜瑤分享友善土地的「心」農法；10月則舉行「友善農耕市集」，邀請在地農園交流心靈環保農法，推廣友善環境的自然農耕。

6至9月，於臺大醫院金山分院北海藝廊舉辦「104年春季班聯合成果展——心靈環保：智『繪』不起煩惱」，展出學員攝影、書法、鈔經、插畫、水彩素描作品；曾濟群校長並受邀以「聖嚴法師與法鼓山社會大學」為題演講，分享聖嚴師父創辦社大的理念。

為凝聚講師與悅眾的共識，社大3月於法鼓山園區舉辦講師共識營，透過參學與課程分享，了解辦學方向；悅眾成長營則於10月在天南寺進行，班級幹部及義工歡喜充電，在利人利己的服務中，讓生活更有意義。

慶祝立校十三週年，7至8月，社大舉辦「小威，社大在找你——學員作品募集徵選活動」，邀請學員分享學習成果，徵選出的作品與故事並集結成書出版。

（五）禪堂

禪堂以統籌舉辦各項精進禪修活動為主，2015年共舉辦二十場，包括初階、默照、話頭、念佛禪等各種法門，以及教理研習活動。內容如下：

類別	新春禪五	初階禪七	默照禪七	念佛禪七	話頭禪七	默照禪九	中英默照禪九	話頭禪九	英文禪九	話頭禪十	中觀教理研習營	禪堂助理監香培訓
場次	1	5	2	2	1	1	1	2	1	1	1	2

2月舉行的新春禪五，由常正法師帶領，有近一百五十位禪眾以清淨心迎接新年；5、10月，以英文舉辦禪九、默照禪九共修，分別由禪堂堂主果元法師、聖嚴師父西方法子查可‧安德烈塞維克帶領，接引西方人士修學精進禪修的心法。

初階禪七於3至12月間舉辦五場，四場於信行寺展開，一場於天南寺進行，方便地區禪眾就近精進禪修；9月舉行中觀教理研習營，結合教理課程與禪修體驗，由僧大果徹法師講授中觀教理，引領禪眾對教理的融會貫通，讓禪法與生命結合，修行更踏實。

此外，禪堂也協辦體系內各單位進行精進禪修活動，如法鼓文理學院、青年院的禪五與禪七、僧大禪七、香港護法悅眾禪修成長營等。

（六）三學研修院

聖嚴師父期待法鼓山僧團能戒、定、慧三學並重，於互敬互重中，砥礪切磋，相互增上道業與學業，並在弘法利生的工作中，養成福智雙運之美德。「三學研修院」其下包括三學院、弘化院、百丈院。

其中，三學院2月舉行僧團歲末、禮祖，6月舉辦結夏安居，終年於各處弘化、精進的法師們，齊聚總本山，共同精進充實，增長道情。

弘化院部分，1月，為招募新春期間版畫活動義工師資，於雲來寺舉辦「版畫轉印藝術培訓課程」，並由常越法師帶領經行、法鼓八式動禪及禪坐練習等；7月於園區為新設置的「與佛共舞」雕塑舉行揭幕儀式，提醒大眾傳遞微笑的力量，讓世界更美好；9月展開一年一度的「禪修月」，引領民眾放鬆身心，參加各項禪修體驗。

10至11月的大悲心水陸法會前行活動「水陸季」，結合參學行程，規畫特展及佛國巡禮，認識水陸法會「開啟自性大悲，祈願眾生離苦」的精神。

百丈院則於3、8月，進行春季、秋季清洗園區祈願觀音池活動，包括洗石、曬石、刷池壁，鋪石等作業，每季均有近三百人次參與；12月法華鐘年度定期維修作業，邀請製作者日本老子製作所工程人員，共同會勘法華鐘現狀與各組裝零件維護情況。三堂「啄木鳥家族志工培訓課程」，也於12月進行，邀請臺灣大學園藝暨景觀學系教授張育森、輔仁大學景觀設計學系副教授王秀娟等專家學者授課，推廣樹木保育觀念。

四、支援體系

支援體系為法鼓山主要行政服務單位，不僅整合各體系的行政運作，也協助支援各體系的發展，包括文宣、活動、資訊、總務、財會、人力資源處等單位。

活動處1月舉辦第二十屆佛化聯合婚禮，共有五十九對新人參加，落實「禮儀環保」；9至11月期間，協助全臺各地分院、護法會辦事處展開二十七個場次的聯合

大眾跟隨參學員引導，巡禮水陸法會各壇場，體驗步步蓮華的寧靜安定。

祝壽活動，以環保、簡約、溫馨的方式，祝福近三千九百位長者；12月，於雲來寺舉辦佛化婚禮婚前講習培訓課程「不一樣的親密關係」，由心六倫宣講團講師分享掌握幸福的學習之道，引領新人在婚姻中播撒菩提種子，建立幸福的佛化家庭。

至於人力資源處，則於3至12月期間，舉辦四場職能訓練課程，內容包括職場簡報技巧、客服禮儀、激勵技巧等，提昇專職職能；安排三場禪修課程，引導專職藉由禪法認識自己，精進成長。此外，也邀請紅十字專業師資帶領「緊急救護基礎培訓」、「緊急救護種子培訓」課程，全年共十場，分別於法鼓山園區、農禪寺、信行寺、紫雲寺、雲來寺、寶雲寺等地展開，提供社會大眾完善安心的關懷與服務品質，有近七百人次參加。

五、結語

2015年11月，法鼓山全球信眾大會於總本山展開，方丈和尚果東法師致詞揭示深化教育關懷、淨化世界風氣、形塑組織文化等三個面向，做為發展方針，讓團體每位成員，在共識中凝聚成長，歡喜奉獻。

法鼓山體系組織於2014年應機調整，歷經2015年的運作無礙，對內形塑修行型組織文化，四眾弟子步步踏實，學習、實踐心靈環保的理念，共同成長；對外持續「做對世界有用的事」，著眼於促進樂齡學習、兒童及少年快樂成長、族群融合共好，引領善良、奉獻、包容、利他的社會風氣，帶動以奉獻、服務的精神來關懷世界，開啟人間和平。

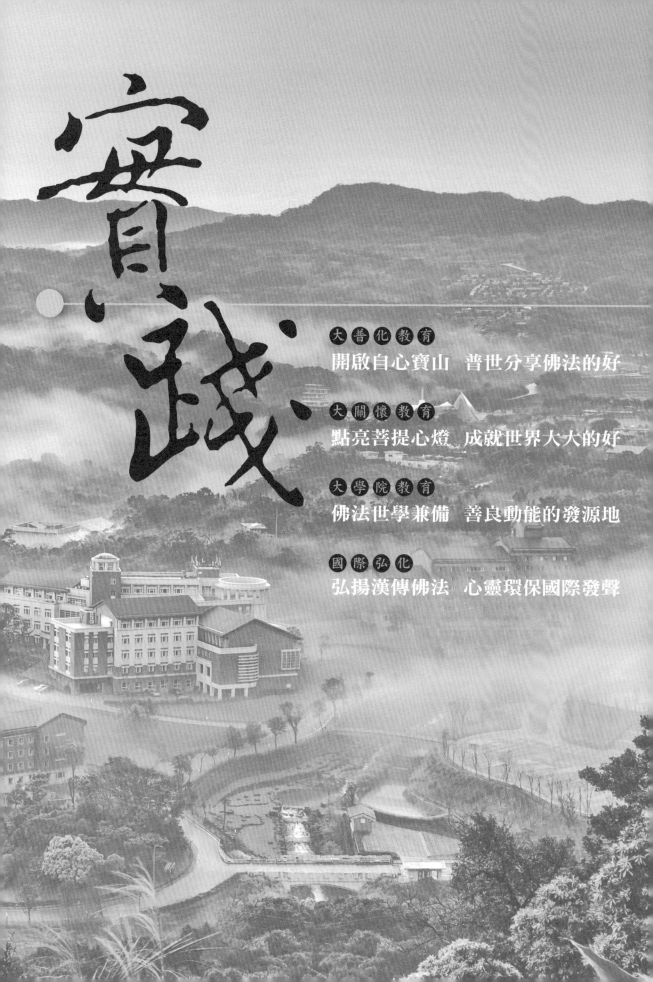

實踐

大普化教育
開啟自心寶山　普世分享佛法的好

大關懷教育
點亮菩提心燈　成就世界大大的好

大學院教育
佛法世學兼備　善良動能的發源地

國際弘化
弘揚漢傳佛法　心靈環保國際發聲

壹【大普化教育】

大普化教育是啟蒙心靈的舵手，
引領眾生從自心清淨做起，
培養學法、弘法、護法的菩薩，
敲響慈悲和智慧的法鼓，
建設人間為一片淨土。

開啟自心寶山
普世分享佛法的好

2015年，適逢法鼓山園區開山十週年，
大普化教育秉承師願：「開山的意義，是開啟人人心中的寶山。」
持續在禪修推廣、佛學教育、法會共修、文化出版與推廣等面向，
呼應社會脈動需求，研發切合法鼓山理念的修行課程，
落實全方位的教育弘化，
引領大眾開啟自心寶山。

3月，臺中寶雲寺重建啟用，籌建期間在網站上累積近一億九千五百萬聲祈福佛號，護法信眾一棒接一棒，造就一方都會淨土，也開啟在中臺灣的弘化新頁；10月總本山開山十週年、11月全球信眾大會於園區舉辦，僧俗四眾以心靈環保為核心，漢傳禪佛教為根基，同心成就法鼓山為全球知名的漢傳佛教道場。2015年，大普化教育融攝禪修、法會、教育、文化等多元內涵，開創便利不同世代多元學佛的門徑，普世分享佛法的好。

禪修推廣

一年一度結合佛誕日與母親節的禪修活動，本年延續一貫的禪修主軸，於5月，以「平常日用生活禪」的概念，展開「心靈環保Stop‧Relax‧Enjoy」活動，透過浴佛、鈔經、撞鐘、法鼓八式動禪與各式活潑的禪法，共有近萬民眾和各國遊客參與，從「心」覺受清楚、放鬆、享受的分明次第，再次驗證禪修是可以走上街頭、走進生活中實踐。

法鼓山禪修體系自創建以來，除將活動系統化、層次化，研發現代人所需的課程，也走入社區、走進企業與校園，應機接引各類族群分眾修行。本年續辦社工營，也首度舉辦醫護禪修營，共有逾百位社工與醫護人員，透過禪修練習收攝、放鬆身心；也針對企業、職場，設計「放鬆禪」與「紓壓禪」，帶領上班族學習觀照自己的方法。

校園禪修推廣上，除以禪修指引與法鼓八式動禪，廣與全國各級教師、學子分享，2015年並製作「吃飯趣」教學錄音檔，提供中、小學運用，禪修結合用餐教育，帶領學童打開吃飯好

有趣的「心」味蕾，專注吃出食物好滋味。

回應現代人忙碌的生活步調，本年持續推廣「Fun鬆一日禪」、「禪悅四日營」等結合休閒與修行的活動，除了坐禪的觀念和方法，內容著重各種動禪的學習，如走路禪、出坡禪、戶外禪等課程，帶領大眾如實體會禪修在生活中的活潑應用。

青年院全年舉辦兩場「青年卓越禪修營」，分別以「一起來敲開心門吧！」、「夢的時空旅行」為主題，第三屆「心・生活高中營」，則有來自德國、法國、大陸及臺灣一百多位學子，從禪修中安頓身心、認識自我，繼而找到生命的著力點。

而為培養更多的禪修種子人才及師資，禪修中心與傳燈院也持續開辦各類禪修課程的義工學長、輔導學長培訓、禪坐帶領人培訓課程，在社會各角落共同為推廣禪修而努力。

於禪修教材研發方面，除錄製新版法鼓八式動禪（CD＋DVD）及學習手冊，因應現代人緊湊忙碌的工作型態，調整初級禪訓班、中級1禪訓班的課程，並延伸回家練習的學習單，協助實踐禪修定課，體驗禪法的平易，只要五分鐘、十分鐘，也能感受到大腦休息、身體放鬆的法喜。

佛學教育

作為教育的團體，大普化在佛學教育推廣上，持續著力於廣化、深化各式課程，除聖嚴書院佛學班、福田班、禪學班、快樂學佛人、長青班與法鼓講堂等課程，再輔以讀書會、心靈茶會等共學推動，走出道場，走進社區、社會各角落，並融合豐碩的學習資源與科技，跨越時間、空間與年齡限制，接引大眾學習佛法在生活上的應用。

2015年，在佛學入門部分，包括讀書會、心靈茶會、快樂學佛人、法鼓長青班，以及各地分院的佛學弘講課程，以佛法觀念疏導生活中的煩惱，接引一般社會大眾認識佛法的妙用。聖嚴書院則涵蓋基礎與進階佛學課程，依序分為福田班、佛學班及禪學班，本年共有近七千位學員參與，藉由完備的普及教育，深入了解法鼓山的理念、佛法知見及漢傳禪佛教內涵，也學做福慧具足的萬行菩薩。

為提昇普化教育關懷員的服務品質與內涵，一年一度的「普化教育悅眾充電營」，以「建立快樂的高績效團隊」為主題於農禪寺進行，為學員補充關懷和安定的能量；「心靈環保讀書會帶領人基礎培訓課程」，也於農禪寺、寶雲寺展開兩梯次，推廣共讀共享的閱讀風氣。

因應時代趨勢，結合數位科技的學習與推廣上，「心靈環保學習網」除線上直播「法鼓講堂」，並整合運用實體與數位課程，提供全球學員上網聽講、參與討論，2015年累積近四百三十門課程；結合傳統網路學院和知識銀行

的概念，智慧隨身書、法會、聖嚴師父講經、禪修系列等行動裝置App，本年持續製作上架，下載使用者已遍及八十國，引領App學佛風潮。

　　為普及佛法對社會人心及風氣習俗的淨化，各分支道場及相關基金會也致力於生活佛法的推廣，包括臺北安和分院「《法華經》講座」、桃園齋明寺「《地藏經》講記」、齋明別苑「心靈環保講座」，與臺南分院「佛教徒的生死觀」、高雄紫雲寺「法鼓青年開講」及「幸福講談」，以及人基會「光明遠大心靈講座」、聖基會「佛教生命倫理專題講座」等，透過僧團法師及專家學者的交流與分享，引導大眾思索、開展人生的智慧與方向。

　　廣受回響的兒童心靈環保體驗營，2015年以四環體驗為主軸，在全臺各地舉辦十五梯次；人基會兩梯次「幸福親子體驗營」，邀請親子從表演藝術、遊戲勞作、故事分享中體驗「心六倫」。

北投雲來寺自2月起開辦兒童故事花園；安和分院、中山精舍也開設「童話心視野」、「童趣班」等課程，帶領學童落實心靈環保的應用；人基會所屬心劇團「2015轉動幸福計畫《媽媽萬歲II旅程》」校園巡演活動，於雲林縣共演出十場，逾一千六百位學童、教師、家長及在地居民參與轉動幸福。

法會共修

　　透過佛法的觀念來幫助大眾調整心態和行為，是法鼓山舉辦法會共修的根本精神，也讓傳統佛事兼具修行及教育的時代意義。

　　2015年總本山及各分院道場法會活動不斷，分別舉辦新春祈福、清明報恩、浴佛法會、中元法會、彌陀佛七、梁皇寶懺、大悲懺、三昧水懺、觀音、藥師等法會，為社會傳遞光明、希望、溫暖與祝福。最受矚目的大悲心水陸法會，11月於園區啟建第九屆，全球三十三處共修據點，藉由線上直播同步展開，或透過手機、電腦參加網路共修，藉由梵唄音聲、持咒、禮佛、誦念經文等，將佛法內化於生命，領略法喜。

　　本年共舉辦四場大型皈依祈福大典，共有三千多位民眾開啟修福修會的學佛之路；在家菩薩戒會則於3月分兩梯次舉行，

大悲心水陸法會的精神是人人生起慈悲心，從自己做起，擴及家庭、社會、國家與世界、宇宙萬物，體認大家都是生命共同體的一環。

逾千位戒子圓滿受戒，成為推動淨化人心、淨化世界的一份力量。此外，農禪寺於週四舉辦「《金剛經》共修」，安和分院也於1至5月舉辦「49部《地藏經》共修」、9月則是「《法華經》共修」，下半年並開辦念佛班，帶領都會區大眾藉由念佛安定身心。

文化出版與推廣

以文化傳播弘揚佛法，是大普化教育的另一重要範疇，2015年除文字出版、影視製作、文宣編製、修行用品開發等，並以多項文化展覽說法，為現代人提供全方位的心靈資糧。

在出版方面，法鼓文化全年出版二十九項新品，涵蓋佛法義理、禪修指導、心靈成長等主題，取材多元，包括文字、圖像、音樂，契入不同社群的需求；各十二期的《人生》雜誌、《法鼓》雜誌，則以漢傳佛教修行結合日常生活為出版方向，專題涵括佛教經典、修行法門、佛教文化等，帶領讀者親近法鼓山，也拓展佛法於生活中的活用面向。

2015年並規畫多項展覽，包括園區：一鼓一棒一大願——法鼓山園區落成10週年特展、看見法鼓山最美的風景——義工身影攝影展；農禪寺：追尋智者的心光特展；三峽天南寺：聖嚴師父書法展，齋明別苑：聖嚴師父的頑皮童年展；以及臺中寶雲寺的三項落成特展；塑個又大又美的觀音——聖嚴法師與觀音菩薩、遊心禪悅——聖嚴法師書跡展、點亮城市的一座寺院——寶雲寺落成回顧展。

多項展覽將法鼓山理念、發展歷程及聖嚴師父綻放的生命心光、四眾弟子「發大悲願，擊大法鼓」的點滴，作最平易近人的詮釋，讓觀者從中看見法鼓山最美的風景。

另外，「聖嚴法師文物史料數位典藏與理念推廣研究」專案，於4月舉辦第二次成果發表會，已盤點近萬件手稿、書稿與書信，並完成網站的初步建置，且開放大眾檢索使用，將聖嚴師父的法寶以更多元、完整、立體、跨越時空的方式，貼近社會大眾。

結語

「佛法這麼好，為什麼知道的人這麼少，誤解的人卻那麼多。」因著這樣的信念，聖嚴師父創建了法鼓山，在法鼓山園區落成十週年之際，大普化教育積極落實「將佛法的好與現代人分享」的理念，持續不輟地將漢傳禪佛教、聖嚴師父的理念與教法，廣與全球大眾分享。

展望未來，呼應聖嚴師父的期許：法鼓山是一個僧俗四眾共同為提昇人品、建設淨土的理念，在社會各個需要的層面上奉獻、共成菩薩道的團體。大普化教育承繼師父願心，讓佛法從傳統中走出新意，契應社會需求，為人間帶來清涼，普世分享佛法的好。

● 01.01～05.29期間

安和分院舉辦四十九部《地藏經》共修
光明遠大 啟動心力量

2015 元旦首日的《地藏經》共修，大眾啟動心的力量，迎接新年。

臺北安和分院於 1 月 1 日至 5 月 29 日期間，舉辦《地藏經》持誦共修，分期圓滿四十九部《地藏經》，由監院果旭法師等帶領，共有近萬人次參加。

元旦是首日共修，安和分院祝福聲此起彼落，有兩百多位民眾前來參加《地藏經》共修，發願走上菩薩道。呼應 2015 年「光明遠大」年度主題，果旭法師勉勵大眾透過共修，學習地藏菩薩誓度眾生的願力，啟動心的力量，點亮自性的光明，也照亮家人、朋友與人間。

安和分院表示，因應都會人士的心靈需求，新樓層啟用後舉辦多項活動，希望能讓民眾在繁忙生活中提昇自己，讓人生過得更有意義。

● 01.01～10.01期間

聖基會 2015 年五本結緣書出版
分享聖嚴師父的開示與身教

由聖基會出版推廣的智慧隨身書，2015 年共出版《今生與師父有約》第七集、第八集，以及《學觀音·做觀音》、《樂活紓壓禪》、《生活處處皆是禪》等五本結緣書，分享聖嚴師父的身教行誼與開示。

2015 年聖基會出版五本結緣新書，分享聖嚴師父的身教行誼與開示。

上半年 1 月 1 日、6 月 1 日出版《今生與師父有約》第七集、第八集，收錄資深悅眾廖今榕、陳嘉男、葉榮嘉、劉明山，與謝水庸、陳秀梅、李純恩、熊清良，

追憶聖嚴師父的身教與言教，以及親近師父學佛，以佛法提昇生命的分享。

　　1月1日另出版《學觀音‧做觀音》，收錄聖嚴師父有關觀音法門的開示；《樂活紓壓禪》、《生活處處皆是禪》分別於7月1日、10月1日出版，集錄師父著作中禪修方法與觀念應用的篇章，協助現代人紓解生活壓力，轉化活力，建立身心平衡的人生觀，期望讀者活用禪修方法與智慧，調整生活與工作的節奏，身心平衡且自在。

● 01.01～12.31

網路電視台每月精選「主題影片」
聖嚴師父智慧開示　領航人生

　　法鼓山網路電視台每月的「主題影片」單元，2015年製播十二個佛學與生活佛法主題，內容含括禪修、生命智慧、心五四等，精選聖嚴師父相關的開示影片，讓人重溫師父深入淺出的精闢開示，也在行住坐臥間履踐佛法。

　　除了聖嚴師父的開示影片，「主題影片」並加上

網路電視台每月主題影片單元，引領大眾重溫聖嚴師父的智慧開示。

延伸閱讀，提供師父相關著作資訊、《人生》雜誌專題精選文章，讓大眾更深入主題內涵，隨時為心靈注入能量。若錯過當月「主題影片」，只要點進「歷史主題」，即可以找到製播以來的所有影片及延伸閱讀，隨時為心靈注入能量。

　　法鼓山網路電視台：http://ddmtv.ddm.org.tw

2015法鼓山網路電視台每月精選「主題影片」一覽

月份	主題
1	學佛新鮮人——如何正確學習佛法
2	光明遠大——智慧轉境，自心光明；慈悲利他，希望遠大
3	修行與休閒——如何兼顧修行與休閒
4	需要與想要——知足常樂
5	開運與改運——如何看待命運與迷信

月份	主題
6	情緒與煩惱——情緒管理的智慧
7	慈悲與智慧——邁向修行圓滿之路
8	你可以不怕鬼——佛教如何看待鬼月
9	開發生命潛能——如何修福修慧
10	觀音法門（二）——學觀音，做觀音
11	觀音法門（三）——五蘊皆空
12	十二因緣觀（一）——生命流轉的因果關係

● 01.04～12.27

人基會與教育電台合製《幸福密碼》節目
廣邀社會賢達傳遞幸福

　　人基會與教育廣播電台合作製播《幸福密碼》節目，2015 年邀請各界知名人士及專家學者，分享生命故事及人生經歷，分季由滾石文化發行人段鍾沂、音樂家陳郁秀、詩人許悔之與聲樂家張杏月擔任主持人，節目於每週日下午該台各地頻道播出。

　　本年度的名家專訪以教育及藝文人士為主要對象，受訪的教育界人士中，新北市新店區安坑國小校長方慶林表示，學校的規模、型態、環境、師生數、家長期許及面臨的問題不盡相同，但只要守護好「讓孩子更好」的初發心，時時回到教育的本質，再多的挑戰都只是學習的過程，反而更值得珍惜；屏東女中生命教育教師徐慶忠老師，分享推動生命教育的過程與經驗，說明生命教育就是生活教育，透過互動與引導，帶領孩子看到「生命」的重要，除了懂得珍惜與尊重生命之外，同時也能注意「人與自己、人與他人、人與社會、人與環境」的關係；交通大學建築研究所龔書章所長則分享，建築離不開城市，城市也離不開人，希望能運用創意來為城市裡的人尋求幸福。

　　藝文界方面，建築師陳憲瑞分享在一棟棟古老的建築物和美術館之間尋找建築物與人、與大地的共鳴，更充分感受文化資產的魅力；咸豐草漆器工作坊負責人彭雅玲表示，藝術創作應非常庶民，和生活貼近，這也是她的幸福密碼；設計師蕭青陽說明如何將傳統祖先的記憶加上新時代的元素，以原鄉時尚的概念傳遞出對臺灣本土的關懷。

　　《幸福密碼》節目以心靈環保的核心精神、心六倫運動和生命教育的內涵為節目主軸，透過資訊快遞、感人故事、名家專訪及心得分享等多元方式，深入淺出闡述，並傳遞生命與心靈安定的關懷。

● 01.07～11.25期間

「法鼓講堂」佛學課程全年八講
心靈環保學習網線上直播

信眾教育院於1月7日至11月25日期間，週三晚間開辦的「法鼓講堂」佛學課程，主場地設於北投農禪寺，課程同時在「法鼓山心靈環保學習網」進行線上直播，提供全球學員上網聽講，並參與課程討論。

「法鼓講堂」佛學課程2015年的主題，包

「法鼓講堂」佛學課程主場地於農禪寺舉行。圖為果慨法師講授「大悲懺法」。

括《四十二章經》、《佛說善生經》、《心經》與《法華經》等四部經典，以及「大悲懺法」、「天台學之解脫道──以藏教為主」，與「中國佛教史」、「世界佛教史概論」，分別由僧團法師主講，帶領學員認識經藏、佛教在各地的發展歷程，並學習佛法在生活上的應用。

參與課程的學員雖分散各地，透過無遠弗屆的網路，可直接在線上提問、溝通，及時分享與討論；另一方面，「法鼓講堂」線上Live直播的所有課程，也完整收錄於心靈環保學習網網站中，讓學佛無時間、空間的限制。

2015「法鼓講堂」佛學課程一覽

時間	課程名稱	授課講師
1月7至28日	大悲懺法	果慨法師（弘化發展專案召集人）
3月4至25日	天台學之解脫道──以藏教為主	大常法師（僧伽大學講師）
4月8至29日	中國佛教史	常炬法師（財會室監院）
5月6至27日	修行法門的精華錄──《四十二章經講記》選讀	果徹法師（僧伽大學副教授）
7月8至29日	世界佛教史概論	法源法師（僧伽大學講師）
9月2至30日	啟動幸福密碼──《佛說善生經》＆心靈環保導讀	常持法師（僧團法師）
10月7至28日	《心經》	常綽法師（僧團法師）
11月4至25日	佛傳與《法華經》	惠敏法師（僧團首座和尚）

● 01.08～05.28　07.16～11.12

農禪寺首辦《金剛經》共修
大眾共學安頓身心的智慧

農禪寺「《金剛經》共修」課程，首日有兩百多位學員參加。

北投農禪寺於 1 月 8 日至 5 月 28 日、7 月 16 日至 11 月 12 日，每週四上午開辦「《金剛經》共修」課程，每梯次共十六堂課。首堂課有近兩百三十位學員參加，共同學習《金剛經》的智慧。

共修活動包括靜坐與誦經，並於誦經之後，聆聽聖嚴師父的影音開示，最後是繞佛與迴向。監院果毅法師表示，《金剛經》的空義不易理解，除了讀經，還需要「解經」才能真正契入佛法大海。「解經」以聖嚴師父 1993 年在臺北國父紀念館「金剛經生活系列講座」的開示為主，引導大眾運用《金剛經》的智慧，面對浮動不安的社會，安住自己的身心。

有別於一般法會和念佛共修穿搭海青的要求，首次舉辦的「《金剛經》共修」，形式較為輕鬆、活潑，希望提供退休民眾和家庭主婦一個安頓身心的入門，並廣邀參訪的民眾，隨時加入共修行列。

● 01.10～12.23期間

「快樂學佛人」2015 年開辦二十一班次
接引大眾踏上快樂學佛之路

專為學佛新手設計的「快樂學佛人」系列課程，1 月 10 日起於北投農禪寺舉行，隨後並於全臺各地分院、護法會辦事處等地分別展開，提供新皈依弟子或對佛法有興趣的民眾就近參與，全年共開辦二十一班次，近一千八百人結業。

「快樂學佛人」每班次三堂課程，主題包括「認識三寶」、「認識法鼓山」以及「踏上學佛之路」，除了引導學員認識佛教的基本精神與內涵，更透過學佛行儀、體驗出坡禪等單元，讓學員練習將新學到的觀念與方法應用於日常生活，提昇心靈層次，進而了解佛法不只是文字般若，而是隨時隨處都可以運用

自如的生活智慧。

　　除了提供新皈依弟子或有意願參與法鼓山會團共修福慧的大眾，輕鬆入門的學佛管道，課程也藉由學習各種基礎修行法門，概要認識法鼓山心靈環保與禪修的理念，踏出快樂學佛第一步。

大眾在「快樂學佛人」系列課程中，歡喜踏上學佛之路。圖為新北市樹林班上課情形。

● 01.11～2016.08.14

「福田班」多元課程解行並重
義工學習開展自利利人的服務奉獻生涯

　　1月11日至2016年8月14日期間，信眾教育院於法鼓山園區、北投農禪寺、臺北安和分院、桃園齋明寺、齋明別苑、三峽天南寺、臺中寶雲寺、臺南雲集寺、高雄紫雲寺，以及海外馬來西亞道場，舉辦「福田班」義工培訓課程，全年共開辦十三班次，逾一千五百人參加，開展自利利人的服務奉獻生涯。

義工在福田班課程中，學習開展自利利人的奉獻生涯。圖為馬來西亞道場的上課情形。

　　福田班每月上課一次，共計十次課程，內容多元，包括心靈環保、三大教育、四種環保以及各項修行法門、關懷服務等，提供學員綜觀的視野，完整認識法鼓山的理念、組織及各項弘化工作；也有資深義工於課堂上分享交流，協助學員建立服務奉獻的正確心態。

　　課程並結合義工的實際作業，不僅上課期間必須輪流出坡，協助場布、齋清與善後，也安排學員前往各分支道場參訪或參與活動，引導認同法鼓山的理念，並進一步了解其精神與內涵。

　　許多學員表示，透過「解門」與「行門」並重的課程學習，可以落實佛法生活化，實踐服務奉獻的福慧人生。

● 01.12～18

臺南雲集寺迎新祈願
學習觀音菩薩的慈心悲願

觀音法會中，大眾虔敬稱念聖號繞壇，感受共修的力量。

臺南雲集寺於1月12至18日舉辦「新春祈願觀音法會」，由監院果謙法師帶領，連續六天舉行觀音法會後，18日以大悲懺法會圓滿，有近一千人次參加。

果謙法師於開示中介紹觀世音菩薩因地的修行法門，如《楞嚴經》的「耳根圓通」、《普門品》中的「尋聲救苦」，以及《心經》的「照見五蘊皆空」等。法師也提醒大眾，參加法會主要是學習菩薩的精神，凡事處處為眾生著想、利益眾生，無分別地發慈悲心，才能與觀音菩薩相應。

每日的法會內容包括恭誦《普門品》、持誦二十一遍〈大悲咒〉、稱念聖號繞壇、拜願、三皈依、迴向與發願。法會中清淨整齊的梵唄、共修的力量，讓參與民眾深受感動，表示會把握修行良機，效法觀音菩薩的慈心悲願，學觀音、做觀音。

● 01.13　04.14　07.07　10.06

方丈和尚全年四場精神講話
期勉專職同仁精進成長　歡喜奉獻

方丈和尚果東法師2015年對僧團法師與體系專職同仁、義工進行的四場精神講話，分別於1月13日、4月14日、7月7日、10月6日於北投雲來寺展開，全臺各分院道場同步視訊連線聆聽開示，有近三百人參加。

在第一季的精神講話中，方丈和尚說明法鼓山理念的核心主軸是「心靈環保」，勉勵專職同仁在工作中，學習體驗並落實佛法，從自己實踐，進而影響社會，才能真正「提昇人的品質，建設人間淨土」。

第二季精神講話，方丈和尚特別提醒，念佛既是祈願，也是收攝身心的方法。專注念佛，受持佛法，可使心力集中，減少雜念；而當我們一念清淨，當下便

是淨土。方丈和尚勉勵大眾，無論順境或逆境，都練習以平常心面對，坦然接受這些無常的現象，並積極發願、還願，才是正確的因果觀念。

第三季的精神講話中，方丈和尚引用聖嚴師父所言，工作沒有大小之分，只有任務的不同，勉勵專職同仁在各自崗位上，扮演不同的角色，彼此分工與合作，做好情緒管理，身心平衡就會減少抱怨。方丈和尚也以四句金句：「禪修念佛心安定，慚愧懺悔心清淨，感恩報恩獻生命，慈悲智慧樂和敬」，期勉專職同仁擴大心量，多體諒包容他人，就能廣結善緣，利人利己。

第四季精神講話，方丈和尚勉勵專職，運用禪修方法，隨時覺知自己的起心動念，不起惡念，不造惡行，安定自己的心，緊張的生活就能轉化為健康、平安、快樂、幸福。

在每場精神講話之前，均會先播放一段聖嚴師父的開示影片，各場影片主題分別是「隨師學佛，隨眾推動理念」、「佛法的基本原則」、「身心清淨，職場清淨」以及「請大家來禪修」，讓所有專職、義工更深入認識法鼓山的理念，淨化自己的身、口、意，為社會大眾服務。

第三季精神講話，方丈和尚期勉專職同仁擴大心量，廣結善緣。

● 01.18

「活出絕妙人生——法華智慧系列講座」第六場
繼程法師、蔡明亮、張學友分享美善流轉

延續 2014 年的講座，臺中分院「活出絕妙人生——法華智慧系列講座」，1 月 18 日於中興大學惠蓀堂進行第六場，邀請聖嚴師父法子繼程法師、導演蔡明亮、音樂工作者張學友，透過主持人葉樹姍的引談，分別從佛法、電影、歌曲不同角度，暢談「美善正在流轉」，與四千多位聽眾分享美善的人生故事。

如何詮釋感動人心的歌曲？張學友表示，自己也是凡人，一樣有七情六欲，因此，要不斷提醒自己保持一顆簡單的心，用心感受生活；也不時警惕自己、觀照自己，希望有生之年，能努力做到完善自己。

電影作品一向呈現「慢」節奏的蔡明亮，分享在日常生活中，處處都有美善的感受，表示自己拍的電影都是生活，當鏡頭定住不動時，才能看到人的狀態、看到真實的自己；更自覺一生很幸福，希望可以做一點事情，讓世界減少一些混亂。

導演蔡明亮、繼程法師、音樂工作者張學友（左起依序）對談「美善正在流轉」，右一為主持人葉樹姍。

座談中，張學友提及前一天於法鼓山園區，打坐時腿痛的體驗，繼程法師則從禪的角度回應「痛也可以是美的。」法師表示，禪坐可以練習觀照自我、消融自我，將聖嚴師父教導的「四它」帶入打坐，便能克服痛的覺受。如果排斥它、不斷換姿勢，覺知就不清楚了，如此一來，不好的習氣重複循環，容易造成事理不清、看不到真相，而陷入「迷」的境地。時時檢視起心動念、自我覺察，才能逐漸「由迷轉悟」，只要盡心盡力做好，因緣具足就是美的、好的、善的。

座談最後，張學友送給聽眾「隨緣隨心做事，心安理得」；蔡明亮說布施功德不及勸人讀經，願大眾開始讀《金剛經》，生命會變得更美更好；繼程法師願眾人讀通「心」裡這部經，學習佛陀的智慧和慈悲，美善就會流露。

● 01.18～05.03期間　07.19～10.11期間

放鬆身心「遇見心自己」
引導青年輕鬆學禪

1月18日至10月11日期間，傳燈院每月週日於德貴學苑舉辦「遇見心自己」課程，全年共兩梯次，每梯次六堂課，由常願法師帶領，引導學員覺察情緒，保持專注力、決斷力，將禪修心法運用於日常生活中，每梯次均有近六十位青年學員參加。

上午的課程，由法師指導法鼓八式動禪、收攝身心以及煩惱轉念體驗操作活動，帶領學員認識真正的自己、了解自己、安定自己，讓心

在「遇見心自己」課程中，青年學員舒展身心。

靈成長；也安排團康遊戲，引導學員覺照自己的起心動念，例如透過「一繩兩端」的遊戲，讓學員面對自己的感覺，覺察內心。常願法師指出，多數人在多數時間都是不知不覺的，藉由禪修，可以提昇觀察力與覺照力。

下午進行「禪繞畫」，邀請元智大學諮商輔導老師徐曉萍帶領，徐老師說明「禪繞畫」是覺察情緒起伏的媒介工具，和一般「禪繞畫」不同的是，運用禪修的方式，專注身心，一次只做一件事情，在專注中體驗放鬆。

課程圓滿前，常願法師提醒，運用禪修的觀念和方法，不去管妄念，回到方法，讓心平靜，就能覺照自己的身心狀態，勉勵學員將所學運用在生活當中，體驗禪修帶來全新的身心安定與美好。

● 01.18～12.20

齋明別苑「心靈環保講座」全年十二場
各界人士分享生命智慧與啟示

桃園齋明別苑於 1 月 18 日至 12 月 20 日，每月第三週週日舉辦心靈環保講座，廣邀各界人士分享生命智慧與啟示，全年十二場，共有逾兩千人次參加。

首場於 1 月 18 日進行，由法鼓山僧才培育室室主常法法師、《雲

作家蔣勳在齋明別苑「心靈環保講座」中，分享閱讀《金剛經》的體悟。

水林間》作者黃憲宇主講「小林村心靈陪伴札記」，分享在八八水災受重創的高雄市甲仙區小林里服務的心路歷程。法師肯定關懷的力量，讓村民了解自己也有能力幫助他人。

5 月 17 日邀請作家蔣勳以「捨得・捨不得——談人生的兩難」為題，透過生活與旅行的點滴分享讀《金剛經》的體悟與心得。蔣勳表示對人世的眷戀、放不了手，或是青春歲月、歡愛溫暖，許多「捨不得」，都必須「捨得」，「捨不得」只是妄想；無論甘心，或不甘心，無論多麼「捨不得」，我們最終都要學會「捨得」，才能無礙。

8 月的講座，邀請九歲插畫家「迷路」汪以墨的媽媽「米米」，分享「快樂會『迷路』會快樂」的教養觀。米米表示，相較於課業成績，更重視孩子是否

有創造力、幽默感與責任,因為創造力能讓人有更好的解決問題能力,幽默感可以減少負面情緒,責任可以讓人自動自發,希望父母都能發現孩子的小小「不同」,然後去「放大」,成為「大大」的優點。

僧團副住持果元法師則在 12 月 20 日的講座中,分享在文化差異中的調適經驗,進而引述《如來藏經》中的九個比喻「萎花有佛」、「群蜂繞蜜」、「糠粳糧」、「不淨處真金」、「貧家寶藏」、「菴羅果種」、「弊物裏金種」、「貧女懷輪王」以及「鑄模內金像」,說明人人本有佛性,卻因無明的煩惱、執著以及牽掛而朦蔽,期勉大眾透過向內而非外的修行,發掘本然具足的智慧德相。

2015 桃園齋明別苑「心靈環保講座」一覽

時間	講題	主講人
1 月 18 日	小林村心靈陪伴札記	常法法師(法鼓山僧才培育室室主) 黃憲宇(《雲水林間》作者)
2 月 15 日	我打禪家走過	單德興(中央研究院歐美研究所研究員)
3 月 15 日	聖嚴法師教觀音法門	梁寒衣(作家)
4 月 19 日	跟自己和好	洪仲清(心理諮商師)
5 月 17 日	捨得‧捨不得——談人生的兩難	蔣勳(作家)
6 月 21 日	哪兒飄來這些雲	辜琮瑜(法鼓文理學院助理研究員)
7 月 19 日	快樂過生活	陳武雄(前農委會主委)
8 月 16 日	快樂會「迷路」會快樂	汪以墨(兒童插畫家) 米米(汪以墨媽媽)
9 月 20 日	心園家園——找一條回家的路	洪仲清(心理諮商師) 李郁琳(心理諮商師)
10 月 18 日	折翼天使的翅膀	郭韋齊(生命鬥士) 吳若權(作家)
11 月 15 日	夢想這條路,跪著也要走完	蘇世豪(七年級創意策略有限公司藝術總監)
12 月 20 日	他鄉遇故知	果元法師(法鼓山禪堂堂主)

●01.28～12.30期間

人基會「2015 光明遠大心靈講座」展開
啟迪心靈環保的幸福智慧

人基會於 1 月 28 日至 12 月 30 日,每月最後一週週三於德貴學苑舉辦「2015 光明遠大心靈講座」,邀請各領域專家學者,分享心靈環保的安心之道與幸福智慧。

本年的心靈講座,針對當今社會普遍困惑的議題,提供正確的生命價值與觀念,如在食安問題上,首場於 1 月 28 日邀請臺灣師範大學化學系教授吳家誠,

以「食得安心」為題，深入淺出說明環境和食物的關聯，以及正確的飲食態度；陽明大學物理治療學系助理教授林千禾於 4 月 29 日「不敗養生，元氣到老」講座中，強調防衰老，可以幫助我們維持正常健康的體重並且遠離疾病，而不衰老的四大元

果醒法師鼓勵大眾「念念修正」，隨時隨地修鍊心最完美的功能，達到心無所住。

素包括：照顧腎上腺、穩定血糖、杜絕精緻或人工甜劑、不要輕忽疼痛。

作家王浩一在 8 月 26 日的講座中，深入介紹臺灣各地的特產，隨著二十四節氣的腳步，在樸拙的食旅中，照見豐盛的「食悟」歷程，帶領聽眾品嘗屬於土地最豐潤的滋味；10 月 28 日，邀請臺灣大學農藝學系教授劉麗飛說明健康飲食的守則：認識食物、飲食均衡、以自然為師，珍惜、感恩和好心情，也分享「好好吃飯」，先細細咀嚼「米」，用五感知覺體會「米」為身體、心靈帶來的感受。

生命成長方面，5 月 27 日導演張世以「假行僧」為題，分享從影的歷程，每當碰到人生關卡時，都會以持經或禪坐尋求心中安定的力量，鼓勵大眾要累積無形的資糧，能力所及，要多布施；2014 法鼓山關懷生命獎得主蕭建華則在 7 月 29 日的講座中，演講人生經歷重大挫折後的「活出生命的光采」，鼓勵大眾，無論身處任何困境，不要輕言放棄，只要相信自己的無限可能，就可以找到更好的出路。

宗教界方面，法鼓山美國紐約東初禪寺住持果醒法師於 3 月為聽眾解惑「心中媽媽不是媽媽才是真媽媽」，法師說明「心中的媽媽不是媽媽」，是指記憶中的影像並不是真正的對方，心中的媽媽是外相，只是物質；提醒大家經常鍊心，了解心中的感覺不是自己，如此一來，人、事、物都能放下，因為所有的煩惱皆來自取相，所謂「念念修正」，把身體當成修行的工具，如此一來，「心無所住」的境界自然達成。

12 月最後一場講座，由法鼓文理學院校長惠敏法師主講「慈悲禪修與心智科學」，分享四無量心——慈、悲、喜、捨的修行方法，擴展出佛法在生活倫理、家庭倫理、校園倫理的應用實例，勉勵大眾以四無量心觀生命的無常，接受生命自然變化的過程，建立以四無量心為依循的正向人生觀。

人基會「2015 光明遠大」心靈講座一覽

時間	講題	主講人
1月28日	食得安心	吳家誠（臺灣師範大學化學系教授）
3月25日	心中媽媽不是媽媽才是真媽媽	果醒法師（法鼓山美國紐約東初禪寺住持）
4月29日	不敗養生，元氣到老	林千禾（陽明大學物理治療學系助理教授）
5月27日	假行僧	張世（導演）
6月24日	找到回家的路	賴明亮（成功大學醫學院名譽教授）
7月29日	活出生命的光采	蕭建華（2014年法鼓山關懷生命獎得主）
8月26日	跟著季節，說說土地故事	王浩一（作家）
9月30日	微笑告別	吳曉柔（無事文創商號負責人）
10月28日	農安、食安，身安、心安	劉麗飛（臺灣大學農藝學系教授）
11月25日	光熱自我，送愛故鄉	胡昭安（海洋公民基金會董事長）
12月30日	慈悲禪修與心智科學	惠敏法師（法鼓文理學院校長）

● 01.29～2016.01.08期間

「法鼓長青班」2015年開辦二十九班次
倡導「活到老、學到老」的終身學習

長青班課程中，長者不僅動動腦，也動動手，體驗不一樣的樂齡生活。

專為六十歲以上長者開辦的「法鼓長青班」系列課程，2015年於全臺各地分院、護法會辦事處進行外，也於新北市土城區美麗宏國社區活動中心舉辦，方便長者就近學習，全年展開二十九班次，共有三千一百多人次參加。

長青班每梯八次課程，採隔週上課方式，內容多元，包括動禪保健、禪藝課程、語言學習、新知分享、肢體展演、戶外踏青等，學員在課堂中學習新知、活化思維，也相互激盪腦力、分享創意。藉由互動學習，引導長者建立積極而有活力的生活態度。

長青班沒有結業式，是「活到老、學到老」的終身學習，陪伴長者在快樂學習中，連結時代脈絡，歡喜領受人生的黃金時代。

01.31

方丈和尚出席佛教會高雄歲末團拜

與教界長老齊獻祝福

方丈和尚果東法師於1月31日應邀前往高雄日月禪寺,出席中國佛教會暨大高雄佛教會聯合舉辦的「歲末迎春吉祥團圓拜年」,並為全堂圓滿佛供擔任主法和尚。

「大悲願力,啟發智力,群策群力,同心協力,一起努力,展現潛

方丈和尚(右一)出席佛教會高雄歲末團拜,為全堂圓滿佛供擔任主法和尚。

力,堅定毅力,圓滿順力(利)。」方丈和尚致詞時,特別以〈同圓八力〉感恩中國佛教會理事長圓宗長老、世界佛教華僧會會長淨心長老等教界長老,長期致力於臺灣佛教發展,並成就這場佛教界的團拜盛會。

方丈和尚也以「四它」來分享法鼓山的「心靈環保」理念,希望大眾能夠體會佛法與禪法的智慧,活用智慧「面對」問題、「接受」問題、「處理」問題、「放下」問題,凡事「心平氣和,是非要溫柔;和樂平安,我為你祝福」,隨時運用佛法調適心情,共見佛菩薩利益眾生的慈悲光、智慧光。

01.31～02.01

臺南分院舉辦冬令營

親子共同充電成長

1月31日至2月1日,臺南分院於安平精舍舉辦「兒童藝術生活冬令營」,營隊結合藝術、環保與禪修,由教聯會悅眾、法青會會員帶領學員,體驗心靈環保在生活中的實用,共有五十多位小學生及三十多位家長參加。

營隊為兒童與家長安排了不同的活動,小朋友動手做春節爆竹吊飾與年年有餘水族箱黏土創作,一點一滴捏塑想像,再一項項拼裝組合,運用「需要的不多」的妝點原則,創作出獨一無二的作品,也在舞蹈老師帶領下,舞動肢體,為身體再次注滿活力。

家長與祖父母則由教聯會師資引導，首先透過法鼓八式動禪與禪坐，放鬆全身；接著觀看「法華智慧系列講座（四）──回收煩惱 再生智慧」影片，向惠敏法師、蔣勳、羅秀芬學習「捨得」，多微笑、讚美與尊重他人，

果謙法師在兒童藝術生活冬令營中，歡迎小朋友體驗豐富課程。

使煩惱減少，人際和諧。

第二天的生態保育課程，大、小朋友透過觀看玉山國家公園生態保育影片，了解大自然因人類的貪婪遭到不可逆的破壞，從珍惜一草一木開始保護自然，才能為後代子孫留下青山綠水，尤其塑膠在現代生活不可或缺，正確使用以減少對環境的衝擊是極重要的課題。至於塑膠的種類及運用、塑化劑之危害等議題，都引發家長的熱烈討論。

大堂分享時，有家長表示，要藉著鈔經、畫佛像來實踐心靈環保，祈願心安平安，人人都圓滿。

● 01.31～12.12期間

高雄紫雲寺「法鼓青年開講」全年九場
帶領青年實踐生命的價值

1月31日至12月12日，高雄紫雲寺於每月週六舉辦「法鼓青年開講」系列活動，全年共九場，合計一千多人次參加。

首場講座於1月31日進行，邀請國際志工先驅、《邊境漂流》作者賴樹盛主講「看見世界的需要──從服務中，走出自

「法鼓青年開講」首場邀請國際志工先驅、《邊境漂流》作者賴樹盛主講，與會青年朋友回響熱烈。

己的路」，說明在泰緬邊境的難民營中，了解服務是雙向的過程；也在語言隔閡和文化差異下，學習到「同理心」的重要。2月14日邀請以帆船環航地球

一周的梁琴霞、與隻身攀登喜馬拉雅山的李寶蓮講「山與海的真誠相遇」，從壯遊歷程帶領思索旅行的真諦，進而用旅行的心情過生活。

農業與自然環境議題上，臺東 Amrita 農莊負責人許慶貴回顧三十五歲移居臺東鹿野，以自然農法的理念，在田裡打造混植四十多種作物的「食物森林」，保持生態多樣性，也從佛法中找到生命的意義與歸屬。創辦臺灣第一個農夫市集「合樸農學市集」的陳孟凱，分享開辦農夫市集，用小而美的方式，讓消費者直接向農夫購買農產品，創造一群帶著友善理念的人，從互利互惠中，走出新的農業產銷之路。

花蓮生態教育工作者王緒昂在 11 月主講「走入自然、找回自然」，分享在大自然中的體會、感動，與成為環境教育工作者的心路歷程，鼓勵青年用感官碰觸自然、關心土地與生長的環境，進一步從身體力行中，為永續的未來盡一己心力。

「法鼓青年開講」受邀講師均為默默耕耘，寫下動人篇章的生命實踐者，每場講座並邀請相關領域青年代表與會座談，讓講座從傳統的「單向交流」轉變為「多向溝通」，除聆聽青年「心聲音」，也期望透過對話，帶領青年思索與實踐自我生命的價值。

高雄紫雲寺「2015 法鼓青年開講」一覽

時間	講題	主講人
1 月 31 日	看見世界的需要——從服務中，走出自己的路	賴樹盛（國際志工、《邊境漂流》作者）
2 月 14 日	山與海的真誠相遇	梁琴霞（作家） 李寶蓮（女農夫）
3 月 14 日	十年走「偏」人生——我與偏鄉孩子的笑與淚	黃憲宇（《雲水林間》作者）
4 月 25 日	聽見蝴蝶的聲音——聖嚴師父教我的農禪法寶	許慶貴（臺東 Amrita 農莊負責人）
5 月 16 日	好好耕讀、互動互惠——城鄉協力孕育夢想	陳孟凱（合樸農學市集創辦人）
9 月 19 日	百年夢想 感動四方	何培鈞（「天空的院子」創辦人）
10 月 17 日	不逞強的無塑人生——從垃圾中找回自己	洪平珊（「無塑生活」推廣者）
11 月 14 日	走入自然、找回自然	王緒昂（花蓮生態教育工作者）
12 月 12 日	我和一間書店在路上	鄭宇庭（「新手書店」創辦人）

●01.31～12.27期間

法青會「The AMP Livehouse 大師講唱系列」
音樂人剖析音樂的想像與拆解

1 月 31 日至 12 月 27 日，法青會每月週六或日於德貴學苑舉辦「The AMP Livehouse 大師講唱系列」，全年共十一場，邀請音樂工作者剖析創作的經驗

和歷程、對音樂的想像與拆解，並演唱作品，每場皆有一百多人參加。

其中，饒舌歌手大支於 4 月的講座，分享以嘻哈樂曲投入社會運動、關懷流浪動物的歷程，強調「生命和平、音樂無界」，鼓勵年輕人多觀察、

音樂工作者林生祥（前排右三）與青年朋友分享創作的心路歷程。

多體驗，建立自己的人生觀與世界觀。10 月 24 日舉辦的講座，邀請作詞人方文山主講，除了講析個人作品，也透過 Q&A 互動交流，引領思考作詞人如何掀起新世代的文學熱潮。他提供了一個自我努力不懈的方法：盡可能成為自己羨慕的人，模仿標竿人物的過程，必能超越自我，學到更多功課。

長期關心臺灣土地議題的音樂工作者林生祥，則在 11 月的講座中，省思從「農民」、「工人」的角度出發，用音樂關懷家鄉、土地、女性等議題，也以「溯歌」為主題，自我解剖過往的創作，重新梳理在不同時空背景之下孕育的歌曲。

法青會表示，「AMP 大師講唱系列」以音樂創作為媒介，邀請講師分享創作歷程與人生課題，提供青年人正向態度與能量。

2105「The AMP Livehouse 大師講唱系列」一覽

時間	主講人
1 月 31 日	陳小霞（作詞、作曲人）
2 月 28 日	陳樂融（音樂製作人）
3 月 21 日	陳建良（音樂製作人）
4 月 25 日	大支（饒舌歌手）
5 月 30 日	謝銘祐（音樂製作人）
6 月 28 日	蕭賀碩（音樂旅人）
7 月 26 日	巴奈・庫穗（原住民歌手）
8 月 29 日	施立（音樂、劇場及電影創作人）
10 月 24 日	方文山（作詞、作曲人）
11 月 28 日	林生祥（民謠歌手）
12 月 27 日	陳家偉（作詞、作曲人）

02.01

《原諒，好緣亮！》新書出版
方丈和尚分享調心轉念的安心之道

　　法鼓文化 2 月 1 日出版方丈和尚果東法師第二本著作《原諒，好緣亮！》，分享調心轉念的安心之道。

　　全書共四大單元：家庭好善緣、職場好人緣、人生好隨緣、心安好福緣，主題包含家庭、情感、職場，以及生死課題、自身安心等，篇章文末除了精選方丈和尚「寬心語」，並隨書附贈「原諒結好緣心法」書籤，提醒讀者學習調心轉念，進而能自身安心。

方丈和尚在《原諒，好緣亮！》一書中，分享調心轉念，化解人與人之間的心結。

　　方丈和尚從擔任關懷院監院起，便觀察到眾生的苦，莫過人與人之間的心結，因而在書中分享佛法的慈悲與智慧，引導讀者從「心」體驗因緣無常變化，當下承擔，不以負面情緒反應處理，方能成長自己，讓精神昇華。

　　智榮基金會董事長施振榮認為，方丈和尚的智慧語錄有助讀者活得更快樂；臺北市立聯合醫院總院長黃勝堅推薦本書教導現代人如何以智慧寬容的心「原諒人」，所謂原諒「人」，是原諒別人，也是原諒自己。

02.01

法鼓山新莊社大舉辦迎新春活動
感恩社區居民的護持與關懷

　　迎接羊年新春，法鼓山社大新莊校區、護法會新莊辦事處，2 月 1 日於新莊校區舉辦「感恩有『里』——茶香團員賀新春、光明遠大迎心年」活動，由社大學員展現學習成果，感恩社區居民的照顧和關懷，共有近兩百位民眾參與。

　　活動首先進行「喜氣羊羊話好年」，居民透過互動遊戲，

社大迎新春活動中，茶主人奉上清茶，居民品嘗茶香，身心隨之沉靜下來，臉龐泛起微笑。

抽選「一〇八自在語」，並大聲讀出法語內容與眾人分享；「羊眉吐氣微笑茶禪」，則由茶主人為居民奉上三道清茶，茶香中，洗去眾人一身疲憊，讓身心沉靜下來，臉龐泛起微笑，從「心」湧現能量。

現場還有「羊羊灑灑祝新春」，由書法班老師林欽商帶領學員揮毫，書寫春聯贈送居民，「羊羊得意手作坊」則是製作美味湯圓、蘿蔔糕；「才華羊溢畫世界」教眾人運用「代針筆」繪畫，現場還有拼布班、種子盆栽班的作品展示，並教導民眾製作種子鑰匙圈，傳達自然環保的理念。在體驗豐富的內容後，許多民眾立即報名參加社大課程。

迎新春的活動，不僅增進鄰里關係，也讓社區居民親近、認識法鼓山，迎向光明遠大的新年。

● 02.01起

「微笑・禪」生活館傳遞良善的力量
提供練習與傳播微笑的方法

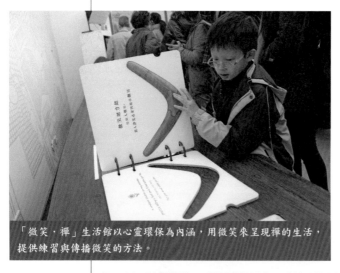

「微笑・禪」生活館以心靈環保為內涵，用微笑來呈現禪的生活，提供練習與傳播微笑的方法。

法鼓山園區自2月1日起，將祈願觀音殿迴廊，規畫設計為「微笑・禪」生活館，以心靈環保為內涵，用微笑來呈現禪的生活，提供練習與傳播微笑的方法，鼓勵每個人從自身出發，影響周遭，讓良善的力量得以傳遞、發酵，讓小小的好，能成為大大的好。

展館洋溢溫暖繽紛的氛圍，右邊的牆面是心靈環保宣言，左側有知名插畫家劉建志繪製的微笑練習書，以及拍貼機。微笑練習書以簡短的篇幅，提醒大眾在白天、晚上，甚至零碎的幾分鐘時段中，練習「微笑」的力量；拍貼機則提供許多參訪者拍下自己微笑的影像，上傳至手機，和朋友分享，透過社群網站，將自己的微笑分享給更多人。

除了互動式的設計，「微笑・禪」生活館的發願卡也別樹一格，純手工的發願卡，內藏了花朵的種子，參訪者可以將寫好祝福的小卡，放入問候牆，也可帶回家種下，祝福每個人都能種下心靈環保的種子，持續灌溉，讓種子生根發芽，世界更美麗。

● 02.04

僧團圍爐、辭歲禮祖
互勉精進修行　承繼祖師遺志

僧團 2 月 4 日中午於法鼓山園區舉辦歲末圍爐，下午於開山紀念館辭歲禮祖。終年各自於一方弘化、精進的法師們，齊聚總本山，除了觀看聖嚴師父開示影帶，也接受方丈和尚的祝福及鼓勵，共有兩百多位僧團法師及僧大學僧參加。

聖嚴師父在影帶中開示辭歲禮祖的意義，是要弟子們不忘本，因為有一代一代師長的傳承，才讓後世弟子得以學佛、出家，因此必須知

僧團於園區展開圍爐暨辭歲禮祖，兩百多位僧團法師及僧大學僧參加。

恩、報恩、懷恩、念恩。法師們發願繼承祖師遺志，弘揚佛法，以利益眾生的行動，報答三寶的恩、報答歷代師長的恩。

本年，僧團以「光、明、遠、大」四個主題，製作印有聖嚴師父法語的書籤，法師們抽到書籤時，彷彿收到師父的勉勵，歡喜地互相分享。

辭歲禮祖後，方丈和尚代表僧團，寫下新年第一張菩提葉祈願卡「抱願，不抱怨；原諒，好緣亮」，繫在開山紀念館菩提祈福區，為大眾祝福。

● 02.04～06　02.09～11

中山精舍舉辦冬季兒童營
學童快樂學習正向能量

2 月 4 至 11 日期間，臺北中山精舍舉辦兩梯次「冬季兒童心靈環保體驗營」，由常嘉法師與教聯會師資帶領，內容包括心經梵唄、新春系列體驗、童話心視界等，共有一百二十多位小朋友在多元課程中，學習放鬆、培養正向的能量。

課程主軸為教導學員背誦《心經》和〈四眾佛子共勉語〉，藉由敲擊小木魚和雙音響木等樂器，變化出多種不同節奏，讓背誦經典變得更有趣、更具韻律感，同時引導學童出列繞佛，體驗專注與安定。「好願在人間」課程中，常嘉法師以《無名英雄——施比受更有福》影片，說明行善的人最快樂，並藉由故事，帶領學童認識心靈環保的理念。

中山精舍冬季兒童營，學童學習背誦《心經》，體驗專注。

該如何讀書才能事半功倍？「童話心視界」單元中，黃紫華老師運用視覺感官測量的遊戲，讓學童回答不同問題時，彼此觀察眼球活動的位置，記錄「記憶區」與「創造區」於左、右腦分布的區域，再以圖像式的思考，引導學習輕鬆快速有效的記憶方式。

活動最後，小學員各以童趣的筆觸，將願心寫在菩提卡上，也為自己種下淨化人心的菩提種子。

● 02.04起

雲來寺敦親睦鄰
社區課程廣受好評

兒童故事花園廣受歡迎，在寺院的環境中，用故事熏陶品格，用手作啟發創作與表達能力。

為持續深耕地方、走入社區與人群，北投雲來寺自2月4日起陸續開辦敦親睦鄰系列課程，包含禪坐共修、兒童故事花園、心靈茶會、心靈環保讀書會等，課程多元豐富，提供地區民眾學習成長。

分別於週一、週二進行的「雲來讀書會」、「心靈茶會」，藉由共學討論聖嚴師父著作、觀看《大法鼓》影片，熏習正知正見的佛法觀念；週三的禪坐共修，地區民眾學習法鼓八式動禪、禪坐一炷香，體驗禪修的放鬆與安定。

週五廣受歡迎的「兒童故事花園」，從2014年春天開辦，邀請北投地區四到十歲的小朋友參加，由具幼教背景的教師發心，每週講一則心靈環保的相關故事，配合故事主軸，引導小朋友表達口語、動手勞作、律動身體、團隊遊戲。

陪伴而來的家長，也在孩子的邀請下加入互動，親子之間多了許多話題。

監院果會法師表示，雲來寺開辦課程，提供北投居民活動與學習空間，不僅接引鄰里親近道場，也是回饋社區的護持。

●02.05

《創意佛藝好好玩》新書發表會
呈現佛法結合藝術的禪悅自在

2月5日，法鼓文化於北投農禪寺舉辦《創意佛藝好好玩》新書發表會，為新書推薦的方丈和尚果東法師、華梵大學校長朱建民、中國書法學會顧問陳坤一等到場祝福，作者吳大仁現場揮毫寫下「佛藝禪」，與近百位民眾分享佛法結合藝術的生活美學。

發表會上，自許「以書畫弘揚佛法，以篆刻契悟禪心」的吳大仁，分享創作的出發點，是希望結合傳統藝術美學與生活禪，讓人們在生活中感

《創意佛藝好好玩》作者吳大仁於新書發表會上揮毫，與在場人士分享「佛藝禪」。

受禪法。全書包括二十種創意實用的手作佛藝，從基礎的書畫開始，臨帖、書法、禪畫、篆刻、拓印、陶藝、木刻、題字摺扇，以及製作鈔經本、春聯、燈籠、手繪衣服等等，種類豐富多元，處處體現創意佛藝的禪悅自在。

《創意佛藝好好玩》由吳大仁口述、示範，張錦德文字整理，自2013年起在《人生》雜誌以專欄方式刊登，於2015年2月1日集結出版。

●02.06～12

冬季青年卓越禪修營天南寺舉行
多元體驗課程　重新認識自我

青年院於2月6至12日，在三峽天南寺舉辦「2015青年卓越禪修營」，本年主題是「一起來敲開心門吧！」，由常澧法師擔任總護，藉由基本的禪修方法與觀念教學，帶領一百多位青年學員探索生命的方向。

營隊內容以禪修體驗為主軸，包括初級禪訓班課程、生活禪應用，以及觀看聖嚴師父的開示影片，也將禪修的基本觀念與方法運用在團康活動中，透過

從團體曼陀羅遊戲中，小組成員學習各自獨立，又互相協調的精神。

「團體曼陀羅」遊戲，學習各自獨立，又互相協調的精神。

在「法師有問有答」單元中，學員提問「不管妄念，回到方法」，常澧法師的回答幽默生動，以西瓜和蒼蠅比喻說明，吃西瓜時，妄念如同西瓜邊飛來飛去的蒼蠅，怎麼也除不掉，此時「回到方法」，就是清楚放鬆地把西瓜吃完，蒼蠅（妄念）也就不重要或消失了。

有學員表示，聖嚴師父對青年營隊循序漸進的開示影帶，清楚明瞭，讓渾沌的心靈回復清澈與覺醒；也有學員分享，進行托水缽時，看著缽內水瀾波動，覺察出心底的翻攪，在水高滿溢的張力下，感受身心與環境互動的變化無常，更也在過程中清楚體驗到所謂的「每個當下」，不在未來、不在過去，而是實實在在感受自己的呼吸。

● 02.08

「活出絕妙人生──法華智慧系列講座」第七場
果光法師、王俠軍、許芳宜分享璀璨生命

臺中分院「活出絕妙人生──法華智慧系列講座」，2月8日於臺中市政府集會堂進行最後一場，邀請藝術工作者王俠軍、舞蹈工作者許芳宜，與僧團都監果光法師對談，主題是「璀璨生命的湧出」，暢談如何追尋夢想、實踐夢想。

「台前風光是在自我

僧團都監果光法師（左二）、藝術家王俠軍（右二）、舞蹈家許芳宜（左一）對談「璀璨生命的湧出」。右一為主持人葉樹姍。

不斷的考驗、試鍊下，以及發願創造而來。」許芳宜回憶十九歲那年，在不被看好的情形下，「叛逆心」讓她堅持飛往美國追夢，歷經不斷努力，終於成了國際著名舞者；她表示，阻力是很好的助緣，過程中面對許多逆境，當無法改變外境時，唯一能改變的就是自己，只要有夢想和希望，就會從自心湧出實踐夢想的能量。

王俠軍談到在製作法鼓山地宮的釋迦牟尼佛琉璃像時，歷經許多挫敗，後來發心吃素、誦念〈大悲咒〉，終於找出方法，順利完成一千件結緣品；也體會到以感恩心、同理心及平常心，面對一切順逆境，創作就有無限的可能。

果光法師則分享擔任聖嚴師父機要祕書期間，每當一有任務，總會擔憂承擔的煩惱，而師父「不要怕，很簡單」的勉勵，成了法師至今的能量泉源；見到師父以誠懇、感恩的心面對眾生，時時繫念眾生，也讓法師感恩能在行菩薩道的禪師身旁學習，讓生命湧出源源不斷的力量。

●02.14

泰山共修處新會所灑淨啟用
常健法師勉眾把握學佛因緣

護法會泰山共修處新會所於2月14日舉辦灑淨啟用儀式，由關懷院監院常健法師主法，有近一百位信眾參加。

常健法師開示時，代表僧團感謝信眾許鐵仉儷發心提供場地，也鼓勵大眾參與共修以及課程，互相成就學佛的善因緣，推廣法鼓山理念。

常健法師帶領泰山地區信眾進行灑淨儀式，期勉大眾把握學佛因緣。

新莊區召委林筱玲表示，法鼓山在泰山設立共修處已有十二年，尋覓新會所期間，感恩大眾一同發願、一同持誦〈大悲咒〉，憑藉對佛法的信心，以及護法總會副總會長黃楚琪的協助，順利找到新家；北四轄區轄召許明昆則與大眾共勉，珍惜共同學佛的因緣。

新共修處位於一樓，除固定舉辦念佛、禪坐與讀書會等共修活動，也不定期開辦佛學課程，接引社會大眾，隨時回到心靈的家，安定身心。

● 02.14～15

紫雲寺舉辦「青年生命成長二日營」
近百位青年找回生命中的感動

紫雲寺舉辦青年生命成長二日營，邀請青年一起聆聽心的聲音。

高雄紫雲寺於 2 月 14 至 15 日舉辦「聆聽心聲音──青年生命成長二日營」，由監院果迦法師帶領，內容包括禪修體驗、對談、團康遊戲等，有近百位青年學員參加。

禪修體驗上，法師帶領學員練習動禪、禪坐，體驗「清楚放鬆」與「收攝身心」；並安排在澄清湖畔，進行經行、早課，也練習「直觀」：清楚知道，卻不執著，如湖上光影，顯現又散去，啟發青年以禪修超越自我視界。

在「有智慧啟發」的團康遊戲中，引導學員反思人我之間如何合作互助；「生命之河」單元，每人寫下人生中扮演的五種角色，學員討論熱烈，從相互換位思考中，促成生命之河的流動。

另一方面，營隊也安排「法鼓青年開講」，邀請以帆船環航地球一周的梁琴霞，與隻身攀登喜馬拉雅山的李寶蓮，與學員分享生命旅程，並與五位也具備行旅經驗的青年代表互動交流，透過山與海的對話，引導學員從心出發，找回生命中最初的感動。

活動最後，果迦法師為青年們提示幸福之道，在於依他人的需要而布施；從臺北至高雄參加活動的學員，也感恩法鼓山提供的智慧資糧，會透過行動，分享成長。

● 02.16 02.24 03.12

報恩寺普瑛長老尼捨報圓寂
方丈和尚緬懷追思並出席讚頌法會

報恩寺普瑛長老尼於 2 月 16 日捨報圓寂，享壽九十一歲，僧團隨即由果禪法師等，代表法鼓山前往關懷致意，方丈和尚果東法師也於 24 日親往追思，並出席 3 月 12 日的讚頌法會。

讚頌法會上，方丈和尚與晴虛法師、明光法師、界雲法師、厚賢法師等教界長老，共同擔任主法法師，約有近千位法眷、信眾、教界代表與會，共同緬懷長老尼一生修學佛法、弘揚佛法的身影，場面莊嚴。

方丈和尚表示，普瑛長老尼年高德劭，對法鼓山的護持可溯及民國七十年間，聖嚴師父自美國回到北投農禪寺承接法務起，便得到長老尼多方護持，舉凡借用桌椅舉辦法會、捐款護持教育的興辦等，也曾受邀擔任農禪寺的執剃阿闍黎，對法鼓山興辦各種弘化、教育事業的護持與關懷，特別讓人感動，僧團非常感恩。

● 02.16～04.30期間

「心靈環保 SRE」地區宣講三十場

分享 Stop、Relax、Enjoy 的活潑妙用

為迎接 5 月 10 日母親節當日舉行的「心靈環保 Stop・Relax・Enjoy」禪修體驗活動，2 月 16 日至 4 月 30 日，傳燈院「心靈環保 SRE」地區宣講團陸續至大臺北地區、宜蘭、桃園、新竹各精舍，以及護法會辦事處，展開三十場宣講活動，共有近一千一百人參與，分別由監院常乘法師、常願法師與地區禪眾分享 Stop、Relax、Enjoy 在生活中的活潑妙用。

地區宣講團廣邀信眾擔任心靈環保 SRE 鼓手，海山地區響應「鼓手點點名」。

3 月 10 日晚間，常乘法師至海山辦事處，首先帶領眾人練習法鼓八式動禪舒展筋骨、沉澱思緒，再說明活動理念。法師表示所謂「心靈環保」是要回收心靈廢物，再生健康心靈，心淨則國土淨，禪修就是改變的可能；簡稱為「SRE」的 Stop、Relax、Enjoy，其實是最基礎的禪修方法——「清楚、放鬆、享受」。

法師說明，平常在處理事情時，往往一投入就忽略身體的覺照而緊繃，因此需要適時停頓一下，把心收回身上，再重新出發；「放鬆即可安心」，懂得放鬆，身心就會愈清楚、安定，也就愈能享受活在當下的快樂，身心合一，當下就是人間淨土。

5 月 10 日在臺北市國父紀念館廣場進行的禪修體驗活動，除了延續往年的法鼓八式動禪、浴佛禪，並擴大舉辦生活禪體驗項目，包括邀請所有參與者一起「停十秒」，體驗 SRE 的活潑妙用。

● 02.18

除夕夜法華鐘鳴一百零八響
以祈福法會祝禱世界光明遠大

馬英九總統（左六）、吳敦義副總統（左五）、朱立倫市長（右四）與方丈和尚（右五）、惠敏法師（左四）等圓滿一百零八響法華鐘聲。

法鼓山園區於 2 月 18 日農曆除夕晚上至 19 日大年初一凌晨舉辦「除夕祈福撞鐘」活動，先於晚間在大殿、祈願觀音殿、法華鐘樓同步舉辦祈福法會；晚間十時起，方丈和尚果東法師、副住持果暉法師、果品法師共同敲響第一響法華鐘聲，隨後總統馬英九、副總統吳敦義、新北市長朱立倫、長春集團董事長廖龍星、雲門舞集創辦人林懷民、中華民國紅十字會總會長王清峰、法鼓文理學院校長惠敏法師等各界嘉賓，與來自世界各地的民眾接力撞鐘，於除夕跨年子夜圓滿一百零八響，現場同時投影「光明遠大」，呈現 2015 年法鼓山關懷社會，與大眾共勉的年度祝福。

方丈和尚祈願大眾在新的一年，運用「以慈悲關懷人、以智慧處理事、以和樂同生活、以尊敬相對待」的精神，熱誠奉獻服務，溫暖人間社會，成就光明遠大的正向能量；第八年參加撞鐘祈福法會的馬英九總統，以聖嚴師父法語「自求心安就有平安，關懷他人就有幸福」祝福大眾，並透過祥和的法華鐘聲，願國家、社會及全世界人類，都能擁有平安、健康、快樂與希望的新年。

副總統吳敦義、新北市長朱立倫，也分別以「人人健康，家家幸福，風調雨順，國泰民安」，以及「全民平安，健康快樂，臺灣光明遠大」為大眾祝福。文理學院校長惠敏法師則以招生中的法鼓人文社會學群為主題，祈願大眾新的一年，以「生命教育安身心，社區再造安家園，社會企業安經濟，環境發展安地球」。

當天晚上九時三十分，法華鐘樓、大殿、祈願觀音殿同步舉行祈福法會，每一響法華鐘聲，都伴隨著「聖嚴法師一○八自在語」投影，最後八響，並投影「法華經變圖」，令參與撞鐘的民眾印象深刻。

● 02.19～26

法鼓山園區、全臺各分院道場新春活動
開春心光明　平安一整年

　　迎接 2015 年羊年新春，總本山及全臺各分院道場於 2 月 19 日大年初一至 26 日新春期間，舉辦法會、禪修體驗及新春系列活動，啟動光明遠大的一年。

　　法會方面，19 日初一，臺北安和分院、臺中分院、南投德華寺、臺南分院與雲集寺，以及臺東信行寺，皆舉行普佛法會。北投農禪寺、桃園齋明寺則於 19 日至 21 日初三，啟建慈悲三昧水懺法會，兩地信眾身著莊嚴海青，以最虔敬的身心，領受三昧之水的清涼與法喜；北投文化館、高雄紫雲寺也從初一起，進行一連三天的千佛懺法會，民眾藉由禮拜綿亙三劫的千佛，去除內心的傲慢，歡喜接受千位佛菩薩的祝福。

　　方丈和尚果東法師也於初一至 23 日初五，分別至北部六處分院，向參與法會、參訪走春的民眾表達祝福，也於三峽天南寺揮毫，與大眾結緣。

方丈和尚於天南寺揮毫，與大眾結緣。

　　靜態展覽方面，包括法鼓山園區「一鼓一棒一大願——法鼓山園區落成十週年特展」、「看見法鼓山最美的風景——義工身影攝影展」，農禪寺「追尋智者的心光」特展，天南寺的聖嚴師父書法展，以及桃園齋明別苑聖嚴師父的頑皮童年展，皆引導大眾認識法鼓山的理念與開展歷程，以及聖嚴師父的悲心大願。

　　另一方面，每年的新春園遊會，更是廣受大、小朋友喜愛，不僅能參與遊戲，更能從中體驗禪修法味。其中，農禪寺開山農舍前的裝置藝術，地面看似竹林，高處俯瞰則成蓮花，十分有特色；也有許多民眾闔家「同心同趣」，藉由黏土綿羊、天燈吊飾、七彩紙羊的製作，體驗創作樂趣；此外，還有小朋友變裝成小羊兒、小財神分送糖果，傳送「喜羊羊」的新春祝福。

紫雲寺新春戶外活動結合佛法觀念，親子攜手闖關、許好願。

　　紫雲寺照壁旁的幸福平安鐘，信眾排隊敲響平安與幸福，而結合佛法觀念的闖關遊戲，包括親子共同體驗吹一吹煩惱、心靈捕手、智慧疊羅漢、許個好願等活動；信行寺則舉辦輕食園遊會，全家一起敲祈福鐘、寫祈福卡、拓印春聯、摺紙羊，在歡笑和法喜中迎新年。

　　系列新春活動，各分院道場皆準備了平安麵、平安米與大眾分享，四處洋溢著新春佳節的歡喜和熱鬧，以及發好願的虔敬和溫馨，祈願大家平安度過一整年。

2015 全臺分院道場新春主要活動一覽

地區	地點	日期	活動名稱／內容
北部	法鼓山園區	2月19至23日（初一～初五）	祈福法會、禪藝體驗
		2月19日至5月31日	「看見法鼓山最美的風景──義工身影攝影展」
		2月19日至12月28日	「一鼓一棒一大願──法鼓山園區落成十週年特展」
	北投農禪寺	2月19至21日（初一～初三）	新春慈悲三昧水懺法會
		2月19至23日（初一～初五）	親子闔家樂
		2月19日至5月31日	「追尋智者的心光」特展
	北投佛教文化館	2月19至21日（初一～初三）	新春千佛懺法會
	臺北安和分院	2月19日（初一）	新春普佛法會
		2月20日（初二）	《藥師經》共修法會
		2月21日（初三）	新春大悲懺法會
		2月22日（初四）	新春藥師法會
	三峽天南寺	2月19至21日（初一～初三）	新春祈福法會、遊心禪悅喜迎春
	桃園齋明寺	2月19至21日（初一～初三）	新春慈悲三昧水懺法會
		2月19至25日（初一～初七）	叩鐘祈福
		2月22日（初四）	新春地藏法會
		2月23日（初五）	茶禪
	桃園齋明別苑	2月19至20日（初一～初二）	新春大悲懺法會
		2月19至23日（初一～初五）	鈔經、茶禪
		2月19日至3月10日	「聖嚴師父的頑皮童年」展
中部	臺中分院	2月19日（初一）	新春普佛法會
		2月20日（初二）	新春大悲懺法會
		2月21日（初三）	新春慈悲三昧水懺法會
	南投德華寺	2月19日（初一）	新春普佛法會
		2月21日（初三）	新春大悲懺法會

地區	地點	日期	活動名稱／內容
南部	臺南分院	2月19日（初一）	新春普佛法會
		2月19至21日（初一～初三）	法鼓書香──新春特展
		2月21日（初三）	新春大悲懺法會
	臺南雲集寺	2月19日（初一）	新春普佛法會
		2月19至21日（初一～初三）	法鼓書香──新春特展
		2月21日（初三）	新春大悲懺法會
	高雄紫雲寺	2月19至21日（初一～初三）	新春千佛懺法會、茶禪、戶外親子同樂會
	臺南安平精舍	2月20日（初二）	新春觀音法會
		2月19至21日（初一～初三）	法鼓書香──新春特展
	高雄三民精舍	2月22日（初四）	新春普佛法會
	護法會嘉義辦事處	2月21日（初三）	新春普佛法會
	護法會潮州辦事處	2月22日（初四）	新春普佛法會
東部	臺東信行寺	2月19日（初一）	新春普佛法會、輕食園遊會
		2月20日（初二）	新春觀音法會
		2月21日（初三）	新春大悲懺法會

● 02.19～05.31

文化中心舉辦「義工身影攝影展」
看見法鼓山最美的風景

　　文化中心於 2 月 19 日至 5 月 31 日，在法鼓山園區活動大廳迴廊舉辦「義工身影攝影展」，並同步出版《看見法鼓山最美的風景》攝影集，透過一百二十五幅感動心靈的影像，記錄一個個專注當下的認真身影，如同一場無聲說法。

　　攝影展規畫三大展區，「看見‧風景」展區呈現護法居士「走入法鼓山」當義工，在交通、香積、環保、景觀、導覽、接待、場地、醫療等工作中，忙得快樂，累得歡

在「義工身影攝影展」上，觀者從義工踏實而堅定的身影，看見法鼓山最美的風景

喜;也「走出法鼓山」,從社區、災區到海外,在每一處有需要的地方,分享與學習。

「凝視‧身影」,則記錄了四位資深義工的一日生活,踏實而堅定的身影,展現生命的深度與厚度。「人間 ‧ 僧影」展區,展出「終身義工」法師與學僧出坡時專注勞動的影像,以行動來實踐「人間淨土」的精神。

為法鼓山拍攝影像紀錄近二十年的資深攝影師李東陽表示,義工影像雖然平凡,卻在沉默中展現了生命的大美,期望更多人在義工身上,看見最真誠質樸的生命力、願心與願力,更能夠體驗到「淨土在人間」。

● 02.19起
農禪寺舉辦「追尋智者的心光」特展
領受智者綻放的生命光彩

開山農舍重現 1980 年代的錄音室,呈現聖嚴師父當年為求法若渴的信眾,錄製的佛法開示檔案。

北投農禪寺於 2 月 19 日起,在開山農舍館舉辦「追尋智者的心光」特展,引領參訪者從聖嚴師父的生命歷程中,領受智者所綻放的生命心光。

一樓特展區「心光法語」,在屏風上呈現聖嚴師父的生命歷程,分為十二個時期,引領參觀者回顧師父的一生,處在時代洪流和困頓之中,總在無路中找出路,在艱辛中見其悲願,在堅毅中見禪慧;同時並搭配每個時期代表性圖像與文物,有手稿、眼鏡、閉關時使用的便當盒等。領略師父在每個生命的轉折中,以佛教的榮興、以眾生的苦難為念,散發出智慧與慈悲的心光。

二樓規畫文殊殿、圖書區、聖嚴師父寮房、東初紀念室、開山農舍建築史室等,許多參訪者在此禮佛;建築史室,則透過一張張藍圖,追溯老農禪與新水月的時空因緣。

二樓展區並重現 1980 年代的錄音室,展示聖嚴師父為求法若渴的信眾,以及許多無法親炙道場的大眾,錄製的佛法開示檔案。

許多參訪者表示,走一趟農禪寺開山農舍,走入聖嚴師父的內心世界,也將師父的心光,注入心中,返照自己的生命。

● 02.19～12.28

法鼓山園區落成十週年特展
「一鼓一棒一大願」分享發展歷程

2月19日至12月28日，法鼓山
園區於開山紀念館舉辦「一鼓一棒
一大願——法鼓山園區落成十週年特
展」，以「鼓」與「願」為主題，分
五大區域引領參訪者回顧聖嚴師父與
四眾弟子共同「發大悲願，擊大法
鼓」，分享園區十年來的發展歷程。

「行願區」以長布幔分享十件園
區第一個十年中的重要大事，包括
新任方丈接位、法華鐘響、生命園
區啟用、水陸法會、聖嚴師父捨報、

走進法鼓山落成十週年特展區，也走過聖嚴師父引領四眾弟子、
共擊法鼓的第一個十年。

傳燈等，讓參訪者一目了然法鼓山的理念與發展軌跡；「集願區」藉由照片回
顧法鼓山從無到有的開山歷程；「發願區」投影展示開山十年間四眾弟子在菩
提祈福區所發過的願，為自己、為家人或為眾生、為世界的祝福與期勉，小菩
薩夾雜注音符號的願與師父所寫的「有大願力」書法相映成趣。

「文物區」展出2005年開山大典的重要文物，如書法家杜忠誥所寫的〈大悲
咒〉、聖嚴師父書迹「大悲心起」以及落成開山大典媒體報導、文宣品等；許
多民眾響應「續願」，在祈願卡上寫下心願，讓善願無盡循環。

特展加入多媒體展示手法，如菩提葉文字動畫、建築動畫等，引導民眾了解
開山十年來豐富的文化與藝術內涵；同時利用科技影像、燈光設計、色彩以及
裝置運用，以達創新的空間視覺，開啟獨特的觀賞視野。

● 02.27

法鼓山全臺舉辦傳燈法會
點菩提心燈　發願報師恩

聖嚴師父圓寂六週年之際，法鼓山2月27日於法鼓山園區、北投農禪寺、
中華佛教文化館、臺北安和分院、三峽天南寺、桃園齋明寺、臺中分院、南投
德華寺、臺南雲集寺、高雄紫雲寺、臺東信行寺及基隆精舍，同步舉辦「法鼓
傳燈日」傳燈法會，共有五千六百多位四眾弟子就近參加，透過念佛、觀看

臺中分院的法師們點亮與會信眾手中的缽燈，傳承菩薩心行。

聖嚴師父開示影片，緬懷師父教澤及開啟慧命的法乳深恩，也互勉接續師願，實踐菩薩行。

開示影片中，聖嚴師父直言不求弟子感激、紀念，只期望眾人實踐「提昇人的品質，建設人間淨土」的理念；諸佛的淨土是願心所成，師父勉勵大眾學習佛菩薩，在人間建設淨土，做盞盞明燈，散發光與熱。

方丈和尚也於園區主場地，透過視訊連線對大眾開示，說明傳燈除了緬懷聖嚴師父，更要發願將佛法傳承下去，並以師父所寫的〈菩薩行〉，勉勵眾人點燃菩提心燈，同時發起菩提心與出離心，才能化世而不戀世；常保身心清淨、安定，使淨土展現人間。

傳燈時，大眾口唱〈傳法偈〉依序出位，由僧團法師點亮手中的缽燈，感恩、感動凝成淚水、化成願心，同聲在佛前發下〈四弘誓願〉與「發揚法鼓宗風、共創人間淨土」的別願，期許自己生生世世學法、弘法、護法，擊響法鼓，永傳無盡燈。

● 03.01

普化教育悅眾充電營
關懷員學習如何自利利他

信眾教育院於3月1日在北投農禪寺舉辦「悅眾充電營」，主題是「建立快樂的高績效團隊」，由北美護法會前會長張允雄帶領，監院果毅法師出席關懷，共有一百五十多位福田班、長青班、快樂學佛人課程關懷員參加。

曾任企業管理顧問講師的張允雄說明，投入利他服務前，必須先了解自己，讓優點發揮，並針對缺點做好損害控管，如此才能有效協助團隊，接引更多大眾認

充電營課程內容結合理論與實務，悅眾和關懷員在情境演練中，互動熱烈。

識法鼓山；課程中，並透過現代管理學工具，如周哈理窗（Johari Window）、情境領導學、行動學習（Action Learning）等，引領學員從認識自己、帶領團隊、掌握資訊等面向切入課程核心。

藉由個案分析，張允雄分享「五滴甘露」，包括以個人優勢來分派工作、確認角色與責任、成為善知識、激勵團隊士氣、針對弱點做損害控管等，提醒雖然有諸多的實用功具和資訊，但內化並轉化為行動才是關鍵，就像念佛，必須透過不斷地熏習、體會、實踐，才能活用。

有連續兩年參加充電營的關懷員表示，每次課程都有不同的學習和成長，2014 年從農禪寺經行回文化館，是溯源與感恩；今年的工作坊，更多了一分覺照和省思，透過練習與分享，在在提醒自己不論是接觸信眾、與工作夥伴溝通協調，都應讓彼此互為善知識。

● 03.01～06期間

各分支道場舉辦元宵燃燈供佛法會
祈願光明遠大遍照大千

3 月 1 至 6 日期間，法鼓山各分支道場，包括臺灣北投農禪寺、基隆精舍、桃園齋明寺、臺中分院、南投德華寺、臺東信行寺以及海外加拿大溫哥華及馬來西亞道場分別舉辦元宵燃燈供佛法會，為佳節增添祥和安定。

其中，農禪寺、齋明寺、臺中分院、德華寺皆於 5 日元宵節當日舉辦燃燈供佛法會。農禪寺以「農禪水月夜」與五百多位信眾共度元宵，在祈福法會之前，準備了吃元宵、猜燈謎、提

農禪寺闖關遊戲中，兩人一組的「豆子夾夾樂」競賽，考驗定心的工夫。

燈籠等活動，還設立十個遊戲關卡：製作「幸福亮晶晶」小燈籠、黏土春聯御守、帶有禪修靜心的「豆子夾夾樂」，以及法語方塊字疊疊樂等；法會最後，大眾恭讀聖嚴師父的〈大悲心起〉祈願文，許下「光明遠大」的一年，祈願將安定攝受的心，帶到日常生活中，讓社會祥和平安。

在齋明寺舉辦的供佛法會中，監院果舟法師引用《施燈功德經》，勉勵大眾用虔誠莊重的心，一心專注、放下萬緣，在心田播下菩提種子；臺中分院、德華寺則分別由監院果理法師、副寺果弘法師帶領法會，分別有一百多人、四十

多人參加。

　　海外的馬來西亞道場、溫哥華道場分別於1日、6日舉辦燃燈供佛法會。馬來西亞道場六十餘位信眾在常施法師的帶領下，恭誦《佛說施燈功德經》，並祈願燃起心燈，照亮世界，破除黑暗；常施法師也提醒大眾，要時時觀照身心，先讓內在的心燈點燃，方能成為別人的明燈。

● 03.07

農禪寺舉行新春祈福法會
代代相傳大好希望的興學大願

新春祈福法會中，方丈和尚關懷與會信眾。

　　法鼓山於3月7日在北投農禪寺舉辦新春祈福法會，方丈和尚果東法師及護法總會輔導法師果器法師、關懷院監院常健法師，與護法總會副總會長黃楚琪到場關懷，法鼓文理學院校長惠敏法師也與會說明學校現況及願景，共有一千五百多人參加。

　　方丈和尚開示時，闡述年度主題「光明遠大」的意涵，強調每個人都有清淨的佛性，遇到各種不同災難情境，往往是在以不同的身相利益眾生，所以雖然在受苦受難，卻是救苦救難，而不覺得有苦有難，宛如菩薩現身放慈悲光、智慧光，說緣起、無常、無我、空的法；因此面對各種情境，都是在成就我們以智慧來轉境，開發出自心的光明；以慈悲來利他，開發出無限的希望。

　　法會圓滿後，由惠敏法師分享法鼓文理學院的辦學願景。法師說明，文理學院是一處善良動能的發源地，講究身心健康、終身學習，教學發展涵蓋心智、生命、社區、社會及環境等各層面，以小班制、大家庭的氛圍，展現出小而美，貫徹心靈環保「博雅教育」的特色，邀請大眾共同加入興學行列。

● 03.07～05.09期間

紫雲寺舉辦「幸福講談」系列講座
正向思考　人生幸福又快樂

　　3月7日至5月9日，高雄紫雲寺週二或日舉辦「幸福講談」系列講座，主題是「正向思考」，邀請臨床心理師呂錡濡主講，每場均有近五十人參加。

講座中，呂鉤濡講析正向思考的本質與內涵，也分別從減壓、情緒管理、自我實踐等面向，介紹正向思考的應用，強調正向思考並不是否定負向的存在，因為真正的正向思考具有面對現實的勇氣，悲觀、負向自有其價值，只要不逃避悲觀，勇於

心理師呂鉤濡指出，真正的正向思考具有面對現實的勇氣，能讓人身處黑暗中也能找到光明。

面對黑暗的一面，就能從負向中找出正向的力量。

如何讓自己更正向？呂鉤濡分享唯有不斷訓練自己，去發現生活中美好的人、事、物，用讚美取代責備，以感恩取代習以為常。如此經常練習，養成樂觀的人生觀，不但能幫助提昇心理的免疫系統，更能讓人縱使身處黑暗中也能找到光明。

「幸福講談」系列講座共八場，分別在紫雲寺和三民精舍舉行，帶領大眾學習正向思考的能力，讓身心更健康，活出精彩又有意義的人生。

2015 高雄紫雲寺「幸福講談」一覽

日期	講題	地點
3月7日	讓人更快樂的心理學——談正向心理學	高雄紫雲寺
3月10日	我的快樂我決定——談情緒管理	高雄三民精舍
3月21日	有智慧的樂觀——談勇於承擔	高雄紫雲寺
3月24日	幸福的人生不空談——談實踐的力量	高雄三民精舍
4月7日	壞情緒別獨自承擔——談書寫與分享	高雄三民精舍
4月21日	活在當下——談正念減壓	高雄三民精舍
5月9日	離開舒適圈——談自我實現	高雄紫雲寺

● 03.07　04.25

法鼓山社大「法鼓童軍團」正式成軍
北海岸四區召募二十六位幼童軍

法鼓山社大於 4 月 25 日在法鼓山園區舉辦「法鼓童軍團」成立活動，由校長曾濟群、三學研修院男眾副都監常遠法師、僧大男眾學務長常順法師、團長張瑞松等師長，為幼童軍小隊代表，別上法鼓童軍團的領巾與布章。「法鼓童軍團」首團於金山、石門、萬里、三芝等北海岸四區召募二十六位幼童軍，更有

法鼓童軍團成立，拍下全團首張大合照。

二十多位家長與社會人士加入服務員行列，親子共同學習、成長。

社大校長曾濟群致詞表示，童軍活動所倡導「日行一善」、「人生以服務為目的」觀念，與心靈環保淨化人心、淨化社會理念一致，能培養學童建立服務學習、奉獻社會的觀念，品行朝良善的方向發展。

代表僧團出席的常遠法師，也歡喜表示藉著幼童軍成立契機，法鼓山得以更多元的活動，為社會播撒美善的種子，期許參與活動的家長與小朋友從中得益，進而影響校園與生活周遭的人。

法鼓童軍團於每月第一、第三個週六上午培訓，由金美國小退休校長張瑞松擔任團長，並由取得木章訓練認可的社會人士與家長，擔任服務員，陪伴孩童接受童軍訓練，親子共同成長。

為招募童軍，社大3月24日於金山校區舉辦說明會，當天現場開放報名，有近三十位國小學童參加遴選。張瑞松團長在說明會中鼓勵參加的學童，把幼童軍諾言實踐在日常生活中，就已達成幼童軍的任務。

● 03.07～05.24期間　09.12～12.26期間

中山精舍開辦「童話心視野」課程
引領學童學習尊重生命的價值

童話心視野課程，寓教於樂，學童歡樂學習心靈環保。

3月7日至5月24日、9月12日至12月26日，中山精舍隔週週六上午為國小二至五年級學童開設「童話心視野」課程，每梯次八堂，由教聯會師資帶領，每堂課有五十位小學員參加。

課程多元，包括襪子娃娃DIY、影片欣賞、

劇本排演、音樂饗宴、身體律動及美勞創作等,從流浪動物的生命教育開始,帶領學童思索「照顧小動物,有愛就足夠嗎?」「愛他人重要嗎?」,學習以同理心及慈悲心關懷萬物,尊重生命的價值。

另一方面,也運用情境模擬方式,學童角色扮演體驗施與受的立場,認識喜、怒、哀、樂的情緒密碼,從表情、聲音、肢體語言體察他人的心境,以及在哀傷、生氣時,如何轉換情緒,正面思考。

常嘉法師表示,「童話心視野」課程著重心靈教育的啟發,讓心靈環保的理念扎根於下一代。

● 03.08～10.18期間

「心靈環保農法」講座六地展開
果祥法師、農場主人分享環保心耕作

為了喚起大眾友善長養萬物的土地,法鼓山於 3 月 8 日至 10 月 18 日期間,舉辦六場「心靈環保農法」講座,邀請淨光茶園負責人廖本民、臺中世豐菓園負責人林世豐和八田綠色自然農莊負責人陳佩雲,與果祥法師對談,分享實務經驗與深刻體驗,共有一千多位關心農業栽植與身心健康的民眾參與聆聽。

果祥法師與三位農場主人陳佩雲、廖本民、林世豐(右起依序),分享如何實踐心靈環保的農法。圖為在紫雲寺舉辦的場次。

果祥法師說明心靈環保農法是一種非有機、也非傳統慣行耕種的農法,而是以心靈環保為核心,使萬物共生共存的農作法,提供一個眾生均能和諧共處的環境;法師指出,心靈環保農法是農業的一條出路,若能有更多的農夫投入,食安問題不會層出不窮。

座談中,三位農場主人分享採用不翻地、不施肥、不噴藥、不搭網室、溫室的自然農法,都是基於相同的理念:希望人類與萬物共生共榮,讓這片土地變成眾生的樂園。也基於不殺生的信仰,他們找到生命更深層的意義,生活也變得更簡單、自在、快樂。

陳佩雲表示,在實踐自然農法的過程中,體認到農耕和生活是一體的,因為用實踐環保的心耕作,日常生活也變得樸實不浪費,更重視環保。

果祥法師鼓勵三位農場主人拋磚引玉,希望更多人從自身作起,愛護大地,與所有眾生的生命共存共榮。

2015 年「心靈環保農法」講座一覽

時間	地點
3月8日	桃園齋明別苑
3月22日	高雄紫雲寺
5月9日	臺南雲集寺
9月24日	北投雲來寺
10月11日	臺東信行寺
10月18日	臺南分院

● 03.10～12.18期間

2015 年職能訓練課程
提昇專職職能養成

3月10日至12月18日期間，行政中心人力資源處共舉辦八場職能訓練課程，內容包括簡報技巧、客服禮儀等世學議題，同時也涵蓋禪修在職場上的運用。

職能技巧方面，首場於3月10日舉行，邀請企業管理顧問張麗娟主講「感動服務」，說明以眼、耳、嘴、腦及心的全部開啟，讓服務更貼近人心的需求；7月3日則邀請黃莉惠講師傳授電話禮儀與技巧，讓服務更深入人心。

12月18日的「激勵技巧」課程，由資深悅眾張允雄帶領，說明每個人都有獨特的價值觀念與奮鬥目標，優秀的管理者必須熟悉員工的類型、了解員工的需求，掌握不同的激勵技巧；並介紹獨立思考、生活設計、個體發展、雄心勃勃、返璞歸真、團隊合作等六類型的激勵技巧，以提昇工作效能。

由僧團法師帶領的三場禪修課程，包括初級禪訓密集班、舒活二日營、Fun鬆一日禪，引導專職藉由禪法放鬆與安定身心，為社會大眾服務。

2015 年專職職能訓練課程一覽

時間	主題／講題	帶領人／主講人	地點
3月10日	感動服務	張麗娟（企業管理顧問）	北投雲來寺
4月11日	義工體驗營	三學院義工室	法鼓山園區
5月6日至27日	初級禪訓班	果會法師（法鼓山雲來寺監院）	北投雲來寺
7月3日	電話客服禮儀	黃莉惠（博士博數位人力資源訓練講師）	北投雲來寺
9月4日	製作出色的簡報及初階表達技巧	陳泳濚（企業管理顧問）	北投雲來寺
9月14～15日	舒活二日營	常甯法師（法鼓山僧團法師）	北投雲來寺
10月17日	Fun鬆一日禪	常峯法師（法鼓山僧團法師）	溪頭自然教育園區
12月18日	激勵技巧	張允雄（法鼓山北美護法會前會長）	北投雲來寺

● 03.12～15　03.19～22

第二十屆在家菩薩戒舉行兩梯次
逾千位戒子圓滿受戒

　　法鼓山第二十屆傳授在家菩薩戒會，於3月12至15日、19至22日分兩梯次在總本山大殿舉行，由方丈和尚果東法師、首座和尚惠敏法師、副住持果暉法師擔任菩薩法師，共有一千二百六十六位戒子圓滿受戒。

　　正授典禮中，全體戒子在莊嚴的〈搭衣偈〉梵唄聲中，恭敬地搭起菩薩衣，體驗到受戒的殊勝，不少戒子流下感動的淚水，更堅定發下難行能行的菩薩道誓願。方丈和尚也恭喜新戒菩薩「生日

第二十屆在家菩薩戒人數創新紀錄，園區大殿看台區首度開放席次，成為戒場。

快樂」，勉勵戒子以清淨的身、語、意，待人處事，在精進的修行中開發潛力，也以菩薩誓願的精神廣度一切眾生。

　　四天戒期中，戒子們從聖嚴師父說戒的影片，逐步了解受戒的意義與殊勝；總護法師也反覆教導菩薩威儀、梵唄與演禮，並殷切叮嚀多拜佛禮懺，時時護念身、口、意三業，為自己的善根澆灌法水，讓周遭的人獲得利益。

　　本屆新戒菩薩來自美、加、英、德、新加坡、馬來西亞、澳洲、中國大陸、香港、澳門等地，為歷年受戒人數最多的一屆；從1月1日開放報名後，半日內就額滿，為滿求戒者的願，七樓大殿的看台區，也首次開放席次，成為戒場。

● 03.12起

人基會、社大合辦「幸福廚房」課程
新店、花蓮開新班

　　人基會、法鼓山社大合辦的新住民「幸福廚房」關懷課程，3月12日於新北市石門區老梅國小開課。「幸福廚房」課程，2015年除了持續在新北市金山、萬里及石門等地辦理，關懷觸角也延伸到新店安坑國小以及花蓮豐裡國小。

　　本年的新住民「幸福廚房」關懷課程內容，除了延續2014年叫好叫座的「幸福廚房烹飪班」及「幸福兒童」，並於老梅國小首度開辦「手工肥皂班」。其中，烹飪課程除保留原有的創意宴會料理，另規畫烘焙、醬菜及輕食等料理；

新住民學員在社大「幸福廚房」課程中，學習製作手工皂。

肥皂課程不僅學習新技藝，也可製作香氛禮物，為生活增添樂趣。

而為了讓學員安心上課，同時開辦的「幸福兒童班」，由人基會心六倫宣講師與退休教職員合作，以多元、生動的課程，培養小朋友自信、專注、感恩與尊重的品德，更建立起家長與小朋友終身學習的觀念與行動力。

來自中國大陸的學員表示，從課程中逐漸融入臺灣的社會文化，也認識了許多好朋友，感受到臺灣濃厚的人情互動。

● 03.19

方丈和尚追思覺真長老
代表僧團感恩長老對法鼓山的護念

聖嚴師父的法門同窗覺真長老，3月16日於中國安徽廣德紫金寺安詳示寂，方丈和尚果東法師於19日前往追思致意，由紫金寺住持曙明法師、長老隨侍弟子真顯法師等陪同，瞻禮長老遺容，並於佛前念佛迴向。

覺真長老與聖嚴師父同為焦山定慧寺法嗣，先後在狼山廣教寺出家，也是上海靜安寺佛學院的同班同學。長老是中國佛教協會已故副會長茗山長老法子，先後出任香港佛教僧伽學院副院長、香港佛教聯合會宗教事務監督、遼寧大學永惺佛學研究中心研修學苑院長、香港東林念佛堂首座、紫金寺名譽方丈、《世界佛教論壇》雜誌總編輯等職，出版專著十餘種，海內外發表文稿數百萬字，以佛法結合管理學著稱，強調弘法要與時俱進。

覺真長老曾於 2010 年訪問法鼓山，緬懷也感佩聖嚴師父對教育的用心，除分享與師父之間的深厚道情，也表達對法鼓山僧俗四眾殷切的期許。2012年方丈和尚至香港弘法，亦主動拜訪長老，感恩長老對法鼓山的護念。

方丈和尚親往安徽廣德紫金寺追思覺真長老，並於靈堂念佛迴向。

● 03.19～05.24期間

清明報恩法會全球分支道場展開
大眾共修傳達孝思與感恩

3月19日至5月24日期間，法鼓山全球各分支道場分別舉辦清明報恩法會，大眾虔敬共修，為先亡超薦，為眾生祈福，共有逾萬人次參加。

臺灣各地舉辦的法會，以《地藏經》共修、地藏法會、慈悲三昧水懺法會為主。北投文化館首先於3月19日起舉辦《地藏經》共修，由監院果諦法師帶領，每日均有五十多人參加；臺南雲集寺則於3月20至27日舉行地藏法會，監院果謙法師開示地藏修

農禪寺舉辦清明報恩佛七，大眾至誠念佛，將身、口、意投入佛號聲中。

行法門，勉眾將修行與生活結合，為自己帶來正向的改變；高雄紫雲寺除舉辦七日的《地藏經》共修，並於4月4日舉行三昧水懺法會，監院果迦法師鼓勵大眾時時念念心存善念，護念自己也護念他人，發揮自利利他的精神。

臺中寶雲寺於3月28日重建啟用後，隨即於29日啟建「清明報恩祈福梁皇寶懺法會」，七天共近八千人次參與；圓滿日4月4日於臺中市政府廣場進行的瑜伽焰口法會，更有二千五百多位信眾與會，以精進拜懺的清淨功德為臺灣、世界祈福。

另一方面，北投農禪寺於3月29日至4月4日，舉辦清明報恩佛七，每日早晚，大眾聆聽聖嚴師父的開示影帶，學習如何至誠地將身、口、意投入佛號聲中；其中一個壇場安排臺語翻譯，方便長者理解，領受說法的意涵。桃園齋明寺的佛三暨八關戒齋，則於4月2至5日，由僧大果竣法師，為大眾開示念佛法門的殊勝之處，也說明「都攝六根，淨念相繼」，就是念佛的正確方法。

海外地區，北美護法會新澤西州分會、安省多倫多分會，分別於3月23、29日舉辦慈悲三昧水懺及清明報恩地藏法會；美國紐約東初禪寺於4月4日舉辦清明地藏法會，由常諦法師帶領，法師提醒大眾，誦經之後先迴向給一切眾生，之後再迴向給家人或自己，才與大乘佛教自利利他的法門相應，共有一百多人精進用功。

亞洲地區馬來西亞及香港道場，則於4月12日分別舉辦清明報恩地藏法會、清明報恩佛一，以拜佛、念佛共修，傳達感恩與孝思。

2015 年法鼓山全球清明法會活動一覽

地區		主辦單位（活動地點）	時間	活動內容
臺灣	北部	北投農禪寺	3 月 29 日至 4 月 4 日	清明報恩佛七
		北投文化館	3 月 19 日至 5 月 24 日	清明《地藏經》共修
		臺北安和分院	3 月 29 日至 4 月 12 日	清明報恩地藏法會
		桃園齋明寺	4 月 2 至 5 日	清明報恩佛三暨八關戒齋法會
		桃園齋明別苑	3 月 26 日	孝親報恩講座
			3 月 27 至 29 日	清明報恩地藏法會
		臺北中山精舍	3 月 29 日至 4 月 5 日	清明報恩地藏法會
	中部	臺中寶雲寺	3 月 29 日至 4 月 3 日	梁皇寶懺法會
	南部	臺南分院	3 月 29 日至 4 月 4 日	清明地藏法會
			4 月 5 日	清明慈悲三昧水懺法會
		臺南雲集寺	3 月 20 至 27 日	清明報恩地藏法會
		高雄紫雲寺	3 月 28 日至 4 月 3 日	清明《地藏經》共修
			4 月 4 日	清明慈悲三昧水懺法會
	東部	臺東信行寺	3 月 26 至 29 日	清明報恩地藏法會
海外	美洲	紐約東初禪寺	4 月 4 日	清明地藏法會
		加州洛杉磯道場	4 月 4 至 5 日	清明念佛禪二
		加拿大溫哥華道場	4 月 4 至 5 日	清明報恩地藏法會
		北美護法會新澤西州分會	3 月 23 日	清明慈悲三昧水懺法會
		北美護法會安省多倫多分會	3 月 29 日	清明報恩地藏法會
	亞洲	馬來西亞道場	4 月 12 日	清明報恩地藏法會
		香港道場九龍會址	4 月 12 日	清明報恩佛一

● 03.20

寶雲寺舉辦「法華禮讚」晚會
感念師恩 感恩中部地區信眾護持

　　為感恩中部地區信眾的護持，臺中寶雲寺於 3 月 20 日舉辦「大願力，大家庭──法華禮讚」感恩晚會，方丈和尚果東法師、監院果理法師等二十多位僧團法師，與上千位臺中、彰化、南投、苗栗等地區護法信眾齊聚一堂，透過影片，聆聽聖嚴師父的開示勉勵，回顧二十七年來法鼓山在臺中的弘化歷程。

　　晚會於法鼓山北、中、南合唱團齊力演唱〈菩薩行〉、〈法鼓山〉、〈我為你祝福〉音聲中，揭開序曲；寶雲寺籌建團隊副召集人林嘉琪、法鼓山合唱團團長李俊賢，也帶領大眾合唱閩南語版〈四眾佛子共勉語〉，一同重溫聖嚴師父親寫的二十句法語，領受師父的諄諄教導。

　　曾擔任臺中分院輔導法師的果燦法師，透過影片勉勵中部信眾，寶雲寺落成

了，更要知恩報恩，才能續佛慧命；美國紐約東初禪寺監院果醒法師、果舫法師等歷任輔導法師也來到現場，回憶不同時期在臺中弘法護法的故事；現任監院果理法師則率同常住法師上台，感恩來自十方的護念。

會中，方丈和尚也帶領大眾發願，祈願增福增慧，世界和平安樂，許願自利利他、少煩少惱，學習觀音大悲心起、平等普施。

在〈寶雲頌〉合唱聲中，會場對面的寶雲寺，逐層點亮，彷若《法華經》中多寶

寶雲寺「法華禮讚」感恩晚會，法鼓山北、中、南合唱團齊力演唱佛曲。

佛塔從地湧出，大放光明；信眾們也跟隨法師腳步，持誦觀世音菩薩聖號，進入寶雲寺三樓大殿供燈，發願接續聖嚴師父的願心，讓佛法在中臺灣發光發熱。

● 03.28

寶雲寺重建啟用
法鼓山中臺灣弘化展新頁

臺中寶雲寺於 3 月 28 日上午舉辦重建啟用大典，方丈和尚果東法師、僧團法師、市長林佳龍、寶雲寺籌建團隊以及信眾代表，共同圓滿佛像揭幔、開光儀式，共有四千多人參加。

方丈和尚致詞時，特別感謝臺中市兩任市長及十方信眾的護持，也藉開光因緣，鼓勵大眾運用心靈環保的觀念與方法，從自身做起，開啟自性的慈悲光、智慧光，圓滿創辦人聖嚴師父以「寶雲」為名的期許。

寶雲寺大殿佛像由各界代表共同揭幔，揭幔代表左起：法鼓學校財團法人董事廖龍星、群園事業機構董事長呂崇民、寶雲寺籌建委員會副主任委員林嘉琪、林佳龍市長、方丈和尚果東法師、建築師陳邁、麗明營造董事長吳春山、寶雲寺建築師黃明威。

市長林佳龍歡喜表示，「自寶如雲，上善若水」，從市長辦公室望出來便可看見這座心靈地標，身處政治經濟中心，對於「如寶雲一般自在無礙」、「無住生心」的意涵感觸特別深刻，祝福寶雲寺持續推廣佛法教育，由市中心向外擴散，成為中部地區心靈提昇的活水。

典禮圓滿後，下午舉辦祈福皈依大典，由方丈和尚為一千零三十五位民眾授三皈依；隔日隨即啟建七天的「清明報恩祈福梁皇寶懺法會」，一系列的普化教育活動，為法鼓山在中臺灣的弘化工作開展新頁。

寶雲寺重建啟用

歡喜成就中臺灣的心靈地標

　　由創辦人聖嚴師父命名的「寶雲寺」，於2015年3月28日落成啟用。這座位於市政路上的灰色建築，2011年1月，於臺中分院的鐵皮屋原址展開重建，不僅是中部信眾期盼已久的共修新家，亦是法鼓山在中臺灣的教育中心。

整體建築蘊含「禪」與「佛法」的修行精神

　　寶雲寺位處臺中新市政中心所在的都會區，樓高十二層、地下三層，外觀內斂素樸，以傳統寺院「大屋簷」的意象，大門以上的八層樓，拉長為逐層漸退的緩斜面，斜簷採用玻璃帷幕片片搭接，仿同屋瓦。內部空間寬敞明亮，採無柱空間的設計，各層樓表現出本來無一物「空」的特色，使得寶雲寺成了多功能的彈性建築，能提供法會、禪修、課程、會議等各種活動靈活運用，充分具有「禪」的精神。

　　監院果理法師表示，寶雲寺樓層的規畫，不只蘊涵「求觀音、學觀音、做觀音」次第修行的精神，同時還融入佛陀接引眾生、成就眾生的「四悉檀」法門。

　　從正門進入寶雲寺接待大廳，入眼即見來迎觀音像，是方便接引眾生的「世界悉檀」。入大殿後，頂禮釋迦牟尼佛像，無論是虔敬祈求諸佛的善念，還是莊嚴心地、照見本來面目的簡單領會，皆是「各各為人悉檀」法門。

臺中寶雲寺是一座高樓型現代都會寺院，也是法鼓山中臺灣教育中心。

八樓至十樓為教室、法堂等多功能教育空間，佛法教育，正是化解眾生種種問題的「對治悉檀」。來到最高層十二樓祈願觀音殿，象徵進入菩薩地，發願做觀音，成為普潤眾生的光明寶雲，是為「第一義悉檀」。從寶雲寺正門直到十二樓，正可呼應從初機入門、學佛聞法，到行菩薩道，層層漸進，代表眾生由生轉熟、由人成佛的次第過程。

挑高八公尺的大殿，為寶雲寺的精神中心。

歡喜成就中臺灣心靈地標

1988 年，聖嚴師父第一次受邀至臺中演講，開啟中部信眾護法、學法、弘法的願心，臺中護法會及共修處於焉成立；往後在信眾全力護持、推廣下，以臺中市為圓心，法鼓山的理念不斷向彰化、南投、苗栗等中部地區縣市輻射延伸，而臺中的共修道場也歷經五次搬遷，法鼓山法師和義工多年來同心同願，發揮大願力、大家庭的團結精神，終於在 2015 年 3 月成就這片都會淨土。

28 日重建啟用典禮過後，來自香港、新加坡、溫哥華以及全臺各地六千多位信眾，依序進入大殿禮佛，樓梯間、殿堂內外隨處可見互相祝福的身影。從臺中分院到寶雲寺、從鐵皮屋到永久道場，四年多來重建期間在網站上累積近一億九千五百萬聲的祈福佛號，護法信眾一棒接一棒，有歡笑有淚水，內心的歡喜與感動，不言可喻。

寶雲寺，接續聖嚴師父弘法的願心，匯聚四眾弟子的報恩心與信心，期許成為大臺中地區的心靈地標，協助大眾開啟自性寶山，成為自在無礙、自利利人的寶雲。

祈福皈依大典全年舉辦四場

三千多位民眾開啟修學佛法新生命

新皈依弟子於祈福皈依大典上，求受三皈五戒，發願成為快樂學佛人。圖為在臺中寶雲寺進行的場次。

法鼓山 2015 年共舉辦四場「祈福皈依大典」，皆由方丈和尚果東法師親授三皈五戒，共有三千多位民眾皈依三寶，開啟修學佛法新生命。

首場皈依大典 3 月 28 日於臺中寶雲寺重建啟用當日舉行，儘管烈日當空，大眾頭戴斗笠，隨監香法師引導，體驗專注、放鬆的感受；方丈和尚勉勵眾人運用佛法的觀念與方法，將習氣由熟轉生，成為清淨、精進、具有慈悲、智慧的三寶弟子。

4 月 19 日，臺南分院於臺南二中舉行祈福皈依大典，方丈和尚首先祝福新皈依弟子「生日快樂」，並開示皈依的意義。方丈和尚鼓勵大眾，皈依三寶之後要運用佛法，學習佛陀的智慧與慈悲，將無明煩惱轉化慈悲智慧，運用正面解讀與逆向思考的智慧，將生活中遭遇的紛擾、挫折等負面情緒，轉化為提昇人我的正向能量。

農禪寺的祈福皈依大典，於 4 月 25 日下午舉行，甫於當日上午圓滿的初階禪七，為祈福皈依大典帶來清淨禪意與精進修行的氛圍。典禮中，方丈和尚以「心平氣和八證氣」等金句，期勉信眾在皈依之後，不再僅為個人求觀音，應能念觀音、學觀音、做觀音，學習觀音菩薩普現人間、循聲救苦的精神；監香法師鼓勵大眾，皈依以後要常回農禪寺參加佛學課程與念佛、禪坐共修，解行並進，親近佛法。

9 月 19 日於法鼓山園區進行的皈依大典中，方丈和尚開示勉勵「演」字輩的新戒信眾，共同「點亮光明心燈，『演』好觀音人生」，大眾皈依受戒即是學佛的慈悲與智慧，轉化、淡化、淨化以自我為中心的無明煩惱，將遇到的各種狀況，視為學習菩薩道幫助他人的契機。

為推廣正信及生活化的佛法，2015 年法鼓山除於臺灣舉辦四場大型皈依大典，也於全球各分院道場舉辦地區性的皈依活動，總計全年共接引近四千位民眾，成為信佛學法敬僧的三寶弟子。

● 03.29

社大舉辦講師共識營
了解辦學理念與方向

　　法鼓山社會大學於 3 月 29 日在法鼓山園區舉辦「走入法鼓山——2015 法鼓山社會大學授課講師共識營」，共有三十三位金山、新莊、北投校區的講師參加，透過參學與課程分享，了解社大辦學理念與方向，並凝聚共識。

　　共識營中，社大校長曾濟群介紹聖嚴師父的生命歷程及心靈環保的內涵，並引用師父法語「環境汙染不離人為，人為不離人心」來註解；僧團副住持果暉法師也分享法鼓山開辦社大的理念，說明聖嚴師父重視教育，尤其是心靈教育，因此在學校與家庭之外，特別規畫社大這座無牆的學校，從教育來推廣法鼓山的理念，同時也回饋在地民眾。

　　有別於一般社區大學著重於生活職能與藝能的學習，法鼓山社大注重心靈的提昇與精神的關懷，更聚焦於生活教育和實踐，在課程上不但具有人文素養的培育，也傳遞身心放鬆、廣結善緣的修行觀，引導學員在有限的生命中實踐生命的意義。

講師共識營中，曾濟群校長說明社大辦學理念與方向。

● 03.31起

社大各校區開辦「樂齡課程」
引領社區長者快樂學習

　　法鼓山社會大學首度以五十五歲以上長者為對象，於金山、北投、新莊各校區同步開設「樂齡課程」，3 月 31 日起陸續開課，引領社區長者輕鬆快樂地學習，啟動樂齡人生。

　　樂齡課程由社大校長曾濟群統籌，規畫一系列富含知性、有益身心的內容，在原有的課程中，增開符合長者學習需求的烏克麗麗、扇子舞、經絡按摩、養生料理、3C 生活，以及園藝盆栽等樂齡班。鼓勵並陪伴長輩在快樂學習中廣結善緣、樂活心靈。

北投校區首開「舒活散步去」，接引長者走出家門，體驗大自然。

其中，北投校區首開「舒活散步去」，由社區旅遊達人帶隊，長者們輕裝走到戶外，不僅舒緩身心，也認識植物與生態，欣賞大自然景色，定點寫生、拍照、品茗。有九十一歲的學員表示，參與課程，不僅認識到居住環境，也有機會出門與人互動，生活更樂齡。

● 04.05～05.24

安和分院舉辦《法華經》講座
果慨法師介紹佛教的修行觀

臺北安和分院於4月5日至5月24日，每週日舉辦《法華經》講座，由弘化發展專案召集人果慨法師，以「《法華經》與改變的力量」為題，從《法華經》的經義為大眾介紹佛教的修行觀，每堂課皆有近八百人參加

法師從天台宗判教的觀點，說明《法華經》是一部「正直捨方便，但說無上道」的圓頓經典，經文主旨在於「眾生皆可成佛」的道理，可說是佛陀送給世人一份指引成佛的禮物。而《法華經》向有「經中之王」之稱，是因為《法華經》處處彰顯「包容」之義，正是待人處事、廣結善緣的妙方。

果慨法師引述聖嚴師父的開示，說明包容可分為三個層次，第一是隨喜功德，能夠欣賞、讚歎、尊敬他人；第二個層次是隨緣消舊業，例如包容以明槍暗箭等方式來對付你的敵人；第三個層次是結來生緣，對於恩將仇報的人，雖然是難上加難，仍要包容對方。

聆聽講座的大眾坐滿安和分院大殿和教室。分組討論時，果慨法師也到每一小組關懷。

七堂講座中，法師介紹了〈提婆達多品〉、〈安樂行品〉、〈常不輕菩薩品〉、〈藥王菩薩本事品〉以及大眾所熟知的〈觀世音菩薩普門品〉；自第三堂課起，並搭配課程主題安排電影賞析，將佛教徒的修行觀鋪陳在課程之中。果慨法師勉勵大眾，行為改變了，生命的層次才能跟著改變，而實踐經典的教法，才是修學佛法的關鍵。

為提高與大眾的互動，法師在講座中開啟雲端討論專區，聽講者可透過智慧型手機掃描 QR Code，進入專區分享問題，參與討論，讓講座不僅與時俱進，更瀰漫濃濃的法味馨香。

● 04.07

聖嚴師父文物數位典藏成果發表暨座談

師父法身舍利雲端說法

僧團與中華佛研所、法鼓文理學院、文化中心等單位，4 月 7 日於德貴學苑舉辦「聖嚴法師文物史料數位典藏與理念推廣研究」專案第二次成果發表會，並邀請學者專家、科技界代表，對談數位史料的運用與開展。

專案小組成員首先說明，2013 年專案啟動後，已盤點近萬件文物史料，超過八千件實體完成換料無酸保存，遇受損原件，則交予專家修復。

參與座談的林其賢（右二起）、越建東、葉健欣、邱大剛，對專案提出鼓勵與建言。

數位典藏部分，亦同步進行掃描與全文標記，並完成網站的初步建置，未來將開放大眾檢索使用，瀏覽聖嚴師父不同時期的弘化行腳與禪修指導內容，對讀手稿中的筆耕痕跡，還可連結 GIS 地理資訊系統，跨時空連結著作中相關的人、事、時、地、物，領略孤僧萬里行的學思歷程。

發表會後進行座談，佛教學者林其賢建議廣泛徵集聖嚴師父寫給教界人士的書信，有助了解一代宗教師對當時教界動態的看法；臺灣符氏推廣協會主任葉健欣從技術面切入，提出以聖嚴師父為人際網絡的起點，重現二、三十年前佛教界往來互動的景況；中山大學通識教育中心副教授越建東期望藉由專案活化史料，將史料應用得更廣。現觀科技執行長邱大剛則認為，此一計畫可謂聖嚴師父法身舍利的呈現。

文化中心副都監果賢法師回應，「聖嚴法師文物史料數位典藏與理念推廣研究」專案正是讓聖嚴師父的思想為當代所用，讓未及接觸師父的後人，也能在生命中領受佛法法益。

● 04.09　04.30

傳燈院兩場「心靈環保 SRE」講座
惠敏法師、果元法師詮解心靈環保

為了讓民眾更了解於 5 月展開的「心靈環保 Stop‧Relax‧Enjoy」活動理念與內涵，傳燈院於 4 月 9 日及 30 日，在臺北國父紀念館舉辦兩場「心靈環保 SRE」講座，分別由法鼓文理學院校長惠敏法師主講「腦科學與心靈環保」、禪堂堂主果元法師主講「禪與心靈環保」，從腦科學與禪修的觀點，詮解並落實心靈環保的理念，共有四百多人次前往聆聽。

惠敏法師在講座中帶領聽眾思考當前世界最嚴重的問題，包括 3C 產品氾濫、氣候變遷、心靈受損、過度浪費、戰亂等現象；法師表示，人類正站在十字路口，不過隨著腦科學研究進展，發現腦與身心、眾生，乃至社會、環境息息相關，因此也更有可能找到解決方案。

法師說明，心靈環保的觀念，透過眾生能量的累積，可以產生強大的心力，最重要的是眾生（包括自己跟別人）行為的改變；法師徵引腦科學研究，說明禪修的影響主要在腦部，打坐、正念、慈悲觀有助於培養專注力、覺察力，並產生正面情緒、增長智慧。

果元法師在第二場講座中，則層層剝開現代人的煩惱，並現場帶領坐姿法鼓八式動禪，讓大眾實際體驗禪修的妙用。

惠敏法師徵引腦科學研究，說明禪修能使壞習慣減速、好習慣加速。

法師指出，「苦」與「樂」不在於物質的「貧」與「富」，而是心靈的匱乏或充足，多數人總是向外追求，忽略觀照身心狀況是否平衡、和諧、放鬆，而對於「我」的錯誤認知，更是煩惱的核心。

最後，果元法師提醒在日常生活中，多練習「身在哪裡，心在哪裡；清楚放鬆，全身放鬆」的十六字箴言，並透過禪修提高對身心的覺察，從待人接物、起心動念著手修正自己的行為，就能更加自在豁達。

04.11
人基會心劇團舉辦成果展
六感體驗禪與藝

人基會心劇團於4月
11日在德貴學苑舉辦成
果展，培訓一年的儲備
團員首度正式演出，與
資深團員一同演繹取材
自石屋禪師的詩句、集
體創作的劇目《梅子熟
時梔子香》，包括青年
院監院常元法師、人基
會祕書長李伸一、主任
張麗君，以及群馨慈善

心劇團成果展結合茶禪與表演藝術，帶給觀眾更多意境感受的空間。

事業基金會董事長蔡富女，共有一百多人參加。

成果展結合茶禪與表演藝術，不只可聽、可看，更具足「六感」體驗，法青心潮茶團隊在演出當中，為一百多位觀眾奉茶，豐富了味覺與嗅覺，也擴展了觀者的感受。

成果展以茶席為座位，席間為舞臺。觀眾靜靜品茗的同時，六位演員陸續走入茶席之間，展開與禪詩的對話：面對生命的疑惑、壓力與衝突，演員輪流以唱歌、獨白、吶喊、演奏樂器、倒立等方式剖白自心，追問「我是誰？」

團長蔡旻霓分享，心劇團成立五年來，團員的心境有所成長，藉著籌備成果展的因緣，共讀禪詩、學習禪修，以「當下」為主軸，用各自擅長的方式，集體創作出不同以往的作品；新進團員也呼應，一年來在心劇團學習表演、放鬆與禪修，不僅讓心安定，也更認識自己，而禪詩中活在當下的意境，啟發更珍惜眼下所擁有的一切。

04.17～19　12.25～27
青年院全年兩場「悟吧！二日營」
多元活潑禪修體驗　學習安住身心

青年院於4月17至19日、12月25至27日，在三峽天南寺舉辦兩梯次「悟吧！二日營」，由常義法師、常澧法師及演道法師帶領，每梯次有近五十位學員參加。

全體學員平安順利登上大屯山主峰，完成
連峰健走之旅。

二日營內容包括動禪體驗、生活禪闖關，學員學習覺察自己的身心狀況，是否被外在環境影響，浮躁而不安定；也安排茶禪體驗，以「寂靜三杯茶」沉澱身心，感受內心世界安定的攝受力。

其中，春季活動安排大屯山連峰健走，法師引導學員以走路禪的方式，走完石階、攀繩爬坡路段，學員們在相互幫助及鼓勵下，順利登上大屯西峰及南峰頂，接著再登上大屯山主峰，完成五個半小時，全長近五公里的連峰健走之旅。

秋季活動則邀請知名民宿「天空的院子」創辦人何培鈞，分享對生命與文化傳承的熱情，鼓勵學員，投注持久的精神與努力來實踐夢想。

有學員表示，在營隊活動中，學習將禪修心法運用於日常活動中，體驗到各種放鬆與安定的力量；也有學員分享，完成大屯山連峰健走，同組隊員互相鼓勵、扶持的凝聚力，令人感動永難忘懷。

● 04.20

國家圖書館參訪法鼓山園區
開啟禪悅的寶典　歡喜交流

長期與法鼓山合作交流文史典藏、學術研討的國家圖書館，於4月20日由館長曾淑賢率同六十多位同仁前來法鼓山園區參訪，由參學導覽義工引領體驗禪悅境教，曾任國圖館館長的法鼓山社大校長曾濟群全程陪同。

曾濟群校長向團員介紹聖嚴師父的學思歷程，並從「環境教育、社會教育以提昇心靈層次」、「提出觀念，逐步落實提昇人的品質的教育目的」、「用社會能夠懂得的語言弘揚佛法」、「國際化」等四個面向切入，讓團員更了解法鼓山的理念。

而在體驗身心放鬆的過程中，導覽義工帶領一行人練習走路禪、觀水體驗、吃飯禪，引領團員從心感受平安、幸福，生起智慧轉境、慈悲利他的願心。

曾淑賢館長表示，近一個小時的走路禪體驗，沿途有溪水與鳥語聲相伴，感受到放鬆與安定的自在，舒緩了身心壓力。

● 04.23

方丈和尚臺鐵演講「抱願，不抱怨」

分享轉化抱怨 提起利他願心

　　4月23日，方丈和尚果東法師應邀前往臺灣鐵路管理局，以「抱願，不抱怨」為主題，分享面對壓力時，如何以智慧轉境，進而提起奉獻利他的心力，有近一百位臺鐵主管參加。

　　方丈和尚引用局長周永暉的父親給兒子的贈言，「在挫折中培養耐心，在艱苦中磨練毅力」，表示此與「信願行十力」相應，也肯定並感恩臺鐵多年來服務奉獻的精神，不斷以社會大眾的需求為經營考量，確是菩薩心行的展現。

　　談到近來數起與臺鐵相關的新聞事件，方丈和尚勉勵，當受到社會非議時，應有「聞過則喜」的氣度與胸襟，反觀自己的心念，正面解讀，逆向思考。有則改之，無則修忍辱行，以健康的心態處理問題，以謙卑柔軟的態度溝通協調，感恩所有資源的獲得都是眾緣和合，並思考逆境所給予的啟發，成就自己修福修慧的契機，便能將承受抱怨的壓力，昇華為提起願力的動能。

方丈和尚於臺鐵演講「抱願，不抱怨」，勉勵員工以自我期許取代抱怨。

● 04.26～05.25期間

全臺展開浴佛報恩祈福活動

大眾以法浴心 以心浴佛

　　為感恩佛陀誕辰與母親節，4月26日至5月25日期間，法鼓山於全臺展開多元的浴佛報恩祈福活動，總計有十六處分院道場舉辦，共有逾萬人參加。

　　北部地區，北投文化館首先於4月26日舉行浴佛法會，由監院果諦法師帶領；5月16日，三峽天南寺舉辦朝山暨浴佛法會，由監院常乘法師帶領，有近五百人參加，融合鈔經、茶禪、托水缽、龍洗盆、息心缽、禪悅小吃等活動，讓大眾透過浴佛，體驗身心安定的清淨氛圍。法鼓山園區則於23至24日舉辦「朝山・浴佛・禮觀音」，朝山圓滿後，不少民眾在祈願觀音殿前禪坐，以清淨

農禪寺以環保乳膠氣球架構出藍毗尼園，將摩耶夫人、悉達多太子、大白象和無憂樹，以充滿童趣的方式呈現。

心感恩佛法弘傳在人間。

北投農禪寺於 24 日舉辦浴佛法會，並以環保乳膠氣球架構出的藍毗尼園，將摩耶夫人、悉達多太子、大白象和無憂樹，以充滿童趣的方式呈現；法會與午供後，大寮還製作浴佛水剉冰，共享浴佛喜悅；臺北安和分院也於同日舉辦「好願祈福浴佛法會」，逾六百位民眾齊聚一堂，浴佛淨心。

中部地區，南投德華寺於 5 月 10 日舉辦法會，並備有浴佛水及壽桃與大眾結緣；16 日臺中寶雲寺的浴佛活動，除了以莊嚴的梵唄音聲讚頌佛恩，也啟動「小沙彌回法鼓山」活動，以實際行動接續聖嚴師父興學悲願，共有近五百人參加。

5 月 17 至 24 日期間，南部地區的臺南分院、雲集寺、高雄紫雲寺、三民精舍也分別舉辦浴佛法會。臺東信行寺的浴佛活動於 24 日進行，由監院果增法師帶領，市長張國洲也親臨參加獻供；除了法會，寺外廣場設置了藍毗尼園、佛陀故事館及輕食園遊會，與大眾共度充滿意義與歡喜的佛誕日。

2015 年臺灣分院道場浴佛節暨母親節活動一覽

地區	主辦單位／活動地點	時間	活動名稱／內容
北部	法鼓山園區	5 月 23 至 24 日	朝山・浴佛・禮觀音
	北投農禪寺	5 月 24 日	浴佛法會
	北投雲來寺	5 月 25 日	浴佛法會
	北投文化館	4 月 26 日	浴佛法會
	臺北安和分院	5 月 24 日	好願祈福浴佛法會
	三峽天南寺	5 月 16 日	朝山暨浴佛法會
	桃園齋明寺	5 月 24 日	浴佛吉祥平安法會
	桃園齋明別苑	5 月 2 日	浴佛法會
	基隆精舍	5 月 19 日	浴佛法會
中部	臺中寶雲寺	5 月 16 日	浴佛法會、小沙彌回法鼓山
	南投德華寺	5 月 10 日	浴佛法會

地區	主辦單位／活動地點	時間	活動名稱／內容
南部	臺南分院	5月24日	浴佛法會
	臺南雲集寺	5月17日	浴佛法會
	高雄紫雲寺	5月24日	浴佛法會
	高雄三民精舍	5月23日	浴佛法會
東部	臺東信行寺	5月24日	浴佛法會暨園遊會

● 04.30

方丈和尚講「快樂，從心開始」
於中華科大分享佛法的快樂祕笈

方丈和尚果東法師於4月30日，受邀至中華科技大學臺北校區，以「快樂，從心開始」為題進行演講，分享佛法的「解脫之樂」，包括校長田振榮，有近三百位教職員參與聆聽。

方丈和尚分享，人與人是善緣或惡緣，有時就決定在一念

方丈和尚於中華科大分享佛法的快樂祕笈。

之間，「心念轉為正念，希望光明無限；心念化為淨念，當下淨土照見。」只要心念轉換，世界就因此改變。心念亦是情緒的本質，透過微笑、體驗呼吸等「放鬆練習」，持續五至十分鐘，便能使身心寧靜安定，溝通時更能同理他人。

方丈和尚進一步說明，真正的快樂不是來自名利的大小多少，而是內心的知足少欲；快樂不是來自物質條件的刺激，而是內心的平靜與安定。

最後，方丈和尚期勉大眾，如果能從因果因緣觀來看待所有的事物，當因緣不具足或因緣消散，學習放下執著，便不會煩惱痛苦。

● 05.02～07.25期間

聖基會 2015 年「聖嚴法師經典講座」
僧團法師主講地藏、藥師法門

聖基會於5月2至30日、7月4至25日，每週六舉辦「聖嚴法師經典講座」，分別由齋明寺監院果舟法師主講五堂「地藏菩薩之大願法門」、僧團果祥法師

主講四堂「藥師法門」，每場皆有五十多人參加。

果舟法師說明，地藏菩薩是無盡孝道的實踐者，從救濟在地獄受苦的母親為大願的起點，進而擴大到救拔一切眾生，眾生多生多劫互為眷屬，因此地藏菩薩所實踐的是無盡的孝道；而地藏菩薩的誓願與華人慎終追遠的文化相契合，不僅農曆七月有盂蘭盆、地藏、瑜伽焰口等相關的法會，還有應化道場九華山，更受到蕅益大師、弘一大師等高僧的推崇。

果舟法師分享多年持誦《地藏經》與〈滅定業真言〉的心得，也提醒誦經重質不重量，可按照個人時間每日誦一部分，不貪多、趕進度，一字字清楚地口誦耳聽，才能與經文義理相應。

果舟法師以多年修學地藏法門的信願與涵養，講解「地藏菩薩之大願法門」。

7月的講座，由果祥法師主講「藥師法門」，除分享修學經驗，也以藥師法門與世出世樂、藥師法門與生死大事、藥師法門與福慧雙修、藥師法門與戒殺放生等四個子題，帶領學員深入藥師法門，建立對藥師如來功德願力的堅固信念。法師也提醒，消災免難而得獲現世安樂，只是深入修持佛法的基礎，若想要真正圓滿佛道，仍需福、慧雙修，才能由世間福德邁向出世間功德的無上菩提大道。

● 05.10

「心靈環保 SRE」輕鬆體驗生活禪
佛誕日、母親節雙重感恩

5月10日佛誕日暨母親節，法鼓山延續一貫的禪修主軸，在國父紀念館中山公園廣場舉辦「心靈環保 Stop‧Relax‧Enjoy」禪修活動，內容包括浴佛、鈔經、撞鐘、法鼓八式動禪與活潑的生活禪體驗，臺北市長柯文哲、民政局長藍世聰、國父紀念館館長王福林、前農業委員會主任委員陳武雄等各界來賓，以及方丈和尚果東法師、法鼓文理學院校長惠敏法師等皆到場參與，現場近萬民眾和各國遊客，透過禪法放鬆身心，感謝親恩、佛恩、眾生恩及大地恩，為臺灣、為世界祈福。

方丈和尚表示，母親節暨浴佛節，是雙重的感恩，佛陀也和母親一樣，本著關懷家人的心修行，發現獲得快樂的真理是「苦、集、滅、道」。方丈和尚進

一步說明，自我中心是眾生苦惱的根源，今年法鼓山提出「心靈環保SRE」，是希望世人透過禪修，淡化你我隔閡，使身心常保放鬆、專注、安定，活在當下，時時生起感恩，轉煩惱為平安、健康、快樂、幸福。

柯文哲市長分享聖嚴師父的法語「面對它、接受它、處理它、放下它」，讓自己在繁多的公務中，獲得平安與平靜；藍世聰局長、陳武雄等來賓也一一為世界獻上祝福。接著，大眾隨方丈和尚一同誦念祈願文：「祈願增福增慧，世界和平人安樂。祈願消災除障，人人免難有幸福。」將祝福遍灑人間。

當天上午十一點起，國父紀念館中山公園的樹林間、綠地上，都可見到法青同學與僧伽大學學僧擔任關主，以活潑多元的闖關遊戲接引民眾體驗禪法；法師也引導民眾感受並學習放鬆的心法，領略放鬆的安定。

國父紀念館建築西南角廊道的鈔經祝福區，雖然周遭音聲嘈雜，許多民眾一坐下鈔寫《延命十句觀音經》，心自然就安定下來，將成品放入平安御守，加上「光明遠大」祈福卡，就是最好的母親節禮物。此外，在縮小版的法華鐘樓前，大眾先發願再進入撞鐘區，「鏗」一聲撞鐘後，閉上眼睛停十秒，讓寧靜在心頭延續，感受到從心湧出的安定。

下午兩點鐘，二千多位信眾行禪進入廣場，大眾首先在廣場上經行，接著在法鼓山禪堂堂主果元法師引導下做「法鼓八式動禪」，雖然烈日當頭，但隨著引導放鬆身心，體驗身體的感覺，心情卻是寧靜、喜悅。

法鼓山推廣心靈環保，在生活中練習「停一下」，感受清楚、放鬆、享受，進而帶動人與人之間善的循環，是對佛陀與母親最好的供養，也為社會注入清涼安定的力量。

方丈和尚（左四）與各界嘉賓，每人以一句祝福語祈願世界和平人安樂。右起：藍世聰、王福林、柯文哲、惠敏法師、陳武雄、SRE家庭代表林武雄。

特別報導

心靈環保SRE
讓禪修走上街頭、走進生活

　　浴佛禪、街頭禪堂、微笑禪，延續一貫的禪修主軸，法鼓山於5月10日，結合佛誕日與母親節，在臺北市國父紀念館廣場舉辦「心靈環保Stop‧Relax‧Enjoy」禪修活動，透過浴佛、鈔經、撞鐘、八式動禪與活潑的禪法，邀請大眾從「心」體驗清楚、放鬆、享受的禪味妙方，再次體驗禪修不僅是坐在蒲團上，而是可以走上街頭、走進生活的實踐，一個微笑、停一下，都是幸福的禪滋味。

停一下，禪在平常日用中

　　簡稱「SRE」的「Stop‧Relax‧Enjoy」，代表禪修的基本心法「清楚、放鬆、享受」，不僅禪修時適用，更可落實在生活當中。5月10日這天，從上午十一點起，整個國父紀念館廣場儼然成了生活禪體驗樂園，處處皆

●停十秒運動

當法華鐘聲響起，微閉眼，停十秒，在動靜之間，體驗清楚放鬆的幸福。

●鐘生幸福

「聞鐘聲，煩惱輕，智慧長，菩提增。」將手放在鐘槌上，體驗呼吸；撞鐘後，停十秒，傾聽悠揚的鐘聲，體驗鐘聲帶來安定自心的感受。

可見到法青同學與僧伽大學學僧擔任關主，以寓教於樂的禪修遊戲接引民眾體驗禪法。

步道上，有人以扇托球行走，有人用筷子夾豆子闖關。另一頭樹下的人，則專注看著表演，試著找出兩位演員的差異，或透過畫筆，以直覺畫出題目，此外還有疊螺絲帽、龍洗盆、息心缽、吊衣架等項目，每一項都必須專注與放鬆才能完成任務。法師引導民眾從頭到腳放鬆、伸展、觀身受法，讓未接觸過禪修的民眾，也能感受禪的妙用。

下午兩點鐘，在禪堂堂主果元法師的引導下，大眾微笑體驗行禪、立禪、法鼓八式動禪，感受「身在哪裡，心在哪裡；清楚放鬆，全身放鬆」的動禪心法，攝受安定的氛圍傳送禪修的清淨與祥和。方丈和尚也與來賓們共同體驗結合托水缽的浴佛禪，浴佛前捧著一碗滿滿的浴佛水行走，在行進中體驗專注、放鬆，不讓水灑出，最後到浴佛台灌沐太子像，讓浴佛更添禪味。

三點十分，法華鐘聲響起，在廣場上舞動身體的眾人一起雙手合十，在「停十秒」的短暫時光中體驗呼吸及身體的覺受。

●浴佛禪

有別於木勺香湯，浴佛禪邀請大眾先托水缽，練習「身在哪裡，心在哪裡」，將身心安定下來，清楚地走出每一步。再以清淨的身心，將缽內的水灌沐佛身，感恩佛陀來到人間，也將這份感恩心，迴向自己的母親與一切眾生。

●鈔經祝福

在鈔經祝福區，鼓勵大眾鈔寫《延命十句觀音經》，放入平安御守中，加上「光明遠大」祈福卡，就是一份最誠心的母親節禮物，親子檔一起鈔經，融入現場寧靜、安定的氛圍中。

啟動 SRE，為世界祝福

自創辦人聖嚴師父在 1992 年提出「心靈環保」，二十餘年來，法鼓山不遺餘力在國際社會間提倡推動心靈環保的理念，就是希望大眾能照顧好自己的心，保持內心的平穩與安定，對自己、對周遭環境中的人事物，存有一份關心，存有一份對未來的關懷和希望。

近年來，地球面臨環境、經濟、人口、恐怖主義等等多元挑戰，個人也因為生活壓力而焦慮不安⋯⋯。面對當前的種種問題，心是決定未來的關鍵，著眼於此，法鼓山呼籲社會大眾響應「心靈環保」，而具體的做法就是禪修。

「心靈環保 SRE」的啟動，就是法鼓山理念的具體實踐，也是對世界的祝福。傳燈院監院常乘法師表示，2015 年活動聚焦在「停一下」，練習在遇事遇境時停十秒鐘——「停一下 Stop，就會清楚；停一下，才能放鬆 Relax；停一下，更能享受這種幸福 Enjoy！」即是希望世人透過禪修，淡化你我隔閡，讓身心常保放鬆、專注、安定，活在當下，時時生起感恩，轉煩惱為平安、健康、快樂、幸福。

禪在平常生活日用中，不論是街頭禪堂萬人禪修、微笑禪溫暖城市、SRE 生活禪等概念，法鼓山以各類型的禪修活動，帶動社會實踐心靈環保，就是祈願以此凝聚善的正面能量，讓幸福從個人擴散到家庭、社會，乃至整個世界，也是對佛陀與母親最好的供養。

● 生活禪體驗

由僧大學僧、法青同學與義工一起擔任生活禪關主，透過坐姿動禪，覺察身心變化，連外國朋友都體驗到放鬆後全身分外輕鬆的感受。

許多來國父紀念館散步的家庭，在義工的邀請下，全家人一起參與，從動作中體驗禪法的放鬆與專注，寓教於樂。

● 05.11

禪坐會本部灑淨儀式
接引都會大眾學習禪修

般若禪坐會於 5 月 11 日舉行本部灑淨儀式,由傳燈院常願法師主法,共有二十多人參加。

禪坐會本部位於臺北市忠孝東路愛群教室,原為法鼓文理學院推廣教育中心辦公室及教室,推廣教育中心遷至德貴學苑後,愛群教室轉型為般若禪坐會會本部之用。原本由課桌椅、白板組成的教室,變成簡潔寬敞,接引初機學禪的禪堂。

愛群教室開辦的課程,包括輕鬆學禪、遇見心自己、放鬆瑜伽,以及接引外國人士的英文禪坐等。常願法師表示,希望能充分發揮愛群教室在臺北都會正中心的優勢,舉辦分齡、分眾,且適合一般社會大眾的禪修活動,接引忙碌的都會人士,體驗禪修的益處。

● 05.17

寶雲寺舉辦消防演練教育課程
提供完善安心的關懷與服務品質

5 月 17 日,臺中寶雲寺舉辦消防演練教育課程,邀請臺中市黎明消防分隊、寶雲寺大樓消防系統廠商等專業人員授課,包括監院果理法師與常住法師、專職,以及護勤、知客、香積組等悅眾,共九十多人參加。

課程涵蓋消防宣導、實境解說及演練,包括操作消防器材設施、了解逃生動線等;學員也逐層樓往上,實地學習門窗、水電的開關,與正確的使

四眾弟子於一樓戶外庭園實際操作消防栓,全心準備守護大眾安全的任務。

用方法。有學員分享,學習到安全防護的方法,往後承擔護衛寺院安全的任務,更為穩健踏實。

果理法師勉勵學員集結共同的願心願力,一起做千手千眼觀世音菩薩,守護大眾安全;並藉著因緣變化來調伏自心,用無我的精神來奉獻。

自 3 月 28 日重建啟用典禮後,寶雲寺為 6 月 1 日正式對外開放,進行內部

各項硬體、軟體設備的規畫和訓練，密集展開護勤、環保、導覽等各組義工培訓，積極做好周全準備，期盼提供社會大眾完善安心的關懷與服務品質。

● 05.17 05.23

法鼓小童軍向北海岸耆老學絕技
學習與自然和合共生的智慧

林劉碧蘭（右）在海岸線採石花超過一甲子的經歷，令小童軍佩服不已。

法鼓山社大童軍團幼童軍於 5 月 17 日及 23 日定期集會活動中，隨同法鼓山《金山有情》季刊編輯前往北海岸萬里、金山社區，聆聽海女林劉碧蘭、草鞋師傅鄧賢能和竹仔師方瑞其分享拿手絕活，除了認識北海岸民俗傳統，也學習阿公、阿嬤就地取材、與自然和合共生的智慧。

面對小童軍的提問，三位耆老帶著親切笑容，耐心地解說、示範，尤其林劉碧蘭阿嬤在海岸線採石花超過一甲子的經歷，更是令小童軍佩服不已，一致表示，經過六十年的時間，阿嬤還在工作，而且一直做這份工作，這種認真的態度，值得大家學習。

法鼓童軍團每個月定期集會二次，除了課堂講習，也強調戶外活動、田野調查等訓練，5 月率先走入野柳地質公園和金山老街，透過訪談，認識並記錄在地的生活藝術與文化傳統。

● 05.21

「心靈環保地圖」應用程式上線
運用 3C 科技 走進智慧人生

為推廣心靈環保，法鼓山研發「心靈環保地圖」應用程式，並於 5 月 21 日上線。

「心靈環保地圖」應用程式內容，包括認識心靈環保、心靈環保地圖、心靈環保日記三單元，方便使用者在面對各項身心、生活、家庭、感情等課題時，

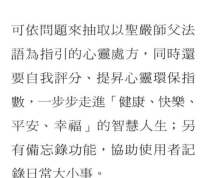

法鼓山心靈環保地圖，用 App 走進智慧人生。圖為 PC 版。

可依問題來抽取以聖嚴師父法語為指引的心靈處方，同時還要自我評分、提昇心靈環保指數，一步步走進「健康、快樂、平安、幸福」的智慧人生；另有備忘錄功能，協助使用者記錄日常大小事。

心靈環保地圖 PC 版：http://map.ddm.org.tw/main/index.aspx

心靈環保地圖 Android 版：https://play.google.com/store/apps/details?id=ddmapp.map

● 05.23

「心靈與土地的對話」跨域國際對談
果祥法師分享心靈環保農法

5 月 23 日，法鼓山受邀參加於臺北市長官邸藝文沙龍舉行的「心靈與土地的對話」座談會，由僧團果祥法師代表參加，與泰國米之神基金會（Khao-Kwan Foundation）執行長迪查（Daycha Siripatra）、阿原肥皂創辦人江榮原，進行對談，分享如何從接觸自然、傾聽大地的過程中，回歸健康、富足的心靈樂土，共有一百三十多人參加。

從消費者的角度出發，果祥法師帶領大眾反思當前食安、環境議題背後的核心價值，說明「有機」應是「整個食物鏈完整存在」，這正是佛法所說「一即一切，一切即一」的觀念；法師表示，農業、環境永續的出路，必須從心出發，少欲知足、知福惜福、感恩大地、尊重生命，這與聖嚴師父提出以「心靈環保」為核心，推展四環的精神不謀而合。

投入友善耕作三十多年的迪查認為，現今的科技產品讓人迷失在虛幻與真實之間，科技可以增長知識，但從森林、土地學到的，是一輩子受用不盡的智慧；鼓勵聽眾多花一點時間和自己獨處，向大自然學習也向內觀照。

長期種植藥草的江榮原則是從社區的生態復育中體會到，不僅是人要和土地對話，人與人之間更應該放開心胸交流、合作，才有機會開展「心靈的農業」。

以探討友善大地的精神為主題，果祥法師（左一）與泰國米之神基金會執行長迪查（左二）、阿原肥皂創辦人江榮原（右一），展開對談。

● 05.24 07.05

法青會舉辦「青年彌陀祈福晚會」
以音聲傳遞安定力量

祈福晚會中，以拜願祝禱、〈藥師咒〉、點燈迴向，祈願傷者重症轉輕、輕者痊癒，人心安定。

法青會心潮梵音團隊分別於 5 月 24 日、7 月 5 日，在臺北德貴學苑舉辦「青年彌陀祈福晚會」，由青年院演道法師帶領，共有六十多位青年參加，以梵音為尼泊爾震災、新北市八仙樂園塵爆傷亡者祈福。

演道法師勉勵與會青年，真正平安從心開始，要將共修時的安定力量帶回工作、家庭及社會上，並傳達正面的能量，心安就有平安。

晚會中，大眾唱誦《阿彌陀經》、〈讚佛偈〉、〈叩鐘偈〉，靜坐口念、心念「阿彌陀佛」聖號，氣氛莊嚴祥和。活動圓滿前，在青年院義工製作的「阿彌陀佛」繪像看版上，大眾逐一將寫有祈福語的菩提葉貼上，祈願小小善願在佛法願力下開枝散葉，讓溫暖、光明遍及世界每個角落。

● 05.26

社大與各界代表簽署產學合作協議
於金山高中啟動「創客」教育

5 月 26 日，法鼓山社大校長曾濟群應新北市金山高中之邀，與各界代表簽署產學合作協議，並為該校「科技創新應用教育中心」揭牌，率先啟動北海岸「創客」（Maker）教育。

「創客」強調「做中學」，社大與金山高中首先於假日籌辦「假日手作工坊」活動，邀請民眾和遊客到校內的設計教室和實作工廠，體驗電動自造車、3D 列印及雷射雕刻的創作樂趣。

社大於 2015 年的春季班中，

設於金山高中的「科技創新應用教育中心」，由新北市教育局副局長龔雅雯（左六）、法鼓山社大校長曾濟群（左四）與各界代表共同揭牌。

已開辦 3D 列印課程，也持續扮演學校和社區的橋樑，結合科技資源，鼓勵學生和社區居民發揮創意，開展北海岸居民的創客精神。

● 05.29

寶雲寺迎三寶佛像回新家
持續守護大臺中地區信眾

臺中寶雲寺於 5 月 29 日舉辦「迎三寶佛像回寶雲新家」活動，監院果理法師帶領常住法師、麗明營造董事長吳春山伉儷以及近三百位信眾，將二十年來一路守護臺中分院的三寶佛像，由臨時分院迎回寶雲寺，安座於七樓法鼓山故事館。

當天上午，連日梅雨不斷的中部地區，天空乍然放晴，在大眾持誦「南無本師釋迦牟尼佛」聖號聲中，代表

信眾將守護中部二十年的三寶佛像，迎回重建落成的寶雲新家。

老、中、青三代十五位護法金剛，將三尊佛像扛擔肩上，步出臨時分院大殿，沿著府會園道、臺中市議會、市政公園，回到臺中分院原址重建後的寶雲寺。

寶雲寺落成啟用後，臨時分院圓滿階段性任務，果理法師特別代表法鼓山，向四年多來發心提供臨時分院的護法信眾吳春山表達感恩，讓中部信眾得以在寶雲寺建設期間，仍有共修場地，也能持續推廣法鼓山理念。

釋迦牟尼佛、阿彌陀佛、藥師佛三尊佛像，為 1996 年臺中分院由柳川東路遷至忠明路時，護法信眾共同集資塑製；1999 年發生九二一大地震，位於忠明路的共修處成危樓，隔年分院遷至市政路，三尊佛像相隨守護；2011 年，分院動土重建，信眾齊心將三尊佛像，迎至府會臨時分院，今年寶雲寺重建落成，三寶佛像再回市政路，繼續守護所有大臺中地區信眾。

● 05.30

三重蘆洲辦事處新處所灑淨啟用
常續法師期勉在道場安心、安住

護法會三重蘆洲辦事處於 5 月 30 日舉辦落成灑淨祈福儀式，由護法總會監院常續法師主法，有近兩百位來自大臺北地區信眾參加。

三重蘆洲辦事處灑淨啟用，常續法師勉勵大眾，念念為自己的內心灑淨。

常續法師開示指出，道場就像《法華經》所言的叢林，每個人的個性不一樣，就會有種種現象，這些現象正是「引蛇出洞」，讓我們能練習「捨」，猶如遍灑甘露，將扭曲的心變成直心，如此才能在道場安心、安住；同時也期勉大眾，直心是道場，念念都能為自己的內心灑淨。

三重蘆洲辦事處於1996年成立，近年隨著學佛人數增加，除了空間不敷使用，年長信眾也因沒有電梯，進出不便而減少參加共修。經過十年尋覓，新址位於人潮、車潮熱鬧的「重新路」上，空間比原址大兩倍，有利於法務推展。

由於三重、蘆洲兩地老年人口眾多，除原有的共修活動，也陸續開辦快樂學佛人、福田班、長青班等佛學課程，接引年長者來學佛。

● 05.30　07.11

聖嚴書院中區、北區佛學班聯合結業
共修福慧　菩提道上再向前

信眾教育院聖嚴書院中區佛學班及北區佛學班，分別於5月30日及7月11日在臺中寶雲別苑與北投農禪寺舉辦聯合結業典禮，共有五百一十四位學員，圓滿三年學習。

在寶雲別苑進行的中區聯合結業典禮中，寶雲寺監院果理法師、聖嚴書院講師林其賢，都到場祝福

果毅法師（左二）與執事法師，為學員一一頒發結業證書，鼓勵大眾繼續在生活中廣修六度，同行菩薩道。

學員三年順利結業。典禮一開始，關懷員手執劍蘭，分站別苑大殿走道兩側，微笑迎接結業生進場，祝福學員今後時時心持智慧之劍，修得六度萬行，圓滿生命；豐原班學員背誦《八識規矩頌》、臺中班演唱〈四眾佛子共勉語〉和〈大悲心起〉，展現學習成果與喜悅。

　　果理法師期勉學員，三年的課程學習，讓佛法種子注入內心後，更要進一步讓它發芽；有了正知正見，同時要在人間道場實踐，成為如雲一般自在、普潤眾生的觀世音菩薩。

　　7月11日於農禪寺舉行的北區結業典禮，共有農禪、安和、中山、新莊、雙和、土城等七個班級，三百七十二位學生結業。典禮上並安排藝文表演，其中，中山班表演逗趣的廣播劇「嘻遊記」，演出學員們從佛法門外漢到攜手建設人間淨土的學佛歷程，為現場帶來活潑溫馨的氣氛。

　　活動最後，信眾教育院監院果毅法師勉勵大眾，將日常生活中的所有事物都當成老師，不斷地實踐佛法、體驗生命，落實聖嚴書院「實用為先、利他為重」的精神；也鼓勵學員共組讀書會、參與線上課程或各分院的佛學講座，養成自學能力，繼續在生活中廣修六度、具足萬行。

● 06.01～25

僧團法鼓山園區結夏安居
僧眾充電精進　凝聚道情

　　僧團於6月1至25日在法鼓山園區禪堂舉辦結夏安居，先以禪四調整身心，接著展開二十一天的精進禪期，邀請聖嚴師父法子繼程法師擔任主七法師，共有一百七十多位僧眾報到。

　　繼程法師在禪期中講解《六祖壇經》，分十二個主題開示，講說自性清淨、定慧一體、一行三昧等禪的思想、境界與

禪堂內，僧眾把握一年一度的密集禪期，每日精進用功。

方法，同時深入講解無念、無相、無住等禪修要義，勉勵僧眾把握《六祖壇經》「自性清淨」的禪修方法和理論，努力修行；並於指導拜佛時，以「普賢十大願」作為提醒。

　　為了凝聚用功氛圍，禪期分為三階段，採取「只出不進」的方式，無法全程參加者，可參加前面的梯次，或改任護七法師；並開方便，參加19日起另一場於三峽天南寺舉行的禪七。

　　禪堂內，僧眾把握一年一度的密集禪期，每日精進用功達八、九支香，在坐禪、經行、拜佛、出坡中，隨時保持清楚、放鬆、覺照，綿綿密密用方法，在師兄弟們彼此提攜、護念、增上的道情中，以充飽正法能量的身心，回到執事崗位，繼續弘法利眾生。

● 06.01起

寶雲寺展覽館「法鼓山故事館」開館
舉辦觀音、書迹、回顧三場特展

五處門牌號碼，映視照片中歡喜成長的臉龐，說明中部信眾學佛護法的堅定步伐。

6月1日起，臺中寶雲寺正式對外開放，六、七樓展覽館「法鼓山故事館」同步開館，並舉辦三項落成特展——「塑個又大又美的觀音——聖嚴法師與觀音菩薩」、「遊心禪悅——聖嚴法師書迹展」、「點亮城市的一座寺院——寶雲寺落成回顧展」，引領大眾了解法鼓山的理念與寶雲寺的發展歷史。

六樓觀音展敘述觀世音菩薩與聖嚴師父、法鼓山的故事，映照師父一生的弘法路：孩童時期的師父，發願塑觀音像；小沙彌時期，拜觀音開智慧；閉關時期，誦《大悲懺》消災障；在弘化腳步困滯之際，觀音牽緣、眾願匯聚，開創人間淨土法鼓山，遍傳喚醒人心的法華法音；師父幼年時的心願，終於圓滿。

書迹展以「大悲心起觀自在」為主題，展出與觀世音菩薩相關的墨寶，以及聖嚴師父自述寫書法的因緣、書法名家的觀點、2007至2008年巡迴展的影像紀實等；《心經》、〈普門品〉、《楞嚴經》等佛經鈔寫，一字一句，結體綿密，透顯出師父精進修持的工夫；「照見五蘊空，遠離夢想倒」、「常念觀音菩薩，心安就有平安」等淬鍊法語，是師父體證佛法後，運筆傳達出精要的修行法義，也是對弟子的提點和叮嚀。

位於七樓展館的「點亮城市的一座寺院——寶雲寺落成回顧展」，則透過一幅幅照片，記錄了法鼓山中部發展大事記、聖嚴師父行腳，從師父首度臺中弘法、信眾成立護法會、推廣心靈環保、設立臺中分院、護持法鼓大學、關懷921災區、籌建寶雲寺，一直到傳法鼓心燈報師恩，處處都是眾人齊心共願、建設人間淨土的過程。

展場中五處門牌號碼，說明了寶雲寺落成前，道場搬遷的軌跡，無論哪一處空間，照片中一張張專注共修、歡喜成長、全心奉獻的臉龐，引領大眾體會二十七年來，中部地區信眾學佛、護法、弘法的堅定步伐，正是追隨聖嚴師父腳步學觀音、做觀音的最好寫照。

● 06.16　12.23

社大「銀髮族樂起來系列課程」聯合結業
見證「活到老，學到老」的終身學習成果

法鼓山社大於6月16日、12月23日在北投丹鳳公園、臺中寶雲寺分別舉辦104年春季班、秋季班銀髮族樂起來系列課程」聯合結業，共有一百六十多位來自金山、新莊及北投校區學員參加，共同見證「活到老，學到老」的終身學習成果。

北投社大「銀髮族樂起來」課程學員歡喜在寶雲寺前合影。

春季班結業活動中，曾濟群校長致詞表示，歲月所累積起來的智慧與經驗，是最珍貴的財富，勉勵長者運用智慧為社會繼續服務，開啟人生的第二春。另一方面，也規畫了托水缽、飲食禪等禪修體驗，學員們在綠蔭蔽日的木棧道上，托水缽行走，感受專注當下的知覺；也藉由葡萄乾等簡易食材，品味食物最原本的滋味。

下半年於寶雲寺舉行的結業儀式，監院果理法師勉勵學員散發光熱，用福報和智慧來莊嚴人間，讓世間有更多的真、善、美；果雲法師則期勉大眾以「我是眾生心中的觀音菩薩，眾生是我心中的觀音菩薩」來凝聚善念，分享佛法的慈悲與智慧。

春、秋季的結業活動，並分別安排參訪北投農禪寺水月道場、寶雲寺，透過影片觀賞及導覽義工的解說，認識法鼓山的源頭；在歷史的流轉中，體會到法鼓山的理念與精神。

● 06.21

方丈和尚成功大學演講
「隨緣盡分結好緣」的佛法人生觀

方丈和尚果東法師於6月21日，應中華日報、宇慶文教基金會及臺南地區扶輪社友邀請，於成功大學演講「隨緣盡分結好緣」，有近千位民眾齊聚聽講

佛法的人生觀，領略生活中的佛法智慧，感受法語的自在清涼。

方丈和尚表示，佛教從「緣起」觀點來看待身心世界，從時間上來看是因果，從空間上來看是因緣；因、緣、果不斷循環，隨緣變化，即是生命的緣起，儘管身心世界與環境是無常且不斷變化的，卻有積極的意義。

方丈和尚分享，「隨緣盡分結好緣」也是根據佛法的無常來講，森羅萬象都在放光說法，因此要把握因緣、創造因緣、隨順因緣；也提醒，一般人常以利害、得失、是非、成敗、好壞、安危看待人生的價值，而佛法則超越哲學，從修心、鍊心著眼，面對順逆因緣，都當成是修福修慧的契機。

最後，方丈和尚鼓勵大眾，凡事正面解讀、逆向思考；遇到境界，心不慌亂，保持清淨、安定，隨時活用聖嚴師父倡導的四安、四它、四要、四感、四福，與人相處、待人接物，盡心盡力，盡責負責，而又與慈悲智慧相應，便是廣結善緣。

● 06.21

社大「心靈環保農法」分享座談
友善土地的「心」農作經驗

6月21日，社大於新北市金山區金美國小舉辦「心靈環保農法經驗分享座談」，由僧團果祥法師主持，邀請臺中世豐菓園主人林世豐、雲林古坑阿瑤田舖主人李靜瑤分享融入心靈環保理念於自然耕種的農作經驗，有近一百人參加。

以心靈環保理念為核心，倡導尊重生命、愛護大地精神的「心靈環保農法」，應該如何落實呢？出身農家的果祥法師，深入探索關懷土地並親自種植，實證少了人為干擾，人與萬物其實可以和諧地共同生活在樂土中。

與談人林世豐指出，因為不殺生而從慣性農法改為有機農業，但是有機也使用生物防治方式殺蟲，因此再調整為自然農法，結果發現農園生態變得自然平衡，反而不需要為病蟲害苦惱；李靜瑤也同樣從有機轉為自然農法，由於不施藥、不施肥，農作物會自行從土壤中吸取更多養分，生命力反而變得更強健，更有能力抵抗病蟲害。

活動中提供義工製作的茶點和與談農友帶來的多樣農產品，玉米、酸豆、Q梅、

座談會由果祥法師（中）主持，與談人林世豐（左）、李靜瑤（右）分享從事自然農耕的收穫。

芒果乾等均大受好評，大眾交流熱絡，對友善土地和自然農法的關連與重要性，也有更進一步的認識。

● 06.26～29

「常住菩薩營」法鼓山園區舉行
師兄弟精進習禪學觀音

常住菩薩營中，方丈和尚果東法師帶領僧眾朝山、早課。

6月26至29日，僧團於法鼓山園區舉辦「常住菩薩營」，內容包括聆聽聖嚴師父開示、開放論壇與工作坊等，圓滿2015年的結夏安居。

常住菩薩營中，聆聽聖嚴師父1991年於法鼓山舊觀音殿對僧眾的開示。在師父的指導下，僧眾深入觀音法門的修持，觀想自己是觀音菩薩，所見到的人也是觀音菩薩，即使「這個人明明像牛頭馬面、像羅剎夜叉」，也要當成是「羅剎觀音菩薩」、「夜叉觀音菩薩」，進而實踐「我是眾生之中的觀音菩薩，眾生是我心中的觀音菩薩」。

另一方面，由副住持果暉法師與資深悅眾張允雄帶領的開放論壇，法師們從觀音精神出發，提出十三個議題進行討論，以回應社會時代對佛法、禪法的需求；在實踐大學社會工作學系副教授楊蓓帶領的工作坊中，僧團老、中、青三代僧眾就男女、世代差異，各自分享了看法和心情，並且開放自己，接受男女大不同，三代之間的世代差異，以及國籍文化的落差。

有僧眾表示，常住菩薩營讓「果」、「常」、「演」三代直心溝通，發揮觀音精神，互相傾聽，彼此溝通交流，多了了解與包容，也提昇了道情與共識。

● 06.27

人基會「幸福廚房」聯合結業式
關懷新住民安居成長

人基會6月27日於法鼓山園區舉辦「新住民幸福廚房103學年度聯合結業式」，方丈和尚果東法師、群馨慈善基金會董事長蔡富女出席關懷，共有兩百

心劇團自編歌曲「香草好朋友」，邀請現場小朋友和媽媽們一起歌唱。

多位來自新北市萬里、金美、老梅及安坑等四所國小新住民家長及小朋友參加。

方丈和尚致詞時指出，深耕課程是為關懷新住民而辦理，讓新住民能在臺灣安住，需要個人的智慧和各界的關懷；深耕課程的老師代表王惠淑表示，每次上課，學員都聚精會神，而且勤作筆記，高昂的學習精神令人感動。

典禮上，除了表揚認真學習的學員、感謝社大師資群及義工，人基會心劇團也安排了活潑逗趣的自編歌曲「香草好朋友」，帶動現場來賓一起歡唱。會場並展示了學員的學習成果，包括美味料理、色彩繽紛的手工皂及小朋友的手作藝術品等，現場洋溢著幸福的香味與豐富的視覺感受。

● 06.27 07.25 08.22

人基會開辦「快樂婚享班」
落實家庭倫理預約婚姻幸福

快樂婚享班的學員交流讓愛增溫的幸福祕方。

6月27日至8月22日期間，人基會於臺北安和分院開辦「快樂婚享班」課程，共三堂，以家庭倫理為核心，內容包括夫妻相處之道、親密關係、烽火家人、家庭理財、共植一盆愛的植栽以及咖啡解禪等，有近四十位學員在講師群的引導下，思考經營家庭幸福之道。

首堂課程中，護法總會監院常續法師透過影片引導學員思考夫妻的溝通，法師指出，感受會騙人，如果只看到表相行為，就像只看到冰山一角，往往忽略內在真正的需求，因此溝通與互動中，不要太快以情緒反應，而是要覺察彼此

的外在期待與內在需求。園藝家張國珍與企業講師林惠蘭,則傳授美化居家環境的課程。

法鼓山迄今已舉辦二十屆佛化婚禮,除延續往年婚前講習,為鼓勵大眾以佛法安家,人基會今年首度開辦「快樂婚享班」,期望提供夫妻從各種生活體驗當中,共創菩提姻緣。

● 06.30

第七屆全球僧團大會法鼓山園區舉辦
僧眾齊心實踐「心靈環保組織」

第七屆全球僧團大會於 6 月 30 日在法鼓山園區舉辦,本屆大會通過由現任方丈和尚果東法師續任第五任方丈,並遴選出僧團代表,共有兩百一十二位海內外僧眾參加。

方丈和尚在僧團大會開始時強調,今生能夠親近善知識——創辦人聖嚴師父,一起修學佛法,是難得的福德因緣;雖然創辦人已圓寂,然而僧團秉持師父所提出的法鼓山理念、精神、方針、方法,契機契理走入社會奉獻,提供大眾所需的關懷與教育,讓小小的好,凝聚成為社會與世界大大的好。

大會中,僧團都監果光法師提出「心靈環保組織」報告,強調法鼓山秉持禪宗「化繁為簡、實用活用」的精神,對內形塑心靈環保的組織文化,培育快樂、奉獻、利他的四眾人才,帶動以奉獻、服務的精神來關懷世界,慈悲利他;對外著眼於教育關懷不同族群、年齡層,推動兒少、樂齡關懷、職場倫理、網路禮儀環保等項目,持續「做對世界有用的事」。

第七屆全球僧團大會圓滿後,全體僧眾齊聚於七棵崔榕樹下合影留念。

盡心盡力，奉獻承擔

6月30日講於「法鼓山僧團第七屆全球僧團大會」

◎果東法師

　　敦聘委員會為僧團的穩定，仍推舉我為方丈候選人，並得到諸位法師投票通過。對於僧團所賦予的任務，只有感激、感恩大家的成就，我會繼續學習，奉獻承擔。

　　從我個人來講，在方丈這份執事上，還有許多成長的空間。我們每個人也要學習「八風吹不動」，在一個眾緣和合的團體，包容不同的意見與想法。

　　在團體領執，不論執事為何，我們每個人都是「入如來室，著如來衣，坐如來座」的法師；在任何時間與空間，都在做著入世、化世、救世、濟世的工作。不久前，我在法鼓文理學院舉辦的「漢傳佛教青年論壇」，講了十個「開」，藉此與大家共勉，即「開啟本來面目、開發智慧、開展慈悲、開朗性格、開放胸襟、開闊視野、開拓精神、開明作風、開通思想、開心生活」。

果東法師續任第五任方丈，持續領眾對社會奉獻服務。

　　聖嚴師父曾叮嚀我們：「時時以佛法慧命為念，念念以大眾道業為首；事事以眾生的苦樂為著眼，處處以諸佛的道場來照顧；以智慧處理自己的問題，用慈悲解決他人的煩惱；以忍辱培養福澤，用精勤增長善根。」僧團即將頒布新的請執人事，希望大家都能提起這份期許，盡心盡力奉獻於未來的執事。

　　再次感恩僧團，儘管創辦人聖嚴師父色身已經不在，但是大家依然秉持創辦人的理念，繼續推動團體穩健開展，持續對社會有所奉獻，這是我們共同的善根福德因緣。祝福大家：時時心有法喜，念念不離禪悅，感恩。

（摘錄）

果東法師續任第五任方丈

法鼓山僧團第七屆全球僧團大會通過

三年一次的「全球僧團大會」，6月30日於法鼓山園區舉行。甫結束一個月的結夏安居，全體僧眾齊聚法鼓山上，行使第五任方丈任職同意權，並遴選僧團代表，會議順利圓滿。

創辦人聖嚴師父以建僧為悲願，住世時即已建立僧團制度，包括：〈法鼓山教團組織章程〉、〈僧團共住規約〉等。隨著時代環境的轉變及僧團的發展，組織章程及共住規約均適度修正與調整，其中，〈法鼓山教團方丈敦聘及職權行使辦法〉，方丈任期「得連任二任」，於2011年12月4日僧團代表會議修訂為「得連任三任」。

第五任方丈敦聘委員會敦請續任

現任方丈和尚果東法師自2006年9月接任第二任方丈，九年來對外代表法鼓山致力於社會關懷，與國際和教界交流；對內則圓融、和合領眾。因此，第五任方丈敦聘委員會推薦現任方丈為唯一候選人，敦請現任方丈果東法師續任，4月15日恭請方丈和尚簽署時，果東法師隨文簽「不續任」，並表示：「當成就僧團執事法師中，具備方丈之條件，而有威德及能力者，早點承擔奉獻服務大眾；展現教團新朝氣、新契機，廣結善緣，弘法利生。」

敦聘委員會經審慎考量，基於現任方丈推動社會關懷、熟稔教界事務，及領眾和合圓融等特點，再次推舉果東法師續任，並於6月30日僧團大會行使同意權通過。

期勉僧眾繼續推動教團穩健開展

果東法師表示，對於敦聘委員會的期勉，以及教團僧俗四眾的體諒、包容，深切的愛護，非常感恩；但也強調，方丈所扮演的角色，以及目前國內外要兼顧關懷的事務、法務愈來愈多，對於不能周全照顧僧俗四眾，深感慚愧、懺悔。

方丈和尚果東法師除禮請法鼓文理學院校長惠敏法師，繼續擔任僧團首座和尚，並增聘男、女眾副住持來協助方丈及僧團，對教團內部及整體社會，發揮更多照顧與關懷的功能；更勉勵全體僧眾，時時提起心靈環保的觀念與方法，在執事崗位上謹慎、努力，成長自己，成就他人，繼續推動教團穩健開展，持續對社會奉獻服務。

● 07.03

方丈和尚分享豁達人生觀
於台電演講「難，過！正面解讀，逆向思考」

7月3日，方丈和尚果東法師應台灣電力公司之邀至該公司演講，以「難，過！正面解讀，逆向思考」為題，與董事長黃重球、副總經理李鴻洲等六百多位台電主管及職員，分享「智慧轉境，自心光明；慈悲利他，希望遠大」的豁達人生觀。

方丈和尚首先感恩並讚歎台電職員，不僅讓臺灣的電力普及率幾近百分百，也經常在意外災害現場，冒著生命危險為大眾搶通電力，以實際行動奉獻服務他人，展現生命的價值；也表示，遭遇災難處境的傷亡者，宛如觀音菩薩普門示現，現各種身相投入眾生群中，引發我們省思如何建立一個更安全的環境。

演講圓滿前，方丈和尚也分享隨緣自在語：「見有機緣宜把握，沒有機緣要創造；機緣未熟不強求，隨緣自在無罣礙」，鼓勵大眾面對各種順逆境界，都能夠把握每個因緣，當成是奉獻與學習的機會。

● 07.04

念佛會本部舉辦地鐘成長營
音聲弘法好修行

念佛會舉辦地鐘成長營，學員以音聲自利弘法好修行。

護法會念佛會本部於7月4日在法鼓山園區舉辦地鐘成長營，由常林法師及念佛會悅眾帶領，共有來自大臺北及花蓮、宜蘭地區，近二百位執掌法器的信眾參加。

常林法師說明，敲打地鐘要密而勻，清亮而不暴，節奏分明而輕巧，不重濁、不浮躁、不催板，打出修行人的氣息來；也從《無量壽經》、《阿彌陀經》分享念佛的方法，因為有念佛的基礎，地鐘自然敲得好，兩者密不可分。法師並以大勢至菩薩念佛開悟鼓勵學員，成道關鍵在於都攝六根，淨念相繼，因此要惕勵自己，隨時保持正念。

成長營中，也安排學員分組練習，由資深悅眾示範動作，更一一調整學員姿勢，掌握地鐘敲打要訣，引領大眾安心念佛。

學員中有執掌地鐘超過十年以上的資深信眾，也有發心學習的初學者，共同

從觀摩實務研習中，修正觀念、溫故知新，認識地鐘執掌精神與修行意涵，以音聲來弘揚佛法。

● 07.04～05　07.11～12

人基會心劇團舉辦「幸福體驗親子營」
兩百多位親子歡喜攜手成長

人基會心劇團於 7 月 4 至 5 日、11 至 12 日，在德貴學苑舉辦「幸福體驗親子營」，以活潑互動的方式，帶領學員體驗心靈環保在日常生活的運用，兩梯次共有兩百零二位五至七歲的幼童與家長參加。

孩童的課程，以戲劇演出，引導學習說好話、發好願與尊重別人，過程中結合製作許願娃娃、紙黏土集體創作，培養合作精神，並改編法鼓八式動禪帶動肢體律動。家長的課程以心

人基會舉辦親子營，多年來已建立好口碑，家長孩子在其中歡喜成長。

靈成長為主，團長蔡旻霓向家長介紹法鼓山「心靈環保 SRE」的意涵，「情緒來的時候，Stop，做深呼吸 Relax，就能 Enjoy。」並帶領繪畫紓壓曼陀羅，令家長印象深刻。

有帶著兩個孩子一起參與的家長表示，與孩子相處時，難免因為情緒不佳而口出惡言，「Stop」是很實用的提醒與方法；也有第二度全家參加的家長分享，孩子因參加營隊培養了好習慣，可見品格教育已潛移默化。

連續多年舉辦的親子營引起廣大迴響，2015 年並擴大招募七至九歲的小學生擔任小義工，各年齡層都有不同的成長。

● 07.04～07　07.11～18

教聯會舉辦成長營、禪修活動
暑期於天南寺、法鼓山園區分別展開

7 月 4 至 7 日、7 月 11 至 18 日，教聯會分別於三峽天南寺、法鼓山園區舉辦「教師心靈環保自我成長營」、「教師禪七」，由僧團法師、資深悅眾分享佛法和生命連結的體驗、佛法的教學觀念和方法等，各有八十五人、七十人參加。

　　成長營由文化中心副都監果賢法師、常松法師，及悅眾楊蓓、辜琮瑜、游文聰擔任師資，帶領學員討論品格教學的困境與解決之道。學員也藉由朝暮課誦、拜佛、禪坐、經行，在單純又清淨的環境中，讓心安定下來，並更深入地覺察自己，再分組腦力激盪，將觀察、體會到的心得，以繪圖和演練，化為與學生分享「感恩、感謝、感化、感動」的教學方案。

　　11日起的禪七，由中華佛研所所長果鏡法師帶領，每日觀看聖嚴師父開示影片，協助學員解決禪修的疑惑。果鏡法師並延續師父的教法，帶領學員將「直觀」運用在「不對學生貼標籤」；進行戶外禪時，法師也引導練習把每一步當第一步，走好每一步，清楚感受腳掌和地面接觸的感覺，體驗禪悅樂趣。

　　許多學員表示，透過沉澱心靈的禪修與課程，學習與深化「四感」的觀念，與其抱怨不如感謝遇到的困境，找回對教育的初心與熱忱。

● 07.04～08.17

暑期兒童心靈環保體驗營各地展開
種下菩提種子　成長心靈

信行寺讓學童在遊戲及歡笑中，學習尊重人與人、社會、自然之間的關係。

　　7月4日至8月17日，「2015法鼓山兒童心靈環保體驗營」於全臺各分院道場、護法會辦事處，以及海外的馬來西亞道場等地展開，以四環體驗為主軸，並結合地區特色，引導學童培養良善的生活習慣、愛護自然環境，成長心靈。

　　在北臺灣，總本山運用園區自然環境，除了動禪、法器演練、飲食禪、經行之外，還邀請陽明山國家公園、臺北市天文台義工進行戶外課程，讓學員與大自然做朋友，傾聽蟲鳴鳥叫，觀察生態與星象；北投農禪寺的營隊，則藉著通關體驗、農禪尋寶趣等動態課程，展現活潑的生命力，也運用桌遊，模擬購物情境，讓學員在購買前想清楚「想要」還是「需要」，領略生活環保的真諦。

　　位於都會區的臺北安和分院，設計以疏導情緒為主的活動，透過佛門禮儀、動禪、魔術貓頭鷹卡片製作等課程，讓小朋友從躁動的「毛毛蟲」轉變成為安定專注的「小禪士」；臺北中山精舍則以「開心FUN暑假，四種環保趣你家」為主題，邀請慧元數位媒體公司創辦人朱騏老師以動畫製作的流程，指導小隊共同創作，發想故事，讓心靈環保的觀念深入心田，落實在日常生活中。

桃園齋明別苑則以「心五四」體驗為主軸，延續禪修的基調，融入專注力與記憶力的體驗，教導學員以「好心」成就「好世界」，養成誠實、利他、禮貌與感恩的品格，有近九十位學童參加。

中臺灣的寶雲寺，透過禪味十足的五感課程，引導置身於現代科技的學童，從外在的「色、聲、香、味、觸」，向內觀察身心變化，與自己深度溝通。

中山精舍心靈環保體驗營指導小隊共同創作，讓心靈環保的觀念深入心田。

於南臺灣，臺南雲集寺兒童營，教導禮儀環保，也藉由團體活動，讓小朋友學習將心比心，讓善意無盡循環；高雄紫雲寺以「光明遠大」為主軸，透過戲劇、說故事、大地遊戲、自然體驗等課程，讓學童理解「智慧轉境，自心就光明」的「轉念」智慧。

東臺灣的信行寺透過對「尊重」的闡揚，將性別差異、海洋環境等議題，融入遊戲之中，讓學童在歡笑中學習尊重人與人、社會、自然之間的關係；離營前，小朋友們將親手捏製的幸福飯糰，送給來接送的親人，表示尊重與感謝。

海外馬來西亞道場的兒童營，結合「家庭倫理」及「自然倫理」，第一天在布偶演出故事後，邀請家長加入，和孩子一起玩「優點大轟炸」遊戲；第二天帶領學童至有機農場認識理念與農法，並親手挖番薯、赤足踏水池，體驗自然環保。

2015 年的營隊，讓小學員從寓教於樂的活動中，與禪法相遇，讓菩提種子更加茁壯。

2015 法鼓山兒童心靈環保體驗營一覽

區域	舉辦單位（地點）	舉辦日期	梯次	主要參加對象
臺灣 北部	法鼓山園區	7月14至18日	第一梯次	國小升五至六年級
		7月21至25日	第二梯次	國小升五至六年級
	北投農禪寺	7月21至24日	共一梯次	國小升三至四年級
	臺北安和分院	7月10至12日	共一梯次	國小升三至五年級
	臺北中山精舍	7月6至8日	第一梯次	國小升二至四年級
		7月13至15日	第二梯次	國小升五至六年級
	桃園齋明別苑	7月4至5日	共一梯次	國小升三至五年級
	護法會新莊辦事處	7月4至5日	共一梯次	國小升三至五年級
中部	臺中寶雲寺	7月13至14日	第一梯次	國小升五至六年級
		7月15至16日	第二梯次	國小升三至四年級

區域		舉辦單位（地點）	舉辦日期	梯次	主要參加對象
臺灣	南部	臺南分院	7月11至12日	共一梯次	國小學童及家長「親子營隊」
		臺南雲集寺	7月18至19日	共一梯次	國小學童及家長「親子營隊」
		高雄紫雲寺	7月17至19日	共一梯次	國小升三至五年級
	東部	臺東信行寺	7月7至11日	共一梯次	國小升四至六年級
海外	亞洲	馬來西亞道場	8月15至17日	共一梯次	10至16歲

● 07.04～05　10.09～10

「讀書會帶領人基礎培訓課程」開辦
推廣共學的閱讀風氣

讀書會帶領人培訓課程中，分組演練，提昇帶領技巧。

為推廣共讀共享的閱讀風氣，普化中心於7月4至5日、10月9至10日，分別在北投農禪寺、臺中寶雲寺舉辦心靈環保讀書會帶領人基礎培訓課程，由監院果毅法師、常用法師、資深讀書會帶領人方隆彰老師帶領，內容包括聖嚴師父的思想與寫作、心靈環保讀書會的理念、有效提問四層次等，共有一百七十多位學員參加。

果毅法師解說《法鼓全集》架構，讓學員們完整且有系統地明瞭聖嚴師父著作背後深層意義；常用法師闡述心靈環保讀書會的精髓與意涵，說明讀書會的功能不在知識的傳播，而是分享佛法的利益。

方隆彰老師則清楚解析讀書會的意涵、帶領人的職責與涵養，以及實用的四層次提問，包括「熟悉與複習」、「回應與消化」、「詮釋與驗證」、「活化與深化」，並在實務演練中，引導學員提昇帶領技巧。

參與的學員表示，推廣讀書會，透過自主學習、共讀共享後，不只讓視野更開闊，也找到生命的價值。

● 07.09～15

2015夏季青年卓越禪修營
在天南寺展開夢的時空旅行

青年院於7月9至15日，在三峽天南寺舉辦「2015夏季青年卓越禪修營」，以「夢的時空旅行」為主題，由演道法師擔任總護，共有一百多位來自新加

坡、馬來西亞、香港、中國大陸、美
國及臺灣的青年學員參加。

營隊內容以禪修為主軸，包括基礎
禪修、法鼓八式動禪、經行、托水缽
等，啟發青年以禪修超越自我視界，
並開發本身具足的能量。

在心靈遊戲單元中，學員兩人一組，
兩人三腳及三手、矇住眼睛行動，學
習互助合作和冒險的精神。

一百多位青年學員在卓越營中啟動心的力量。

活動中，並邀請全球孩童創意行動挑戰（Design For Change）在臺發起人許
芯瑋，演講「翻轉生命的可能」，說明個人行動可以改變世界，只要相信自己
做得到，踏出第一步；而改變世界很簡單，因為自己就是世界的一份子，改變
自己就是改變世界。

最後一晚，學員在星夜下的草地繞圓經行，學習放鬆生命的步伐，用佛法圓
滿生命的圓；也在「無盡燈之夜」的傳燈儀式中，齊心發願擔任點燈人，以奉
獻利他的精神點亮自己、照亮他人。

有熱愛舞蹈的學員表示，自參加冬季卓越營回歸校園後，身心感到十分安
定，因此重回營隊為心靈充電，學習分享與交流，讓自己成長。

● 07.12

臺東信行寺佛法講座
杜正民教授講「*法的療癒*」

臺東信行寺於 7 月 12 日舉辦佛法講座，由法鼓文理學院教授杜正民以「法
的療癒——漢傳佛教的養生醫學」為主題，分享《阿含經》、《法華經》等佛
典中，佛陀教導如何面對病苦與生死的智慧，有近七十人參加。

十年前罹癌的杜教授表示，病苦讓自己重新體驗佛法，當年以平常心應對，
將住院治療當作「病禪十」，也體會佛陀在《涅槃經》、《遊行經》，以及聖
嚴師父在《美好的晚年》中面對老、病、死的智慧；出院後，開始閱讀、整理
「病相應」群經，體會到「法的療癒」不僅是一種治療，也是一種生活方式，
讓人活出自己的本性，踏上屬於自己的心靈之路。

演講最後，杜正民教授鼓勵大眾閱讀《金光明經》的〈除病品〉與〈流水
品〉，可了解生病的因果，也可學習流水長者發大悲心為人除病。杜教授的現
身說法，讓現場聽眾深受感動，以「法的療癒」，豐盛了心靈。

● 07.15～08.15

社大學員作品募集徵選活動
慶祝立校十三年　分享成果再向前

募集與徵選作品活動熱鬧展開，學員帶來縫珠與打版課
程中的作品，社大協助將學員的作品拍照。

7月15日至8月15日，法鼓山社大舉辦「小威，社大在找你──學員作品募集徵選活動」，邀請曾在社大各校區參加課程的學員，分享珍貴的學習成果，徵選出的作品與故事將集結成冊，並設計成為筆記書出版，將學習與成長的感動分享給更多人。

活動期間，有久未參與課程的舊學員來電詢問，也有學員主動聯絡同學，一起帶著作品參與，或是現場共同創作，分享學習經驗；更有烹飪班學員，從構思菜單與採買食材開始，分工合作烹煮美食與眾人分享。許多會員表示，在社大的課程中，不只學習到知識與技能，更有視野的拓展與自我的肯定，以及珍貴的友誼與回憶。

社大表示，出版的筆記書，將贈予所有參加募集活動的學員，傳達學習過程的感動，也讓人認識法鼓山社大不一樣的學習精神與文化。

● 07.17～11.20

人基會開辦「心藍海策略」課程
分享以佛法經營企業的視野與方法

7月17日至11月20日，人基會每月第三週週五於德貴學苑開辦「心藍海策略──企業社會責任」系列課程，共五堂。課程結合政府及企業界資源，透過心六倫宣講團講師，將「心靈環保」理念及「職場倫理」各項核心價值推廣到職場，分享以佛法經營企業的視野與方法，協助領導人找到安心之道。

首場由人基會祕書長李伸一、宣講團團長林知美主講「幸福企業密碼」，李伸一祕書長強調企業必須從心念、價值、資訊公開、勞資關係、尊重專業等方面改變，才能讓員工幸福，建立良好形象，一旦顧客滿意，股東投資的意願也會提昇，達成三贏，「以智慧治理企業，以慈悲關懷員工」，共同為組織創造差異性價值。

曾任職企業高階主管多年的林知美，則省思為了績效與降低成本所造成的競爭紅海，使企業幸福指數日漸低落，強調心懷員工、對手、社會、環境，並且

透過禪修沉澱、放鬆，更能促進身心健康、有效開創「心藍海」。

結合佛法與管理學，協助企業提昇職場的幸福指數。

11 月 20 日最後一堂課，邀請前統一企業集團總裁林蒼生、擁有二十六年企業管理顧問經歷的張莉娟以「企業倫理與永續的管理思維」為題，分享兼顧社會責任與永續獲利的經營正道、學習用「心靈環保」提昇企業職場的幸福指數。

除了實體課堂，主辦單位也發起「心藍海社群」，邀請學員課後一同交流成長。有學員表示，此課程不同於一般的法規課，巧妙結合管理學與佛法，很高興在這個課程中能認識志同道合的人，一同思考如何讓企業發揮更多社會責任。

「心藍海策略」企業倫理課程不僅是法鼓山首度開辦，也是證交所首度認證的宗教團體課程，可列入上市上櫃公司董事、監察人年度進修時數計算（每一課程三小時），每堂研習完成後，人基會並頒發研習證書。

人基會 2015「心藍海策略」系列課程一覽

時間	講題	主講人
7 月 17 日	幸福企業密碼	李伸一（人基會秘書長） 林知美（心六倫宣講團團長）
8 月 21 日	從法規要求到取財有道	張昌邦（聯合工商教育基金會董事） 張佑康（GWCC 全球職場顧問公司董事長）
9 月 18 日	重視公司治理、打造幸福職場	陳武雄（全國工業總會理事長） 廖志德（誠邦網絡公司總監）
10 月 16 日	從誠信出發的心社會責任	周俊吉（信義房屋董事長） 陳若玲（標竿學院資深顧問）
11 月 20 日	重視企業倫理與永續的管理思維	林蒼生（企業家） 張莉娟（亞碩國際管理顧問公司副總經理）

● 07.24

弘化院「與佛共舞」雕塑揭幕儀式
提醒來訪者用微笑和禪法讓世界更好

弘化院於 7 月 24 日在法鼓山園區為新設置的「與佛共舞」雕塑舉行揭幕儀式，在〈快樂頌〉的口哨與大、小提琴樂聲中，共有一百位多位參訪者及兒童營隊學員歡喜參加。

「與佛共舞」雕塑，提醒大眾傳遞微笑的力量，讓世界更平安美好。（右為創作者劉建志，左為男眾副都監常遠法師）

儀式中，監院果悅法師表示，只要微笑就會有愛、有平安，也會帶給他人平安；「與佛共舞」雕塑位於「微笑‧禪」生活館外的木棧道區，期望提醒來訪者運用微笑和禪法，讓世界從自心轉變，更加平安美好。

「與佛共舞」雕塑，由畫家劉建志創作，以親切可愛造型的佛陀，牽著孩童開心地揮手向前，就好像佛陀時時刻刻陪伴每一人，一起用佛法開心地迎向每一天，帶給周遭的人平安、快樂。

● 07.29～08.03

青年院舉辦第三屆「心‧生活高中營」
陪伴學子找尋心方向

7月29日至8月3日，青年院於臺東信行寺舉辦第三屆「心‧生活高中營」，共有來自德國、法國、大陸及臺灣各地，近一百一十位青年學子參加，由營隊總護常澧法師帶領進行一系列心靈成長課程。

營隊課程包含心靈環保闖關遊戲、認識自己、名人

營隊課程設計多元活潑，讓學員透過活動及體驗，學習身心調和、人際互動。

有約、戲劇演出、森林浴、心靈早操及點燈之夜等，以多元活動讓學員學習身心調和、人際互動。其中，在動感十足的心靈早操單元，小組體驗彼此合作的關卡遊戲，重新定義組與組之間的關係，讓整個營隊就像是一個大家庭；而透過三則趣味又發人省思的影片，將心靈環保議題融入教學方案，並以戲劇演出的方式，結合「一〇八自在語」，將佛法的智慧運用在日常生活中。

營隊圓滿前，青年院監院常炬法師勉勵學員，培養正向的學習態度，並祝福找到生命目標，努力實現夢想。

● 07.31～09.15

孝親月全球分支單位舉辦中元法會

虔敬共修表達感恩

7月31日至9月15日農曆孝親月期間，法鼓山全球二十四處分支單位分別舉辦中元報恩相關法會，大眾虔敬共修，以清淨自心，串起對法界眾生的祝福，共有逾萬人次參加。

各地舉辦的中元法會形式多元，包括地藏法會、地藏懺法會、慈悲

臺南分院於臺南二中舉辦慈悲三昧水懺暨三時繫念法會，大眾在莊嚴的壇場中共修。

三昧水懺法會、三時繫念法會，其中多場為地藏法會、《地藏經》共修，如臺灣北部的北投文化館、臺北安和分院、中山精舍、基隆精舍，以及桃園齋明寺、齋明別苑，中部的臺中寶雲寺、南投德華寺，南部的臺南分院、雲集寺，以及海外的美國加州洛杉磯道場、加拿大溫哥華道場以及亞洲的新加坡、泰國護法會等。

其中，文化館首先於7月31日至8月2日舉辦中元地藏法會，並於圓滿日下午舉辦瑜伽焰口法會；寶雲寺也於8月14至16日舉辦中元報恩地藏法會，首日即有近七百位信眾參加，祈願眾生心安平安。齋明別苑於8月17日、齋明寺於24日、雲集寺則於30日起，各展開為期七天的地藏法會，齋明寺監院果舟法師說明，誦經即是代佛說法，能使人心安定，無形眾生也能得利，勉勵大眾學習地藏菩薩精神，轉輪迴業為菩薩業。

此外，高雄紫雲寺於8月9至16日展開《地藏經》共修，最後一天三時繫念法會，七百多位信眾齊心誦念《阿彌陀經》，一心繫念彌陀淨土；安和分院於8月28日至9月11日進行報恩祈福法會，信眾以法食為供養，每日恭誦一部《地藏經》，願眾生得到慈悲的溫暖、智慧的清涼。

除了地藏法會與《地藏經》共修，北投農禪寺於8月16日啟建梁皇寶懺法會；臺東信行寺、臺南分院於22至23日舉行慈悲三昧水懺暨三時繫念法會，數千人次的信眾和義工在莊嚴的壇場、安定的梵唄聲中拜懺、念佛。

海外地區，北美溫哥華、洛杉磯兩處道場分別舉辦慈悲三昧水懺、地藏法會；

籌備擴建工程的紐約東初禪寺，也從 6 月 15 日至 8 月 15 日舉辦長達兩個月的地藏法會，圓滿日舉行三時繫念法會及總迴向，祈求擴建工程順利，利益一切有情眾生。

2015 海內外中元系列法會一覽

區域		主辦單位（地點）	時間	內容
臺灣	北部	北投文化館	7 月 31 至 8 月 2 日	中元地藏法會
			8 月 4 日至 9 月 12 日	《地藏經》共修
		北投農禪寺	8 月 16 至 22 日	梁皇寶懺法會
		臺北安和分院	8 月 28 日至 9 月 11 日	報恩祈福法會
		桃園齋明寺	8 月 24 至 30 日	中元地藏法會
		桃園齋明別苑	8 月 17 至 23 日	中元地藏法會
		臺北中山精舍	8 月 23 至 30 日	中元報恩地藏法會
		基隆精舍	8 月 9 日至 9 月 9 日	中元《地藏經》共修
	中部	臺中寶雲寺	8 月 14 至 16 日	中元報恩地藏法會
		南投德華寺	8 月 23 日	中元地藏法會
	南部	臺南雲集寺	8 月 30 日至 9 月 5 日	中元地藏法會
		臺南分院	8 月 12 至 17 日	中元地藏法會
		臺南分院（臺南二中）	8 月 22 至 23 日	中元慈悲三昧水懺法會 中元三時繫念法會
		高雄紫雲寺	8 月 9 至 16 日	中元報恩《地藏經》共修 中元三時繫念法會
		護法會嘉義辦事處	8 月 9 日	中元地藏法會
		護法會潮州辦事處	8 月 23 日	中元地藏法會
	東部	臺東信行寺	8 月 20 至 23 日	中元慈悲三昧水懺法會 中元三時繫念法會
海外	北美	美國紐約東初禪寺	8 月 15 日	教孝月地藏暨三時繫念法會
		美國加州洛杉磯道場	8 月 30 日	教孝報恩地藏法會
		加拿大溫哥華道場	8 月 22 至 23 日	中元報恩地藏法會、中元慈悲三昧水懺法會
		北美護法會安省多倫多分會	8 月 23 日	中元地藏法會
		北美護法會新澤西州分會	8 月 24 日	中元地藏法會
	亞洲	馬來西亞道場	8 月 8 至 9 日	慈悲三昧水懺法會
		香港道場	8 月 23 至 29 日	中元報恩「都市地藏週」
		新加坡護法會	8 月 9 日	中元報恩地藏法會
		泰國護法會	8 月 17 日	中元地藏法會

08.01

教聯會舉辦「二十週年回顧與展望」

教學相長好修行

教聯會於 8 月 1 日在北投農禪寺舉辦「二十週年回顧與展望」慶祝活動，方丈和尚果東法師、慈基會祕書長果器法師，以及教聯會創會會長楊美雲等資深悅眾到場祝福，共有一百多位各級學校的教師參加。

方丈和尚勉勵教師們珍惜相遇的順逆因緣，

教聯會研發許多教案，將佛法融入教學中。現場也邀請大眾體驗其中一則教案，將紙襯衫的汙點，創作出各具特色的獨家設計。

尤其面對勇於表達意見的學子，更要「理解現象、包容狀況、持續溝通、成就修行」，透過禪修與因果、因緣觀保持內心的平衡。

首任會長楊美雲表示，教聯會成立之初，從禪七、禪修營，漸漸開拓出多元的活動為教師充電，並走入校園推廣佛法，不僅獲多位專業人士相助，聖嚴師父也相當重視教聯會的活動，經常出席關懷；也感恩有這大福田，與無數人結好緣。現任會長陳美金與悅眾則介紹會務發展概況，經過四年來的發想、試教、修改，已完成三十則「一○八自在神童 3D 動畫」教案，於教聯會官網提供下載；並另編「心靈環保」、「大智慧過生活」教案，也期望在各地區成立教聯組，協助地區接引更多年輕教師。

活動中，教聯會特別製作影片，與大眾回顧二十年來的發展歷程，會員們在茶香中話當年，加上齋明鼓隊與悅眾的合唱演出，讓活動充滿藝文氣息。

08.04～07

仁和國中跆拳道校隊齋明寺習禪

練習清楚、專注 讓自己不失分

桃園齋明寺於 8 月 4 至 7 日，為仁和國中跆拳道校隊舉辦禪修營，由教聯會師資帶領，共有二十四位學子參加。

禪修營內容包括法鼓八式動禪、打坐、吃飯禪、分站遊戲、經行、托水缽等，

仁和國中跆拳道校隊隊員從托水缽中體驗放鬆、專注。

學生均能專注投入學習。教練表示跆拳道校隊的訓練，希望能融合「身在哪裡，心在哪裡，清楚放鬆，全身放鬆」的禪修心法。

活動最後一天，不畏蘇迪勒颱風來襲前的風雨，學員們從學校步行到齋明寺，由法師帶領學習「觀身受法」，勉勵學生時時照顧好自己的心，做自己心的主人。

大堂分享時，有學生分享練習托水缽，體會到走路時如果更放鬆、專注，就能讓水缽裡的水不灑出；教練也回應，跆拳道比賽時，若能保持清楚及專注，便能讓自己不失分。

7月齋明寺的兒童心靈環保體驗營，因昌鴻颱風過境取消，在法師和師資團隊的規畫與願心下，促成了桃園市仁和國中跆拳道校隊禪修營的舉辦。

● 08.11

曾濟群校長臺大醫院金山分院演講
分享聖嚴師父創辦社大的理念

法鼓山社大校長曾濟群於8月11日，受邀至臺大醫院金山分院演講，以「聖嚴法師與法鼓山社會大學」為題，分享師父創辦社大的理念，共有一百多位醫院員工及民眾參加。

曾濟群校長說明，聖嚴師父創辦社大的理念，是希望透過關懷來達到教育的功能，用教育來達到關懷的目的，期許除了學習實務技能之外，也能在人品與心靈有所提昇；強調走入社區的法鼓山社大，課程的安排與活動設計，均以心靈環保為核心理念，發展為生活藝能、生命關懷、人文休閒，與配合各校區所開設的特色課程等四大類，創造在地師資、在地情感、在地特色等。

曾校長表示，社大課程的發展，隨著社會多元化的腳步而有所調整，例如反思食安問題而開設的「心靈環保農法實務班」，鼓勵青年創業的「創客」觀念；另外，與金山高中合作成立「科技創新應用教育中心」，及有感於社會人口日趨老化而增設樂齡課程，關懷青少年與兒童的人格發展成立了童軍團等等，皆是社大與時俱進的努力，也持續帶動更多人從生活的改變提昇到「心」的改變，實踐淨化人心、淨化社會的工作。

08.16～21

農禪寺啟建梁皇寶懺法會

風雨生信心　懺悔得安樂

北投農禪寺於 8 月 16 至 21 日，啟建梁皇寶懺法會。首日方丈和尚到場關懷，有七千多位來自全球各地的信眾以及義工，人人制心一處，專意懇切，匯聚成一股溫暖的能量，為眾生祈求平安快樂。

17 日起一連四天，弘化發展專案召集人果慨法師，為大眾開示《梁皇寶懺》的結構與意涵，法師解說懺法題旨，指出「身是道器」，每一個人都是道場，散發出慈悲的力量；佛陀

農禪寺巨蛋帳篷因颱風來襲毀損，壇場緊急重新規畫，大眾禮懺共修氣圍更加凝聚。

說八萬四千法門，修行方法不離戒、定、慧，懺悔法門正是這部「慈悲道場懺法」所用的方法。

法會期間，因應天鵝颱風來襲，也首度變更儀程，於 20 日延長共修時間，並提前於 21 日舉行齋天、瑜伽焰口法會。現場近萬名信眾，以及透過網路直播的全球共修信眾，隨著壇前手結密印、口誦真言、意專觀想的金剛上師，以懇切的心念與聖號，向三界六道眾生傳達由衷的祝福與關懷，共同圓滿這堂莊嚴的佛事。

農禪寺原定的梁皇寶懺法會壇場，8 日因蘇迪勒颱風登陸，導致巨蛋帳篷嚴重毀損，已經布置好的壇場、功德堂、音響、冷氣、桌椅等設備幾乎全毀，寺內樹木傾倒、積水、建物毀損，災情十分嚴重。三百多位義工聞訊後，齊聚農禪寺，在法師帶領下，齊心善後，並在大殿啟建壇場，也在兩側搭建戶外帳篷，終於成就法會如期舉行。眾人堅定的信願，因颱風的「加持」而更加凝聚。

09.01～04

傳燈院快樂國小推廣「吃飯禪」

禪修結合用餐教育　吃飯好有趣

傳燈院於 9 月 1 至 4 日，應桃園市快樂國小之邀，於該校舉辦十一場「吃飯趣」教學活動，將禪修與用餐教育結合，帶給學童吃飯好有趣的新體驗。

禪修結合用餐教育，快樂國小學童體驗「吃飯趣」。

除了現場帶領「吃飯趣」教學活動，傳燈院也錄製「吃飯趣」音聲教材，於午餐時全校播放，引導學子放鬆與專注地吃飯。學子表示這樣用餐，心情很愉快，飯也變得更好吃。而老師也回饋，用餐時教室氣氛更融洽，學生吃飯不再囫圇吞棗，對健康和品格教育都大有助益。

去年（2014年）傳燈院首度在該校舉辦「吃飯趣」，引起師生熱烈回響，本年除教導新生，也擴大舉辦，遍及中、低年級學童，讓「吃飯趣」在校園落實扎根。

● 09.01～30

法鼓山園區「禪修月」展開
靈山勝境好修行

9月1至30日，弘化院參學室於法鼓山園區展開「禪修月」，透過靜坐、八式動禪、慢步經行、放鬆體驗、觀身受法、鈔經等活動，在多元的禪修練習中，引領大眾放鬆身心。

2015年新增「無情說法——插花禪」，於每週六下午舉辦，由導覽員帶領參訪者放鬆身心後，至園區將俯拾可得的松果、落葉、枯枝、苔石，化成映照心靈的花藝作品，反思起心動念。

有學員分享，花器猶如一個小天地，裡頭有水、草、沙、石，一如我們所處的家庭、職場、社會，彼此互依互存，一起成長、茁壯；精於花道的學員則認為，無情說法沒有流派之別，正好練習體驗無常、隨順因緣。也有首次從中國大陸北京來法鼓山體驗禪修的參訪者表示，最喜愛從頭放鬆到腳的活動，將協助推廣，期望能幫助

插花禪從戶外拾取枝葉，再以活動中準備的鮮花來搭配，傾聽自己的心，也是生活禪的體驗。

同仁改善壓力大、睡不好的通病。

每年秋天舉辦的禪修月，藉由簡單、容易操作的活動設計，讓大人小孩都能體驗現代化、生活化的漢傳禪法，享受身心清楚放鬆的感覺，在每一個當下攝心、安心。

● 09.01起

農禪寺行願館人文新風貌
人與書近距離接觸

為了打造優雅溫馨的書店風格，以及輕鬆舒適的購物環境，9月1日，北投農禪寺全面改裝行願館，以沉穩內斂的色調、古意盎然的氛圍，營造濃厚的書香氣息。

不同於一般書店的陳列與氛圍，行願館採用展覽開架式的選書平台來呈現圖書，讓書籍封面直接與讀者打照面，拉近人與書之間的距離。

農禪寺行願館主題書展「遇見善知識」，方便讀者深入汲取聖嚴師父智慧法乳。

此外，以修行為主要推廣訴求，書店內還特別設置了鈔經展示區，以及禪坐用品區，將修行類用品以展售專區呈現，除了作為居家布置擺設的示範，也提昇修行的意念與環境。

另一方面，9月起並規畫主題書展「遇見善知識」，將聖嚴師父的傳記，包括《歸程》、《聖嚴法師學思歷程》、《枯木開花──聖嚴法師傳》、《雪中足跡》等書，蒐集各種版本，完整呈現師父一生各階段的傳記與出版歷程。

監院果毅法師表示，行願館規畫各種主題展覽，除了將豐富多元的書籍，以量身打造的方式呈現不同特色，讀者可深入汲取聖嚴師父的智慧法乳，以及佛法義理的廣袤浩瀚。

● 09.02

越南慧嚴寺參訪法鼓山
參學臺灣僧伽暨佛學教育

為了解漢傳佛教的佛學教育，越南胡志明市慧嚴寺住持明通律師率領寺方二十四位僧俗四眾，於9月2日參訪法鼓山園區，由弘化發展專案召集人果慨

法師、常為法師代表接待，進行交流。

常為法師首先介紹法鼓山「心靈環保」的理念及使命，說明心靈環保就是保持內心的平穩與安定。首度聽聞「心靈環保」一詞，慧嚴寺僧眾均感到相當受用。

越南慧嚴寺僧俗一行，參訪開山紀念館，了解「開山」的意義。

在明通律師特別詢問僧團關於戒律弘護，以及出家遴選方式時，果慨法師說明，除了年齡規範，還須通過僧大考試、學習評估，必須是身心皆已成熟，才能出家受戒；在戒律弘護上，則以創辦人聖嚴師父的《戒律學綱要》為準繩，並依據創辦人的理念，發展律學教育。

明通律師一行也在參學導覽義工的陪同下，前往大殿、開山紀念館、祈願觀音殿參訪，體驗園區的禪悅與境教。

● 09.03

法行會信眾大會前共修
果光法師分享觀音法門的修持

為迎接全球信眾大會，法行會9月3日於臺北國賓飯店舉辦的第一七二次例會，由僧團都監果光法師以「觀音法門」為題演講，包括僧團副都監果品法師、護法總會副都監常續法師，以及法行會會長許仁壽、榮譽董事會會長黃楚琪、榮譽會長劉偉剛等，共有兩百多人參加。

法師爬梳聖嚴師父的著作《聖嚴法師教觀音法門》、《觀音妙智──觀音菩薩耳根圓通法門講要》，解說師父教導修持耳根圓通法門，首先從靜態環境的聽水、聽溪、聽雨開始練習禪觀；之後可在動態環境中，將自己當成吸音板，只聽而不去辨別，練習「入流亡所」，

法行會例會，果光法師演講「觀音法門的修持」，作為全球信眾大會會前共修。

最後能夠「反聞自性」。

共修中，果光法師分享練習「吸音板」心得：開會時，各方發表不同意見，不起情緒地聆聽，有助於對事情的判斷；也分享「反聞自性」與話頭禪、「照見五蘊皆空」與默照禪的連結。果光法師期勉大眾，學習觀音菩薩上同諸佛，下與眾生合的發心，一定可以契入觀音法門。

● 09.03

中央大學校長一行參訪法鼓山
體驗禪悅之美　親近佛教文化

中央大學校長周景揚於 9 月 3 日率同各院系院長、系主任，共二十多位校方一級主管參訪法鼓山園區，由方丈和尚果東法師陪同前往祈願觀音殿、開山紀念館及大殿，並致贈《安身禪》等書結緣；法鼓文理學院校長惠敏法師也分享以「心靈環保」為核心的辦學理念。

周景揚校長表示，雖然沒有宗教信仰，卻對佛法智慧深有感觸，因此帶領同仁親近佛教勝地，體驗宗教

中央大學周景揚校長（左）帶領校方一級主管參訪園區，方丈和尚（右）贈《安身禪》等書結緣。

場域的踏實安定，感受心靈沉澱的氛圍。周校長也分享創辦人聖嚴法師的「四它」，是帶領學校的 SOP（標準作業流程）。

方丈和尚回應，佛陀在世間成佛，人成即佛成，人人都有清淨的佛性，只是被無明煩惱所遮掩；並表示雖然煩惱習性會在心中現起，只要時時以慚愧心自勵，就能瞬息消逝，鼓勵大眾以輕鬆休閒的心情來體驗修行。

● 09.06

新皈依弟子回寶雲寺
悅眾帶領探索自家寶藏

臺中寶雲寺於 9 月 6 日舉辦心靈茶會，由果雲法師及悅眾帶領，分享法鼓山的理念、寶雲寺的故事等，共有近百位新皈依弟子參加。

茶會首先由主持人引領眾人回視學佛與皈依的初發心，有悅眾分享，皈依是

啟動修行的出發點，寶雲寺的禪坐、念佛共修，以及聖嚴書院佛學班、福田班等課程，讓自己能「跟好、學好、做好」，自利又利他；也有義工分享學佛前的人生是忙、茫、盲，凡事操心與擔心，四處求神算命，聽到聖嚴師父「無事忙中老」四句偈語後，頓然覺醒，積極

資深悅眾分享學佛後懂得知足惜福，與眾人相約「學佛路上一起前進」。

參加快樂學佛人、佛學班、法會共修、受菩薩戒，學會把握生命、活在當下。

　　會中並安排資深悅眾導讀聖嚴師父著作《正信的佛教》，說明書中七十個問題能引導讀者認識佛教真貌；光熱小組分層導覽寶雲故事，期許眾人在法鼓山觀音道場，共學共修、一同「念觀音、學觀音、做觀音」，共同成長。

　　最後，果雲法師期許眾人肯定自己、相信自己有佛性，一起在法鼓山探索自家寶藏。

● 09.10～11　09.12

僧團舉辦剃度大典

十三位新戒法師弘法利生

　　法鼓山於 9 月 12 日在園區舉辦 2015 年剃度大典，由方丈和尚果東法師擔任戒和尚，副住持果暉法師擔任教授阿闍黎，為十三位求度者圓頂、授沙彌（尼）戒，並有十三位僧大新生、五位僧團行者求受行同沙彌（尼）戒，有近六百人觀禮祝福。

求度者誓願承擔如來家業，弘法利生。

　　方丈和尚於典禮中感謝新戒法師俗家眷屬，以難行能行、難捨能捨、難忍能忍、難過能過的智慧和慈悲，成就法師出家的殊勝因緣；也期勉新戒法師珍惜道器身命，發大菩提願心，懺除身、語、意三業偏差的行為，以心靈環保的心法、佛法、禪法為核心，上求佛道，下化

眾生。

　　果暉法師也叮嚀，初出家時，可能只為自己發心，但漢傳佛教的大乘菩薩道，是在僧團中和樂修行，藉著他人的提醒，淨除自己的無明煩惱習氣。

　　經過一年來在僧大學習淨化三業行為，新戒法師感念親友與義工的支持，每一份默默付出的力量，都是堅定出家信念的助力；也有新戒法師感恩戒長法師示範的身教、言教，尤其義工們的無私奉獻，更是增進自己成長與報恩的動力，期許今後在團體中放下自我，隨順因緣為大眾奉獻。

　　觀禮席上，包括美國長島大學宗教體驗營的十五位師生，首度觀摩佛教法會，有學生分享，第一次與數百位佛教徒共修，臨場感受梵唄的莊嚴，雖然不全然清楚剃度儀式的儀程，心中仍因整場氛圍而感動。

　　剃度大典前，僧大於 10 至 11 日舉辦「剃度大悲懺法會」，邀請俗家親眷及社會大眾以法會共修，祝福新戒沙彌、沙彌尼。

● 09.11　09.21

法鼓山獲內政部、臺北市頒授績優宗教團體
推廣心靈環保獲肯定

　　內政部於 9 月 11 日在新北市政府集會堂舉辦「104 年宗教團體表揚大會」，法鼓山所屬佛教基金會、北投文化館、雲來寺、農禪寺等四單位，由於推動關懷結合教育的理念，長期投入公益慈善及社會教化事業，獲頒「績優宗教團體」的肯定，由僧團常學法師、鑑心長老尼、果會法師、果昌法師代表出席，接受內政部長陳威仁頒獎。

文化館獲內政部績優宗教團體獎，由鑑心長老尼（右）代表接受陳威仁部長（左）頒獎。

　　陳威仁部長致詞肯定宗教團體提昇社會向上向善的力量；常學法師在受獎時表示，感恩四眾弟子護持付出，也感謝政府單位給予肯定。

　　另一方面，文化館及農禪寺也獲臺北市績優宗教團體肯定，臺北市政府民政局於 9 月 21 日在臺大醫院國際會議中心舉辦「103 年度臺北市績優宗教團體、改善民俗暨 104 年度孝行模範聯合表揚大會」，由民政局副局長吳坤宏頒獎，法鼓山由鑑心長老尼、果仁法師代表出席受獎。

● 09.13～ 12.12期間

北投農禪寺「佛曲教唱」課程
百位民眾齊聲唱佛曲

為以樂曲接引大眾修學佛法，
北投農禪寺舉辦「佛曲教唱」課
程，共三堂，分別於 9 月 13 日、
10 月 4 日、12 月 12 日展開，由
護法會合唱團團長李俊賢、 賴
珏好老師分享唱歌技巧，並進行
練唱指導，有近四百人次參加。

課程內容結合禪修、運動與歌
唱，並教唱〈友誼歌〉、〈如來

農禪寺佛曲教唱課程，民眾用「心」演唱佛曲。

如去〉與〈我為你祝福〉等歌曲。第一階段由李俊賢團長帶領學員唱誦佛曲，
首先進行熟悉基礎樂曲、熟背歌詞，接著體會歌曲的意境，並投入情感演唱，
李團長也引用聖嚴師父的開示，勉勵學員藉由修行的體驗，用「心」演唱佛
曲，而不只是發出聲音而已。

第二階段由賴珏好老師以設計改編自法鼓八式動禪的動作，引領學員放鬆
筋骨，歡樂帶動唱，多位長者肢體動作靈活，展現無窮活力。

有首次練唱的學員表示，對融合現代風格的佛曲印象深刻，也在歌唱時體驗
到法喜與清涼。

● 09.13

海山辦事處新址啟用
新家新氣象 共修更上層樓

海山辦事處悅眾在新家歡喜合影，祈願新家新氣象。

護法會海山辦事處於 9 月 13 日舉
辦新址啟用灑淨祈福儀式，由慈基
會祕書長果器法師主法，有近兩
百三十人參加。

果器法師開示灑淨的意義，說明
灑淨主要是清淨自己的心，將心中
的塵垢雜染清除，用安定的身心來
與法界眾生共修。透過個人身、口、

意三業的清淨，消除業障、蠲除垢穢；同時接引一切眾生聽聞佛法。法師表示，道場是本有清淨內心的體現，道場的建設是自我慈悲和智慧的長養，期勉大眾把身心交給諸佛菩薩，精進修行。

海山區召委黃夙慧分享，共修處於二十年前成立，經歷數次搬遷，多年來接引無數信眾親近法鼓山，舉辦各種佛學課程，發揮極大功能，新會所整體環境寧靜幽雅，更適合各項修行活動，接引更多人共修更上層樓。

● 09.13～12.13期間

聖基會生命倫理專題講座
蔡耀明教授主講「佛教生命倫理」

9月13日至12月13日，聖基會週日舉辦十堂「佛教生命倫理專題」系列講座，由臺灣大學哲學系教授蔡耀明主講，有近七十人參加。

蔡耀明教授表示，倫理沒有一定的定義，討論佛教生命倫理，除了佛法的理解外，也需與社會做結合，透過「思考」的過程，得出自己的「觀點」。第一堂課的主題是「佛教生命倫理入門」，引領學員學習如何思考，包括了解何謂倫理、倫理道德的輕重考量，以及如何將這些帶進我們的生活中。

聖基會舉辦專題講座，臺大哲學系教授蔡耀明分享佛教生命倫理。

蔡教授說明，佛法的教導並非為了名利權勢或倫理道德而活，而是為了讓眾生與自己認知困苦、了悟實相、超脫困境、導向覺悟而活著、修行；為了達成這些目標，倫理道德的考量與實踐是不可或缺的基本功。蔡耀明教授強調，對於社會議題，佛教並沒有自己的「觀點」，端看個人如何去思索與選擇，透過與他人互動、交流，開闊自己的思惟、關懷生命與社會，並從中找到生命的出路，了解修行正道。

2015 聖基會「佛教生命倫理專題」系列講座一覽

日期	主題
9月13日	佛教生命倫理入門
9月20日	由認清心識入胎以辨明墮胎倫理
10月4日	性別倫理與族群倫理
10月25日	物種主義與動物

日期	主題
11月1日	飲食倫理（肉食、素食、乞食）
11月8日	由認清心識離體以辨明臨終倫理
11月15日	殺生、便利死、自殺之倫理考察
11月22日	器官捐贈與器官移植之倫理考察
12月6日	死刑之倫理考察
12月13日	生命之意義與生命之出路

●09.14～12.29期間

人基會校園香草課程
帶領學童五感體驗 尊重生命

香草課程引導學生觀察、記錄植物的成長狀況，並交換心得，學習對生命的尊重與感恩。

9月14日至12月29日期間，人基會於臺北市、新北市、基隆、桃園等地，十所中小學共四十五個班級，推廣「香草進校園」課程，每期八堂課，透過觀察植物的生長、榮枯，引導學童尊重、感恩生命。

首場課程於9月14日在臺北市中山國小展開，二十多位小朋友手捧著薄荷、芳香萬壽菊仔細觀察，透過視覺、觸覺、嗅覺、味覺、聽覺等五感體驗大自然。

課程安排由人基會培訓的香草教師進班分享，每兩週上課一次，內容除了認識植物的特性，扦插、換盆等植栽方式，還安排繪本故事、香草歌曲、卡片製作、採收香草、茶禪等，最後一堂課也邀請家長到班上接受孩子奉茶，分享成果。

人基會表示，香草課程鼓勵學生開放五官去體驗，從做中學、學中覺，香草植物可以舒緩身心，孩子在放鬆、趣味的氛圍中，也更能體會個體與環境的關係。

●09.16 09.21～11.03期間

心劇團2015《媽媽萬歲Ⅱ旅程》巡演
雲林偏鄉十場演出 轉動幸福力量

人基會心劇團舉辦「2015轉動幸福計畫」校園巡演活動，於9月21日起，帶著新劇《媽媽萬歲Ⅱ旅程》，前往雲林縣元長鄉、東勢鄉、四湖鄉等十所小

學巡演，共有十五所小學及幼兒園、逾一千六百位學童、教師、家長及居民觀賞，帶著孩子從看戲、作戲、演戲中體驗生命，開啟心靈善的力量。

生根活動中，團員引導學生認識自己的情緒，學習和自己相處。

《媽媽萬歲II旅程》改編自越南民間故事，以溫馨、奇幻的手法，融合印尼、緬甸、泰國、菲律賓等東南亞文化，藉由戲劇、舞蹈、偶戲、特技、雜耍等形式，詮釋主角「財富」在面對困境時，由抗拒到面對、接受而得到助力的過程，引導觀眾透過戲劇認識「吸氣、吐氣、放輕鬆」的方法，釋放負向的情緒，並鼓勵勇於面對考驗，思考生命的意涵。

秉持「不只是一場表演」的精神，每場演出前先播放動態導讀繪本，帶領學童了解故事梗概，觀賞時更易理解與投入；演出後，劇中的魚媽媽也走進「生根活動」現場和孩童互動；由虎尾共修處召委林廷隆主持的「幸福茶會」，則邀請教職員和家長體驗放鬆和茶禪，並探討改善學童的情緒課題。

在劇團演出之餘，各校也以表演活動回饋，包括和平國小的熱舞和直笛演出，建華國小的武術、安南國小的龍鳳獅舞，學童們熱情又自信的回饋，建立起美善的交流。

巡演前的 9 月 16 日，心劇團於德貴學苑舉辦「2015 轉動幸福計畫《媽媽萬歲II旅程》校園巡演活動」記者會，人基會祕書長李伸一、台塑關係企業暨王詹樣公益信託資深副總經理王文堯、群馨慈善事業基金會董事劉美娥，以及庭芳慈善關懷協會理事長蕭菁菁等到場關懷，肯定心劇團的巡演幫助偏鄉學童建立起勇氣、愛和希望的價值觀。

心劇團「2015 轉動幸福計畫《媽媽萬歲II旅程》」雲林縣校園巡演一覽

時間	地點（參與學校）	活動內容
9 月 21 至 22 日	四湖鄉四湖國小	有聲繪本、幸福巡演、生根計畫、幸福茶會
9 月 23 至 25 日	元長鄉和平國小	有聲繪本、幸福巡演、生根計畫、幸福茶會
9 月 30 日至 10 月 2 日	東勢鄉安南國小	有聲繪本、幸福巡演、生根計畫、幸福茶會
10 月 5 至 7 日	四湖鄉建華國小	有聲繪本、幸福巡演、生根計畫、幸福茶會
	（四湖鄉立幼兒園）	幸福巡演
10 月 12 至 13 日	四湖鄉東光國小	有聲繪本、幸福巡演、生根計畫、幸福茶會

時間	地點（參與學校）	活動內容
10月14至16日	四湖鄉鹿場國小	有聲繪本、幸福巡演、生根計畫、幸福茶會
	（四湖鄉內湖國小）	有聲繪本、幸福巡演
10月21至23日	四湖鄉林厝國小	有聲繪本、幸福巡演、生根計畫、幸福茶會
10月26至27日	四湖鄉南光國小	有聲繪本、幸福巡演、生根計畫、幸福茶會
10月29至30日	四湖鄉飛沙國中	有聲繪本、幸福巡演、生根計畫、幸福茶會
	（四湖鄉飛沙國小、三崙國小、建陽國小）	有聲繪本、幸福巡演
11月2至3日	東勢鄉東勢國小	有聲繪本、幸福巡演、生根計畫、幸福茶會
	（東勢鄉明倫國小）	有聲繪本、幸福巡演、生根計畫、幸福茶會

● 09.17～12.31期間

安和分院首辦念佛班、童趣班
廣種菩提種子

延續暑期樂夏班、兒童心靈環保體驗營的法喜，臺北安和分院9月份起開設念佛班、童趣班，以創新學佛課程，為不同年齡層的社會大眾，種下菩提種子。

其中，念佛班於隔週週四舉行，由常住法師帶領，內容包括念佛共修、坐姿動禪、佛法分享，

安和分院童趣班課程，菩提種子在趣味的課程中萌芽。

帶領大眾藉由念佛安定身心。17日首堂課程，由三學研修院男眾副都監常遠法師，分享念佛體驗，法師勉勵大眾，念佛當口念、耳聽，心中還要憶念佛的莊嚴及功德，每一聲佛號都應當具足這三個條件，念佛或做任何事，都要心意真誠懇切，心嚮往之，再加上定課、參加共修，熏習久了，生活中自然時時提起佛號。

9月20日起每週日開辦的童趣課程，包括佛曲教唱、繪本故事、手作DIY，以及簡易禪修及讀經課程，寓教於樂，培養學童的專注力及良好的情緒管理，帶領學童學習生活佛法，讓心靈環保的種子，發芽茁壯。

● 09.19～27期間

六處分支道場慶中秋

共享月圓人圓幸福禪味

慶祝中秋佳節，法鼓山於 9 月
19 至 27 日期間，分別在各分支
道場舉辦中秋活動，活動結合百
年樹人獎助學金頒發、聯合祝壽
和晚會等，安排禪修體驗、各式
藝文表演，廣邀大眾體驗禪悅、
歡度團圓佳節。

桃園齋明寺首先於 19 日舉辦
感恩團圓中秋晚會，活動由齋明
寺鼓隊表演揭開序幕，齋明別苑
「青年烏克麗麗彈唱班」演奏樂

齋明寺的中秋晚會，由鼓隊表演揭開序幕。

曲；音樂會後舉行祈福法會，由監院果舟法師帶領持誦〈大悲咒〉及「觀世音
菩薩」聖號，祝福大眾吉祥平安。

26 日晚間，三峽天南寺展開「野餐來賞月——素‧電影‧手作」，在法青會
員及悟寶熊組成的舞團帶動下，全場配合音樂節奏手舞足蹈，讓大眾有難得的
動感體驗；《一首搖滾上月球》影片播映完畢後，法師也帶領民眾躺在草地上
體驗「月光禪」，放鬆身心，觀照自己，祈願放下無名煩惱，自心如月亮般明
亮與圓滿。臺東信行寺也於同日舉行中秋晚會，安排原住民舞蹈和歌唱，凝聚
社區情感。

27 日中秋節，北投農禪寺、臺中寶雲寺與臺南雲集寺分別舉辦中秋晚會，
其中雲集寺的晚會，結合佛化聯合祝壽活動，祝福家中寶健康又快樂。

● 09.19

天母共修處二十週年感恩聯誼會

信眾齊聚共勉精進同行

護法會天母共修處於 9 月 19 日舉辦成立二十週年感恩聯誼會，護法總會副
都監果續法師、關懷院常健法師以及資深悅眾張光斗到場關懷，與一百三十位
信眾互相勉勵，歡喜迎向下一個二十年。

首先由禪修悅眾引導大眾放鬆身心，以禪坐共修安定清淨的氛圍，接著進行

天母共修處成立二十週年感恩聯誼會中，十位悅眾拉開寫有方和尚〈信願行十力〉的卷軸，共勉精進同行。

感恩祈福法會。常續法師與常健法師感恩歷任召委的承擔與信眾的護持，並帶領悅眾一一擊響鐘鼓，發願接引更多人，護持佛法。

最後，由十位悅眾分別拉開寫有方丈和尚果東法師〈信願行十力〉的卷軸，期勉人人都能從中受益，在菩提道上堅定前行。

● 09.19

果祥法師分享心靈環保農法
雲林展開「農安食安，心安平安」座談

護法會虎尾共修處、雲林科技大學及斗六人文有機市集，於 9 月 19 日在斗六市人文公園共同舉辦「農安食安，心安平安」座談會，由僧團副住持果祥法師與斗六市市長謝淑亞、雲林科技大學設計學院院長李傳房、工管系教授袁明鑑、雲林縣政府農業處科長張文東、雲林地區農友李靜瑤和陳櫻花，一起分享「用愛心從事耕種，以友善保護環境」的初發心。

果祥法師首先說明法鼓山推動的「心靈環保農法」，就是在務農中體驗、實踐佛法，同時尊重生命、愛護大地、保護食物鏈的完整，如此種出來的蔬菜水果，雖然外觀不一定完美，卻是健康、安全的。

副住持果祥法師於座談會中，向大眾介紹心靈環保農法。

李傳房院長介紹農業文創的設計成果；袁明鑑教授說明，透過資訊平台，可以協助農民農作產銷更順暢；謝淑亞市長分享斗六市的農村社區營造，為社區經濟開創新的命脈；張文東科長則代表政府部門，說明雲林縣政府協助有機農業的政策。

兩位農友李靜瑤與陳櫻花也分享個人的農作經驗。李靜瑤

接觸自然農法後，更覺得需要向大自然謙卑地學習，施行五年之後，發現農場土地不但愈來愈健康，農作物也展現更堅韌的生命力，散發濃濃的天然蔬菜香；陳櫻花從 2013 年開始，在雲林縣二崙鄉採用自然農法，並於農場開設「共學園地」，讓大人小孩共同參與，認識從一粒種子到餐桌食物的「食農教育」，希望一起努力營造「人間淨土」。

● 09.20

護法總會舉辦「全球信眾大會義工培訓課程」
重拾初發心　實踐心靈環保

護法總會於 9 月 20 日在北投雲來寺舉辦「全球信眾大會義工培訓課程」，由信眾大會專案負責人連智富帶領，臺中寶雲寺、高雄紫雲寺同步連線，共有四百五十多位義工參加，發願用行動感恩，報恩，為這場盛會做好周全準備。

連智富首先說明，迎接法鼓山園區落成啟用十週年，以及感念創辦人聖嚴師父興學大願成就的

果慨法師分享「《金剛經》與無悔的人生」，帶領護法義工學習生命的理事無礙。

信眾大會，是「再出發的開學日」；迎接全球信眾的護法義工們，就是代表師父在各個角落學觀音、做觀音，以期幫助自身和大眾具足心靈環保，塑造心靈環保的家庭、企業、社會乃至於國家。

弘化發展專案召集人果慨法師在「《金剛經》與無悔的人生」課程中，帶領學習生命的理事無礙；期許大眾學佛，就要發願傳承佛法，將佛法與生命結合，能如聖嚴師父所囑託，「將仍在無量諸佛會中同修無上菩提，同在正法門中互為眷屬」。

課程中，常受法師、義工代表陳宜志也帶領大眾一起回顧「那些年，我們一起走過的歲月」，常受法師表示，法鼓山的歷史並不是過去式，也不是條列式可以說明的，而是如人飲水，要用「心」去體會，因此每一位護法義工都是法鼓山歷史的編寫者。

許多護法義工表示，豐富的分享與佛法課程，讓自己重拾學法、護法的初發心，期勉能忙得快樂、累得歡喜，做觀音化身，迎接全球信眾回總本山團聚共修，報答三重恩。

● 10.04

社大首辦農耕市集
在地農友交流心靈環保農法

社大心靈環保農法實務班、種子盆栽班的學員帶來親耕作物，分享友善環境的農作觀念。

為推廣友善環境的自然農耕，社大於10月4日在新北市金山區金美國小舉辦「友善農耕市集」，推廣愛護大地的農產品，僧團副住持果祥法師、社大校長曾濟群、金山區區長李偉人、金美國小校長楊順宇親臨現場，關懷鼓勵。

活動中，社大金山校區心靈環保農法實務班、種子盆栽班學員帶來親耕作物，並集結北海岸金山、三芝、石門、萬里地區近二十個以無農藥、友善農耕的在地農園共同參與，農友們帶來當季蔬菜、紅心地瓜、稻米、糙米、有機茶、手作麵包等多種農產品，推廣「食農教育」的重要，受到民眾熱烈回響。

有甫從聖嚴書院佛學班結業的農友表示，過去經營有機連鎖店、擔任園藝治療師，體會到農法是一種生活修行的方式，因此鼓勵並協助其他農友使用友善農法，重新建立人與食物、人與土地的關係。

社大表示，農耕市集除了建立理念分享、技術交流以及與大眾溝通的平台，從食安危機連結到感恩土地的情感，也希望繼續推動自然環保的理念，籲請大眾一起愛護土地與自然。

● 10.07

雲來寺舉辦公益講座
鄭石岩教授講「情緒管理與壓力調適」

北投雲來寺於10月7日舉辦公益講座，邀請心理學家鄭石岩以「情緒管理與壓力調適」為題，從神經科學、宗教信仰、療癒案例，分享學界及個人的研究經驗，共有兩百多人參加。

鄭石岩教授說明，適當的壓力有助於潛能開發，提昇工作效能，但每個人承受力差異極大，如果超過負荷，反而會造成憤怒、敵意、性急、緊張、悲觀、厭倦等情緒。神經科學家研究發現，藉由靜坐、祈禱、持咒、念佛、不求回報的行善等，能夠增加腦部的迴路功能，產生慈悲喜捨的力量，強化思考能力與

學習效果，而好的情緒也會增進身體的免疫力。

「人人都有自我調和的機制。」鄭教授期許大眾從自我覺察、控制心情、人際支持、轉念和行動、好心情、好創意等各種層面，找出管理情緒的智慧。

● 10.08～11

社工禪修營天南寺舉行
學習關照身心、無分別服務

傳燈院於 10 月 8 至 11 日在三峽天南寺舉辦「第二屆全國社工禪修營」，由常乘法師帶領練習放鬆身心與放下壓力，共有六十七位專業社工人員參加。

社工學員在禪修營中，重拾初發心。

活動內容結合初級禪訓班、禪一等禪修課程，常乘法師表示，社工人員壓力大，要先照顧好自己的身心，透過「放慢」讓身心保持清楚、放鬆的狀態，才能做到「恰到好處」的幫忙。法師引導學員用「感覺」放鬆，從頭皮開始到全身，去體察身體的緊與鬆；進一步體驗呼吸，吸進與呼出之間，溫熱與清涼的覺受；身心漸漸放鬆後，才能從中自我覺察。

禪修營並邀請實踐大學社會工作學系副教授楊蓓分享自身的禪修經驗，楊蓓老師說明生命的創傷，必須學習轉化與超越；而禪修的觀念與方法，可以讓身心的安定與平衡，生起正念的能量。

有資深社工師表示，拜佛時的懺悔禮拜，讓自己反省對服務對象提供的協助，是否真有助益，期許學習觀世音菩薩的智慧與慈悲，消除傲慢、有所求的心，練習無分別、不取捨的平等心。

● 10.09～11.13　11.14～27

法鼓山園區展開水陸季系列活動
結合參學行程　分享水陸體驗

11 月 28 日水陸法會啟建前，弘化院於 10 月 9 日至 11 月 27 日在法鼓山園區展開水陸季系列活動，除了結合參學行程，2015 年並透過展覽和念佛體驗，

引導大眾了解並體驗水陸法會的慈悲觀與平等普施精神。

水陸季以聖嚴師父教導的「懺悔、感恩、發願、迴向」四個修行層次為主軸，藉由展板分別介紹水陸壇場、修持方法、經典故事和共修心得；在園區二樓簡介館，則透過影片介紹水陸法會的流程和精

透過水陸季參訪，未接觸過法會的民眾也可以體驗誦念菩薩聖號與繞佛的殊勝。

神，大眾並在參學員引導下，誦念觀世音菩薩聖號與繞佛。

另一方面，11月14至27日舉辦的「佛國巡禮」，則帶領信眾實地走進各壇場，透過參學員的悉心解說，在莊嚴攝心的壇場中，感受諸佛菩薩救度眾生的願力；除了繞佛念誦聖號，部分壇場還加入體驗單元，例如祈願壇結合了觀水禪，地藏壇則帶領信眾聆聽聖嚴師父的大地觀開示，參學員也帶領放鬆身心，體驗吃飯禪。

● 10.12　10.19
果賢法師輔大分享宗教出版經驗
啟發學子職涯規畫

應輔仁大學宗教系「宗教產業與職涯規畫」課程之邀，文化中心副都監果賢法師於10月12及19日，分別以「法鼓山文化出版概況」、「從事宗教文化應有的準備」為題，與該系近三十位學子介紹佛教文化部門的架構與功能，並分享投入佛教文化領域的意義與成長。

果賢法師介紹法鼓山文化中心的組織架構，包括文化出版、營運推廣、史料典藏等單位，含括叢書、雜誌、影視、文宣編製、文創商品等出版，以及行銷、通路、網路書店等多元通路推廣，與文史資料、文物管理、典藏、展覽等功能，即為一個宗教團體為弘傳法義、接引大眾、保存史料，必備的功能單位。

法師說明，每個職位都必須具備雙專業，一是技術上的專業，一是對宗教思想的專業。例如雜誌部門，需要有採訪、撰稿、編輯等專業，更需要對佛教、佛法，以及學佛修行有所深入，方能正確傳達所要弘揚的教義和理念。果賢法師鼓勵同學多關注宗教文化領域，日後加入文化出版業，為弘傳能影響人們思

想、精神、心靈的宗教文化奉獻心力。

規畫課程的盛翠穎老師希望透過系統化的介紹，讓學生對宗教文化出版事業有初步理解與認識，啟發未來的職涯規畫。

● 10.18

法鼓山社大悅眾成長營
班級幹部及義工歡喜充電

為關懷擔任班級幹部的學員與義工，社大於10月18日在三峽天南寺舉辦悅眾成長營，由校長曾濟群帶領，僧團都監果光法師以「心靈環保經濟學」為題進行演講，有近兩百位來自金山、新莊、北投三校區的學員參加。

社大悅眾成長營中，曾濟群校長介紹聖嚴師父的「心靈環保」理念。

成長營首先由十七位社大幼童軍獻唱童軍歌曲；曾濟群校長在專題講座中，介紹聖嚴師父「心靈環保」理念，並說明因應社會變遷需求，社大未來的課程發展方向，將朝向方丈和尚所期許的「一處社會大學，一處人間淨土；處處社會大學，處處人間淨土」而努力。

在「心靈環保經濟學」專題講座中，果光法師先以短片引導學員思考如何為地球面臨的困境尋求出路，法師提出，現代經濟學應走向著重照顧地球的經濟，如能在生活中實踐佛法的慈悲與智慧，心靈環保的經濟生活可以是地球經濟的出路。

「禪修指引」課程，由天南寺監院常哲法師帶領吃飯禪、經行與放鬆練習。法師以「動口不動手，動手不動口」、「一次只吃一樣菜」、「細細嚼，慢慢嚥」等要領，引導學員吃出禪味；後山步道經行，在一步步中體驗當下的自在，感受大自然的美好。常哲法師也於禪堂指導如何在靜坐中觀照呼吸，使身心安定又專注。

大堂分享時，學員交流在社大上課的心得。金山校區學員表示，很歡喜能在退休後參加社大課程，進而成為法鼓山萬行義工，不僅增長知識，生活也更充

實有意義；新莊校區學員說明，參加社大課程為工作職場與家庭生活帶入正面能量；北投校區「舒活散步趣」課程班學員，則對義工服務深有深刻的體會，鼓勵大眾一起加入義工的行列。

● 10.18

護法總會第二場信眾大會義工培訓
期許護法義工做觀音化身

護法悅眾將手中寫滿祝福語的小盆栽，轉贈給不同的人，讓祝福無限流轉。

繼 9 月 20 日首場「全球信眾大會義工培訓課程」，護法總會於 10 月 18 日舉辦第二場護法義工培訓，由弘化發展專案召集人果慨法師透過視訊連線，帶領近四百位聚集於北投雲來寺、臺中寶雲寺、臺南分院和高雄紫雲寺的護法悅眾，學習以觀音法門來利益他人，做觀音菩薩的化身。

在「觀音法門」課程中，果慨法師藉《大悲心陀羅尼經》千光王靜住如來為觀音菩薩說〈大悲咒〉後，觀音菩薩發願「如我當來之世能利樂一切眾生者，令我即時身生千手千眼具足」的因緣，鼓勵義工虔心修行觀音法門，「念觀音、求觀音」之餘，更要「學觀音、做觀音」，找到「手眼」的著力點，並將自身成長與法喜分享出去。

在最受歡迎的「植栽轉贈」單元中，學員們將第一場培訓課程後帶回種植的香草盆栽排放在桌上，看見種子在不同因緣下，成長出多種不同的形貌；接著在祝福卡上寫下祈願，掛在盆栽上，轉贈給其他學員。短短五分鐘內，每個人都親手送出多個盆栽與祝福，如同觀世音菩薩廣施無畏，讓善願在布施和隨喜中不斷流轉。

有學員分享，原本僅抱著多認識別人的念頭，將盆栽送出去，最後竟能傳到二十多人手上，體會到布施不代表失去，經由層層流轉，善緣反而加倍；也有學員在卡片上留白，祝福眾生「應無所住，而生其心」。

帶著滿滿的信心與能量，護法悅眾們祈願在信眾大會期間，為來自全球各地的四眾弟子奉獻服務。

● 10.21
法鼓山園區落成十週年行腳傳師志
三代僧眾溯源尋根　踏實再向前

老、中、青三代僧眾彼此護念扶持，穿越古道，踏實向前。

　　法鼓山園區落成十週年，10月21日，六十二位老、中、青三代僧團法師與五十四位內外護義工，從園區出發，翻山越嶺，穿越古道，行腳三十公里，歷經十三個小時，回到祖庭北投文化館，禮祖發願，繼起傳承聖嚴師父理念的願心和願力。

　　清晨四點半，僧眾齊聚祈願觀音殿，聆聽聖嚴師父的開示錄音，師父說明尋根的目的，是為了飲水思源；在持誦〈大悲咒〉、發願後，隨即以行禪方式，在陰雨中，經田園小徑走進八煙古道和魚路古道。原本平坦易行的柏油路，變成由石板、碎石、泥沙鋪成的古道，蜿蜒崎嶇的路程，僧眾們彼此護念扶持，也體會到前人開山闢路的艱辛，於傍晚六時抵文化館。

　　於文化館，大眾齊集三樓祖堂，聆聽聖嚴師父於法鼓山落成後的開示影片，強調硬體建築會損壞，但只要有人實踐、有人宣揚法鼓山的理念，法鼓山就是存在的。法鼓山的理念、方向不能改變，但推廣作法需與時俱進，推陳出新，師父期勉眾人，時時刻刻把法鼓山理念當成自己的生命來實踐。

　　戒長的果顯法師表示，佛道長遠，一朝難辦，感念祖師的代代堅持與求法毅力；常遂法師分享回到文化館，深刻感受信念就是一步一步去實踐，最終一定會到達；演字輩的法師也分享，看見前方戒長法師們堅毅地走著，便知道路就在那裡，感到很安心。

開山十週年，僧眾從園區行腳三十公里，回到發源地北投中華佛教文化館。

特別報導 法鼓山園區落成十週年
擊法鼓 做對世界有用的事

2005 年 10 月 21 日，法鼓山園區落成啟用，創辦人聖嚴師父開示：「法鼓山園區已經建設好，但法鼓山不等於建築。」並期許：「建築物要有意義、發揮作用，就要用它來做對社會與世界有用的事。」十年間，從園區到世界，僧俗四眾秉持「心靈環保」的理念，在推廣作法上，與時俱進、推陳出新，因應時代變遷與需求。

大普化教育

水陸法會　開啟多元弘化新紀元

走過「趕經懺」艱辛歷程的聖嚴師父深信，「理想的佛事，絕不是買賣，應該是修持方法的實踐指導與請求指導」，2007 年首度啟建的大悲心水陸法會，捨棄傳統燒化、借用民間科儀形式，結合人文、環保、科技與藝術，呈現回歸佛法精神的儀軌與修法；雲端牌位則充分融入環保理念；突破時空限制的法會網路線上直播，更落實「家家是道場，世界成淨土」。

種種作法引起社會矚目，也響應減少點香燒化的環保思維，開發網路共修的機制，帶動活潑創新的弘法新氣象。

禪修推廣　分眾修行應機接引

漢傳禪法是法鼓山帶給社會的一帖安心處方，除將禪修活動系統化、層次化，並研發各種分眾社群的禪修課程，走入社區、各級學校乃至機關團體，甚而是國際間。次第清楚完整的修行地圖，從傳統中走出新意，適時契入社會需求，幫助大眾以禪法安己安人。

2009 年法鼓山園區首辦「禪修月」，從聽溪、觀水、看月乃至無情說法，讓參訪者一嘗禪味；2010 年起，更將禪堂搬到臺北街頭，透過「萬人禪修」、「心靈環保 SRE」等活動，廣邀大眾透過法鼓八式動禪、各類富含禪意的創意遊戲，體驗禪法的活潑與日常妙用。

普化教育　在教育中完成關懷

為普及佛法對社會人心及風氣習俗的淨化，法鼓山透過系統性的佛法教育課程，如快樂學佛人、聖嚴書院福田班、佛學班、禪學班等，幫助大眾建立佛法知見，涵養解行並重的心性；班級也從道場走入社區，就近接引大眾親近佛法。另一方面，也規畫分齡教育課程與活動，如兒童心靈環保體驗營、青年卓越營、法鼓長青班，全面照顧、關懷各年齡層的需要。

「佛法這麼好，誤解的人那麼多，而真正了解和接受的人是那麼少。」是小沙彌時期的聖嚴師父心中之憾，十年來，普化教育以淺白而生活化的佛法，安定現代人的身心。

數位弘化　跨越時空聞法修行

透過網際網路無遠弗屆的特性，處身數位時代，時間、空間俱非學佛藩籬，法鼓山數位學習網於 2008 年開站，廣與全球讀者共享法鼓山的佛法學習資源；2011 年改版為「心靈環保學習網」，整合實體與線上佛法課程，包括聖嚴師父著作《法鼓全集》、《大法鼓》節目、網路電視台的講座、影片、動畫等，還有在 YouTube 與土豆網的近三千集課程影片，都是因應科技發展而

便利不同世代學佛的門徑。

因應行動裝置的普及，2014 年起更開始製作各種 App，如智慧隨身書、法會、聖嚴師父講經、禪修系列等，下載使用者遍及八十國。在數位時代，結合傳統網路學院和知識銀行的概念，以更多元的面貌，廣邀網友共享佛法，共創網路淨土。

道場建設 契合當地蓬勃發展

佛法難聞，因應世界各地信眾對佛法的渴望，園區開山十年來，各地設立弘化據點需求大增，在海內外陸續增建，國內包括北投雲來寺、德貴學苑、三峽天南寺、桃園齋明別苑、臺南雲集寺；海外則有美國加州洛杉磯、馬來西亞、香港道場，還有社區型的精舍、辦事處、海外護法分會等，提供大眾精進共修的良好環境。

考量不同的地方特色與人文特質，各國道場結合地方資源與人脈，紛紛開展出多元創意的佛法課程、禪修活動、法會共修、學術講座等，運用多樣化的弘法形式，接引不同根機的民眾。

文化創新 禪悅境教心靈資糧

自開山以來，園區即以揉合佛教修行理念與建築藝術、景觀美學、生態永續於一處而備受矚目，同樣以佛教創新建築而聞名的北投農禪寺水月道場、桃園齋明寺、臺中寶雲寺等，也規畫各具特色的參訪行程，引領大眾在禪悅境教中體驗禪觀法味。

此外，寓佛法祈願祝福於傳統文化之中，則有除夕撞鐘、新年祈福走春、中元歡喜月、中秋慶團圓等活動，創造出漢傳佛教的新氣象。

而為落實「將佛法的好與現代人分享」的理念，2005 年，文化中心成立，出版各種實用的佛法書籍、影音產品、生活用品，將心靈環保理念推廣於生活中，為現代人提供全方位的心靈資糧。

大關懷教育

生命園區　回歸自然的莊嚴佛事

2007年落成的生命園區，倡導無需祭祀供品，跨越宗教信仰限制，簡約、不需費用的植存環保葬，是法鼓山為提昇大眾生死觀，致力推行的生命教育。

2009年聖嚴師父圓寂，植存於生命園區，親身示範，讓植存觀念更深入人心，也引起各界回響。至今，全臺灣已相繼設有三十多處環保自然葬設施，登記植存人數逐年增加，顯示大眾在省視傳統繁複的殯葬祭祀觀之餘，已能以不同視野審思生命的意涵，接受現代清新的環保生死觀。

全面關懷　救援急難安頓身心

跨越國界、宗教、種族等有形藩籬，法鼓山的全面關懷，承續九二一地震災後的安心服務，不只在臺灣偏鄉，印尼、菲律賓、斯里蘭卡、海地，乃至中國四川山區，都是法鼓山「安心、安身、安家、安業」四安工程的實踐場域，以安心服務站、心靈環保體驗營、社區關懷與家庭慰訪等作為，長期陪伴與心靈關懷，幫助民眾安定身心，重建希望。

另一方面，也聚焦於新住民、偏鄉學童、莘莘學子等弱勢族群，透過開辦生命課程、心劇團巡演、獎助學金或校園贈書等方式，分享知識、技能、佛法與正向價值觀，提供相關資源，傳遞溫暖與關懷。

大學院教育

大願興學　心靈環保人才搖籃

2007年，國內第一所由教育部核可通過的單一宗教研修學院「法鼓佛教學院」成立，透過學校教育、學術研討及跨領域合作等，培養在研究、弘法、服務領域裡，引導大眾、啟迪觀念的各種專門人才；並積極舉辦國際學術

交流來深耕佛學內涵，包括 2011 年承辦的 IABS 國際佛學會議，受到國際肯定。

2014 年，佛教學院與法鼓人文社會學院合併為「法鼓文理學院」，以博雅教育為辦學方針，於 2015 年正式招生、開學，實踐法鼓山為社會培養心靈環保人才的願心。

國際弘化

國際參與　分享佛法接軌世界

接續聖嚴師父西方弘化腳步，十年來，僧團法師、師父法子不間斷地應邀至全球各地帶領禪修，包括美國、墨西哥、波蘭、英國，以及印尼、馬來西亞、新加坡等，隨著禪眾對禪法的受用與渴求，於跨文化間普傳漢傳禪法的芬芳。

教團僧俗代表也多次參與國際間探討氣候變遷、全球永續、跨宗教對談、青年和平事務等論壇或會議，分享不一樣的內外和平觀點，為漢傳佛教致力世界和平發聲。經過多年努力，美國法鼓山佛教協會（DDMBA）於 2014 年 7 月取得聯合國經濟及社會理事會「特別諮詢地位」，持續參與國際間重要事務與計畫。

做對世界有用的事

法鼓山並不僅是一個園區，而是一個僧俗四眾共同為提昇人品、建設淨土的理念，在社會各個需要的層面上奉獻，共成菩薩道的團體。因此，回顧 2005 年法鼓山園區落成啟用迄今，為社會提供的服務，空間上並不僅止於園區，而是在世界各地；在時間上並不僅是十年，更在於深遠的影響力；所獲得的成果，是理念長遠的推動、啟發與落實。

十年來，法鼓山弘化發展的腳步，呼應聖嚴師父的期許：「開山的意義，是開啟人人心中的寶山。」今後，四眾弟子將持續承繼師父的願心、信心與恆心，以漢傳禪佛教為根基的原則，從臺灣走向全世界，齊力推廣「心靈環保」，讓佛法的智慧、慈悲，為人間帶來清涼。

● 10.27

中國大陸菩提書院濟群法師來訪

園區、農禪寺體驗禪悅境教

中國大陸蘇州西園菩提書院導師濟群法師，於 10 月 27 日帶領來自廈門、晉江、溫州、上海、哈爾濱及香港等地的護法居士一行二十七人，在臺灣廣修禪寺住持大慧法師陪同下，參訪法鼓山園區、北投農禪寺，體驗禪悅境教。

濟群法師等先至農禪寺大殿禮佛，巡禮水月池、入慈悲門；結束農禪寺參訪後，一行人抵達法鼓山園區，由僧團副住持果暉法師接待，進行交流，並陪同前往各殿堂參訪，體驗園區的禪悅境教。

大慧法師表示農禪寺將佛法融入建築中，以豐富而多元的方式，發揮契機、契理的效益，呈現殊勝的宗教品質；也有團員表示，親近莊嚴、樸實的景觀道場，讓心很安定。

● 10.31

DDM Talks 法鼓講台園區舉行

分享心靈環保的運用與實踐

10 月 31 日，法鼓山於全球信眾大會前夕，在總本山舉辦「法鼓講台」（DDM Talks）活動，分別由禪堂堂主果元法師、工業技術研究院董事長蔡清彥、聖基會執行長楊蓓、人基會心劇團團長蔡旻霓，從禪修、經濟、心理及藝術四個層面，分享心靈環保在生活及專業

果元法師、蔡清彥、楊蓓、蔡旻霓（左至右），分享實踐「心靈環保」的體悟，右一為主持人連智富。

上的運用與實踐，共有一千多人參加。

果元法師首先分享「禪是心靈環保嗎？」，法師以在全球各地帶領禪修的經驗，印證「心靈環保」確實是幫助現代人身心安定的法寶，勉勵大眾學習聖嚴師父的精神，用生命走出一條屬於自己的心靈環保之路。

蔡清彥董事長分享如何以心靈環保的思維，運用在新經濟時代。他首先說明

目前臺灣產業所面臨的挑戰,以及網際網路崛起所造成的影響,再舉美國矽谷成功創業家為例,強調提攜後進、創造生生不息的利他經濟時代已然來臨,因此將心靈環保重視精神提昇、利他的觀念運用在經濟發展中,是未來的趨勢。

具心理學專業背景的楊蓓老師,體會到禪修「外境動,心不動」的重要,而淨土就在每一個呼吸的當下,更發願持續精進,繼續在法鼓山學習與奉獻;蔡旻霓團長則以兩段影片,分享心劇團至偏鄉巡演的歷程,以及當地小學師長、學童的回饋,也期待心劇團能帶給人們的「不只是一場戲」,而是心靈自由的啟發。

「DDM Talks 法鼓講台」活動,以講演方式,由壯、中、青三代的僧俗代表擔任講談人,象徵心靈環保的傳承,也提昇時代「心」價值。

● 10.31～11.01

全球法青護法傳承新活力
齊心共修菩薩行

方丈和尚帶領法青傳燈發願,象徵法鼓法音代代相承。

10月31日信眾大會舉辦前夕,青年院於法鼓山園區祈願觀音殿舉辦「祈福發願晚會」,由監院常炬法師帶領,方丈和尚果東法師與分支道場監院法師到場關懷,有近三百位來自臺灣、馬來西亞、溫哥華、及新加坡的青年學員參加。

晚會內容,包括觀看聖嚴師父開示影片、法青開講、舞蹈、點燈發願等;其中「法青開講」,邀請《雲水林間》作者黃憲宇、臺東 Amrita 農莊負責人許慶貴,分享親近法鼓山的因緣與成長,對談知性幽默,引起學員的共鳴,也鼓舞年輕的心,時時回到初發心。

點燈發願儀式,由方丈和尚及各地監院法師帶領,大眾在觀世音菩薩的聖號中,從法師手中接過缽燈,圍繞祈願觀音殿前的水池,齊心發願法鼓法音代代相承,共願同行。

11月1日全球信眾大會上,法青學員演出〈純真覺醒〉,以「念觀音、求觀音、學觀音、做觀音」為主軸,從「鼓」與「舞」的對話破題,展演年輕求道

者在修學過程中，一點一滴的蛻變與成長，接著三百位青年在小巨蛋的各個角落「快閃現身」，象徵觀音菩薩的千百億化身，帶動全場或跟著舞動雙手，或鼓掌應和，匯聚共修的力量與祝福。

有來自溫哥華、馬來西亞的學員分享，年紀相仿的青年聚在一起，透過分享，彼此打氣、互相感恩、傳遞經驗學習，學佛護法更精進。

● 11.01

信眾大會法鼓山園區舉行
近萬信眾啟動終身學習做觀音

法鼓山園區落成十週年之際，護法總會 11 月 1 日於總本山舉辦全球信眾大會，以「學觀音，做觀音」為主題，內容包括觀音法會、〈純真覺醒〉藝文演出、發願、巡禮法鼓文理學院校園等，有近一萬名來自海內外的四眾弟子參加。

陳嘉男總會長向來自全球的信眾，表達感恩、共勉和祝福。

方丈和尚果東法師在大會中，邀請全體信眾「返照當年許下的心願，做到了嗎？實踐了嗎？」並歡迎在今年 9 月入學的法鼓文理學院首屆學生，同時請信眾莫忘聖嚴師父期許的「大悲心起，學觀音、做觀音」，為自己和法鼓山，以及人間社會的明天，秉持提昇人的品質，建設人間淨土的理念，繼續擔負起淨化人心、淨化社會的責任。

在三百位法青〈純真覺醒〉帶動唱後，護法總會總會長陳嘉男率領護法悅眾感恩聖嚴師父帶領認識信仰的價值，是照顧自己的信心，進而照顧家庭、團體和社會。隨後，全體信眾隨方丈和尚許諾：「在眾生中，學做觀音。學觀眾生，是我觀音。」發願持續修學觀音菩薩大悲心起、觀世自在的法門。

大會圓滿後，全體信眾依序巡禮校園新成的法鼓文理學院，也在「大願 · 校史館」的文物展覽、互動裝置中，再次感受聖嚴師父與大眾同心興學的大願。

由於回山的信眾近萬人，除了主現場巨蛋之外，第一大樓大殿、第二大樓國際宴會廳、祈願觀音殿、第二齋堂同時連線，此外，也於網路上即時同步轉播會場實況。

開創法鼓山的無限未來

11月1日講於法鼓山全球信眾大會

◎果東法師

諸位法師，諸位護法悅眾，諸位萬行菩薩，諸位居士大德，阿彌陀佛。

首先，讓我們以至誠的感恩心，感恩三寶，感恩歷代祖師先賢，感恩法鼓山創辦人聖嚴師父，為我們人間傳下了清涼的智慧和平等的慈悲，使我們知道人品能夠提昇，讓我們明白人間可以淨化。

也讓我們以懇切的感恩心，感恩我們的父母、師長，以及有緣的怨親眷屬，乃至一切眾生，以順緣和逆緣的方式，成就我們在人生旅程中，修鍊自心道場。

再讓我們以殷重的感恩心，感恩法鼓山海內外全體法師、悅眾菩薩及所有信眾，同心同願，以法鼓山理念為共識，修學佛法、護持佛法、弘揚佛法；彼此關懷，互相照顧，一起學習，共同成長。

感恩，阿彌陀佛。

全球信眾大會的意義

今天我們大家因「2015法鼓山全球信眾大會」，而齊聚在這裡，主要有幾層意義。

一、從時間上來講，今年是「法鼓山世界佛教教育園區」落成啟用十週年。十年前，我們同樣相聚在這裡，為法鼓山理念及法鼓山建設的新里程而歡喜讚歎。當時出席啟用大典的每位法師與護法居士，或許都曾在心中許願，願自己的人生，與法鼓山園區落成，同步發願「大悲心起」，成就他人，成長自己。

而在十週年的今天，我們第一個要返照自己：當年許下的心願，做到了嗎？實踐了嗎？

二、從空間上來看，法鼓山定名為「世界佛教教育園區」，目的是推動三大教育，其中尤以大學院教育建設為核心。在過去十年，除了既有的中華佛學研究所、僧伽大學之外，2007年正式創辦的法鼓佛教學院，也在去年8月，與籌設多年的法鼓人文社會學院，因應臺灣社會少子化現象，合併成為「法鼓文理學院」。

在此，我要向大家鄭重報告：法鼓文理學院已經在今年9月正式開學，第一期學生已經入學。讓我們向法鼓文理學院第一期同學說聲：「歡迎！」

三、心靈成長的意義，這與我們每個人息息相關。剛才我們再次聆聽聖嚴師父在 2005 年法鼓山落成啟用典禮的一段開示。師父期許我們，「大悲心起」要從僧俗四眾每一個人開始做起，因為大悲心，正是大乘菩薩道最重要的精神指標。

從信仰的層面來看，法鼓山是個觀音菩薩道場。念觀音、求觀音，是信仰的基礎；學觀音、做觀音，是修行的實踐。

聖嚴師父勉勵我們每一個人，從自我的淨化來提昇人品；同時，我們絕對不能自外於眾生，也不能自外於社會的本分和義務。

因此，在法鼓山園區落成啟用十週年，願我們進一步承諾：「大悲心起，學觀音、做觀音」——為自己的明天、團體的明天，以及人間社會的明天，繼續承擔起淨化人心、淨化社會的責任，肩負起「提昇人的品質，建設人間淨土」的使命。

法鼓山未來方針

所以，自今年（2015）起，法鼓山從三個面向，來訂定未來的三年方針。

第一，深化教育關懷

以教育關懷不同的族群、年齡層，體驗禪法，例如促進樂齡學習奉獻、兒童以及少年快樂成長、族群融合共好、推動職場倫理，共同創造和平、和敬、和喜、和樂的人間。

第二，淨化世界風氣

要淨化社會風氣，便是要帶動以奉獻、服務的精神來關懷世界。主要是從禮儀、家庭、自然和網際網路的倫理，以及心靈環保、禮儀環保、生活環保和自然環保等四種環保，創造善良、奉獻、包容、利他的社會風氣，升起人間淨土的大好希望。

第三，形塑組織文化

形塑「心靈環保」組織文化，培育快樂、奉獻、利他的四眾人才，健全組織內僧眾、專職、義工、信眾，共同學習、實踐、弘揚心靈環保的潛移默化。從內部做起，成為感動社會大眾的組織文化。

最重要的是，透過這三項具體的教團方針，讓團體每位成員，都能自我肯定，歡喜奉獻，在有系統，有計畫的共識中凝聚成長。我們也將與各有專精的公益事業團體協力合作，一起為我們的社會、我們的國家及世界，盡一分向善、向上昇華的力量。

信眾大會中，方丈和尚帶領僧團法師關懷信眾，勉勵眾人學習觀音法門念觀音、求觀音、學觀音、
做觀音，用佛法成長自己、分享他人。

法鼓山的使命

法鼓山的使命，是「以心靈環保為核心，弘揚漢傳禪佛教，透過三大教育，達到世界淨化。」從過去到現在，我們的做法非常具體，便是以三大教育的推動，達到世界淨化的關懷。其中以大學院教育，培養建設人間淨土的高級專業人才；以大普化教育，推廣各項提昇人品的活動；以大關懷教育，普及各項溫暖人間環境的服務。

我們的首座和尚，也是法鼓文理學院校長惠敏法師，對於三大教育的見解，個人感到非常貼切。他說：大學院教育為心靈環保賦予了深度，大關懷教育為心靈環保提供了溫度和厚度，大普化教育則開創了心靈環保的廣度。深度、厚度與廣度，每個向度都很重要，相輔相成，互相支持。

其中大學院教育，是我們培養高級弘法人才，促進佛法生活化、年輕化、國際化，推動世界淨化的中心樞紐，更是落實大關懷、大普化教育的核心發動機。

今天法鼓山的大學院教育，因法鼓佛教學院與法鼓人文社會學院合併成為「法鼓文理學院」，加上有國際佛學重鎮美譽的「中華佛學研究所」、培育法鼓山僧團搖籃的「僧伽大學」，我們的高等教育體系，可以說是已

經具備承先啟後、繼往開來的新氣象了。相信各位都能同意，這是聖嚴師父交代給我們的一項重大任務，而我們終於成就關鍵的第一步，奠定一個重要的里程碑。

展望未來，我們期望，已經完整的大學院教育，能夠培養跨領域學科素養，有國際觀、有悲願心、有奉獻心的時代菁英，一棒接一棒，以身作則，投入建設人間淨土的行列。

而對諸位法師、諸位護法居士菩薩而言，也希望大家都能藉由已經健全的大學院教育資源，投入更深、更廣、更有溫度及厚度的終身學習。

法鼓山僧俗四眾的終身學習計畫，便是聖嚴師父提出的三個層次：一、以成就他人，來成長自己，二、以心靈的淨化，來主導終身學習，三、以終身的學習，來推動法鼓山的全面教育。

實踐心靈環保再出發

聖嚴師父曾說：「法鼓山有光榮的過去，得來不易，應當珍惜；法鼓山更有無限的未來，尚待開發，必須精進。」所以果東，要藉著今天的大會，籲請僧俗四眾，以及關心法鼓山的居士大德，共同響應「心靈環保」，並把今天當成是「學觀音，做觀音」的年度開學日。因為觀世音菩薩救苦救難的精神，正是實踐「心靈環保」最清晰的榜樣；觀世音菩薩圓通妙智、平等普施的大悲心，更是我們分享「心靈環保」最明確的指標。

今天前來出席全球信眾大會的諸位法師、菩薩、大德、善知識們，代表了法鼓山海內外全體信眾的信心和悲願，而每一位僧俗四眾，都是觀世音菩薩的化身。

為了社會人心的淨化，請讓我們以有限的生命，來做無量無盡的功德。為了人間社會的希望，請讓我們一同修學觀世音菩薩的悲智福慧，為我們的人生、家庭、事業，種下光明的因緣；請讓我們一起奉獻「處處觀音菩薩」的願景，為我們的社會、國家、世界，帶來遠大的希望。

讓我們——學觀音，做觀音，在眾生中，學做觀音；讓我們——學觀音，做觀音，學觀眾生，是我觀音。

感恩大家，祝福大家。阿彌陀佛。

永續實踐心靈環保

法鼓山召開全球信眾大會

11月1日，近萬名法鼓山全球信眾團聚在法鼓山世界佛教教育園區，以禪修、法會為世間遭受苦難的眾生祈福，共同發願在眾生之中，學做觀音。這是繼十六年前在新北市林口全球會員代表感恩大會上，聖嚴師父揭示「心」五四運動生活新主張後，再一次發起的全球信眾大會，四眾弟子互勉終身實踐「心靈環保」。

2015年的信眾大會，以「學觀音，做觀音」為主題，聚焦於法鼓山如何落實成為「心靈環保」組織，讓聖嚴師父所提出的四種環保、心五四、心六倫等理念，成為社會人心的依止；同時分享在未來三年、五年、十年內，從個人、家庭、團隊到組織，如何精進實踐心靈環保，成就菩薩道。

心靈環保 領航人文世紀

「11月1日，是一個『開學日』。」規畫全球信眾大會的資深悅眾連智富表示，信眾大會是一個學習與感恩的場域，也是幫助自己和他人修學佛法的檢驗點；更是僧俗四眾以聖嚴師父悲願同心同願、再接再厲的出發點。

為此，大會於前一晚特別舉辦「DDM Talks」（法鼓講台），並邀請禪堂堂主果元法師、工研院董事長蔡清彥、聖嚴教育基金會執行長楊蓓、「心劇團」團長蔡旻霓，分別從禪修、經濟、心理及藝術層面，分享實踐心靈環保的深刻體悟與啟發，帶動終身學習的自我教育。

盱衡十六年來的足履痕跡，在心靈建設方面，透過大普化、大關懷、大學院三大教育及國際弘化的扎根，推廣人間化、人性化、生活化的佛法，總體而言，就是「精神啟蒙運動的生活教育」；另一方面，以四安、四它、四要、四感、四福五種方法，來完成以「心靈環保」為首的四環運動，在生活中活用佛法的心法，從個人、家庭、團隊到組織，精進實踐心靈環保，在人間耕耘淨土。

永續興學 良善動能的發源地

而作為教育與關懷的團體，信眾大會除為園區落成十週年感恩相聚，也為聖嚴師父的悲願———「法鼓文理學院」祈願祝福。回顧一頁興學史，1985年創辦中華佛研所、1998年籌設法鼓人文社會學院、2001年成立僧伽大學、2007年設立法鼓佛教學院；2014年，佛教學院與法鼓人文社會學院合併為法鼓文理學院，於2015年招生啟航。

聖嚴師父興學的悲願，終於以法鼓文理學院成就，而處身「終身學習」的時代，也為繼起師父對文理學院的期許：「是一個發亮的光源體，是一處善良動能的發源地，可為我們的社會培育出更多淨化人心的發酵種子。」四眾弟子於大會中，發願繼起師父大願興學的使命與願景，帶給社會究竟平安的法寶「心靈環保」。

信眾大會圓滿後，大眾從各個會場出發，巡禮法鼓文理學院，從嶄新的校園回望法鼓山園區，欣見聖嚴師父建設法鼓山為「世界佛教教育園區」的藍圖已然落實。行走在護持多年終於落成，並開始招生的學院校園中，大眾歡喜的心，溢於言表。走進教室，再當一次學生，再上一堂聖嚴師父的課，體會到師父從未離開，眾人護持的願心，更將持續下去。

一念法鼓山 一生法鼓山

「大悲心起」是 2005 年法鼓山園區落成啟用時，聖嚴師父勉勵僧俗四眾所發的願，十年來在信眾的心中扎根，在行動中落實。經歷十年，在信眾大會上，當方丈和尚、僧團法師、護法悅眾、法青代表，領眾一同發願：「在眾生中，學做觀音；學觀眾生，是我觀音」，深化了實踐提昇人品，建設淨土理念的信心，更加堅定地在菩薩道上攜手同行。

十六年來，伴隨法鼓山成長的護法總會總會長陳嘉男，在大會中誠摯感恩大眾對護持法鼓山建設的眾志成城、對實踐法鼓山理念的願願相續，也以「一念法鼓山，一生法鼓山；精勤修行，奮勇奉獻。」與大眾共勉；更

信眾大會圓滿後，大眾從各個會場出發，歡喜巡禮法鼓文理學院。

祈願匯聚每個人的力量，讓小小的好，變成大大的好，法鼓山的理念，周遍法界，永利人天。

法鼓山的每一分子當發願，為了社會人心的淨化，一同修學觀世音菩薩的大悲心起，為人生、家庭、事業，種下光明的因緣，為社會、國家、世界，照亮遠大的前程；效法聖嚴師父，也將自己的生命當做「一場實踐佛法的歷程」，成為「心靈環保」的學習者、實踐者與弘揚者。

法的禮物
行動佛堂　處處安心用功

2015 年全球信眾大會上，護法總會送給大眾的觀音法門指導書《入慈悲門——學觀音‧做觀音》，彙編了聖嚴師父講說法鼓山是以漢傳禪法為本、心靈環保為主軸的觀音道場、歷年修學觀音法門的精闢開示，引導大眾循序漸進，在日常生活，或精進修行時，隨時隨地都能好好用方法。

在修持方面，書中列出最基礎且最重要的三種觀音修持儀軌：《心經》、《普門品》、〈大悲咒〉，並由僧團法師誦念錄製，時間長度分別為七分鐘、二十分鐘、八分鐘，大眾可擇一作為每日的定課；也有觀音聖號的持誦音檔，可以循環播放，只要放鬆且專心地跟隨法師帶領，隨處皆可用功。而將三折的外封打開立在桌上，面對內頁莊嚴的祈願觀音，行動佛堂就已完成，可以好好地攝心課誦。

另一方面，《入慈悲門——學觀音‧做觀音》精選了聖嚴師父所書，與觀音有關的四幅書法內頁；封面裡〈大寶山〉與封底裡〈夕照中〉的墨寶拉頁，則呈現出師父為後人規畫法鼓山的精心設置，以及人間淨土的現世藍圖，除了感念師父照顧後人的一片用心，細細體會師父的殷殷企盼之餘，更是鼓舞眾人精進用功、自利利人的推動力量。

《入慈悲門》收錄聖嚴師父的開示、觀音法門的修持儀軌，
引導大眾義解與修持並進，落實「學觀音‧做觀音」。

● 11.01～07

北美信眾國內寺院巡禮
交流寺務運作與弘法活動

圓滿出席於總本山舉行的全球信眾大會後，六十五位來自北美地區的悅眾，隨即展開全臺分寺院參訪，在美國加州洛杉磯道場監院果見法師、溫哥華道場監院常悟法師帶領下，體驗北投農禪寺、桃園齋明別苑、臺南雲集寺、高雄紫雲寺、臺東信行寺等道場的禪悅境教。

各分寺院法師與信眾，都歡喜迎接遠從北美地區來訪的悅眾，除了分享

北美的法師、信眾，參訪北臺灣的齋明別苑。

各分寺院啟建因緣與建築風格，也帶領體驗寺院空間、解說行願館的陳列、交流寺務運作與弘法活動的經驗。

北美悅眾分享，一路上受到法師與菩薩們的關懷與照顧，非常感動與感恩，參訪各地建寺因緣，更可感受到聖嚴師父度眾化眾的悲願，返回居住地後，將延續信眾大會的凝聚力，以參學所獲得的經驗，推動法鼓山理念在當地生根茁壯。

● 11.01起

開山紀念館展新貌
常設四展區全面換展

11月1日起，法鼓山園區開山紀念館常設展區全面換展，包括尋根發願、我們的師父、法鼓山歷史及理念、感恩紀念等四區，引領大眾了解法鼓山法脈傳承的歷程、提起學佛護法的熱忱。

「尋根發願區」主題牆以畫家劉建志手繪的祖師大德群像，一窺禪宗從初祖達摩東來，歷經唐朝六祖惠能的開枝散葉，再到今日聖嚴師父「中華

展現新風貌的開山紀念館，引領大眾走進觀音道場，了解法鼓山的法脈傳承。

禪法鼓宗」的立宗，既回溯禪宗的法乳源頭，也明瞭發展的活水泉湧；「我們
的師父」一區，以聖嚴師父一生的十大歷程與十大逆境的方式呈現，不僅是師
父一生實踐佛法的縮影，也是師父在佛教史留下的印跡。

「法鼓山歷史及理念區」引領大眾走入觀音道場，了解「觀音道場」、「入
流亡所」、「大悲心起」、「觀世自在」四塊匾額的故事，還有聖嚴師父親書
開山觀音、祈願觀音、來迎觀音三大觀音像由來的手稿；「感恩紀念區」則展
示師父的法脈傳承，包括太虛大師、虛雲老和尚、靈源老和尚與東初老人的重
要事蹟。

許多信眾表示，走訪開山紀念館，不僅了解法鼓山法脈傳承的歷程，更能提
起學佛護法的熱忱與信心。

● 11.05～08

醫護禪修營首度舉辦
體驗放鬆禪 救人更得力

最後一天的大堂分享，學員分享三天的的感動與成長。

傳燈院於 11 月 5 至 8 日，在三峽天
南寺舉辦首屆「全國醫護禪修營」，
由常乘法師帶領，共有四十二位來自
臺灣、新加坡等地醫護人員參加。

營隊內容，結合初級禪訓班、禪一
課程，除了禪法的練習與體驗，常乘
法師也一再地引導放鬆，引導學員從
各種禪修體驗中，練習收心、攝心、
安心、放心。

另一方面，營隊也安排法鼓文理學
院校長惠敏法師主講「禪與腦科學」，講座以 Q&A 方式進行，學員的提問多
樣，包括：儒家與佛教所講的心、醫學上所說的腦，是否相同？業障與生病的
關係、禪法的生活應用等，法師巧妙地從唯識學的觀點串連問題，引領學員認
識心的作用，幽默、生活化的譬喻，開解學員對佛法、禪修的疑惑，引起熱烈
回響。

小組討論時，有學員表示，為了紓壓，會翻閱禪修書籍，或上網搜尋禪修及
放鬆的相關方法，但多半是盲修瞎練，透過法師清楚而有層次的引導，才算是
走入禪門，淺嚐法味；也有學員分享，抱怨無濟於事，放鬆沉澱，才有能力接
納、回應病人的需求。

● 11.07

張光斗講「在黑暗裡摸到光」
分享「四它」提昇心靈的力量

社大於 11 月 7 日，在北投雲來寺舉辦「在黑暗裡摸到光」講座，邀請「點燈」製作人張光斗主講，包括社大校長曾濟群，共有一百三十多人參加。

張光斗藉由製作《點燈》節目的歷程、如何運用對四它的理解與實踐，分享心靈的力量，即是對生命、夢想不放棄的勇氣和毅力。堅持做對的、且社會需要的事情，讓他相信「即使阿斗不在了，點燈還會繼續存在」。

曾濟群校長讚歎張光斗常年持續製作公益節目的毅力和責任心，《他的身影》、《不一樣的聲音》，記錄聖嚴師父的悲智願行，以佛法的智慧，提供現代人面對問題的解決之道。

● 11.21

花蓮辦事處二十年回顧感恩活動
悅眾感恩再向前

11 月 21 日，護法會花蓮辦事處舉辦成立二十週年回顧感恩活動，內容包括祈福法會、茶禪等，第一任輔導法師果舫法師出席關懷，有近八十人參加。

為了呈現歷年來的發展歷程，辦事處整理二十年來的值班日誌，並翻拍照片，貼製成一棵

在花蓮辦事處二十週年回顧感恩活動中，果舫法師帶領信眾發願，繼續同行菩薩道。

「法身的生命樹」，並邀集第一代護法悅眾分享走過的路、做過的事；也安排茶席，透過茶禪的安定氛圍，與信眾一起重溫聖嚴師父的教法。

祈福法會由果舫法師帶領，法師叮嚀眾人除了培福，還要老實修行，並帶領眾人發願，繼續同行菩薩道，開創下一個二十年。

活動當天，歡喜回家的信眾互道祝福、感恩，並用筆寫下彼此優點、心中想讚美的話，互相支持鼓勵，氣氛溫馨。

● 11.25

人基會獲教育部表揚
推廣心六倫及淨化人心工作受肯定

人基會獲教育部社教公益獎，由李伸一祕書長（左）代表接受評審團召集人黃碧端（右）頒獎。

因推廣心六倫及從事淨化人心工作，人基會獲教育部頒發「104年度社教公益獎——推展社會教育有功團體獎」，頒獎典禮於11月25日在臺大醫院國際會議中心舉行，由祕書長李伸一代表出席，接受評審團召集人黃碧端頒獎。

李伸一祕書長表示，人基會所轄三大會團「關懷專線義工團」、「心六倫宣講團」和「心劇團」舉辦的活動，包括「關懷專線」、「心六倫宣講師團」及「心藍海企業社會責任系列課程」與「幸福親子夏令營」等，皆是以「心六倫」為底蘊，積極推動關懷生命相關活動，提昇社會向善行善的動力。

繼2011年獲「國家公益獎」，人基會2015年再獲「社教公益獎」，顯示法鼓山於推動心靈改革、淨化社會風氣的努力和成果，受到社會各界肯定。

● 11.28～12.05

第九屆「大悲心水陸法會」園區啟建
善念串連全世界

11月28日至12月5日，法鼓山於園區啟建第九屆「大悲心水陸法會」，共有十二個壇場，每日均有三、四千人現場參與；另外，全球計有三十二處共修據點，方便大眾就近參加，抑或透過手機或電腦參加網路共修；雲端祈福牌位近九十萬筆。每日同步精進共修者超過八萬人次。

法會期間，大眾在法師帶領下誦經、禮懺、念佛、禪坐，也聆聽法師說法，了解

送聖儀式上，方丈和尚果東法師率領僧團法師，感恩成就水陸法會的法師、信眾及義工，共同體現佛國淨土的莊嚴殊勝。

經文義理，落實「解行並重」，並在拜佛、繞壇中體驗動中修行的心法。清淨攝受的壇場，也透過「分處共修」或「線上共修」，廣與大眾以法相會。

在 12 月 5 日圓滿日的送聖法會上，全球數萬名信眾透過網路視訊，齊聲誦持阿彌陀佛聖號，串連精進共修心，共同發下盡形壽修學佛法、廣度眾生的大願。

圓滿送聖法儀，方丈和尚感懷世界上還有許多眾生正遭受苦難與恐怖威脅，以「凡事感恩，就是心靈環保；從心地，改變生命的質地」為題，期勉眾人時刻保持正念，從順境中學習謙卑與感恩，遇逆境則體驗學習成長。

● 11.29～12.05

第九屆「大悲心水陸法會」網路共修
同步精進　修行更得力

11 月 29 日至 12 月 5 日，第九屆大悲心水陸法會啟建期間，國內各地分院、護法會辦事處與共修處，以及海外分支單位等三十三處據點，以視訊連線，接引無法親臨現場的民眾，就近與法相會，同霑共修法喜。

國內方面，包括北投農禪寺、臺北安和分院、桃園齋明別苑、臺中寶雲寺、高雄三民精舍等位於都會區的分院，參與網路共修的民眾熱烈，例如

西雅圖分會首次參與水陸法會網路共修。

農禪寺有二百八十席，而安和分院則設有二百五十個壇位，猶如總本山壇場的延續，大眾隨著視訊畫面，拜願、誦經、繞佛、聆聽開示，安定攝受的氛圍不亞於法會現場。

海外方面，正在改建的美國紐約東初禪寺，雖然臨時道場空間有限，每日參與共修的皆近五十位，還有隨喜的信眾前來同霑法益；加州洛杉磯道場法會圓滿後的贊普物資，有別於之前捐贈給食物銀行（Food Bank），而是親送至成人流浪者庇護中心、加州陽光成人日間保健中心等需要的機構，廣與社區居民分享佛法的慈悲。

今年首次加入網路共修行列的北美護法會華盛頓州西雅圖分會，於 10 月就先行舉辦說明會，由輔導法師常華法師從場布、供菜、贊普、香燈、儀軌及用功方法等，一一指導並擔任監香，在有限的義工人力與場地下，圓滿這場殊勝的佛事。有信眾表示，從一開始的陌生到圓滿後的法喜，體會到漢傳佛教的殊勝。

2015 大悲心水陸法會海內外分處共修一覽

區域		共修地點	壇別
臺灣	北部	北投農禪寺	法華壇、送聖
		臺北安和分院	法華壇、地藏壇、瑜伽燄口壇
		三峽天南寺	地藏壇、瑜伽燄口壇、幽冥戒、送聖
		桃園齋明別苑	大壇、送聖
		護法會基隆辦事處	瑜伽燄口壇
		護法會淡水辦事處	瑜伽燄口壇、幽冥戒
		護法會文山辦事處	法華壇
		護法會新店辦事處	法華壇、瑜伽燄口壇、幽冥戒、送聖
		護法會羅東辦事處	地藏壇、瑜伽燄口壇、送聖
		護法會新竹辦事處	地藏壇、幽冥戒
	中部	臺中寶雲寺	法華壇、瑜伽燄口壇
		護法會苗栗辦事處	大壇、瑜伽焰口壇、幽冥戒、送聖
		護法會豐原辦事處	法華壇、瑜伽焰口壇、幽冥戒、送聖
		護法會員林辦事處	法華壇、瑜伽焰口壇、幽冥戒、送聖
		護法會彰化辦事處	法華壇、瑜伽焰口壇、幽冥戒、送聖
		護法會南投辦事處	法華壇
		護法會竹山辦事處	法華壇
		護法會虎尾共修處	法華壇
	南部	臺南分院	地藏壇、送聖
		臺南雲集寺	地藏壇、瑜伽焰口壇、幽冥戒
		高雄紫雲寺	大壇、送聖
		高雄三民精舍	地藏壇、祈願壇、送聖
		護法會嘉義辦事處	大壇、瑜伽焰口壇、幽冥戒、送聖
		護法會朴子共修處	法華壇、瑜伽焰口壇、幽冥戒、送聖
	東部	護法會花蓮辦事處	地藏壇、瑜伽焰口壇、幽冥戒
海外	北美	美國紐約東初禪寺	大壇、瑜伽焰口壇、幽冥戒、送聖
		美國加州洛杉磯道場	大壇、瑜伽焰口壇、幽冥戒、送聖
		加拿大溫哥華道場	大壇、瑜伽焰口壇、幽冥戒、送聖
		北美護法會加州舊金山分會	大壇、瑜伽焰口壇、幽冥戒
		北美護法會華盛頓州西雅圖分會	大壇、瑜伽焰口壇、幽冥戒、送聖
	亞洲	馬來西亞道場	大壇、瑜伽焰口壇、幽冥戒、送聖
		香港道場九龍會址	大壇、瑜伽焰口壇、幽冥戒、送聖
		新加坡護法會	地藏壇、瑜伽焰口壇、幽冥戒、送聖

● 12.01

法華鐘啟用十年
日本老子製作所來臺會勘

於 2006 年底落成啟用
的法華鐘，即將邁入第
十年，僧團於 12 月 1 日，
邀請當年負責鑄造的日
本老子製作所，派工程
人員前來協助勘查法華
鐘的維護狀況，並提供
專業建議。

上午十時，百丈院監
院常貴法師與當年負責
專案的果懋法師、資深

日本老子製作所協助會勘法華鐘的使用與維護。

悅眾施建昌、黃楚琪，以及相關執事、維護廠商等，齊聚園區合署辦公室，與
老子製作所專務董事元井秀治、技術人員一同了解法華鐘啟用九年來的維護情
形，並進行細部討論；隨後，一行人前往鐘樓場勘，依序攀爬至鐘頂，仔細勘
查各項組裝零件。

中午餐敘時，元井秀治表示，十年後再度來到法鼓山園區，看見法華鐘被妥
善保養與維護，令人感動。

法華鐘自啟用以來，僧團每年均定期維修養護，包括鐘槌、吊件、鐘體、懸
吊置具，期使法華鐘聲如釋尊說法，千年不散，永在人間。

● 12.12～26期間

啄木鳥家族志工培訓課程
推廣樹木保育觀念

12 月 12 至 26 日，僧團百丈院與福田樹木保育基金會每週六於德貴學苑、
法鼓山園區舉辦「啄木鳥家族志工培訓課程」，邀請臺灣大學園藝暨景觀學系
教授張育森、輔仁大學景觀設計學系副教授王秀娟、行政院農業委員會林業試
驗所副研究員張東柱等專家學者授課，共有四十四位園區景觀組義工、愛樹民
眾、樹主人、攀樹師等學員，學習正確的樹木管理與照護知識。

課程內容，包括樹木保護、樹木撫育管理、戶外實作與討論等。19 日，園區

啄木鳥家族志工培訓，於園區進行實作課程。

化身大自然教室，老師帶領學員進行戶外實作與討論，在細心解說枝條在樹上的生長狀態後，由專業技術人員親身攀樹修剪示範，包含樹木修剪計畫擬定與執行步驟、重要修剪法及常見樹木修枝缺失、如何快速促進修枝的療傷品質。

26 日的工作坊，邀請福田基金會執行長邱慧珠帶領各組進行議題討論與交流，景觀組義工分享「義工如何精進與合作」，說明應建立意見回饋的管道、世代經驗的傳承、拍照與記錄植物的特性與工法，提昇樹木健康管理概念。

有從事人工攀樹修剪林木工作的學員分享，參與培訓課程，學習了更多病害、蟲害及最新的保育觀念，在修剪樹木時可以觀察整體再做判斷，讓結構更安全，更尊重與維護動、植物生養環境。

● 12.13　12.19　12.26　12.27

聖基會「兒童生活教育寫畫創作」頒獎
鼓勵學童寫畫生活之美

中部地區獲獎小朋友合影，手中展示著自己畫作製成的紀念郵票。

聖基會於 12 月 13 至 27 日期間，舉辦「2015 兒童生活教育寫畫創作」頒獎典禮，由董事許仁壽、主任呂理勝，以及監院法師等擔任頒獎人。本屆頒獎典禮首度分成北、中、南、東區四場，以方便各地獲獎學童就近領獎。

首場頒獎典禮於 13 日在臺東信行寺展開，監院果增法師開示時表示，淨

化人心，要從小種子培養起，希望獲獎的小朋友，都能長成為人遮蔭的大樹。典禮並安排知本國小表演阿美族歌舞、桃源國小的布農族合唱，美麗的音聲讓大眾深受感動。

其他三場頒獎典禮，19 日於臺中寶雲寺、26 日於高雄紫雲寺、27 日於德貴學苑分別舉行。頒獎時，前方兩側螢幕上即時呈現小朋友的作品及姓名，獎狀上亦印有獲獎小朋友的作品，並作成個人化紀念郵票，鼓勵學童分享內心的美善。

本屆海內外各類創作回響熱烈，包括繪畫、作文與書法三組，共兩千三百多件作品參加，海外組除了上屆首度參與的加拿大溫哥華道場，更有馬來西亞道場、北美護法會加州舊金山分會、澳洲雪梨分會、中國大陸四川安心服務站參與。

● 12.27
瓜地馬拉副總統侃儷訪法鼓山
體驗觀音信仰

12 月 27 日，瓜地馬拉共和國副總統傅恩德斯（Excmo. Sr. Juan Alfonso Fuentes Soria）侃儷一行，在外交部禮賓處處長曾瑞利的陪同下，參訪法鼓山園區，由方丈和尚果東法師、常遠法師、果高法師等代表接待，進行交流。

茶敘時，方丈和尚說明法鼓山的理念「提昇

方丈和尚果東法師陪同瓜地馬拉副總統傅恩德斯侃儷，參訪開山紀念館，了解法鼓山的理念和精神。

人的品質，建設人間淨土」，透過三大教育來淨化人心、淨化社會；並進一步提到，法鼓山園區重視禪悅境教，有接觸宗教的人，可以感受到慈悲、智慧；沒有宗教信仰的人，也可以感受安定、和喜。

傅恩德斯副總統表示，感謝法鼓山提供這麼好的學習場所，讓人感受到平靜和諧，並讚歎法鼓山選擇以「世界佛教教育園區」命名，彰顯出教育可以提昇人品的精神理念。

方丈和尚並陪同來賓前往大殿、祈願觀音殿禮佛。經由方丈和尚解說，副總統夫人蘿莎蕾絲感受觀音信仰的慈悲莊嚴，幾度感動落淚，衷心期盼佛菩薩護

念所有的人。

　　傅恩德斯副總統一行，也在常乘法師引導下，體驗身心放鬆的禪悅法喜，期待日後有進一步的交流。

● 12.31～2016.01.01

分支道場跨年迎接 2016
共修、祈福除舊迎新

方丈和尚與大眾互勉，運用佛法，開啟心中寶山，見到慈悲光、智慧光，就是曙光。

　　12月31日至2016年1月1日，法鼓山海內外分支道場分別以念佛、點燈、拜懺、禪修等活動，在佛法的祝福中，除舊歲並迎接新年。

　　臺灣方面，北投農禪寺時值彌陀佛七，從31日晚間十時起，一千多位民眾接續以念佛、繞佛、拜願的方式迎接新年，方丈和尚果東法師也到場關懷，並與大眾互勉，運用佛法，開啟心中寶山，見到慈悲光、智慧光，就是曙光。當新年的第一聲引磬響起，大眾共同祈願、拜願，為新的一年發好願，為自己定下新年的修行功課

　　臺南雲集寺適逢舉辦立姿動禪學長培訓營，在總護常願法師的帶領下，以茶禪為跨年活動揭開序幕，並在〈菩薩行〉歌聲中，學員一同在佛前點燈發願，願在新的一年將禪修的利益分享他人。

　　海外地區，美國紐約東初禪寺於12月28日舉辦念佛禪六，31日當晚，開放隨喜參加，邀請西方信眾一起以念佛禪的安定力量，迎向新年；加拿大北美護法會安省多倫多分會，大眾不畏寒冬，以念佛共修互相關懷，為新年許下念念清淨，遍照光明的心願，有近四十人參加。

　　亞洲的馬來西亞道場，則以大悲懺法會，為心靈除舊布新，監院常藻法師開示時表示，以懺悔來將心地掃除乾淨，是很好的迎新方式，而掃心地最好的方法，就是知信因果、明因緣，勉勵大眾運用佛法減少煩惱。

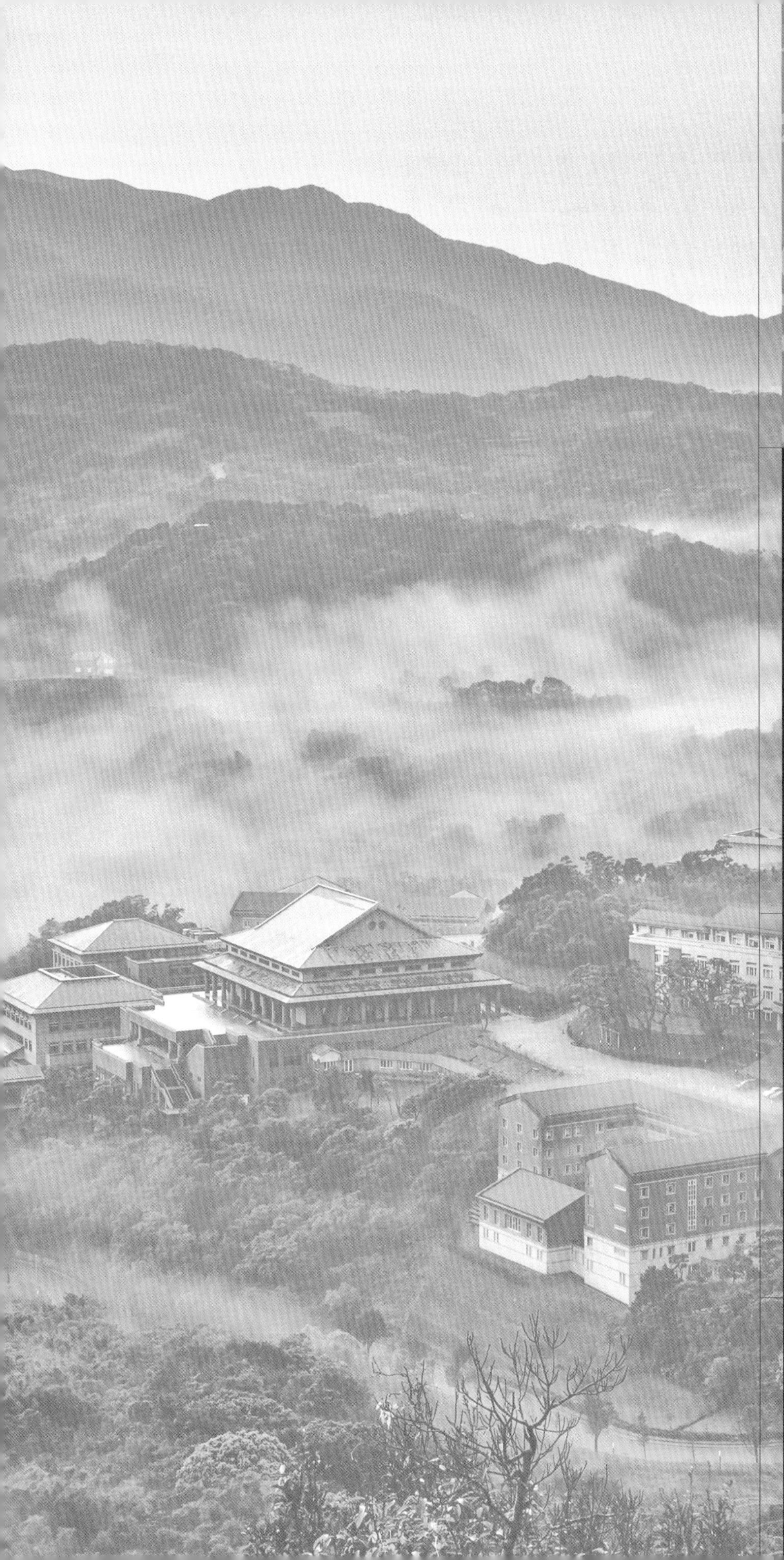

實踐

貳【大關懷教育】

從生命初始到生命終了，
以「心靈環保」出發，
落實各階段、各層面的整體關懷，
安頓身心、圓滿人生，
實現法鼓山入世化世的菩薩願行。

點亮菩提心燈
成就世界大大的好

大關懷教育在2015年，跨越國界、宗教、種族等有形藩籬，
僧俗四眾齊心點亮菩提心燈，以有情行動，
致力於整體關懷、急難救助、慈善公益、信眾關懷，
打造無國界的四安工程，
串連並凝聚，以一己小小的好，
成就全人類與世界大大的好。

2015年是法鼓山「光明遠大」年，大關懷教育落實「以智慧轉境，點亮自心光明；用慈悲利他，照亮人間的希望遠大」的實踐之道，從臺灣到海外，從社區到校園，以心靈環保為核心主軸所推行的各項生命教育、安心工程，乃至於貧病急難救濟、賑災救援、慈善公益等，將利益眾生的佛法甘露傳送到世界各角落，讓善行生生不息。

災難援助　善心無國界

本年，全球相繼發生數起重大災難事件。於國內，2月發生復興航空客機墜落基隆河意外；6月，新北市發生八仙樂園粉塵爆炸事故，造成近五百人傷亡。於海外，3月法國南部也有德國之翼航空客機墜落事件，一百五十名乘客及機組人員全數罹難。面對災後人心的惶惑不安，法鼓山於第一時間在全球各分院道場豎立超薦及消災牌位，並設置網路持咒祈福專區，籲請大眾為傷亡者祈福迴向；另一方面，也藉由宗教的信心和祈願方式，舉辦法會為傷亡者祝禱，安定人心。

其中，7月在北投農禪寺舉辦的「全民祈福平安大法會」，法鼓山園區、高雄紫雲寺同步視訊連線，帶領四眾弟子及透過網路直播共修的社會大眾，為罹難者祝禱，傳遞對受難家庭的關懷與祝福，也期望透過共修的力量，迴向各地民眾，為世界注入平安與光明。

緊急救援方面，8月，蘇迪勒颱風為北臺灣帶來嚴重災情，法鼓山第一時間啟動救援系統，除將緊急籌備的救援物資運送至受災地區，進行慰訪關懷，義工們也前往協助居民清理家園。新北市龜山國小因風災嚴重受

損，慈基會與其他團體共同捐贈教學所需設備，祕書長果器法師並前往勉勵學子，透過風災的經歷，學習與大自然共處。

對於國際間的災難救助，在遭逢嚴重水患的馬來西亞，慈基會與馬來西亞道場先後於1月、4月組成關懷醫療團，赴馬來半島受災地區提供中、西醫療會診及安心服務，也跨越族群藩籬，至馬來住民帳篷區服務；另一方面，也與馬國多個佛教團體合作「未來與希望‧家園重建計畫」，捐建五戶高腳屋，協助吉蘭丹（Kelantan）災區民眾重建家園。

針對發生於4月的尼泊爾震災，慈基會先是與當地佛教單位合作，前往投入救災的雪謙寺（Shechen Monastery）與創古寺（Thrangu Monastery）關懷，除提供救援物資，並協助寺院重建；6月，再度偕同臺灣的慈善團體前往勘查援建中的雅久日奔學校（Ngagyur Memorial School），也前往山區，協助發放物資。

此外，法鼓山透過當地政府單位、公益團體，於重災山區援建一百間臨時學習中心，協助災後遷村的尼泊爾師生安心就學，同時也能成為居民的臨時避難所，達到兼具教育和關懷的功能。

法鼓山的災難救援，尤其著力在心靈的啟發，不只引眾領受心安平安，更從中看

見希望，見諸於對中國大陸四川震災的關懷，自2008年發生以來，透過於當地持續啟建的「人心重建工程」，已沛然匯聚為前進的動力。2015年1至2月，由安心站義工帶領，舉辦兩梯次生命教育課程及「禪心過新年」活動，共有四百多位國中小學子及近千位民眾參與；7、8月暑假期間，也為高中及大學生，展開兩梯次「生命教育心靈環保體驗營」，引導學子探索生命的本質與內涵，發掘自心，體會幸福與感動。

慈善公益　貼近人心零距離

慈善公益，是大關懷教育重點工作之一，年度系列活動由「103年度歲末關懷」揭開序幕，匯集各界資源，於全臺各地分院及護法會辦事處展開，藉由精神與物質的扶持，讓近兩千九百戶關懷戶感受社會真誠的溫暖；而端午及中秋、重陽的年節關懷，則分別於5月及9月起在各地舉行，共計關懷兩千三百多戶家庭和十六處社福、安

法鼓山援建尼泊爾臨時學習中心，協助受災學童與民眾安度雨季。

養機構。

　而十餘年來不間斷守護清寒或遭逢變故學子得以完成學業的百年樹人獎助學金，第二十六、二十七期共近三千四百位學子受獎，各場頒發活動結合在地特色，安排佛教影片觀賞，或於法會、佛化祝壽活動中舉行，深化教育與關懷；同時也藉由感恩惜福卡的製作，透過分享與回饋，讓愛在人間流轉。

　大型活動之餘，還有地區性的義工定期前往關懷戶家庭，進行慰訪，也不定期至養護之家、康復中心、育幼院等社福安置機構，帶領美勞、藝文表演、團康遊戲與念佛、法鼓八式動禪等活動，傳遞關懷，如2月前往臺北市榮民服務處捐贈上千份即食調理餐，協助清寒、獨居的榮民，安心度過年關。

整體關懷　分享心安平安

　心靈環保體驗與實踐的分享，是法鼓山關懷社會大眾的主要方式，服務對象，也廣及各階層。包括第二十屆佛化聯合婚禮於1月在總本山舉行，活動獲得環保署環保低碳認證，新人搭乘「幸福巴士」抵法鼓山園區，讓自己和地球環境都有幸福；「2015佛化聯合祝壽」則於9至11月間在全臺展開二十七個場次，有近三千九百位長者在念佛、祈福、供燈、奉茶等活動中，接受祝福。

　校園關懷上，以提昇學童品德教育為主要重點內容，課業輔導為輔，並結合法鼓山義工及大專青年組成輔導團隊的「兒童暨青少年學習輔導專案」，2015年在臺北市北投、文山，新北市海山、新莊，以及新竹、臺中等地區辦理，透過正向支持與鼓勵，陪伴學童成長，也獲得向上、向善成長的動力。

　本年並捐贈新北市偏鄉國小二百二十一位學生護眼檯燈各一座，協助改善學習與閱讀的環境。

　為鼓勵學子服務大眾，2015年也補助二十六所大專院校服務學生社團，共一百三十八個營隊活動，讓慈善與關懷的種子在校園扎根，引導年輕人在施與受的過程中，學習成長。

　此外，為推廣減災備災的防災理念，6月及9月，協助基隆市、臺東縣採購住宅用火災警報器，捐助弱勢家庭充實居家安全；8月高雄氣爆事故屆滿一週年之際，果器法師與紫雲寺監院常參法師，代表法鼓山捐贈高雄市消防局一部排煙消防車，祝福消防員平安執行任務。

　對於大事關懷課程的推動，2015年關懷院於海內外，包括臺北市中山區行政大樓、桃園齋明別苑，以及美國紐約象岡道場、加州洛杉磯道場，與北美護法會舊金山分會、安省多倫多分會開辦課程，內容包括法鼓山大事關懷理念、佛事的意義、梵唄與法器練習等，透過地區參與與推廣，分享積極正向的生命態度。

信眾關懷　凝聚護法願心和信心

2015年的大關懷教育在信眾關懷上，首場大型活動是護法總會與各地分院於1月共同舉辦的「歲末感恩分享會」，方丈和尚果東法師勉勵眾人持續在菩薩道上奉獻利他；3月，臺中分院為感恩信眾護持，舉辦「大願力，大家庭——法華禮讚」晚會，二十多位僧團法師與上千位中部地區信眾齊聚，透過影片聆聽聖嚴師父開示勉勵，回顧二十餘年來法鼓山在臺中的弘化歷程。

而關懷勸募鼓手、分享勸募與學佛心得的《護法》季刊於1月復刊，不僅落實對勸募會員的關懷，也為護法勸募的願力注入一份新動力；此外，「2015新進勸募會員授證」、「2016正副會團長、轄召、召委暨委員授證」等多項活動，深化悅眾利己利人、接續護法弘化的使命。年底更啟動到府關懷，副都監常續法師、常應法師等前往全臺各地，關懷三十四位召委闔家，凝聚悅眾家庭共同護法的信心。

為提昇義工在救援與關懷過程的能力與內涵，2015慈基會舉辦十五場救災與慰訪教育訓練課程，讓學員更了解關懷救助的核心價值，提供適時、適切的關懷與服務；也應新北市政府之邀，8月參與林口區災害防救演習、9月參與核安二十一號演習，充實防災、救災的能量與意識，建立與各災難防救組織合作默契與團隊精神。

結語

「我自己沒有任何發明，只是從佛法學到了一點菩提心，所以有願幫助一切需要幫助的眾生，我也只是用佛法為器具而開採自己的鑛藏，同時協助他人開鑛的一個工人。」聖嚴師父在《聖嚴法師學思歷程》書中自謙是協助他人的開鑛者，2015年大關懷教育持續穩健地推動，也讓社會大眾感受法鼓山對於理念的堅持與落實，有著代代相續的傳承，以及源源不絕的創新力量。

大關懷教育秉承師願以點亮菩提心燈的善願開始，推動各項教育關懷行動，開發人人心中的光明，也祈願眾生以自心的光明，照亮人間各角落，匯聚所有小小的好，成就世界一個大大的好。

新任護法悅眾歡喜接下聘書，共願共行做觀音。

● 01.01

《護法》季刊感恩再出發
關懷勸募鼓手　分享學佛心得

關懷勸募鼓手、分享勸募與學佛心得的《護法》季刊，於1月1日復刊。復刊號以報刊形式發行，共有四個版面，內容有聖嚴師父開示、方丈和尚的關懷、勸募心得分享等專欄。

復刊第一期，正逢法鼓文理學院正式更名招

護法總會出版《護法》季刊，為護法勸募的願力注入新動力。

生，因此特別製作「護持興學　大願成就」專題，由校長惠敏法師，介紹辦學理念與校園建設進度，並整理出法鼓山大學院教育興學與護法總會護持的歷程，橫跨三十餘年，涓滴累積，終至成就。

方丈和尚果東法師在復刊第一期勉勵勸募鼓手，在勸募過程中，不免遇到挫折和煩惱，要能隨時轉念提起願心；護法總會總會長陳嘉男，也與鼓手們分享將佛法運用在生活中的體會和護持心得，表示勸募會員應將佛法視為一份禮物，帶著分享佛法、利益他人的心，誠懇地與人結法緣。

發行《護法》季刊的護法總會期望透過刊物，帶給勸募會員在勸人學佛、募人護持的路上，彼此共勉，隨時充電。

● 01.01～02.28期間

103年度歲末關懷全臺溫馨展開
合計關懷近兩千九百戶家庭

1月1日起，慈基會舉辦103年度「法鼓山歲末大關懷」，延續2014年12月14日起展開的系列活動，至2015年2月底圓滿，陸續於全臺各地分院、護法會辦事處展開，共同關懷當地低收入戶、獨居老人、急難貧病等民眾，共二十個據點，合計關懷近兩千九百戶家庭。

匯集民眾的愛心，並結合地區資源，103年度的歲末關懷，除了準備慰問金與民生物資，並舉辦祈福法會或念佛共修，例如法鼓山園區、北投農禪寺、桃園齋明寺、高雄紫雲寺、臺東信行寺，皆由法師帶領祈福；護法會辦事處、

共修處則安排念佛共修，傳遞佛法的祝福。

其中，1月18日在紫雲寺展開的關懷活動，共有一百八十戶關懷家庭、近三百三十人參與。監院果迦法師開示，所有的援助都來自社會大眾，知福惜福才會人人有福，

於紫雲寺進行的歲末關懷活動中，法師傳遞佛法的慈悲與祝福。

勉勵大眾打開心胸迎接人群，便能走出生命中的冬天；活動並安排義工演出話劇「心六倫」，傳達「知福幸福」的真義。

各地的關懷活動，也結合在地特色多元呈現，例如南投德華寺、豐原辦事處提供義剪服務，嘉義辦事處則進行藝文表演，並帶領法鼓八式動禪，讓民眾體驗動禪的安定力量。另一方面，臺中分院以及護法會多處辦事處更提供「關懷送到家」服務，由義工直接將物資送至關懷戶家中，進行慰訪工作；1月17至30日期間，於苗栗地區展開的關懷，橫跨九個鄉鎮，共關懷單親、外配家庭、獨居老人，以及醫院與學校轉介之個案，藉由團聚，邀請平日慰訪的關懷戶在寒冬中感受社會的溫暖。

103 年度「法鼓山歲末大關懷」活動一覽

區域	時間	活動地點	活動內容	關懷地區（對象）	關懷戶數
北部	2014 年 12 月 20 日	北投農禪寺	祈願祝福供燈、心靈饗宴園遊會、致贈禮金與物資	臺北市、新北市關懷戶	394
		桃園齋明寺	祈福法會、合唱團及鼓隊表演、致贈禮金與物資	桃園市、新竹地區關懷戶	316
	2014 年 12 月 21 日	北投文化館	祈福法會、致贈禮金與物資	臺北市、新北市關懷戶	800
	2014 年 12 月 28 日	法鼓山園區	祈願祝福點燈、心靈饗宴活動、致贈禮金與物資	北海岸行政區、基隆關懷戶	214
	2015 年 1 月 24 日	宜蘭市安康托兒所	念佛點燈、致贈禮金與物資	宜蘭縣關懷戶	30
	2015 年 1 月 28 日至 2 月 10 日	護法會羅東辦事處	關懷送到家	宜蘭縣羅東鎮關懷戶	21

區域	時間	活動地點	活動內容	關懷地區（對象）	關懷戶數
中部	2014 年 12 月 14 至 21 日	南投德華寺	祈願祝福點燈、義剪、致贈禮金與物資	南投縣魚池鄉、國姓鄉、仁愛鄉關懷戶	123
	2014 年 12 月 22 至 27 日	護法會竹山共修處	關懷送到家	南投縣竹山鎮、魚池鄉、國姓鄉、仁愛鄉關懷戶	75
	2015 年 1 月 3 至 28 日	護法會彰化辦事處	關懷送到家	彰化縣市關懷戶	25
	2015 年 1 月 15 日至 2 月 17 日	臺中分院	關懷送到家	臺中市關懷戶	121
	2015 年 1 月 17 日	護法會南投辦事處	關懷送到家	南投縣市關懷戶	70
	2015 年 1 月 17 至 30 日	護法會苗栗辦事處	關懷送到家	苗栗縣市關懷戶	35
	2015 年 2 月 1 日	護法會東勢共修處	法師關懷、音樂饗宴、致贈禮金與物資	臺中市東勢區關懷戶	59
		護法會豐原辦事處	法師關懷、音樂饗宴、義剪、健康講座、致贈禮金與物資	臺中市豐原區關懷戶	35
		護法會員林辦事處	祈福念佛點燈、影片欣賞、致贈禮金與物資	彰化縣員林鎮關懷戶	86
南部	2015 年 1 月 17 日	臺南分院	關懷送到家	臺南市關懷戶	39
	2015 年 1 月 18 日	高雄紫雲寺	音樂藝文饗宴、致贈禮金與物資	高雄市關懷戶	180
	2015 年 2 月 1 至 10 日	護法會潮州辦事處	關懷送到家	屏東縣潮州鎮關懷戶	33
	2015 年 2 月 8 日	護法會嘉義辦事處	藝文表演、法鼓八式動禪、致贈禮金與物資	嘉義縣市關懷戶	84
東部	2015 年 1 月 1 日至 2 月 28 日	臺東信行寺	關懷送到家	臺東縣市關懷戶	82
	2015 年 1 月 10 日至 2 月 10 日	護法會花蓮辦事處	關懷送到家	花蓮縣市關懷戶	70
合計					2,892

● 01.06～07　01.12～13

慈基會中國大陸四川開辦生命教育課程
中、小學生學習禮儀環保與團隊合作

　　1 月 6 至 7 日、12 至 13 日，慈基會分別於中國大陸四川省安縣秀水第一中心小學、民興中學舉辦生命教育課程，內容包括「禮儀環保」與「團隊合作」，由安心站義工帶領，共有四百多位國小學童及中學學生參加。

「禮儀環保」的主題是吃飯禮儀，首先播放相關教學影片，再由義工帶領團康遊戲，引領學員以感恩的心情，體驗細嚼慢嚥、用心品嘗食物滋味，並謝謝種植者和烹調者的辛苦。

在「團隊合作」的團康遊戲中，國小學生分組討論，並畫出最喜歡的「人、事、時、地、物」，再進行搶答，不僅發揮創造力，也培養團隊合作；中學生團康遊戲「當我們圈在一起」，則是每組用呼拉圈穿過所有人，最後全班同學同心協力圍成一個圈，完成任務。

生命教育課程中，學童畫出最喜歡的「人、事、時、地、物」。

有學子表示，在活動中積極參與，學習到團結合作、彼此協助的重要性，也學會在學習中善用思考，體驗生命的豐富。

● 01.10～11.21期間

榮譽董事會五場地區關懷聯誼
護法悅眾相聚繫法緣

1月10日至11月21日，榮譽董事會舉辦北部地區系列關懷聯誼活動，共五場。榮董會會長黃楚琪、執行長陳宜志、各組悅眾及各區召集人出席每場活動，相續護法因緣。

黃楚琪會長致詞時，除了感謝法師、各區悅眾的支持與指導，特別

北六轄區關懷聯誼會中，地區悅眾上台表演帶動唱，洋溢和樂融融的氣氛。

感恩前兩任會長和執行長的耕耘與奉獻，成就第三任團隊在既有基礎上，秉持「關懷榮董、接引榮董」的精神，讓護法因緣代代相傳，也期勉眾人繼續長久以來護持法鼓山的願心，成就「榮董家族」，推動各項法務。

　　首場為 1 月 10 日在宜蘭三富農場舉行的北六轄區關懷聯誼，法鼓文理學院校長惠敏法師出席說明辦學特色與規畫，透過圖文簡報，介紹已完竣的校園工程，並解說創辦人聖嚴師父興學的願心、融合「悲智和敬」校訓的學院教育、博雅教育等三大特色。

　　活動最後安排「感恩分享」，由悅眾分享學佛成長和護法的生命故事。有悅眾表示，以無我的奉獻、全心的關懷，保持自心清淨與安定，就能產生慈悲與智慧，接引更多人學佛護法。

2015 年榮譽董事會北部地區關懷聯誼一覽

時間	轄區	地點
1 月 10 日	北六轄區	宜蘭三富農場
8 月 15 日	北五轄區	桃園齋明寺
9 月 13 日	北二轄區	北投農禪寺
10 月 17 日	北四轄區	三峽天南寺
11 月 21 日	北三轄區	臺北安和分院

●01.17　01.24

慈基會舉辦國小學輔班結業式
感恩義工，期勉學童向上

　　慈基會於 1 月 17 日、24 日，分別在新竹市朝山國小、富興國小舉辦學輔班結業式感恩餐會，共有近九十位學員及義務教學的交通大學學生參加。

　　17 日朝山國小感恩餐會中，校長陳智龍勉勵學生，珍惜自己的福報，用功讀書、學習義工們的愛心精神，長大後也要回饋社會。會後並前往新竹市環保局及香山濕地進行戶外教學，引導學子認識自然環保的重要性。

　　富興國小的結業式則於 24 日進行，桃園齋明寺監院果舟法師、常依法師出席關懷。果舟法師勉勵學生，學習成為有智慧的人，因為聰明可以

朝山國小學輔班結業，義工老師帶領學童進行戶外教學，認識自然環保的重要。

透過經驗知識的累積，但智慧是慈悲心的展露。張小萍校長則分享，學業的進步固然欣喜，但是品格教育在人生更為重要，感恩法鼓山對學童用心陪伴和教導，期勉學生把握因緣，要向上、向善學習，累積成長的動力。

● 01.18

佛化聯合婚禮於園區舉行
簡約環保有幸福

　　1月18日，法鼓山第二十屆佛化聯合婚禮於總本山大殿舉行，邀請伯仲基金會董事長吳伯雄擔任證婚人，臺灣大學醫學院名譽教授陳維昭伉儷擔任主婚人、長春集團董事長廖龍星伉儷擔任介紹人，由方丈和尚果東法師擔任祝福人，並為五十九對新人授三皈依。

　　方丈和尚開示持守五戒對經營家庭的意義，說明受持五戒能保

第二十屆佛化婚禮獲得環保低碳活動認證，新人搭乘「幸福巴士」，讓自己和地球環境都有幸福。

身心清淨、健康，新婚夫婦更應遵守不邪淫戒，以促進家庭和樂、身體健康與社會倫理；也勉勵新人面臨境界考驗時，學習觀音菩薩，順、逆緣都感恩，將負荷轉為助力。擔任證婚人近二十年的吳伯雄分享，生病之後更感到夫婦互相扶持的可貴，勉勵新人要珍惜對方，以慈悲與智慧經營婚姻。

　　多位新人是資深信眾子女、從小親近法鼓山的法青。溫哥華法青表示參加佛化婚禮，接受三寶的祝福，是建立家庭的好基礎；香港法青則肯定佛化婚禮的簡樸莊嚴。

　　今年的佛化婚禮獲得行政院環保署環保低碳活動認證，有多對新人以國光號為禮車，還有十二對歷屆新人帶著孩子歡喜回法鼓山參訪。

● 01.25

「歲末感恩分享會」海內外同步舉行
鼓手齊聚 和樂迎光明

　　護法總會及各地分院聯合舉辦的「邁向2015光明遠大──歲末感恩分享會」，1月25日於法鼓山園區、北投農禪寺、三峽天南寺、桃園齋明寺、臺中

寶雲別苑、臺南雲集寺、高雄紫雲寺、臺東信行寺以及護法會花蓮辦事處，與海外馬來西亞道場等十個地點同步展開，共有七千四百多位信眾參加。

上午十一時，方丈和尚果東法師於主場地雲集寺，透過視訊連線對參與信眾表達關懷與祝福，

臺東的信眾演出接引家人學佛的故事，引發陣陣笑聲。

並以「法鼓悅眾和樂行」，提點擔任悅眾心法：「弘法、護法，是要在紅塵當中出生入死，又能現身說法，不被紅塵所束縛。」

各地區的感恩分享會都安排豐富的活動與節目。總本山上，一千多位北六、北七轄區勸募會員及義工齊聚大殿，各地區帶來精彩藝文表演，三學院男眾副都監常遠法師勉勵眾人學佛要發遠大的成佛之願，腳踏實地在生活中落實；農禪寺則有二千四百多人與會，監院果毅法師鼓勵大眾多參加共修，從佛法中獲益。

齋明寺邀集八百多位來自新竹、中壢、桃園等地區的義工和家屬參與，分享過去一年的回顧與剪影，中華佛研所所長果鏡法師也到場關懷，期勉眾人盡心盡力學習承擔、學會放下，在日常生活運用佛法；天南寺則以「回家，修行吧！──安己安人」為主題，製作五週年影片，感恩北四轄區及十方大眾多年護持與奉獻。

大臺中信眾於寶雲別苑團聚，陽光下，眾人頭戴斗笠坐在草皮上，各地區召委上台分享，展望來年；眾人也與豐原合唱團同聲合唱〈寶雲頌〉，祝福即將

法行會悅眾在總本山大殿表演手鼓，與會大眾跟隨節拍唱和。

啟用的寶雲寺。紫雲寺大殿當天成為心靈茶會會場，眾人觀看聖嚴師父開示的《利他與奉獻》影片，並就「勸募過程中對『自利利他』的體會」等題目討論，互勉繼續分享法鼓山理念，接引更多人共霑法益。

信行寺的分享會上，除安排聖嚴書院佛學班話劇表演，也由監院果增法師帶領誦念觀音菩薩聖號，並以心靈處方籤御守與大眾結緣；僧大副院長常寬法師勉勵眾人珍惜與

家人及朋友相聚的因緣，以感恩、報恩的心，利益更多人。

海外的馬來西亞道場，由常鑑法師帶領祈福法會，信眾們誠心地在《觀音偈》的唱誦聲中，將寫上祝福語的菩提葉祈福卡，掛在祈願樹上，迴向世人心安平安。

藉由歲末感恩分享會，護法鼓手們凝聚願心持續在菩薩道上耕耘福田、修福修慧。

● 01.26～02.02

法鼓山關懷醫療團馬來西亞義診
傳遞安定身心的心靈關懷

為關懷 2014 年 12 月遭逢嚴重水患而無家可歸，日常生活也陷入癱瘓的馬來半島東海岸居民。慈基會與馬來西亞道場於 1 月 26 日至 2 月 2 日，派遣法師與義工組成關懷醫療團，前往受災地區提供中、西醫療會診及心靈關懷，看診民眾達五百三十二人次。

1 月 26 日，關懷醫療團從臺灣出發，27 日即前往受災嚴重地區吉蘭丹（Kelantan）的瓜拉吉賴

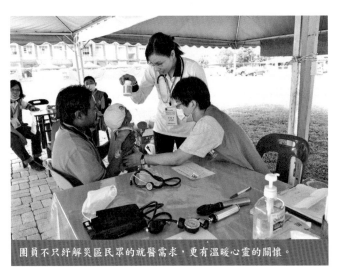
團員不只紓解災區民眾的就醫需求，更有溫暖心靈的關懷。

（Kuala Krai），展開七天的關懷與醫療。義診中發現，居民患有感冒、發燒、皮膚搔癢等病症，有民眾甚至遭受細菌感染、罹患傳染病，必須馬上轉介醫院急診；也有民眾由於連日浸泡水中，造成寒、濕氣入侵體內，引發腰痠背痛、關節無法屈伸、筋脈痙攣等症狀，影響行動能力，經過中醫師關懷、針炙和按摩後，居民身心多能獲得改善。

另一方面，當地民眾雖然房子被洪水衝塌，義診期間依然為關懷醫療團準備三餐；由於供水不穩，居民更主動輪流接運，讓醫療團有水可沖洗。大水雖無情，卻也讓愛與善的力量，源源流出，循環不絕。

團長常炬法師表示，這次行動以關懷為主，醫療為輔，除紓解災區民眾就醫需求，同時跨越族群藩籬，至馬來住民帳篷區服務，深具意義；馬來西亞道場監院常藻法師也感恩團隊發揮法鼓山關懷和教育精神，讓當地義工也能實地學習災區關懷，為社會關懷奠定基礎。

● 02.04～10期間

法鼓山關懷復興航空客機墜落事件
為罹難者舉辦「追思祝福法會」

法鼓山為復航空難舉辦法會，帶領大眾為罹難者追思祝福。

臺灣復興航空客機於2月4日意外墜落臺北基隆河，慈基會於第一時間派遣義工前往醫院陪伴傷者及家屬、協助海外家屬認親，並捐助乾式防寒潛水衣支援救難工作；也在全球各分院道場豎立超薦及消災牌位，設置網路持咒祈福專區，呼籲社會大眾傳遞祝福心念。

10日，法鼓山於臺北市立第二殯儀館為空難罹難者舉辦「追思祝福法會」，由方丈和尚果東法師率同慈基會祕書長果器法師、關懷院監院常健法師及助念團義工，帶領大眾為罹難者祝禱。

方丈和尚表示，大家都是生命共同體，意外事件與每個人息息相關，勸請大眾學習佛陀的精神，共同生起大悲願力，以沉著的力量自助助人，陪伴傷亡者親友，用祝福的力量安定心靈，並鼓勵多念佛、持咒轉化悲傷的情緒。

法會由果器法師主法，帶領與會大眾誦念《阿彌陀經》、〈往生咒〉、「南無阿彌陀佛」聖號。會後關懷院監院常健法師、常導法師一一慰問家屬，勸請家屬多念佛安定自己，祝福往生者，並親自分送念佛機、為眾人掛上念珠。

● 02.19～24

慈基會四川安心站新春關懷
近千位民眾禪心過新年

慈基會中國大陸四川安心站於2月19至24日舉辦「禪心過新年」活動，內容包括托水缽、新年祈願、書法靜心、108自在語繪圖等，共有近千位當地民眾參加，祈願新的一年平安幸福。

在「書法臨摹」單元中，民眾可以寫下祝福的話語、詩詞，又可藉字鍊心，別具意義；「托水缽」是由當地學子設計，以禪的「清楚、放鬆」為原則，帶領民眾體驗慢走時的內心平靜；許多親子在繪畫區著色之餘，也寫上聖嚴師父

四川安心站舉辦新春關懷，民眾禪心過新年。

的「108自在語」，用智慧化解煩惱，迎接新的一年。

由於當地有許多父母平時都在外地工作，安心站特別準備祈願樹及祈願卡，讓孩童寫下新年願望，表達對家人的關心與祝福。

另一方面，安心站義工也於23、24日進行新春家庭訪視，為學童們帶來祝福及關懷。

● 03.14

關懷院舉辦「助念團新進團員成長營」
帶領省思生命更懂關懷

關懷院於3月14日在北投農禪寺舉辦「助念團新進團員成長營」，由關懷院監院常健法師、常導法師、助念團團長顏金貞、副團長黃欣逸、李純如等帶領，共有七百多位來自大臺北、桃園、新竹、宜蘭等地區團員參加。

常導法師首先以三段影片鋪陳老年人的處境與需求，以及思考當生命走到盡頭，什麼是最重要的事情？透過墜機的戲劇中，乘客留下字條與家人道愛、道謝、道歉、道別，法師也請學員想像自己的人生將要結束，寫下想說的話；由繪本老師周孟君、蔡采芳配音呈現《最酷的小鳥》，則一搭一唱演繹生命與死亡的真相，除了帶來歡笑，也讓眾人探看生命的依歸。

副團長黃欣逸、李純如在下午的課程中，介紹法鼓山大事關懷的七項服務，說明「互助」是大事關懷的基本精神；顏金貞團長提醒，每個人因緣不同，因此掌握原則之外，還要彈性處理。

常健法師也在Q&A單元，解答團員的問題與疑惑，提供與家屬或其他團體合宜的應對之道。

有團員表示，因為母親過世時，受到助念團的協助，發願加入助念團，回饋他人；有八年助念經驗的團員則分享，成長營課程充實而實用，有助於了解助念與關懷的理念。

關懷院舉辦助念團成長營，讓新舊團員更熟悉大事關懷的理念與原則、方法。

● 03.16

果器法師受邀參加聯合愛心勸募開幕

鼓勵學子磨練自己 發揮助人理念

慈基會祕書長果器法師 3 月 16 日受邀出席於淡江大學舉行的「2015 春季北區大學校際聯合愛心勸募」活動開幕儀式及剪綵，感謝各校師生對公益活動的熱情和投入。

法師致詞時鼓勵學子藉由活動磨練自己，期許未來發揮社會企業助人的理念；也提醒同學，毋需執著募款數字的成長，也不要給自己太大的壓力，隨時隨地提起助人的初發心才是最重要的。

社團法人中華商管協會及淡江大學商管學會於每年春季，聯合數所大學，在校園舉辦五日的愛心勸募義賣，2015 年參與的學校，包括聖約翰科技大學、長庚科技大學、景文科技大學等，義賣所得將捐贈罕見疾病基金會等社福機構，以及臺東知本國小等偏遠小學。

● 03.24

慈基會、馬來西亞道場聯合推動援助計畫

「未來與希望·家園重建」在馬來半島落實

慈基會、馬來西亞道場，與馬國多個佛教團體聯合推動「未來與希望·家園重建」計畫，援助馬來半島東海岸遭逢嚴重水災的村落，3 月 24 日於瓜拉吉賴奧杜麗村完成第一間新建組合屋，監院常藻法師等人，前往進行房屋移交儀式，並關懷屋主祖孫三人，鼓勵民眾抱持希望重建家園。

接受第一間新建組合屋的屋主，非常感恩各界不分種族、宗教的協助，得以安頓年事已高且行動不便的妻子，以及年幼的孫子。信仰伊斯蘭教的他，主動合掌對眾人說：「阿彌陀佛！」表達內心的感恩。

常藻法師讚歎受災民眾，以堅毅樂觀度過生活的不便與重重難關，不怨天尤人，是真正的大菩薩；也感謝社會大眾參與重建計畫，讓受災民眾有安住身心

馬來西亞佛教團體聯合捐助西部東岸災區組合屋，首間組合屋完工移交。馬來西亞道場監院常藻法師（右六）、屋主蘇伯夫婦（右四、五）、佛光山如音法師（左五）、馬佛總會中央理事何耀明夫婦（右一、二）合影紀念。

的地方，進一步開啟新生活。

　　本項計畫由慈基會、馬來西亞道場，以及馬來西亞佛教總會、佛教青年總會、馬來西亞佛光山、國際佛光會馬來西亞協會、慈惠堂聯合推動，預計興建及維修二十一間高腳組合屋，以鐵、鋁為建材，耐磨耐用，白天涼爽夜晚溫暖，可長期使用。

● 04.09～12

馬來西亞道場安心服務團慰訪馬來半島
於瓜拉吉賴提供中醫義診及安心服務

　　持續關懷馬來半島東海岸水患，馬來西亞道場於4月9至12日，組成安心服務團至受災地區瓜拉吉賴，提供中醫義診及安心服務，協助民眾安頓身心。

　　水患後，瓜拉吉賴地區通訊、水電、道路等公共建設已逐漸修復，但家園重建進度緩慢。在當地佛教會協助下，安心服務團順利成行，包括兩位中醫師、兩位心理諮商師以及關懷員共十五人。除義診外，還安排禪繞畫、電影分享會

安心服務團鼓勵民眾藉由「禪繞畫」，給予自己心理支持。

和心靈茶會等活動，受到民眾歡迎，反應熱烈。

　　參與義診的中醫師觀察，相較1月到當地義診的情況，不少民眾的健康已有改善，但心情仍然低落，需要陪伴和關懷；心理諮商師表示，民眾的韌性和抗壓力都很強，能面對眼前的困境，然而，無論是個人或公共資源均很少，經濟能力不佳與獨居等因素，都加重了心理負擔。

　　義工們也陪伴當地民眾藉由關懷活動，紓解壓力，給予自己心理支持。有長者分享，畫禪繞畫感覺很放鬆，還想起童年往事，心情很放鬆。

● 04.12～05.31期間　10.11～11.22期間

第二十六、二十七期百年樹人獎助學金頒發
支持學子求學路

　　4月12日至5月31日及10月11日至11月22日期間，慈基會在全臺各地舉辦第二十六、二十七期百年樹人獎助學金頒發活動，全年共八十四場，近三

北二轄區於華山文創園區舉辦獎助學金頒發活動，義工、學生與家長在藍天綠地上歡喜留影。

千四百位學子受益。各場活動，結合地區特色，多元有趣，為典禮注入寓教於樂的意涵。

上半年，北二轄區士林、中山、松山、大同、社子等地區的聯合頒發活動，首先於4月12日在臺北華山文創園區舉辦，邀請學生與家長一同觀看《行者》影片，並由該片導演陳芯宜與學生座談，分享創作歷程，勉勵學子勇於追夢，找到自信與勇氣；新店地區於19日帶領受獎學生與家長至清香農場親近大自然，下午前往防災科學博物館，體驗防災演練與學習CPR急救技巧，提昇學子們的災害應變能力。

新竹地區的頒發活動，於31日在朝山國小舉行，慈基會並安排義剪、量血壓服務，規畫惜福攤位，提供二手故事書、玩具、文具用品、日用品等，另外還設置品茶區，由富興國小老師以峨眉鄉特產的東方美人茶教導學子泡茶，了解鄉土特色。

下半年，包括10月25日於基隆精舍舉行的頒發活動中，播放火星爺爺許榮宏的影片，引導孩子正向思考，發現在困境下苗壯的生命更加堅韌；臺中寶雲寺則帶領五百多位學生和家長，與觀音菩薩相會，聆聽佛菩薩聖號和故事，感受安定心靈的力量。

高雄地區也於同日在紫雲寺舉行頒發典禮，結合講座活動，邀請參與氣爆救災的消防員黃建能，為三百多位與會者，講述從無常中學到珍惜當下的心境轉變，並教導防範災害和自救知識。典禮中，學生也製作分享卡，感謝法鼓山相伴成長，氣氛溫馨而歡喜。

2015百年樹人獎助學金頒發人次一覽

期別／學別	國小	國中	高中	大學（專）	總人數
第二十六期	472	430	409	407	1,718
第二十七期	345	414	421	449	1,629
合計	817	844	830	856	3,347
百分比（%）	24.4	25.2	24.8	25.6	100

● 04.30～05.05

法鼓山關懷尼泊爾震災
前往勘災並提供救援物資

　　尼泊爾於 4 月 25 日起接連發生芮氏規模七點八、七點三的強震，後續的餘震及多場雪崩，造成當地民眾嚴重傷亡。30 日，慈基會派遣義工團隊與在臺北國泰醫院見習的加德滿都市腫瘤醫院放射科醫師勝偉甘瓦利（Sarvesh Gyawali），前往尼泊爾與當地佛教單位合作，進行關懷、勘災，了解實際需求後，提供受災民眾必要的協助。

　　義工團一行首先前往投入救災與收容受災民眾的雪謙寺（Shechen Monastery）與創古寺（Thrangu Monastery），除表達關懷與慰問之意，並捐款協助兩寺院後續的重建需求；同時也前往愛滋孤兒院（Punarbal Plus）了解受災狀況，關懷院方人員及孩童、捐贈慰問金。3 日，則前往數所佛學中心與寺院轉達關懷，祈願民眾早日恢復平安的生活。

　　另一方面，慈基會也與長期派遣醫療人員前往尼泊爾進行義診與教育的聯新文教基金會合作，透過該會致贈災區亟需的帳篷，轉贈偏鄉受災家庭。

慈基會勘災義工團成員與勝偉甘瓦利醫師（右二），前往尼泊爾了解援助需求，並轉達法鼓山四眾弟子的關懷。

● 05.09　06.14　12.26

榮譽董事會三場頒聘典禮
代代相傳大願力

　　榮譽董事會於 5 月 9 日、6 月 14 日與 12 月 26 日在北投農禪寺、臺中寶雲寺及臺南雲集寺，共舉辦三場榮董頒聘典禮，由方丈和尚果東法師為新任榮董頒發聘書，護法會輔導法師果器法師、榮董會長黃楚琪到場關懷，有近一千一百人參加，許多榮董更是一家三代共同與會，甚至有九十九歲長者四代同堂，展現大願力大家庭代代相傳。

方丈和尚致詞表示，眾人護持佛法不遺餘力，信眾圓滿榮譽董事，為的是讓正信佛法弘傳久遠，以小小的好，成就大大的好，充分體現「智慧轉境，自心光明，慈悲利他，希望遠大」。

在寶雲寺舉辦的榮董頒聘活動中，方丈和尚感恩信眾以小小的好，成就大大的好。

在「心願與新願」時刻，眾人觀看聖嚴師父開示「修行，才能找到真正的平安」、《他的身影》等影片，再次緬懷、學習師父「知恩報恩為先，利人便是利己」的生活實踐。

活動最後安排「感恩分享」，由榮董分享學佛成長，有榮董表示，發願護持讓自己更有信心、願力與行動力；也有榮董分享，因921大地震的無常示現，開始學會捨得布施，並在恆常定額護持過程，充分體會聖嚴師父所言「布施如挖井，井愈深水愈多」，發願代代相傳，願願相續。

● 05.20～07.15期間

慈基會於全臺展開端午關懷
近一千兩百戶家庭歡度佳節

慈基會於5月20日至7月15日期間，於全臺舉辦端午關懷活動，除攜帶應景素粽前往關懷家庭表達祝福外，慰訪義工並分別至各地社福機關、安養機構，與院民歡度佳節，共計關懷近一千兩百戶家庭。

文山區慰訪義工與病友們一同手作艾灸條，學習以熏香淨化空氣，在喜慶氣氛之下共度佳節。

其中，臺北文山區的慰訪義工，於6月11日前往萬芳醫院腫瘤病房進行慰訪，與社工師、醫護人員，以〈人間有愛〉、〈祝你幸福〉等歌曲，為病友及家屬祝福，也邀請大眾一同手作艾灸條，學習以熏香淨化空氣、驅除蚊蟲，共度溫馨歡樂的時光；12日，則應萬芳醫院社區關懷活動之邀，與院方一同向榮民、獨居長者致贈愛心素粽，帶給長者佳節的團圓味。

13 日，基隆區三十六位慰訪義工在基隆精舍副寺果本法師帶領下，前往博愛仁愛之家，為一百餘位長者舉辦端午關懷活動，以念佛、藝文表演，傳遞各界的祝福。

南投埔里德華寺於 14 日展開端午關懷，邀請七十三戶家庭，共近一百五十人參加，除了精神關懷之外，並致贈民生物資；同時，埔里衛生所也進行衛教宣導及免費 X 光檢查。

有慰訪義工表示，在與安寧病友及家屬互動的過程中，感受到「不牽掛過去、不擔心未來」的生命態度，也從彼此傳遞的溫暖中獲得力量；也有新進義工分享共同耕耘慈善福田，學會奉獻自己的力量。

● 06.11～14

慈基會再訪尼泊爾震災地區
援助孤童安置就學

法鼓山持續關懷尼泊爾地震災情，繼 4 月底前往勘災關懷後，6 月 11 至 14 日，慈基會再度派遣專職以及義工，偕同臺灣的慈善團體深入尼國山區，除於加德滿都近郊的斯瓦揚布（Swoyambhunath），勘查援建中的雅久日奔學校（Ngagyur Memorial School），也前往關懷受安置的努日（Nubri）山區學童生活現況。

學童們穿上法鼓山送來的新制服，期許未來在新校舍中安心求學、成長。

義工們此行前往勘查校舍修建需求，龜裂的危牆說明了國土危脆的真實；來到暫時安置努日學童的山區帳篷時，為每位學童送上新制服和文具用品，當地藏傳佛教寧瑪派努日白玉分寺住持堪布扎西徹令仁波切代表學童，向義工們獻上哈達，傳達心中的感謝。另外，也前往加德滿都東南山區的卡佛瑞村落（Mugpak-Kavre），協助發放物資，提供村民因應雨季所需。

強震過後，努日山區約有近四百位小喇嘛與新註冊學童缺乏棲身之處，在臨時搭建的帳篷艱辛度日。白玉分寺堪布扎西徹令仁波切，希望將學童們轉往雅久日奔學校，然而該校目前硬體設備、宿舍等均須修建，也欠缺寢具等生活必需品的採購資金。經過臺灣大方廣佛學講修學會的居間聯繫，慈基會決定援建雅久日奔學校校舍，以協助學童前往就學、安置。

中山辦事處舉辦大事關懷課程
建立正向的生死觀念

　　護法會中山辦事處於6月28日在臺北市中山區行政大樓舉辦「祈願生死兩相安」大事關懷課程，內容包括禮儀環保理念、大事關懷作法與細則等，由關懷院監院常健法師、助念團團長顏金貞、副團長黃欣逸等帶領，有近三百四十人參加。

　　課程介紹法鼓山助念團七項內容：臨終關懷、佛事諮詢、往生助念、慰問關懷、佛化奠祭誦念、公祭行禮、後續關懷等，讓大眾清楚應如何安排生死大事，協助往生者與家屬圓滿地走完人生的最後階段。常健法師說明生存與死亡，都是無限時空中必然的現象，一個人的生命價值，就是自己負起責任，完成一生中必須要完成的責任，同時運用有限的生命，做最大的貢獻。

中山區大事關懷課程中，學員分組討論佛事的意義。

　　在助念實務課程中，顏金貞團長引導學員體驗助念的莊嚴佛事；常健法師則強調由家人親自念佛迴向給往生者，感受最強也最直接，不一定要找蓮友來助念。

　　由於課程實用，學員回響熱烈，許多學員表示，藉此課程學習到正向的生死觀念，也更清楚認識大事關懷的理念與作法。

慈基會捐助採購住宅用火災警報器
提供基隆市、臺東縣充實居家安全

　　為持續推廣防災公益，慈基會結合各界關懷資源，協助基隆市、臺東縣消防單位採購住宅用火災警報器，捐助弱勢家庭充實居家安全防護裝備。

　　其中，基隆市長林右昌於6月30日市府治安會報中，致贈感謝狀予慈基會，由副會長柯瑤碧代表接受；9月3日於臺東縣政府大禮堂舉行的捐贈儀式中，慈基會祕書長果器法師、臺東信行寺監院果增法師代表捐贈，縣長黃健庭致詞感恩法鼓山提供火災警報器，讓民眾居家更安全。

基隆市長林右昌（左二）致贈感謝狀予慈基會，由副會長柯瑤碧（左三）代表接受。

果器法師表示，防患未然，推廣減災、備災的防災理念，是社會面對災害救援規畫的方式之一，法鼓山除配合政府宣導住家消防安全教育，同時也關懷獨居長者、低收入戶、身心障礙者等，為具有危險潛勢的住戶，補助火災警報器，期望平日做好準備，提昇居家安全，心安平安，避免不幸事件。

● 07.10

法鼓山舉辦「全民祈福平安大法會」
為八仙樂園塵爆受難者祝福

法鼓山於 7 月 10 日在北投農禪寺舉辦「全民祈福平安大法會」，法鼓山園區、高雄紫雲寺，同步視訊連線，由僧團副住持果暉法師主法，帶領各地信眾及透過網路直播共修的社會大眾，共同祝福新北市八仙樂園塵爆意外受難者及一切有情眾生。

法會開始前，播放創辦人聖嚴師父於 2004 年南亞大海嘯時為受難者祈福的開示影片。師父指出，天災人禍是全球人類的共業，也是一項教育，因為受難者代替我們承擔果報，藉由他們的現身說法，我們應向內自省，感恩並改過遷善。

因此舉辦祈福法會，祝禱罹難者往生淨土、受災者平安，更期勉大眾發揮人溺己溺的精神，展開同體大悲的心懷，造福他人，利益自己。

儘管適逢颱風來襲，農禪寺仍有近千位信眾及法師齊聚一堂。大眾虔敬稱念「觀世音菩薩」聖號，接著誦持《普門品》、〈大悲咒〉，最後以觀音菩薩的十大願作結，祝願彼此成為觀音菩薩的化身，慈悲普濟一切有情。

全民祈福平安大法會由副住持果暉法師主法，大眾在農禪寺大殿持誦《普門品》、〈大悲咒〉。

● 07.23～27 08.08～13

「生命教育心靈環保體驗營」四川展開
學子探索自我與生命意義

高中學子在大地遊戲中,認識「心五四」的意涵。

法鼓山持續關注中國大陸四川震災學子心靈重建工程,7月23日至8月13日暑假期間,慈基會與法青會於當地舉辦兩梯次的「生命教育心靈環保體驗營」,由僧團副住持果品法師、寺院管理副都監常寬法師、常禪法師、演清法師及僧大學僧帶領授課,共有兩百三十多位學員體驗「心靈環保」、「心五四」的豐富內涵。

高中營隊於7月23至27日,在安縣綿陽中學舉行,營隊內容包括大地遊戲、影片心得分享、小組討論,學員思考、體會「心靈環保」在生活中的實踐,並討論自我覺察與生命的意義,法師鼓勵學員,寧可物質上貧窮,也不要心靈上貧窮。結合「心五四」的大地遊戲,學員們除了體驗四安、四感、四要、四它、四福,也學到團隊合作與信任。

8月8至13日,為大學生舉辦的營隊在江油羅漢寺展開,課程安排有:認識「心五四、心六倫」、Word Café、身心SPA、托水缽、經行走路、與法師有約、聖嚴師父開示等。在與法師有約時,同學就家庭、學業、人際關係、禪修等日常課題提問,針對「生活一成不變,就是讀書再讀書,非常無聊」的煩惱,法師回應,今天吃的飯和昨天吃的飯,並不一樣,生活要從細節體會,就會發現成長學習的樂趣。

每梯次營隊最後一晚,皆安排傳心燈活動,許多學員表示小心翼翼捧著手中的燈,就像在照顧自己的心,一不小心,心燈就會因環境影響而熄滅;也有學員表示,感恩法鼓山及所有法師與義工的啟發,得以從心認識自我,也放心改變自我。

● 08.08～15

各分支道場風災受損
四眾齊心普請復原如來家

蘇迪勒颱風於8月7、8日侵襲臺灣,造成重大災情,法鼓山各地分院也有輕重不一的受損,僧俗四眾一起於風雨過後發動普請,齊心迅速地將道場恢復本

寶雲別苑義工在法師帶領下，先將折斷的大型樹幹移至安全處。

來面目。

北部地區，總本山在颱風過境後，樹木傾倒，建築物部分玻璃、天花板、屋頂銅瓦毀損，9日一早，僧俗四眾協力將倒塌的樹木扶起、種回，清掃路面落葉。方丈和尚果東法師關懷時，開示三界如火宅，國土危脆，面對天災要以沉著、穩定的身心泰然處理。連續數日，在義工分階段接力下，恢復園區的清淨。

北投農禪寺為啟建梁皇寶懺法會而搭建的大帳篷，亦遭強風吹垮，法會壇場、器物全毀，戒長法師、資深義工，在一星期內為風災善後，也重建法會壇場，重現老農禪時代的精神，完成以一場莊嚴的法會，成就大眾修行的共同目標。另一方面，一百多位北四轄區的義工，9日一早陸續到三峽天南寺協助善後，監院常哲法師勉勵大眾用最放鬆的身心，或默念佛號，讓出坡過程更加專注、安定有效率。

桃園齋明寺的復原工作，聚集了來自新竹、桃園、中壢等地的義工，監院果舟法師勉勵大眾，以「掃地掃地掃心地，心地不掃空掃地，若人都將心地掃，世間無不清淨地」的淨土藍圖，一起圓滿出坡工作。

臺中寶雲別苑在8日中午，趁著風雨暫停的空檔，二十多位義工在法師帶領下，出動吊車、鋸木機，先將折斷的大型樹幹吊至安全處，並鋸切成小段，同時疏通淤塞的水池；9日颱風離境，義工們同心協力迅速將環境清理乾淨。

南部地區，高雄紫雲寺訂於9至15日舉辦中元《地藏經》共修，8日雖逢颱風過境，義工們於9日一早立刻到場協助清理工作，圓滿時，正逢《地藏經》共修灑淨，義工轉往大殿一同共修，體驗風雨後的平靜與法喜。

北投農禪寺為啟建《梁皇寶懺》而搭建的大帳篷，遭強風吹垮。

● 08.10～31期間

慈基會援助蘇迪勒災區
提供烏來、三峽緊急物資

慈基會祕書長果器法師率領義工，將緊急救援物資搬運至新店區龜山活動中心。

8月7日、8日蘇迪勒颱風為臺灣各地帶來災情，慈基會於第一時間啟動緊急救援系統，掌握風災地區民眾需求，位於山區的新北市烏來區與三峽區有木里遭受土石流侵襲，缺乏水電，急需食物和照明設備，慈基會透過新北市社會局、三峽區公所，了解民眾所需品項及數量後，募集、採購相關物資供應災區急用。

10日深夜，慈基會專職與義工在祕書長果器法師帶領下，將麵條、清水、罐頭、照明設備等救援物資，運送至新店區龜山活動中心及三峽區公所；法師特別向前進指揮所內的救災人員致意感恩，並表示法鼓山將保持待命，全力幫助居民安度難關。

14日，海山區緊急救援組二十五位義工也前往三峽區有木里，協助居民清理家園，三峽區長與當地里長表示法鼓山是第一個前來協助的團體，特別對穿著綠背心的義工表達感恩。

另一方面，鑑於新店區龜山國小的嚴重受損，慈基會與佛光山慈悲基金會、慈濟基金會等團體共同捐贈該校新式課桌椅、資訊設備、字典與圖書繪本等，並於8月31日開學日舉行捐贈儀式，果器法師勉勵學子透過風災的經歷，學習與大自然共處，知福、惜福與培福。

颱風過後，農禪寺《梁皇寶懺》法會與各地分院中元法會，也為災難中的傷亡者設立消災與超薦牌位，藉著大眾共修的力量，為社會注入平安與光明。

● 08.17

慈基會捐贈高雄市排煙消防車
祝福消防員平安執行任務

高雄氣爆事故屆滿一週年之際，慈基會祕書長果器法師與紫雲寺監院常參法師，偕同多位地區義工，於8月17日前往高雄市消防局，代表法鼓山僧俗四眾捐贈高雄地區一部排煙消防車，消防局由副局長伍光彥出席受贈。

果器法師說明，鑑於氣爆事故中，高雄市消防局人員傷亡及消防車輛毀損嚴

氣爆事故屆滿週年，慈基會代表法鼓山僧俗四眾捐贈高雄地區排煙消防車。

重，不僅是救災單位，也是受災單位，為提昇救災效能，慈基會捐贈排煙消防車，以執行大範圍空間排煙、送風任務，進而滅火降溫，及時搶救性命，保障消防人員及民眾生命安全。

伍光彥副局長感謝法鼓山熱心公益的義舉，表示為讓全市唯一的排煙消防車能發揮最大效能，會配置在轄內有地下捷運場站及石化氣爆受災地區的前鎮消防分隊。

排煙消防車車身上貼印著「心安平安」、「只要心安，生活就有平安」的法語，果器法師表示，祝福所有從事消防工作的菩薩，都能心安平安的執行任務，也保障更多民眾生活的平安。

● 09.05～11.07期間

全臺舉辦第二十二屆「佛化聯合祝壽」
感恩家中寶 體驗佛法安心的力量

法鼓山「2015 佛化聯合祝壽」活動，於 9 月 5 日至 11 月 7 日期間，在全臺各地分院、護法會辦事處陸續展開，共計二十七個場次，近三千九百位長者在念佛、祈福、供燈、奉茶等活動中，體驗佛法安心的力量。

各場祝壽活動上，方丈和尚果東法師透過影片，祝福各地參與的長者們，並勉勵活到老學到老，透過「學習、健康、活力、分享」照顧自己，關懷家人，樂齡生活必定更加精彩。

各地區的祝壽活動，皆具特色。北投農禪寺除了祈福法會，並安排百歲長者分享念佛的法喜；10 月 10 日於臺北安和分院舉行的祝壽活動中，僧團副住持果燦法師鼓勵長者「逆轉思考，正向面對，重拾生命價值」，有近千位長者及家屬參加。

臺中寶雲寺於 10 月 11 日舉辦祝壽祈福法會，進行「默契大考驗」、「夢

信行寺長青班菩薩的帶動唱，帶來「旭日又東昇」的銀髮活力。

想清單」遊戲，讓子女對父母的喜好與夢想，有更進一步的認識，監院果理法師開示，佛化祝壽不只是三寶的祝福，兒孫們藉著活動也能當面表達對父母、祖父母的祝福及感恩。

臺東信行寺則於 10 月 18 日舉辦聯合祝壽，在法師帶領下，上百位民眾陪同家中長輩，歡喜唱誦《心經》及「南無消災延壽藥師佛」聖號，為自己也為家人祈福。

許多民眾肯定佛化祝壽的教化力量，讓長輩和子孫都能受惠；有陪同父母參加的子女表示，在外聚餐賀壽多流於形式，首度體驗佛化祝壽，既能孝親，也能親近佛法，共同追求心靈的提昇。

2015 法鼓山佛化聯合祝壽活動一覽

地區	活動日期	舉辦單位	活動地點
北部	9 月 5 日	桃園齋明寺	桃園齋明寺
	9 月 28 日	護法會海山辦事處	海山辦事處
	10 月 3 日	北投農禪寺	北投農禪寺
		法鼓山園區	法鼓山園區
	10 月 4 日	護法會大同辦事處	臺北市大同區運動中心國際會議廳
		護法會林口辦事處	新北市林口區公所
		護法會羅東辦事處	宜蘭縣羅東高中
		護法會社子辦事處	社子辦事處
	10 月 9 日	護法會中山辦事處	中山精舍
		護法會內湖共修處	臺北市西湖活動中心
	10 月 10 日	臺北安和分院	臺北安和分院
	10 月 17 日	基隆精舍	基隆市仁愛國小
	10 月 18 日	護法會新莊辦事處	新莊辦事處
		護法會三重蘆洲辦事處	三重蘆洲辦事處
中部	10 月 11 日	臺中寶雲寺	臺中寶雲寺
	10 月 18 日	護法會員林辦事處	員林辦事處
南部	9 月 27 日	臺南雲集寺	臺南雲集寺
	10 月 11 日	護法會潮州辦事處	潮州辦事處
	10 月 18 日	高雄紫雲寺	高雄紫雲寺
	10 月 25 日	護法會屏東辦事處	屏東辦事處
東部	10 月 17 日	護法會花蓮辦事處	花蓮辦事處
	10 月 18 日	臺東信行寺	臺東信行寺

09.11

尼泊爾努日白玉分寺住持訪法鼓山

感恩援建災區學校

為感謝法鼓山對尼泊爾震災的關懷與援助，尼泊爾努日白玉分寺住持堪布扎西徹令仁波切，與堪布哀桑、臺灣大方廣佛學講修學會一行八人，9月11日參訪法鼓山園區，贈獻象徵感恩與祝福的哈達，方丈和尚果東法師與慈基會祕書長果器法師，以茶敘接待，關切受災地區的復原情況。

白玉分寺堪布扎西徹令仁波切（左二），與堪布哀桑仁波切（左一）致贈法鼓山感謝狀，由方丈和尚（右二）、果器法師（右一）代表接受。

堪布扎西徹令表示，感謝法鼓山援建雅久日奔學校，校舍修建進度已完成一半，讓必須透過救難直昇機或長途翻山跋涉，方能從山區脫困的數百位小喇嘛、偏鄉幼童，有處安全棲身的求學園地。由於通往山區的道路仍然中斷，民眾還需面對災後衛生、疾病等環境與醫療問題。

方丈和尚代表接受哈達和感謝狀後，表達大眾十分關心尼泊爾災後復原，也以「光明遠大」祝福救援震災的人士以智慧轉境，協助孩子們希望遠大。

09.23

慈基會受邀參與核安 21 號演習

防患未然 心安平安

9月23日，慈基會受邀參與行政院原子委員會、新北市政府於核一廠、北海岸地區及新莊綜合體育館舉行的「核安第 21 號演習──災民收容安置演練」，共有三十二位新莊地區緊急救援義工參加。

這次演習模擬核一廠事故無法有效控制，地方政府及當地居民進行防護應變措施，包括進行掩蔽、緊急應變計畫區八公里內國中、小學與弱勢族群及三公里民眾預防性疏散收容安置作業，歷時五個半小時，參演居民及應變人員近六千人。

新莊地區慰訪義工於演習中引導受災民眾避難、搬運物資以及提供熱食，也設置心靈關懷專區，提供法鼓山心靈環保相關結緣書籍及播放安心音樂，安定

民眾心靈。

核安演習,以救災緊急動員、安置等階段工作,熟悉應變作為,政府與民間組織共同合作救災,透過整合救災資源能量,面對可能發生之災害時,妥善安置民眾,減低傷害,並帶給人們心安平安。

● 10.03

2015 勸募會員授證典禮
勸募鼓手堅定菩薩行

新進勸募會員從常續法師手中接下證書,走上募人募心的菩薩道。

護法總會於 10 月 3 日在臺中寶雲寺舉辦「2015 新進勸募會員授證典禮」,方丈和尚果東法師、護法總會副都監常續法師、寶雲寺監院果理法師、護法總會副總會長黃楚琪、楊正雄等出席關懷,共有來自全臺各地一百二十八位新進勸募會員加入鼓手的行列,有近三百位信眾觀禮祝福。

典禮由豐原合唱團演唱〈觀音讚〉、〈延命十句觀音經〉、〈菩薩行〉等佛曲,揭開序幕;接著觀看聖嚴師父開示影片,師父期勉勸募會員,心安就能身安、家安、業安,勸募是幫助自己,也幫助他人做好事。

方丈和尚開示時,期勉鼓手練習放下自我中心,從「利人利己,關心別人」出發,發願「救苦救難學觀音,平等普施學觀音」;黃楚琪副總會長也分享多年來學佛護法的心得,勉勵眾人共同努力,讓護法因緣代代相傳。

在觀音菩薩聖號聲中,新進勸募會員分成十二組,從常續法師、常應法師手中接下證書,也發願從關懷出發,走上募人募心的菩薩道。

● 10.03

慈基會學輔班教育活動
提昇關懷與陪伴的內涵

10 月 3 日,慈基會於護法會新竹辦事處舉辦新竹區「104 年度下半年兒少學輔班」行前教育活動,桃園齋明寺監院果舟法師出席關懷,共有二十七位擔任

課輔師資的大學生及義工參加。

　　活動首先由慈基會專職介紹學習輔導班成立緣由、關懷要點與願景，說明透過陪伴、鼓勵以及支持，提昇學童自信與成就感，趨向正向的成長。

　　課程並邀請新竹市生命線志工督導何賢文講授溝通的技巧與心態，說明在關懷過程中，如何放下自我，用同理心、提起觀照力體會孩童的感覺與情

學輔班行前教育活動，果舟法師勉勵學員，在助人過程中，成長自己。

緒，再引領學習與人相處，培養一個健全的人格；也帶領進行角色扮演，體驗被帶領者的心境。

　　果舟法師最後勉勵學員，做自己生命的工程師，幫助別人的當下，就是幫助自己。

● 12.12　12.13　12.19　12.26

四分支道場舉行歲末關懷
傳遞佛法的關懷與祝福

　　慈基會於 12 月 12 至 26 日期間，分別於北投農禪寺、文化館及法鼓山園區、桃園齋明寺舉辦「104 年度歲末關懷」，共有一千五百多戶關懷家庭參加。

　　12 日首場歲末關懷，於農禪寺舉行，方丈和尚果東法師、臺北市社會局長許立民、北投區長李美麗到場關懷，由關懷院監院常綽法師帶領祈福法會。法會圓滿後，並於水月池邊展開園遊會，各區義工除了提供熱食、衣物、生活器皿等必需品，也設有親子互動遊戲與 DIY 體驗專區，讓關懷戶度過溫馨時光。

　　關懷家庭最多的文化館則於 13 日展開活動，僧團副住持果祥法師勉勵大眾，學習觀世音菩薩，讓慈悲與智慧無限流轉。除了傳燈祈福法會，也安排義剪，為關懷戶服務。

　　19 日於園區舉行的基隆、北海岸歲末關懷，由常綽法師帶領供燈祈福，法師勉眾學習傳達彼此關懷，因為每個人都有能力關懷他人、給人溫暖。活動中也安排鼓隊、樂曲、話劇等藝

文化館的歲末關懷活動中，安排義剪。

文表演，讓歲末關懷充滿歡樂。

齋明寺於 26 日舉行關懷活動，邀請三百多戶關懷家庭參加，除致上關懷禮金與物資，也觀賞公益微電影《希望樹》，描述一位歌手至偏鄉當志工的經歷，監院果舟法師說明，培養利他又利己的菩薩精神，不論是布施金錢或心力，當下用行動去關懷有情與無情生命，即是法鼓山心靈環保理念的具體實踐。

● 12.13

榮董會第三任悅眾團隊聯席會議
分享推動會務的經驗與心得

方丈和尚勉勵榮董悅眾，在奉獻中安心修行。

12 月 13 日，榮譽董事會於北投農禪寺舉辦第三任悅眾團隊聯席會議，方丈和尚果東法師出席關懷，護法總會副都監常續法師全程參與，會中分享推動會務的經驗與心得，並對榮董的全面教育進行分組討論，共有七十位來自全臺及美、加地區的悅眾參加。

會中首先播放「榮譽董事會 2014 — 2015 年大事記」，了解第三任團隊由國內到海外，由點而線再到面的關懷活動。接著各地區召集人分享推動會務的經驗與心得，其中，臺灣中部地區召集人陳治明分享了中區成立「榮董關懷員」，推動關懷的經驗；海外地區召集人也分別說明美國紐約東初禪寺的擴建工程，以及在加拿大溫哥華關懷新移民，接引更多人加入學佛護法的行列。

方丈和尚開示時，說明關懷指的是「全體的關懷」，而接引就是透過大眾發願的力量，實踐有願就有力；勉勵眾人在奉獻中，同時安心修行。

● 12.13

「佛化婚禮講習培訓課程」雲來寺舉行
締建和樂家庭的禪味妙方

法鼓山 12 月 13 日於北投雲來寺舉辦佛化婚禮講習培訓課程，主題是「不一樣的親密關係」，由心六倫宣講團講師鄭玫玲、許新凰、蔡稔惠分享掌握幸福

的學習之道，並由關懷院常持法師帶領體驗動禪、放鬆身心，提點締建和樂家庭的禪味妙方，共有八十多位參加佛化婚禮的新人參加。

常持法師說明，愛是最高貴的情感，但是如果愛的心態和方法錯了，婚姻就會變成愛情的墳墓；建議以菩薩伴侶的精神經營家庭，視對方為菩薩，婚姻是神聖的菩提道場，家庭生活就會融洽幸福。

在「佛化婚禮講習培訓課程」中，新人分組討論締造和樂家庭之道。

小組討論時，學員分享男女交往最容易引爆的地雷，包括發牢騷、碎碎念、衛生習慣、情緒表達、家務分配、行蹤報備等都是易爆彈，而「傾聽、信任、尊重、包容、體諒」則是亟需學習的課題。

有新人表示，課程中學習到放輕鬆、不執著用「道理」解決爭執，而以關懷取代，便能在婚姻中灑播菩提種子，經營佛化家庭。

● 12.16～2016.02.04

護法總會感恩新任悅眾
家庭關懷行 凝聚護法願力

延續聖嚴師父關懷精神，12 月 16 日至 2016 年 2 月 4 日，護法總會副都監常續法師、常應法師，以及陳高昌、胡正中兩位主任，關懷全臺各地三十四位新任召委闔家，凝聚悅眾家庭共同護法的信心和力量。

常續法師表示，護法會成立之初，聖嚴師父每到各地弘法，同時會到各地悅眾家中關懷，感恩悅眾及其家人的護持，並勉勵用佛法來提昇自己，接引家人學佛。

法師們的到訪關懷，讓悅眾鼓手受到很大的鼓舞。有召委分享，自己是個不善言談的人，接下需與人溝通、協調的悅眾工作，內心難免惶恐，常續法師親自來訪，分享自己領執的

常續法師（左五）、常應法師（右四）至苗栗召委劉進財（左四）家中關懷，臺中雲寺監院果理法師（右三）、果雲法師（左二）也一同前往，與劉召委九十一歲老菩薩（中坐者）歡喜互動。

經驗，讓她了解到原來法師也時時不斷學習，因而受到鼓勵。

也有悅眾表示，家人是同修道侶，法師前來關懷，如同將佛法的種子，深植家庭；期許未來能有機緣，讓其他勸募會員和義工，也有機會面對面聆聽法師的開示關懷，讓佛法融入更多家庭之中。

● 12.19

護法總會新任悅眾授證典禮
張昌邦接任總會長

新任護法悅眾歡喜接下聘書，共願共行做觀音。

12月19日，護法總會於北投農禪寺舉辦「2016年正副會團長、轄召、召委暨委員授證營」，由方丈和尚果東法師授證與開示，以正副總會長為首，包括各會團正副會團長、轄召、召委以及新任委員等，共有三百四十四位悅眾參加。

典禮上，播放聖嚴師父於2005年召委成長營的開示，帶領悅眾回到初發心。師父籲請悅眾「做樹根」，因為樹根是法鼓山的根本，即使隱而不顯，卻是推動會務，廣納和培育年輕人才的幕後推手。

方丈和尚致詞時提醒悅眾，接引的過程要契機契理、恰到好處，應多觀察社會所需，以同理心關懷他人，分享溝通協調的經驗，廣結善緣，募人又募心。

2016年有不少悅眾是第一次接下召委或會團長等職務，護法總會副都監常續法師以自身領執經驗鼓勵悅眾，新職位代表的不只是重責大任，更能讓人從中學習觀照自身、消弭習氣，成為修行上的助力；新任總會長張昌邦也在致詞時，感恩前總會長陳嘉男與所有悅眾長期的無私付出，會在良好的基礎上，集眾人願力，成就利益眾生事。

有新任召委表示，希望透過分享和傾聽活動，深入關懷悅眾的家庭和生活，從而凝聚向心力；也有召委期許自己扮演好統籌角色，協助幹部奉獻所長，一同成長，讓法鼓山持續茁壯，推動如來家業。

參【大學院教育】

涵養智慧養分的學習殿堂，
以研究、教學、弘法、服務為標的，
培養專業的佛學人才，
開啟國際學術交流大門，
朝向世界佛教教育園區的願景邁進。

佛法世學兼備
善良動能的發源地

2015年，法鼓文理學院人文社會學群首度招生，
大學院教育融合宗教、人文、社會等範疇於一爐，
持續透過學術研討、國際交流、學校與推廣教育，
以及跨領域交流合作等多元管道，實踐聖嚴師父興學大願，
建構佛法與世學兼備的教育環境；也接軌國際，
造就跨領域學科素養、關懷生命、奉獻社會的各級領導人才。

以「是一處善良動能的發源地，可為我們的社會培育出更多淨化人心的發酵種籽」自期的法鼓文理學院，於4月正式揭牌，除人文社會學群於春季首度招生，各項硬體工程建設，包括綜合大樓、學生宿舍「禪悅書苑」、運動禪修空間「揚生館」、新圖書館「麗英館」以及「大願・校史館」，陸續完工啟用；軟體教育推展也漸次臻於完備，佛教學系、人文社會學群，及心靈環保研究中心、禪文化研修中心、語言與翻譯中心等單位，運作無礙，開創教學、研究、終身教育的新氣象。

培育漢傳佛教宗教師為旨趣的僧伽大學、於國際間深耕漢傳佛教研究的中華佛學研究所，亦以穩健務實的步履，推動相關教學、研究、交流等活動，致力於培育具宏觀視野、專業素養的宗教師及佛學人才，回應高等教育的時代需求，並具體實踐心靈環保的核心主軸。

法鼓文理學院

本年，文理學院在學術研究和交流方面，3月，和美國欽哲基金會合作的「藏傳佛典漢譯暨人才培訓計畫」屆滿週年，已建立藏傳佛典漢譯準則、完成部分藏傳佛典實際翻譯，也開辦課程培育翻譯人才；11月，並舉辦「藏傳佛典漢譯之重要性與未來展望」研討會，邀請學者專家深入探討各領域藏經的重要性，提供翻譯計畫未來的參考依據。

5月，泰國法身寺來訪參學，與校長惠敏法師、佛教學系主任果暉法師，就漢傳和南傳的佛教教育交換意見；10月底，和德國漢堡大學（University of Hamburg）、阿根廷佛學研究基金會、加拿大菩提乘佛教教育協會等，共同主辦「《中阿含經》國際研討會」，推廣漢譯《阿含經》在臺灣的研究。另外，佛教學系教授杜正民也於11月出席中國大陸「第二屆佛教媒體編輯研討會」，以聖嚴師父的思想為主題，分別於北京大學、中國佛學院進行演講，分享法鼓山心靈環保理念、三大教育，及佛法在當代的推廣和實踐。

而為落實「心靈環保」的核心主軸，於本年開設新生必修課程「心靈環保講座」，主題涵括中華禪法鼓宗、印度和西藏佛教的心識論與生命觀，以及心靈環保與佛學、經濟、資訊、建築、生命科學、環境共生、公民社會發展等範疇，從心靈、生命、社區到環境，引領學子跨領域學習，以養成關懷奉獻、博學雅健的人格特質，開發悲智和敬的生命質地。

同時，文理學院也透過演講、課程、工作坊、研習營等各式活動，將研究成果和資源與大眾共享，推動終身學習教育。包括馬來西亞佛學院院長繼程法師、聖嚴師父法子查可‧安德烈塞維克（Žarko Andričević）、惠敏法師等，從禪修角度出發，以四場演講與一千五百位聽眾分享禪悅法喜與利益；課程部分，延伸行政院科技部「慈悲心像──禪修在宗教教育場域的運用研究」計畫，5月起，開辦八堂「正念慈心培育課程」，引導學員將正念運用在生活中，並在學聯網（Share Course）數位學習平台開設線上課程，開啟佛教禪修課在線上互動學習的先例。而針對不同族群需求舉辦的研習活動，7月有「親子學佛工作坊」、「挑戰自我，創造時代──青年創業工作坊」，邀請專業人士與家長、青年朋友暢談實際經驗；8月，為臺灣、中國大陸的教師與博士生開辦「兩岸四地大學校院教師禪文化研習營」；10月，則為信眾舉辦「人社研修體驗營」，由人文社會學群教師介紹課程概貌，感受文理學院的博雅學風。

校園活動方面，學子於社團學習、觀摩交流、海外實習，處處展現關懷眾生、多元學習的精神。延續多年的「淨心淨土，金山環保」海洋淨灘活動，2015年成果並記入「ICC國際淨灘行動記錄表」做為研究數據；行願社則透過浴佛、歲末關懷、念佛共修等活動，持續陪伴新北市萬里仁愛之家長者；3月，行願社、學生會、澄心社、魄鼓社、書畫社等社團，參與教育部「全國大專校院學生社團評選暨觀摩活動」，從近三百個社團中，獲得續優獎肯定。

4月校慶活動，各社團舉辦成果展、全校師生踴躍參與五分鐘書評、運動競賽、語言競賽，並於臺大醫院金山分院展出禪韻國畫師生聯展，帶動觀摩學習的氣氛，也和社區民眾分享教育成果。通過教育部「學海築夢」海外實習計畫的佛教學系學生宏滿法師、林悟石，於暑假前往美國加州洛

杉磯道場，每日隨眾作息、觀摩道場事務、擔任禪七內護，並進行佛法實習弘講，體驗「一日不做，一日不食」的農禪生活義涵。

法鼓山僧伽大學

邁入創校第十五年的僧大，以培養道心堅定，具前瞻性、包容性及國際視野的僧才為理念，行之有年的「生命自覺營」，今年舉辦第十二屆，共有一百七十三位來自北美、東南亞、中國大陸、香港、臺灣等地青年學員，於短期出家生活中，體驗生命的覺醒與超越；3月展開招生說明會，共有四十一位海內外青年參加；4月舉辦第七屆講經交流會，除了以佛教經典為主題，另有學僧以分享法鼓山理念、心五四等為內容，展現學習成果；6月，九位畢業學僧的「2015畢業製作暨禪修專題發表」，主題聚焦於兩大類，一是藉由文獻與史料重現，研究聖嚴師父的禪法；另一類則是從生活出發，讓修行深耕於生活中。

在7月舉辦的畢結業典禮上，院長方丈和尚果東法師、副院長常寬法師、果肇法師等師長出席祝福，除為畢結業生搭菩薩衣、授證，並點亮象徵智慧光明的缽燈；8月，學僧刊物《法鼓文苑》出版第七期，以「心的甦醒——生命自覺號」為專題，透過「生命自覺營」歷年學員、執事法師和學僧的分享，一同檢視生命的轉折與超越。

9月的剃度典禮由方丈和尚擔任戒和尚，果暉法師擔任教授阿闍黎，為十三位求度者圓頂、授沙彌（尼）戒，並有十三位僧大新生、五位僧團行者求受行同沙彌（尼）戒。僧大於典禮前，為即將剃度的行者舉辦茶會，與親友們分享在法鼓山上的學習和成長，並於典禮後舉辦「剃度大悲懺法會」，以法會共修祝福新戒法師成為法門龍象人才，荷擔弘法利生的如來家業。

中華佛學研究所

落實「帶領臺灣佛學研究與國際佛學研究接軌」的中華佛研所，2015年6月，與文理學院、聖基會聯合主辦首屆「漢傳佛教青年學者論壇」，以「漢傳佛教研究的新文獻、新視野、新方法」為題，透過十三場發表、四十五篇研究報告，帶動漢傳佛教研究走向跨域合作交流的新範式；參加的青年學者分別來自臺灣、中國、新加坡、日本及美國、加拿大等地，研究題目涵蓋跨文化交流、寺院空間、佛教藝術、經論義理、民間寶卷、詩歌等。論壇的舉辦，別具意義與特色，包括：學術社群的形成、研究視野的拓展，以及交流平台的整合。

在學術社群形成上，由於與會的青年學者分散海內外就讀博士班，或是已取得博士候選人資格，透過參與計畫的因緣，組成跨國、跨校的研究團隊，藉由網路通訊軟體來展開溝通、彼此鼓勵，成為新世代協力合作的模

佛研所舉辦首屆「漢傳佛教青年學者論壇」，帶動漢傳佛教研究走向跨域合作交流的新範式。

式。在研究視野的拓展上，本次提出的研究計畫內容，涵括多元豐富議題，由於新文獻不斷出現、新方法導入運用，加上年輕學者各具不同專業，跨領域的對話，激盪出嶄新觀點和方法。至於交流平台整合，因為論壇提供了知識分享、跨界交流、團隊合作的場域，一方面回應研究需求，一方面也是支持青年學者投入研究。

論壇之外，本年佛研所另辦兩場校友專題座談，由四位歷屆校友分享臺灣佛教教育、心靈環保農法經驗。4月，舉辦「聖嚴法師文物史料數位典藏與理念推廣研究」專案第二次成果發表會，並邀請學者專家、科技界代表，對談數位史料的運用與開展。11月，所長果鏡法師應邀至中國大陸廣東中山大學，指導心靈環保禪修課程，分享禪修的觀念與方法。12月，於法鼓山園區舉辦校友活動，並通過

成立校友會，凝聚眾人力量，對內回饋母校，協助學校辦理研討會等學術活動、認養校園景觀維護，對外則以校友會名義服務社會。

在出版方面：5月，漢傳譯叢新亞洲佛教史系列《中國文化中的佛教》；7月，中華佛學研究所系列《陳那現量理論及其漢傳詮釋》；10月，漢傳典籍叢刊系列《雪竇七集之研究》，及佛教會議論文彙編系列《求法與弘法：漢傳佛教的跨文化交流國際研討會論文集》，藉由出版提昇學術研究風氣。

結語

「為佛教、為社會，培育宗教、人文、社會等各層次人才」，是聖嚴師父對大學院教育的期許，三十餘年來，透過日益完備的硬體教學設施、傑出優秀的國際性師資、國際化的教學交流互動，賡續培養跨領域學科素養、關懷生命、奉獻社會的各級領導人才的初衷，成果斐然。

2015年，立足臺灣，大學院教育除了致力於學子們專業智能的培育與開拓視野，也以學術交流研討、論壇舉辦，為漢傳佛教研究架構跨地域、跨世代、跨領域的對話平台，接軌國際，再創漢傳佛教的弘傳新局。

● 01.09

繼程法師講「安心淨心」
分享生活中的安心之道

繼程法師分享，真正的安心，在於內心的安定，而「不安」，正可做為修行的著力點。

法鼓文理學院於1月9日在德貴學苑舉辦專題講座，邀請聖嚴師父法子繼程法師主講「安心淨心」，法師運用生活實例，揭開生命的盲點，勉勵大眾放下執著，才是真正的安心，有近三百人參加。

「早上起來，為什麼沒有辦法對自己微笑說早安？」法師解釋，這是因為早起第一個念頭就是不安。為何不安？因為拚命往外追逐，希望獲得快樂，但人生往往逆境多於順境，得到短暫的快樂就緊抓不放，又苦了自己。

法師說明，真正的安心，在於內心的安定，「不安」正可做為修行的著力點，禪修過程中，不受妄念干擾，逐一放下，最後會發現，最深的不安是我執，因為執著於自己的生死，才有莫大的恐懼。如果知道一切都是因緣生、因緣滅，放下自我執著，看什麼都是小問題。

繼程法師以佛陀過去生割肉餵鷹的偉大行誼，說明菩薩因為沒有我執、沒有不安，所以能放心、放鬆地行菩薩道。法師勉勵聽眾，打開重重心鎖，放下各種執著，與外境互動就不再是追逐，而是放鬆，才是真正的安心。

● 01.24

法鼓文理學院舉辦考生輔導說明會
人文社會學群碩士學程首度招生

法鼓文理學院於1月24日在法鼓山園區舉辦考生輔導說明會，由校長惠敏法師、佛教學系系主任果暉法師等多位師長，解說辦學理念與教學特色，並介紹校園環境，有近六十位來自臺灣、馬來西亞、香港等地的學子參加。

惠敏法師表示，文理學院整併教學資源，除原有的佛教學系，再開展出「生命教育」、「社區再造」、「社會企業與創新」、「環境與發展」四個碩士班學位學程組成的人文社會學群，朝向建構小而美、跨領域學科的方向發展，並

文理學院考生輔導說明會上,有志報考者分組參訪圖資館,了解館藏特色。

研擬規畫雙主修學位,著眼未來人類社會的需求,培養才德兼備、具備完整視野,能持續學習成長的人才。

有志報考者除了關切佛教學系應考資訊,並踴躍提問就讀人文社會學群的課程與未來出路。惠敏法師回應,就讀法鼓文理學院的優勢,除了融入法鼓山境教修行環境,學習專業能力,學生在校內同時可養成身心健康、終身學習的好習慣,扎下利人利己的良好基礎,正是社會各界最期待的人才

會中,二十多位學、碩、博士班一年級學生,也分享讀書經驗,歡迎大眾報考,一起加入這所培養關懷奉獻、博學雅健人才的學校。

佛教學系學、碩、博士班,3月起開放網路報名,4月舉行筆試與口試;首屆人文社會學群,自2月開始報名、3月口試,每學程各招收二十名碩士生。

● 01.24～12.26期間

法鼓文理學院環保社團海洋淨灘
行動關懷生態環境

法鼓文理學院教職師生發起的環保社團「淨心淨土,金山環保」海洋淨灘活動,2015年除於新北市金山磺溪口持續進行,範圍也擴及桃園市觀音區海岸,以實際的淨灘行動,關懷海洋生態環境。

其中,4月26日於桃園觀新藻礁生態保育區進行的淨灘行動,在保生社區發展協會廖經贈總幹事的解說與帶領下,大眾一邊認識當地藻礁與潮間帶的生態環境,一邊淨

法鼓文理學院師生發起的「淨心淨土,金山環保」社團,2015年持續投入淨灘活動。

灘，並將撿到的垃圾記錄在「ICC 國際淨灘行動記錄表」，回報至臺灣清淨海洋行動聯盟（Taiwan Ocean Cleanup Alliance, TOCA），讓淨灘的成果成為研究的參考數據。

活動中，文理學院會計室主任張振華也分享社團創立的源起，2012 年新北市金山區的候鳥「黑頸鷿鷉」誤食橡皮筋死亡，為了紀念與實踐心靈環保，而發起每月的淨灘活動；自從持續淨灘後，招潮蟹等生物也慢慢出現，乾淨的沙灘展現截然不同的新風貌。

法青會會員也參與此次淨灘活動，為「法青會山水禪」展開不一樣的活動內涵。

● 01.25

中華佛研所校友專題座談
關注佛教教育　分享心靈環保農法

中華佛研所於 1 月 25 日在德貴學苑舉辦兩場校友專題分享座談會，由第一屆果祥法師、第二屆厚觀法師、第十三屆越建東、黃國清等，分別以「臺灣佛教（學）教育」、「心靈環保農法經驗」為題，與歷屆校友、聽眾分享交流。

第一場座談會中，針對主持人越建東的提問，「如何因應臺灣佛教人才流失、後繼乏才等問題？未來佛教教育該朝哪個方向前進？」與談人厚觀法師樂觀看待，舉出初任福嚴佛學院院長時，也曾煩惱學生素質參差不齊，而向印順長老徵詢意見，得到「因材施教」的啟發，領悟到學生的特質各有不同，有的重學問，有的道心強，都是佛教界不可或缺的人才。而聖嚴師父的提點，更讓他理解到佛教教育是立基於「道心第一」的人才培育上。

佛研所舉辦校友專題座談，歷屆校友果祥法師、厚觀法師（右起依序）、越建東、黃國清（左起依序）交流佛教教育、心靈環保農法。中為所長果鏡法師。

厚觀法師提醒大眾不要忽視自他增上的力量，勉勵年輕學佛者「立志要長，不要常立志」，目標要高遠，同時兼顧實踐，腳踏實地，學佛便能日起有功。

第二場座談會，由果祥法師邀請農友林世豐、陳佩雲，分享自然農法的實作經驗。法師表示，農地是眾生賴以生存的主要依靠，耕作者若將佛教的慈悲和智慧落實在農作上，由護持一塊農地做起，繼而護持一切生命，農地即是修行的菩提道場。

● 01.31～02.10

「第十二屆生命自覺營」園區舉行

啟動學員自覺生命的心旅程

僧大於 1 月 31 日至 2 月 10 日
舉辦「第十二屆生命自覺營」，由
果峻法師擔任營主任，共有一百七
十三位來自臺灣、北美、東南亞、
中國大陸、香港等地青年學員，於
法鼓山園區體驗短期出家生活，重
新發現生命的意義。

自覺營課程著重出家人的威儀及
心性，首先由總護常澹法師指導佛
門禮儀，青年院監院常元法師、僧
大助理教授果徹法師，分別講授受

自覺營學員分組於園區各處體驗戶外禪，或在溪邊打坐，或環山
經行，體驗禪悅境教。

戒意義與戒相，果徹法師深入淺出解釋戒能使人從煩惱解脫，因為自己希望得
解脫，所以願意主動學習，培養好習慣。

2 月 3 日的正授典禮，由方丈和尚果東法師擔任得戒和尚，僧團副住持果暉
法師任教授阿闍黎，學員在典禮中虔誠懺悔、恭敬發願，納受清淨戒體；當天
也是聖嚴師父的六週年圓寂日，方丈和尚勉勵學員，珍惜師父用生命成就眾人
出家的因緣，把握時間體驗學習。

另一方面，在介紹出家心態的「出家心行」課程中，僧大男眾副院長常寬法
師幽默解說菩提心與出離心的內涵，說明出離心是離開煩惱心，提起生命自覺
心，出去散散心；菩提心則是離開舒適圈，帶著佛法救生圈，救度眾生。弘化
發展專案召集人果慨法師講授「梵唄與修行」，介紹如何透過梵唄止息個人妄
念、迴向法界眾生。

「創辦人的悲願」由農禪寺監院果毅法師與學員討論希望、期望、願望與悲
願的差異，提醒年輕學員發大悲願、願願相續；「出家與在家」座談會中，果
峻法師及中華佛研所所長果鏡法師勉勵學員面對人生前途的抉擇時，對未來不
要太過擔心，多親近善知識，就會有善因緣成就。

最後一天的感恩之夜，舉辦傳燈活動，學員們發願學習聖嚴師父感恩奉獻的
精神，要以佛法利益自己、利益他人。

有學員表示，感恩法師們的慈悲守護、義工的無私護持，讓自己不受外界干
擾，找回「心的力量」，也啟動生命自覺的心旅程。

● 02.19～23

法鼓文理學院設立新春展覽專區
展現優質教學環境與完善課程規畫

法鼓文理學院教職員於新春期間,在園區設立展覽專區,分享辦學理念。

2月19至23日新春期間,法鼓文理學院於法鼓山園區設立展覽專區,透過專人解說,以及填寫問卷、臉書按讚送結緣福袋,與前往園區及校園走春的民眾分享辦學理念。

期間每日約有三百多位民眾,詢問教學環境與課程規畫,透過問卷了解文理學院的學程,除佛教學系,尚有「環境與發展」、「社會企業與創新」、「社區再造」、「生命教育」四個學程。

同時在問卷選項中,也間接了解文理學院不但系所與課程規畫完善,也具備了優質的教學環境,包括:國立大學收費、校園優美、師資堅強、課程規畫符合社會與時代需求等優勢。

● 03.06

「藏傳佛典漢譯暨人才培訓計畫」一年有成
建立漢譯準則、翻譯部分佛典、開辦課程

法鼓文理學院「藏傳佛典漢譯暨人才培訓計畫」,自2014年3月與美國欽哲基金會簽約合作,已屆滿一年。在計畫主持人蘇南望傑帶領下,已建立藏傳佛典漢譯準則、完成部分藏傳佛典實際翻譯,並開辦課程培育翻譯人才。

為使參與計畫的不同譯者有所依據,首先召開「翻譯準則諮詢會」,整理歸納專家學者的寶貴建議,訂定「藏傳佛典漢譯計畫翻譯準則」;為使譯作更精準符合原著,更舉行二十多次「藏傳佛典漢譯計畫例會」,並開放學生參與,期許同步增強學生翻譯的實務經驗。

現階段已完成「《大乘莊嚴經論・安慧釋》譯注與考察」部分內容,並通過外審。另外,委由法光佛教文化研究所教授蕭金松所成立的「般若工作坊」,

翻譯獅子賢《般若波羅蜜多二萬五千》；輔仁大學許明銀教授著手翻譯《丹珠爾》所收錄之阿底峽著作。專案也就《大正藏》未收錄之《藏文大藏經》經論數量、張數、字數進行資料分析與研究，發現顯宗《甘珠爾》及《丹珠爾》尚未翻譯成中文的經論，各有一百一十二與六百五十三部，字數超過三千萬字。

此外，翻譯人才培育方面，文理學院也特別開設翻譯課程，加強學生語文與教義之研修，期使譯經事業與研究永續傳承，紹隆佛種。

● 03.15

僧大舉辦招生說明會
分享僧伽教育意義與使命

僧大於 3 月 15 日在法鼓山園區舉辦招生說明會，方丈和尚果東法師到場關懷，副院長果肇法師、常寬法師、教務長常順法師、學務長常悅法師等各位師長出席，介紹僧大教育理念與學制、回答學員的提問，共有四十一位海內外青年參加，並有二十位親友列席與會。

方丈和尚勉勵有志報考僧大的青年，以奉獻心報考，提昇生命品質。

說明會中，也安排大堂問答、應考分享、手作活動、小組餐敘、學習環境參訪等互動，引導學員認識僧伽教育的意義與使命，重廓出家願心。果肇法師引用聖嚴師父的話：「一個人的快樂、幸福，建立在是否找到生命的著力點。」建議家長尊重與接納孩子到僧大接受人格養成教育，成為眾生的心理醫生，終身都有奉獻的出路；學僧們也分享，準備應考時，應以熏修佛法的道心，取代猜題的競爭心。

小組互動時間，藉著包餃子、彩繪手帕，傳達菩薩道上相互成就的殊勝意義。每位學員各包兩顆餃子，向參加者表達感恩，接著在環保手帕上彩繪祝福，隨機送給學員，讓報考者帶回祝福的禮物，陪伴準備應考。

方丈和尚果東法師在菩薩戒會圓滿後到場，勉勵學員提起奉獻心報考，從備考的過程中體會佛法。

● 03.28～29

全國大專校院社團暨觀摩活動
行願社再獲教育部績優社團獎肯定

行願社等學生代表參加全國大專校院社團暨觀摩,再度榮獲績優獎的肯定。

法鼓文理學院行願社偕同學生會、澄心社、魄鼓社、書畫社等社團,於3月28至29日參與教育部於新北市林口體育大學舉辦的全國大專校院社團暨觀摩活動,並從參與評鑑的兩百八十二個社團中,再度獲得績優社團的肯定。

「來自心心的你」為行願社此行展出的海報標題。代表人與人之間的關懷,以及心心相印,行願相繼,發揚聖嚴師父慈悲利他的教導。成員表示,透過觀摩並吸收各校社團的豐富經驗,將繼續朝聖嚴師父開示的方向努力,不但要讓大家認識法鼓山,更要讓大家看到師父創辦教育的精神。

行願社的創社宗旨與教育部推廣服務學習的理念相呼應,特色為建立並經營一個能夠「自利利他的實踐平台」,透過「服務」的實際行動,除了將所學實際運用外,在與人互動的同時產生良好的正面循環,在成就需要幫助的人們同時,也幫助自己成長。

● 04.01～10

法鼓文理學院歡度首屆校慶
舉辦學院揭牌、揚生館揭幕啟用典禮

法鼓文理學院於4月8日歡度首屆校慶,於法鼓山園區舉辦「法鼓文理學院」揭牌暨揚生館揭幕啟用典禮。前副總統蕭萬長、法鼓學校財團法人董事今能長老、歷屆法鼓大學籌備處主任、校舍建築設計團隊代表,與方丈和尚果東法師、校長惠敏法師,於新校區綜合大樓前,共同揭開「悲、智、和、敬」的校訓布幔,共有五百多人觀禮祝福。

典禮上,校長惠敏法師首先宣布「法鼓文理學院」校名揭牌,期許學校以心靈環保為核心價值,為社會培育更多淨化人心的發酵種籽。方丈和尚致詞時,感恩大眾在推動法鼓大學的過程中,承擔因緣的轉化與變化,期望眾緣和合,

共同促成聖嚴師父的興學悲願。

　　由企業家許光揚、盧秀珍伉儷捐贈，未來將提供師生活動、運動使用的「揚生館」，也於當天揭幕，在眾人傳接校慶贈禮「和樂球」的熱鬧氣氛中歡喜啟用，展現新校區啟用的活力。圓滿揭牌典禮後，法鼓山合唱團、新逸交響樂團、唇音樂家李貞吉等，於國際會議中心合奏出悠揚樂音，齊聲祝賀文理學院穩健成長。

前副總統蕭萬長（中）、今能長老（左五）、建築團隊與護法代表，以及歷任法鼓大學籌備處主任，與方丈和尚（右五）、校長惠敏法師（右一）共同圓滿揭牌儀式。

　　系列校慶活動於 4 月 1 至 10 日間陸續展開，除了於校內舉辦社團成果展、李志夫教授書法展、春季五分鐘書評、趣味運動競賽、綜合語言競賽，帶動全校師生觀摩學習的交流氣氛外，至 6 月底，在臺大醫院金山分院二樓也展出禪韻國畫師生聯展，延伸校園禪修與藝術教育的學習成果。

● 04.18

僧大舉辦第七屆僧大講經交流
十二位學僧分享經典與體驗

　　僧大第七屆講經交流會於 4 月 18 日在法鼓山園區階梯教室舉行，共有十二位學僧參加，副院長常寬法師、護法總會監院常續法師等師長，皆出席聆聽。

　　講經交流會上，學僧除了以佛教經典為主題，如《阿彌陀經》、《心經》和《普門品》，另有分享法鼓山理念、心五四等內容。其中，一年級學僧演暢行者以臺語講說「心六倫」，並以手的形狀來說明「心五四」與「心六倫」：五個手指是「心五四」，意義是服務，指間是「心六倫」，意義是奉獻，當兩隻手鼓掌的時候，就是法鼓山聲音的展現。

　　擔任評審的師長，肯定參與學僧的用心與努力，提醒弘講時，應平衡觀念和自身的體驗，不要偏於任一方；

僧大學僧於講經交流會中分享「心六倫」。

常寬法師也勉勵學僧，學習轉化自己的語言，讓分享的內容去掉「我執」，就容易打動人。常續法師則以參加第一屆講經交流的學長身分，對照領職後的經驗，勉勵學僧多方嘗試。

● 05.15

泰國法身寺參訪法鼓文理學院
交流漢傳、南傳佛教教育

泰國法身寺助理住持日威法師、日進法師於 5 月 15 日，帶領分院住持與信眾共四十人，參訪法鼓文理學院，並拜會校長惠敏法師、佛教學系主任果暉法師，就漢傳和南傳佛教的弘法教育，交換意見。

第四次造訪法鼓山園區的日威法師表示，文理學院建材與設計融合環保和禪修元素，新增的環境與發展、社會企業與創新、社區再造及生命教育四個碩士學程，結合佛法與社會關懷，培養具人文學養的學術專業人才，與該寺的弘法教育理念相近，希望兩校能有更進一步的交流。

法鼓山與法身寺曾在 1990 年代初期進行交換學僧，現今擔任法身寺國際部部長的祥智法師、新加坡分院住持的祥代法師，都曾就讀中華佛學研究所；法鼓山副住持果暉法師、禪堂堂主果元法師，亦曾到法身寺修學一年，與當時剛受具足戒的日威法師有共同修學的因緣。

● 05.20

法鼓文理學院行願社關懷送暖
與仁愛之家長者歡喜浴佛

法鼓文理學院行願社於 5 月 20 日在萬里仁愛之家舉辦浴佛活動，內容包括浴佛儀程、藝文表演等，以行動表達對長者的關懷。

多年來，行願社師生透過浴佛、歲末關懷、念佛共修等活動，用佛法關心與陪伴仁愛之家長者，老菩薩們對浴佛活動都已相當熟悉，在同學的引導下，一同問訊、浴佛身、獻花、跟著維那法師唱誦佛號，現場充滿法喜。

浴佛儀程之後，二胡老師現場演奏長者們熟悉的老歌，同學們也臨場編歌，鼓勵長者

仁愛之家長者在同學協助下，一同灌沐佛身，度過法喜、莊嚴的佛誕日。

多念佛、發願前往西方淨土。

參與學生表示，關懷長者活動，讓自己體會到學習服務的真義，感恩長者提起了菩薩道上的信心與願心。

●05.20～07.24期間

法鼓文理學院「慈悲心像」計畫
首開線上慈悲禪修課程

法鼓文理學院執行行政院科技部「慈悲心像——禪修在宗教教育場域的運用研究」計畫，5月20日至7月8日，每週一於德貴學苑開辦八堂實體「正念慈心培育課程」，由助理教授溫宗堃授課。

法鼓文理學院「慈悲心像」計畫，實體課程於德貴學苑進行。

實體課程中，學員體驗吃葡萄乾、身體掃描、腹式呼吸，每完成一次體驗，都為自己祝福；學員也必須在生活中密集練習，以正念用餐、刷牙、沐浴、洗碗、交談等，並不忘在每次練習過後，祝福自己、感恩身邊的人。課程還包括正念伸展、靜坐、慈心練習、覺察呼吸與情緒等，透過反覆練習，強化慈悲禪修的學習效益。

另一方面，該課程於6月5日至7月24日，在學聯網（Share Course）數位學習平台開設線上課程（eMBBC），並於每週五更新學習教材，運用新一代數位學習模式，開啟佛教禪修課程在線上互動學習之先例。

在數位學習平台建構慈悲禪修課程，屬於研究計畫的成果之一，而研習學員的評估與回饋，則有助慈悲禪修教育的方法更具彈性。

●06.01～02

僧大「2015畢業製作暨禪修專題發表」
聚焦文獻史料、生活修行

僧大於6月1至2日在法鼓山園區階梯教室舉辦「2015畢業製作暨禪修專題發表」，副院長常寬法師、僧團都監果光法師到場關懷，共有九位學僧參加，

展現學習成果。

果光法師致詞時，說明畢業製作並不只是一個作品，更是一趟修行的歷程，期勉學僧運用有限的學習時光，思考如何實踐所學，展現宗教師的弘化能力。

2015 年畢業製作發表的主題聚焦於兩大類，一是藉由文獻與史料重現，研究聖嚴師父的禪法；另一類則是從生活出發，讓修行深耕於生活中。前者如演傳法師，以「進入祖師們的內心世界──以《禪門驪珠集》為底本看三位禪宗祖師」為題，發表譯出六祖惠能、宏智正覺與大慧宗杲語錄；演香法師從《法鼓全集》中挑選精要，並匯集成「聖嚴法師法語錄」，翻譯成英語；演定法師以「聖嚴法師的中觀思想──禪修與日常生活的運用」為題，介紹聖嚴師父學習中觀的歷程，並分享在生活上落實中觀的體驗。

協助聖嚴師父禪修年譜計畫專案的演宗法師，則整理師父 1976 到 1991 年的隨身記事本，並參照其他著作，重建當年師父於西方弘法的情境；演正法師發表「對中華禪法鼓宗的省思」，認為傳承者應當學習玄奘法師等開創者，活出一種生命的典範。

演寬法師提出的「植株病蟲害以辣椒水防治初探」，發自對生態環境的關懷，希望找出可保護農作物，又可以驅離蟲害而不殺生的方法；演信法師及演

畢業製作暨禪修專題發表會上，學僧展現新世代弘化創新能力。

復法師發表「法鼓山『茶』故事中的『禪』味」，從禪堂四十八株小茶樹的認識開始，到照顧茶樹、採收、製茶與泡茶，參與了一泡茶全部的生命過程，體會到「完全融入對方」與「活在當下」的幸福與感動。

常寬法師總結時，肯定與鼓勵畢業生與眾不同的呈現，也表示每位畢業生都真誠如實地展現學習體驗，令人感動。

● 06.13

法鼓文理學院揭牌後首屆畢業典禮
畢業生菩薩道上勇健啟航

法鼓文理學院於 6 月 13 日舉辦校名揭牌後首屆畢業典禮，由方丈和尚果東法師、校長惠敏法師、行政副校長果肇法師、副校長蔡伯郎、佛教學系主任果暉法師等師長登壇，帶領全校教職師生合掌齊唱〈三寶歌〉，為典禮揭幕，祝

福二十三位佛教學系碩、學士畢結業生，行菩薩道光大生命。

　　惠敏法師致詞勉勵畢業生，在人生的下個階段更加勇敢、健康、堅定，成為具備專業與跨領域知識的人才，更注重終身學習，養成身心健康的習慣，讓自己終身受用無盡之外，亦持續以菩薩道的精神，奉獻所學於社會。

　　方丈和尚果東法師鼓勵畢業生發起人生大願，「點亮光明心燈，演

法鼓文理學院舉辦揭牌後首屆畢業典禮，二十三位佛教學系碩、學士畢結業生與師長合影。

好菩提人生。」迎向未來旅程中的順逆因緣，處處都化為發菩提心、行菩薩道的著力點，讓自己成為一盞照亮周遭的燈，為世界帶來平安、快樂、幸福。

　　畢業典禮由「菩薩心行」、「法鼓燈傳」、「勇健啟航」三階段儀典組成，期許畢業生心懷《華嚴經·淨行品》：「若著上衣，當願眾生，獲勝善根，至法彼岸。」搭菩薩衣時，發願以利益眾生為優先；傳燈時，大悲心起，將畢業典禮當成下一階段菩薩行的起點。

　　簡單而莊嚴的畢業典禮，在畢業生代表的感恩與學習回顧影片中圓滿，教學行政大樓圓廳外，隨即響起磅礴動魄的鼓聲，透過魄鼓社擊鼓給予畢業生「勇健啟航」的祝福。

● 06.13

「禪悅書苑」入住前灑淨
普施佛法清涼　傳達心念與祝福

法鼓文理學院舉辦「禪悅書苑」入住前灑淨。

　　法鼓文理學院於 6 月 13 日下午舉辦「禪悅書苑」入住前灑淨儀式，有近八十位學生、教職員與訪問學人參加。

　　灑淨儀式由學生自主分配主法、維那與悅眾執事，範圍包含七棟書苑建築各樓層，以及位於地下一樓的人文社會學群圖書館麗英館。

儀式中，大眾雙手合十，收攝身心，口中持誦〈大悲咒〉，分成六道莊嚴的隊伍，依序走入書苑灑淨，祈願以觀世音菩薩的慈悲願力，為7月即將入住的住宿空間普施佛法清涼，向共住的護法諸神、法界眾生傳達敦睦相處的心念與祝福。

● 06.25

法鼓文理學院舉辦生活佛法講座
繼程法師主講「禪味六十」

繼程法師以《禪門直心》為引言，分享自己六十年的人生禪味。

法鼓文理學院於6月25日在德貴學苑舉辦生活佛法講座，邀請聖嚴師父法子繼程法師主講「禪味六十」，分享步入耳順之年的心境，共有三百多人在法師輕鬆幽默的言語中，體驗人生禪味。

講座中，法師回顧一生中重要的轉折點，自嘲從小愛講話，高中畢業時選擇當小學老師，也開始到佛學院旁聽佛學課程，有系統地研讀佛法，愈讀愈歡喜，積極地到馬來西亞佛教青年總會、太平佛教會當義工，出家的念頭日增。一次到短期出家營授課，聽聞竺摩長老感嘆：「現在出家的年輕人少，出家肯研究佛法的更少。」遂下定決心出家，為佛教盡一己之力。

為了出家，法師捨棄成為正式教師的機會，在竺摩長老座下剃度，還前來臺灣求學，打下紮實的佛學根基，並在藍吉富老師的介紹下，至北投文化館隨聖嚴師父打七，結下短暫而深刻的師徒緣分。

繼程法師表示，一生教書、學佛、出家、學禪等機緣，都不是刻意追求，而是隨順因緣；勉勵大眾人生一路都是好因緣，即使遭遇逆境，也是逆增上緣，用心體會無常、無我、空，讓心歸於平靜，舉目所見都是佛。

● 06.26～27

首屆「漢傳佛教青年學者論壇」園區展開
開創青年學者跨界論學平台

由中華佛研所主辦，法鼓文理學院、聖基會協辦的首屆「漢傳佛教青年學者論壇」，於6月26至27日在法鼓山園區展開，主題是「漢傳佛教研究的新文

獻、新視野、新方法」，透過十三場發表場次，共四十五篇研究報告，帶動漢傳佛教研究走向跨域合作交流的新範式。

參與論壇的四十五位發表人，分別來自臺灣、中國、新加坡、日本及美國、加拿大等地，研究題目涵蓋跨文化交流、寺院空間、佛教藝術、經論義理、民間寶卷、詩歌等；發表人都是在國內外就讀博士班，或取得博士候選人資格，有心投入漢傳佛教領域深入研究的青年學者。

佛研所所長果鏡法師致詞表示，期望從年輕學者開始，匯聚不同的觀點與方法，建立長久的交流對話平台。

文理學院校長惠敏法師則期許跨界人才加入佛教研究行列，開發新議題，導入新的研究方法與觀點，並提醒青年學者養成身心健康、終身學習的好習慣，關注新世紀脈動，提昇自己成為跨界人才。

有新加坡大學博士生第一次到法鼓山參加國際型會議，對於開放的學術討論風氣留下深刻印象；也有參與多次國內外學術會議的臺灣大學博士生表示，青年論壇創造的交流方式很特別，從中可了解漢傳佛教的學術研究動態，提昇研究的新視野。

「漢傳佛教青年學者論壇」為期三年，有多項因應時代變革的新嘗試。第一階段由青年學者自組團隊、自訂研究主題，籌備委員從中評選出十三組，於論壇中發表計畫內容，經第二階段再度評選後，將獲得移地研究經費與出版論文的機會，以此方式支持青年學者專注做研究。

來自新加坡、日本、臺灣、大陸及北美等地的青年學者相互切磋交流，增廣論述的觸角。

開展學術交流新範式

2015 首屆「漢傳佛教青年學者論壇」

不同於單一議題一次聚散的學術會議型態,一群平均年齡三十多歲,各具文、史、哲、藝術等研究背景的青年學人,在「漢傳佛教青年學者論壇」計畫號召下,6月26至27日齊聚法鼓山園區,共發表四十五篇研究報告,引動漢傳佛教研究走向跨域交流、海內外青年學人協力合作的新範式。

跨界交流 回應時代脈動

為期三年的「漢傳佛教青年學者論壇」計畫,自2014年10月公開徵集,由國內外青年學者自組三至四人的團隊,自訂研究主題,提交研究計畫申請報名。2015年3月公布十三組入選團隊,並於6月的論壇發表初步計畫內容。

入選的小組多是跨國、跨校團隊,成員各有不同的研究專長與興趣,透過參加論壇的契機,進一步組成研究團隊;藉著網路通訊軟體,選定主題、溝通觀點,形成小型學術社群,更成為求學生活中相互鼓勵打氣的學友。

開創漢傳佛教跨域研究新範式

鑑於近年新文獻的發現、新方法的導入,帶來漢傳佛教研究前所未有的榮景,論壇以新文獻、新視野、新方法為主軸,成果讓人驚豔;籌備委員中研院研究員廖肇亨觀察指出,傳統的佛學研究,多將眼光放在唐代以前,此次論壇,研究視野廣泛觸及宋代以後,歸因於發表人背景多元與團隊合作,激盪出新方法與新觀點。

例如,從研究寺院空間變化,帶入神聖空間研究的熱門議題,並分別從文學、歷史等面向,做跨界、跨年代的討論;以空海大師為主軸,從史學、儀式、悉檀文字、文學等四個角度,討論東亞佛教文化交流現象;明末清初唯識學研究,則以新文獻重新對思想與比較哲學史投入觀照;在現今眾多的《壇經》研究中,分別呈現從唐宋到清末民初各代的流傳演變,因而建立一條清晰的歷史脈絡。

首屆漢傳佛教青年學者論壇,以新文獻、新視野、新方法為主軸,除了關懷尚在求學階段的年輕學者,也為漢傳佛教研究建築跨地域、跨世代的對話平台,不僅漢傳佛教的研究面向更為多元,也引導漢傳佛教研究邁向新趨勢。

● 06.30

僧大畢結業典禮
祝福畢結業生踏出利生步伐

僧大於 6 月 30 日在法鼓山園區國
際會議廳舉辦「103 學年度畢結業典
禮」，院長方丈和尚果東法師、副院
長常寬法師、果肇法師等出席祝福，
進行「搭菩薩衣」、「傳燈發願」等
獨具漢傳佛教內涵的莊嚴儀式，有近
五十位俗家親友、在校學僧參加。

典禮以吟唱〈三寶歌〉揭開序
幕，各班在校學僧接續展現創意，
最特別的是三年級女眾學僧組成一

僧大師長為畢結業學生搭菩薩衣、授證，並點亮缽燈。

支諸佛菩薩供養人隊伍，以幽默的方式供養六位學長，如「避雷針」、「有求
必應」、「強壯的心臟」、「勇健的體魄」等法寶，期許學長延續個人在僧大
的學習特質，將法寶善用在領執上，以佛法供養眾生。

方丈和尚致詞時，勉勵畢結業法師，帶著「入如來室，著如來衣，坐如來座」
的胸襟氣度，也學習六祖惠能初入僧團時在大寮舂米，以步步踏實的精神，進
入僧團，領執奉獻。

禪學系畢業生常正法師表示，在禪堂實習時，領略佛法的實踐不是給予，而
是分享利人，並以輔導師長的贈言：「無論任何境遇，在落地之處開花。」做
為領執的期許；馬來西亞籍的演香法師分享，佛學系四年的學習，體會到如何
「激發潛能」，克服內心的憂慮與恐懼，累積為眾生奉獻的資糧。

典禮最後，方丈和尚、常寬法師、果肇法師為畢結業學生搭菩薩衣、授證，
並點亮象徵智慧光明的缽燈，祝福每位學僧在未來領執過程中，學習菩薩的智
慧與慈悲，如燈一般照亮、溫暖眾生。

● 07.05

法鼓文理學院舉辦親子學佛工作坊
用禪修打造佛法家庭

法鼓文理學院於 7 月 5 日在北投雲來寺舉辦親子學佛工作坊，邀請美國杜克
大學住校佛教宗教師蘇米（Sumi Loundon Kim），分享在社區長期帶領佛法家

美國杜克大學住校佛教宗教教師蘇米（右），分享在社區長期帶領佛法家庭聚會的實際經驗。

庭聚會的實際經驗，包括家長，與關心親子教育的僧團法師，共有五十多人參加。

蘇米說明，工作坊是協助父母學習以佛法幫助自己和教養孩子。接觸禪修多年的她表示，在與孩子討論佛法之前，家長有幾項功課要做，如深呼吸練習、正念覺察練習、每天打坐，乃至關掉電視、放下手機。蘇米強調，禪修有助個人提高覺照力，讓孩子從小接觸禪修與佛法，佛法也就成為孩子的母語。

蘇米也提供一行禪師推動的「擁抱的禪修」（Hugging Meditation），請父母與年幼的孩子相互擁抱，一起深呼吸三次，或是讓孩子平躺下來，放一隻玩具熊在腹部，請孩子想辦法讓小熊睡著，訓練他們覺察自己的呼吸。較年長的孩子，則善用孩子敏銳的感官，設計創意有趣的禪修活動，取代令孩子感到沉悶的靜坐。

身為兩個孩子的母親，蘇米認為以佛法教養的孩子會更有覺性，面臨困難時，很快就能克服危機，找到生命方向。

● 07.11～19期間

文理學院首辦青年創業工作坊
推動青年公益創業

7月11至19日，法鼓文理學院社會企業研究中心與法青會，每週六、日於德貴學苑聯合舉辦「挑戰自我，創造時代——青年創業工作坊」研習營，內容包括創業易點通、社企新視界、文創新視界、達人創業分享、戶外觀摩等，邀請各專業人士帶領，共有五十位學員參加。

研習營的設計主軸，強調理論與實務的應用，邀請多位理論與實務卓然有成的學者專家擔任授課師資，包括樹德科技大學企業管理系兼任副教授詹翔霖傳授創業第一課、臺灣好基金會執行長李應平分享臺灣好店的創業故事、北歐設計顧問公司總監廖佳玲講述以人為本的文創產業、林燕妮會計師講授工商登記與稅務解析等，以及多場創業個案分享、創業據點觀摩參訪等。

課程最後，學員們分組提出創業計畫，並由全體學員相互票選心目中最想投資的社會企業。有學員表示，研習營課程的啟發受益良多，更在學員間的研討互動中，找到理念相契的創業合作夥伴。

● 08.01

《法鼓文苑》第七期出版
分享學僧的學習與成長

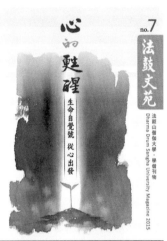

僧大學僧刊物《法鼓文苑》，於 8 月 1 日出版第七期。本期專題「心的甦醒——生命自覺號」，帶領讀者深入僧大每年舉辦的「生命自覺營」。歷年學員、承擔執事的法師和學僧，一同分享參與營隊的心路歷程，透過 2015 年「第十二屆生命自覺營」圖文報導，如實呈現年輕學員搭乘「生命自覺號」，開展生命之旅的過程。

專欄「起心修道」中，學僧分享自己的出家、進入僧大就讀的體驗，記錄了生命的轉變；「夢

《法鼓文苑》第七期出版，分享法鼓山僧教育的理念與落實。

幻空花　何勞把抓」則是寫下修行過程中，對生活、對內心的反思，從不同的甘、苦、喜、樂中，體會面對、接受、處理、放下後的成長；「潛行密用　如愚如魯」則展現日常修行活潑、真誠的一面，無論是實習心得、漫畫、書法創作，語默動靜之間，處處體現學僧的安然與自在。

編輯小組表示，感恩一切成就《法鼓文苑》出刊的因緣；也有編輯分享，編製《文苑》，從發想到執行，都是師兄弟共同成長、成就的過程。

● 08.03～12

法鼓文理學院舉辦首屆禪文化研習營
兩岸大學教師深度體驗漢傳禪風

法鼓文理學院禪文化研修中心於 8 月 3 至 12 日，在法鼓山園區舉辦「2015年兩岸大學校院教師禪文化研習營」，由主任果鏡法師帶領禪修、助理教授鄧偉仁講解佛學基礎，共有二十位來自臺灣與中國大陸的教師與博士生，深度體驗漢傳禪風，開啟對佛教文化的認識與學習。

研習營前四天安排初級禪訓班課程，由果鏡法師詳細解說禪修的基礎觀念與方法，學員透過練習坐姿、調息、放鬆、經行、動禪等基礎，並隨堂提問與交

禪文化研習營的二十位學員參加精進禪三，練習安定身心的禪修方法。

流分享，邁出禪修的第一步；每日晚間齊聚參加晚課，在禪堂外平台體驗月光禪、戶外經行等，聆聽叩鐘擊鼓，感受法鼓山的一天活動，身心因此沉澱放鬆。

初級禪訓結業後，接著展開精進禪三，包括禁語、出坡禪、聽溪禪、吃飯禪等多元活潑的禪法運用，令學員耳目一新。禪三的第二天，正逢中颱蘇迪勒過境，強風豪雨帶來許多意外狀況，學員在總護法師的穩定帶領與義工盡心護持下，凝聚出一股安定的氛圍。

廣州中山大學外國語學院辦公室主任關鍵表示，學校共有五位老師參加研習營，無論是法師開示、禁語、經行或是動禪，都有全新的體驗，特別是聖嚴師父開示影片中，提及的各種修行方法，說明無論任何人都有契合的修行法門；臺南應用科技大學助理教授謝蘭芬分享，雖是天主教徒，但多天的連續練習，體會到如何運用禪法調心、靜心，希望學生們也能來法鼓山學習，透過禪修找到屬於自己的安心方法。

● 08.06～09.15

文理學院學生洛杉磯道場實習
「學海築夢」拓展見聞

法鼓文理學院佛教學系碩士生宏滿法師與林悟石，申請通過教育部「學海築夢」海外實習計畫，於8月6日至9月15日暑假期間，前往美國加州洛杉磯道場實習。

實習內容由道場監院果見法師規畫，每日隨眾作息與出坡、觀摩道場運作事務、擔任禪七內護、參訪鄰近道場與大學院校，體驗道場生活「一日不做，一日不食」的意涵。

期間並安排兩場「佛法與修行講座」，由實習生弘講。林悟石分享，弘講與學術發表很不一樣，須以肯定的措辭和語調來表達，內容不宜有過度的批判思考，是嶄新而煞費心思的挑戰；宏滿法師表示，感受海外信眾學法熱切的心意，將聖嚴師父的理念與教法落實於身心，居士們自身已是道場境教的一部分。

● 08.29

方丈和尚關懷求度者家屬

感恩成就子女出家慧命

僧大於 8 月 29 日在法鼓山園區國際宴會廳，為十三位將於 9 月 12 日剃度的行者舉辦溫馨茶會，邀請俗家親友，共同分享學僧在僧大的學習與成長。

方丈和尚感謝家屬以慈悲心展現難捨能捨、難忍能忍的無私情懷，成就子女出家；也勉勵求度者運用佛法，轉化自身的煩惱習氣，運用父母所給予的生命，弘法利生。

會中多位家長分享面對子女求度的心路歷程與轉變。有俗家母親表示，家中吃素、學佛，都是女兒的引領開始的，出家雖然捨不得，但在世俗仍會有許多煩惱及憂愁，而在法鼓山剃度，受到的教育與照顧都比在家周全，因此就放心了。

方丈和尚在關懷過程中，再以「珍惜生命的起承轉合，奉獻利他」，鼓勵父母將對孩子的愛轉換、昇華，進而提起奉獻利他的願心；也深切期許求度者，能夠「開發佛性、提起覺性。轉化個性、淡化習性。淨化心性，回歸自性」，彼此共勉成為謙卑、有理念的宗教師，達成淨化人心、淨化社會的出家使命。

茶會中，方丈和尚為求度者俗家親友介紹僧大師長。

● 09.09

法鼓文理學院首屆新生開學

同步舉辦新生營安頓身心

法鼓文理學院於 9 月 9 日首屆新生開學日，同步舉辦新生營，由教職員帶領近七十位人文社會學群與佛教學系新生，走訪各行政處室，巡禮新建的校舍空間，體會共願所成的建設成果，並展開多場師生交流。

上午的「校長時間」，校長惠敏法師透過一幅校園「心」地圖，提示新生運用心眼「讀景」（reading landscapes），閱讀涵養「心靈環保」的校園境教；因應校地開闊的優勢，校長鼓勵多到校園各處走動，效法德國哲人康德（Immanuel Kant）每日規律的步行習慣，走出個人的「哲學家小徑」，培養身心健康的生活

法鼓文理學院首屆新生在教職員帶領下，認識以環保綠建築理念興建的新校區。

習慣。「第一天的自我期許，就像初發心，初發心即成等正覺。」法師期勉新生貫徹初發心，畢業時必不會空手離開寶山。

下午，佛教學系與人社學群分別移地座談。學群長陳伯璋期許學生以健康的生活，做為學習的開始，感受法鼓山上的潛在密碼——慢，運用「慢」的藝術，幫助自己學習有所成；佛教學系系主任果暉法師與新生討論學佛與佛學的不同之處，也期勉學生在畢業後具備佛學專業度，成為社會上發光發熱的善良種子。

法鼓文理學院以「心靈環保」理念設校，課程設有新生必修學分「心靈環保講座」，協助規畫與心靈環保相關的學習與研究計畫，由此建構出終身學習、身心健康的校園文化。

● 10.02～04

法鼓文理學院舉辦「人社研修體驗營」
學員領略人文社會學群課程概貌

法鼓文理學院禪文化研修中心於 10 月 2 至 4 日，在法鼓山園區舉辦「人社研修體驗營」，由人社學群教師授課，共有七十多位來自福田班、佛學班、禪學班的學員，領略人文社會學群課程概貌，感受博雅學風。

「人社研修體驗營」比照新生必修課，第一堂課由校長惠敏法師進行「心靈環保講座」。

校長惠敏法師首先為學員講授校內新生必修的「心靈環保講座」，期許學員由心淨而行淨，凝聚眾生清淨的力量，成就國土淨，並介紹人文社會學群課程，

實是由心靈、生命、社區、社會到環境的全面關懷。

營隊課程共四堂課,第一堂課,由特聘教授張長義概說環境與發展學程課程內容,並分享投入環境治理的多年觀察;第二堂課由陳定銘主任、吳正中助理教授介紹社會企業與創新學程;社區再造學程體驗課程,則由學程主任章美英發揮創意,透過實驗檢測工具展開活潑有趣的「心靈健康科學體驗營」,實際看見每位學員身心安定、放鬆的程度與狀態。第四堂課則由生命教育學程主任辜琮瑜以工作坊的形式,引領廣泛討論生命教育的內涵。

營主任果鏡法師期勉學員,了解人文社會學群課程,更能體會聖嚴師父教澤的內涵。曾在身心科任職醫護的佛學班學員表示,透過營隊課程,了解社區工作的發展脈動,有助思考如何落實佛法於社區的心理衛生工作。

● 10.08　11.02

法鼓文理學院獲 2015 臺灣建築獎佳作
寶雲寺同獲入圍肯定

法鼓文理學院與臺中寶雲寺建築,於 10 月 8 日雙雙入圍「2015 年臺灣建築獎」複選。經過實勘決選,文理學院於 11 月 2 日獲選為本年度臺灣建築獎佳作;這也是法鼓山繼齋明寺、農禪寺建築陸續得獎之後,再次獲得建築界的肯定。

文理學院由建築師姚仁喜設計,以聖嚴師父期許的「本來面目」精神為依歸,延續園區建築特色,綜合大樓順應山坡地勢而建,以一千五百九十道

文理學院以聖嚴師父期許的「本來面目」精神為依歸,設計極簡卻頗富詩意。

踏階,串連起三座高低不同空間,每間教室皆大面開窗引進光源,一窗一景;禪悅書苑由七棟建築結合成院落式空間,中庭景觀以水為設計元素;作為運動及校園禪修場地的「揚生館」,以雙面對開的大窗,配合天窗引入自然風,牆面上處推出的陽台,可供聽溪、觀瀑、放鬆。

文理學院同時也入圍 2015 世界建築節獎(World Architecture Festival Award, WAF)決選。

● 10.23～24

《中阿含經》國際研討會
各國學者齊聚深入探討

　　法鼓文理學院於 10 月 23 至 24 日，在法鼓山園區舉辦兩年一度的「《中阿含經》國際研討會」，共有二十多位各國研究《阿含經》的學者參與。

　　由德國漢堡大學（University of Hamburg）、阿根廷佛學研究基金會、菩提乘基金會及加拿大菩提乘佛教教育協會共同主辦的研討會，討論內容分為三大類，第一類是比較研究不同經典之間的關連，探討經典的傳承與結集；第二類是從在巴米揚（Bamiyan）、印度西北各地出土的寫卷與《中阿含經》的關係，探討《中阿含經》在古印度的形成與流傳；第三類是運用字、詞統計量化分析方式，協助判定翻譯年代與翻譯特徵。

「《阿含經》國際研討會」聚集國際頂尖學者，為《阿含經》在臺灣的研究增添活力。

　　《中阿含經》研討會採取小型且深入探討的方式，會後並將論文集結出版。文理學院助理教授法樂法師（Bhikkhun Dhammadinn）表示，除了發展及推廣漢譯《阿含經》在臺灣的研究，也希望文理學院的學生學習不同的研究方法，以及觀摩學者的研究態度。

● 10.27

禪文化研修中心舉辦專題演講
「禪與武術」的智慧與悲心

　　法鼓文理學院禪文化研修中心於 10 月 27 日舉辦專題演講，邀請聖嚴師父法子查可‧安德烈塞維克（Žarko Andričević）主講「禪與武術」，分享如何藉由習禪與習武，化解身心與外在衝突，有近兩百位師生參加。

　　學習過中國氣功與多種武術的查可，首先指出武術講求戰鬥與攻擊，禪修則講心安與解脫，兩者看似截然不同，但均共同關注面對自我、生死、養身等議題，二者確實相通。

　　「我們生活在一個充滿暴力的世界，若將武力與心靈提昇結合，可以知道如何

與暴力共處，進而脫離痛苦。」查可惋惜現代武術已演變成純運動，習武只剩下練身體、自我防禦等功能，甚至變成自我膨脹；因此建議應以禪修為基礎，更容易培養專注力與覺照力，並把有效運用力量的武

學習過多種武術的查可、安德烈塞維克（右），帶著幽默與禪機，一一回答聽眾的提問。

術視為一種媒介，正視自我、面對自我，全面鍛鍊身、心、息。

現場提問不斷，當聽眾提及，習武者直接面對生死存亡，禪修者相較沒有生命危險，查可回應，禪修過程裡，必然會體會到「無常」；若是有禪修作基礎，培養智慧與大悲心，武術也可達到相同目的。

● 10.28起

法鼓文理學院麗英館開館
禪悅書苑飄書香

隨著法鼓文理學院人文社會學群開學，新圖書館「麗英館」於10月28日開館啟用，實體中、西文藏書近七萬冊，以「人文社會」主題為主，並有數萬本休閒類電子書於館內網域提供下載。

麗英館設於宿舍禪悅書苑，是一座單層平面式圖書館，空間設計多處採

法鼓文理學院新圖書館「麗英館」空間設計多處採光，提供大眾舒適閱讀的空間。

光，閱覽區設置多組沙發桌椅，全天候播放輕柔音樂，別具輕鬆休閒的書店風格，提供學生閱讀、討論的空間；書庫的走道也設置各式桌椅，隨時可以舒適地坐下來閱讀，如同學生的另一個「私人書房」。

圖書館除了提供全校教職生、法鼓山專職、專職義工借閱書籍，也歡迎大眾參訪校園時，在麗英館體驗閱讀的樂趣。

● 10.31起

文理學院「大願・校史館」開館
巡禮興學史　體驗創新與感動

「大事記」牆，以時間軸呈現法鼓文理學院興建的歷程。

法鼓文理學院「大願・校史館」於全球信眾大會開幕前夕10月31日，正式開館，以嶄新的媒材與展覽形式，引領大眾概覽文理學院的興學歷程。

校史館內部，門廳為聖嚴師父書寫「大願興學」的影像，象徵法鼓文理學院成立的肇始；內部左側方是展覽區，開幕特展是以「文理浩瀚」題名的師父墨寶及文物展；左後方象徵淨土的人間意象，「微笑人間」互動裝置，提供「知足常樂、助人快樂、涅槃為樂」的反思。右側牆面，則是建校的大事記時間軸，記錄每個重要的發展歷程。

另一方面，展覽區旁設有多媒體互動裝置所展現的「聚沙興學・微塵淨土」大願牆，觸控螢幕上展現浩瀚宇宙、無垠星空，寓意匯合所有大願興學者的小小願心，就能凝聚出如星河般璀璨的光明，照亮後代子孫。只要輸入參與「5475專案」的人名，便能在銀河中顯現，以及隨機出現同日發心的十個人名。

感恩區則設置著「5475專案」小沙彌，以及「白全瓷祈願觀音」及「成就大願」兩件瓷器紀念結緣品；另設置放映不同短片的螢幕，播放聖嚴師父相關的影像與法語，感念師父辦學的用心，也與自己的「初發心」相遇。

「大願・校史館」是校史的記錄，也是對聖嚴師父「大願興學」理念的階段性回應；11月1日，參與信眾大會的近萬人次，依序進入巡禮，體會師父興學的願心與感動。

● 11.02～05

果鏡法師廣東中山大學指導禪修
深入講解觀念與方法

11月2至5日，中華佛研所所長果鏡法師應中國大陸廣東中山大學之邀，至該校指導心靈環保禪修課程，深入講解禪修的觀念與方法。

　　法師首先為教職員舉行座談會，除了分享聖嚴師父關於禪修的開示，也回答學員在禪修練習時所遇到的問題。

　　果鏡法師此行同時應該校哲學系邀請，在哲學治療的課堂，深入淺出地講解禪修的觀念與方法，並以蘇東坡「八風吹不動」的公案闡述禪修與平常心的關係，最後以調五事，鼓勵學生養成健康的生活習慣。

● 11.15

惠敏法師成功大學演講
分享慈悲禪修過快樂人生

　　11 月 15 日，法鼓文理學院校長惠敏法師應南區法行會之邀，於臺南成功大學格致廳演講「禪修、腦科學與人生」，從腦科學的角度，分析禪修對人生的影響，包括宇慶建設公司董事長鄭光吉、長榮桂冠酒店總經理鄭東坡，以及多位中學校長，有近七百人參加。

　　惠敏法師以「直指人腦、明心見性、終身學習、身心健康」四大綱要，分享正念慈悲禪修對神經迴路的關係、四念住與三重腦的演化理論，禪修與博雅的生活習慣、佛教的慈悲喜捨、四無量心禪法、佛教的心識論。

　　法師說明，科學實驗證實慈悲觀的禪定狀態與一般休息狀態不同，神經傳導線路互相產生的作用是運作的關鍵。禪修能培養注意力，將原始欲望、憤怒去除，調整學習記憶，可以把善法穩定。修慈悲心很快可以感受離欲、無我、助人的快樂，能有持久的快樂。

　　講座中，法師提出「博學多聞、雅健生活」，亦即「終身學習五戒」：閱讀、記錄、研究、發表、實行；「身心健康五戒」：微笑、刷牙、運動、吃對、睡好；勉勵大眾從腦養成好習慣，過快樂的人生。

　　有上班族分享，惠敏法師的演講，不僅增添對禪修及大腦的認識，也對身心健康的方法有所啟發；也有大學生表示，不能再當青春暴走族，要隨時惕厲，消除壞習慣、培養好習慣，也希望能有機會學習禪修，讓心安定。

惠敏法師於成功大學演講，勉勵大眾從腦養成好習慣，過快樂的人生。

● 11.19～20

杜正民教授北京講學
介紹聖嚴師父思想、佛典數位典藏

杜正民教授北京講學，介紹臺灣佛典數位典藏的發展過程與成果，也提出展望。

11月19至20日，法鼓文理學院佛教學系教授杜正民於中國大陸北京進行學術交流，除應北京大學佛學教育研究中心之邀，出席於北大英傑交流中心舉辦的「第二屆佛教媒體編輯研討會」，並以聖嚴師父的思想為主題，進行兩場演講。

19日的研討會，杜正民教授以「臺灣佛典文獻數字建置的回顧與展望」為題，就中華佛學研究所、法鼓佛教學院時期進行的佛學數位專案內容，與中國大陸各地佛教媒體專業人士，分享臺灣近二十年來佛學數位化的過程與成果。

杜正民教授的北京行，除了出席研討會，並以聖嚴師父的思想為主，應邀進行兩場學術講座。首場19日於北大佛學教育研究中心的「佛教文獻、歷史與哲學工作坊」中，講述「如來藏的思想義理與當代實踐」，從如來藏的研究回顧談起，進一步說明聖嚴師父對當代如來藏批判的回應，以及師父的學思歷程與教理基礎、如來藏教法與實踐。

20日則於中國佛學院以「《靈峰全書》與《法鼓全集》的對話」為題，介紹聖嚴師父留學日本時期的碩、博士論文《大乘止觀法門之研究》、《明末佛教研究》。杜教授結合《蕅益大師全書》和《法鼓全集》的編纂和電子化過程，闡述學術研究的目的，無論是注釋還是弘法，從蕅益大師到師父，都是為了落實佛教利益眾生的理念；也分享了法鼓山推廣的「心靈環保」理念及三大教育，說明佛法在當代實踐的可能性。

● 11.20

文理學院學術研討會
研討藏傳佛典漢譯未來展望

法鼓文理學院與欽哲基金會合作，執行近兩年的「藏傳佛典漢譯暨人才培訓計畫」，11月20日於新校區大講堂舉辦「藏傳佛典漢譯之重要性與未來展

望」研討會，邀請十餘位臺灣、日本、中國、印度、美國等地的學者與專家，分別就藏經的律部、般若、中觀、唯識、因明、俱舍等六領域，深入探討各領域藏經的重要性。

西藏大藏經分為佛說部《甘珠爾》與論疏部

各國專家學者深入探討藏經的重要性，提供翻譯計畫參考。

《丹珠爾》，漢文《大藏經》未收錄的部分，多達二千一百七十九部，許多中觀、瑜伽、因明等論典，現存只有藏譯而缺乏梵本，佛教學系副教授廖本聖表示，藏文佛典保存許多印度的佛教經論，若能將漢譯藏經缺佚的部分補足，有助佛教弘傳，實是佛教之福。

因明學者林崇安教授建議，可依藏文頁數的短長排出譯經順序，或將尚存梵文原本的經論優先排入，翻譯時需注意譯詞統一與校訂；參與譯經計畫的法光佛教文化研究所蕭金松教授表示，當務之急，應把重點放在翻譯人才培訓，廣招具備梵巴藏語言能力與佛典素養的人士加入，提昇譯經品質。

計畫主持人蘇南望傑表示，每一部尚未譯成漢文的藏譯經論，皆是珍貴的文獻資料，對於文獻的價值、學術研究層面已完成全面分析，未來期待有志者和學生加入，貢獻所學。

「藏傳佛典漢譯暨人才培訓計畫」執行將近二年，已邁入翻譯排程階段。研討會研討成果，將提供翻譯計畫未來的參考依據。

● 11.30

姚仁喜建築師文理學院講「一窺堂奧」
省思心靈與空間的對話

法鼓文理學院於 11 月 30 日舉辦心靈環保講座，邀請建築師姚仁喜，以「一窺堂奧」為題，透過農禪寺水月道場、故宮南院、蘭陽博物館等建築，分享透過現代建築的空間與人文語彙，傳遞心靈的美學與涵養，包括校長惠敏法師，共有一百多位師生參加。

姚仁喜建築師說明，「堂奧」指的是建築主體，「堂」是敞開大門時，即刻可見之景象，代表明白具體的面向；「奧」則指隱藏於大門之後，無法當下見

到之處，代表隱晦、抽象的面向，例如非實質的光影、氣流或空間等。

例如農禪寺，以聖嚴師父提出「空中花，水中月」為藍圖理念，水月道場心經光影在牆柱上流轉，以及玻璃反映出大殿、佛像在水波雲彩中虛實交錯，都不是人為設計出來的，而是環境與光影所造就的。姚仁喜建築師強

姚仁喜建築師於文理學院講「一窺堂奧」，分享建築物的空間與人文語彙。

調，「堂」可以設計，但是「奧」卻是愈少設計，將具體的「形似」轉化為抽象的「神似」，引導觀者在「隱」和「顯」之間，生起心靈省思。

● 12.19

法鼓學校成立校友會
感念師長栽培　回饋母校

中華佛學研究所、法鼓佛教學院12月19日於法鼓山園區舉辦校友活動，法鼓文理學院校長惠敏法師、總務長曾漢珍、佛教學系副教授見弘法師，也以會員身分到場關懷，共有五十多人參加。

成立大會雖在週末舉行，不少校友抱著感恩與期待的心情，從各地前來赴會，首度踏入三十公頃的新校區。惠敏法師歡迎校友們經常回母校，體會校園境教，照顧花草環境，再造共同的校園記憶。會中並通過成立校友會，並投票票選第一屆會長、理事、監事，正式向內政部報請核准。

校友會經過多年醞釀，在多位校友有心推動下，已完成多項法定程序，定名為「中華民國法鼓學校校友會」，在社會上具有社團法人資格與義務。成立後，將凝聚眾人力量，對內回饋母校，協助學校辦理研討會等學術活動、認養校園景觀維護，對外則以校友會名義服務社會。

中華佛研所、法鼓佛教學院歷屆校友齊聚一堂，感念師長栽培的恩澤，交流同窗情誼。

實踐

肆【國際弘化】

為落實對全世界、全人類的整體關懷，
透過多元、包容、宏觀的弘化活動，
經由禪修推廣、國際會議、宗教交流……
消融世間的藩籬及人我的對立與衝突，
成就普世淨化、心靈重建的鉅大工程。

弘揚漢傳佛法
心靈環保國際發聲

2015年，法鼓山國際弘化的腳步，
透過多元密切的跨宗教會議交流與活動，
以踏實的步履持續與世界接軌；
落實對年輕世代的關懷，以禪法的分享，引領安頓身心；
也於當地社區、校園、社會間，戮力推廣漢傳禪佛法，
以心靈環保促進國際社會的平安快樂，
建設無國界人間淨土。

2015年，國際弘化持續透過心靈環保、漢傳禪法的分享，期許世人藉由調整觀念、改變行為，為地球的永續生存及發展一起努力，無論是從學術層面切入推動佛教研究，從教育文化層面著手傳揚佛法，或走入當地社區、學校，開拓法鼓山的能見度，皆可見漢傳禪佛法於不同文化社會中，展現多元化及適應性的特質，也見證當代佛法於世界各地的傳布與開展。

國際交流　關注地球永續

氣候變化對地球的影響既深且鉅，身為聯合國NGO組織成員之一，法鼓山出席7月於法國巴黎舉行的氣候心靈高峰會、11月底聯合國氣候變化綱要公約（UNFCCC）舉辦的第二十一次締約國大會（COP21），與近四百位全球宗教、文化、人文等領域領袖，共同討論解決途徑，是全場唯一漢傳佛教代表。從心靈環保的理念出發，法鼓山於會議中倡議「環保是思惟，是生活方式，也是善待大地環境的一種行動」，籲請世人返照內心自省，從改變價值觀做起，體認地球是生命之源，為自然環境與人性需求找回平衡點，並分享知足感恩與回饋，才是其中的關鍵。

另一方面，6月底應「美國天主教主教團普世與跨宗教事務主教團委員會（United States Conference of Catholic Bishops, USCCB）」之邀，出席於羅馬舉辦的「天主教與佛教之宗教對話」，常華法師發表論文，以心靈環保、心五四、水陸法會及心靈環保農法等實例，闡析生活佛法的落實，有

助於解脫煩惱；果見法師則在閉幕式中代表佛教與會者致詞，也分享聖嚴師父《建立全球倫理》一書中所強調的「異中求同、同中存異」觀念。

7月，於馬來西亞普照寺落成大典上，方丈和尚果東法師出席「佛教的危機與契機」座談會，分享禪修可讓人心不攀緣，在現代科技文明中，能保持身心的平衡健康。10月，於中國大陸展開的世界佛教論壇上，法鼓山則以推廣植存、雲端祈福的理念和實際經驗，與五十二國代表分享改變傳統觀念、實踐「四種環保」的具體行動。

關懷青年　引領從安心出發

為接引青年族群認識正信佛法、精進修行禪法，2015年，法鼓山以年輕化、生活化的佛法課程和學習活動，引領青年從安定自心出發，開發生命最大潛能。在亞洲，與國際扶輪社合作，於臺灣總本山為歐、美、印度等各國青少年舉辦「宗教體驗營」；香港道場則於中文大學舉辦青年五日禪，帶領學子透過禪修認識自我，進而肯定、成長和超越自我。

馬來西亞道場於年初，帶領法青學員到臺灣展開「哈佛之旅」，體驗法鼓山各地修行活動；2月，法青與前來道場參訪的中學生分享禪法；全年並為大專學子及社會青年，舉辦英文佛學營、Fun鬆一日禪、山寶尋ME戶外營等五場禪修活動，引導近六百位學員練習心不隨境轉的方法；此

外，監院常藻法師、常鑒法師分別應拉曼大學學院（Tunku Abdul Rahman University College）雙溪龍分校佛學會、諾丁漢大學佛學會（Nottingham Buddhist Society）之邀，赴校指導學子禪修。

在北美，美國加州洛杉磯道場於6月舉辦「法青與方丈和尚有約」，分享化解人際、職場、生活等問題的智慧心法；7月開辦「禪文化國際青年研習營」，藉由佛門行儀、書法禪等，帶領青年體會禪法涵容一切的精神；加拿大溫哥華道場則於3月底，為來訪的基督教學院學生，介紹漢傳佛教的起源和發展，以及漢傳禪法於生活中的應用。

於大洋洲的澳洲，美國法鼓山佛教協會（DDMBA）、墨爾本分會，也和當地宗教團體，於6月合辦「青年培力一日工作坊」，由僧團法師引導不同信仰的青年省思生命本質，期能為國際社會培養悲智兼具的青年領袖。

在地合作　多元活動創新猷

在佛法的弘傳上，海外各地道場2015年更結合當地資源，透過舉辦學術會議、教育文化、講座對談等多元活動，走入社區、學校，致力漢傳佛教在西方世界的深耕與發展。

學術推廣方面，4月初，溫哥華道場監院常悟法師應邀至英屬哥倫比亞大學（University of British Columbia），講演「漢傳佛教的發展與演變」；

接著首辦佛教學術論壇，邀請國際學者探討「當代佛教發展的契機和挑戰」；7月，邀請哥大教授麥潔西（Jessica L. Main）演講「當代日本佛教」；10月，再與該校東亞宗教系合辦佛學研討會，以「紙本、刻本、數位網路空間」為題，邀請學者討論多媒體、跨領域的佛學全球網絡前景，成功建構國際性佛學研究平台。12月，東初禪寺住持果醒法師至香港城市大學講說《楞嚴經》，闡述漢傳佛法的理論依據。

在教育文化方面，2月，馬來西亞道場受邀參與「教師閱讀減壓營」，由常藻法師為上百名教師學員，講析默照禪法的紓壓之道；6月及11月，以「心六倫」為主軸開辦「兒童生命教育課程」。香港道場於7月，與林大輝中學合辦「心‧安好——教育及專業人員禪修活動」，透過禪修體驗，引導教育工作者感受生命、活在當下。

針對一般大眾，馬來西亞道場也和當地佛教團體、媒體合作，於1月及7月共舉辦三場對談，說明佛教的正信和迷信，以及觀照內心的方法；也為企業主管及相關人員舉辦「禪修介紹與體驗」。7月香港道場參加「2015香港書展」，並舉辦心靈環保體驗工作坊，帶領民眾學習安定身心的禪法。

而在接引、關懷上，溫哥華道場於新春、5月舉行英文場敦親睦鄰、浴佛節活動，邀請西方人士經由節慶認識中華文化，學習將禪法運用在生活中；北美護法會加州舊金山分會5月的新會所啟用活動，也廣邀不同宗教人士與社區居民共襄盛舉；8月參與社區跳蚤市場，提供環保物品義賣、禪修靜坐體驗，接引西方眾認識法鼓山。

漢傳禪法　全球持續弘傳

在禪修的國際推廣上，接續聖嚴師父海外弘傳禪法的願心與足跡，2015年7至9月，禪堂堂主果元法師偕同僧大學僧，於美、亞兩洲主持禪十、禪七、禪三、禪二、禪一、禪修工作坊及禪講課程，又於新加坡弘講「禪文化精髓」，於印尼與南傳佛教長老交流漢傳禪觀的修行。

聖嚴師父西方法子查可‧安德烈塞

果禪法師、聖嚴師父西方法子查可‧安德烈塞維克、常濟法師與常藻法師（由左至右），以聯合國觀察員身分參與COP21，提供氣候變遷議題的佛法新觀點。

維克（Žarko Andričević）4月至澳洲墨爾本帶領禪五並主持兩場講座、11月至溫哥華帶領默照禪七；8月，繼程法師於波蘭帶領禪二十一；而香港道場常展、常禪法師，則於英國倫敦帶領禪五及兩場禪修講座；9月，常參法師前往馬來西亞普照寺，帶領馬來西亞、新加坡跨國合辦的初階禪七。

除了應邀主持禪修，僧團法師也分別至美國、加拿大、香港、馬來西亞等各道場及分會指導禪修、進行禪法講座，其中，方丈和尚果東法師至北美、亞洲巡迴關懷之際，亦於當地公開弘講。6月於美國洛杉磯演講「禪——二十一世紀的安心法門」，7月於泰國分享「心安好福緣」、於新加坡主講「原諒好緣亮」；11月於大陸長江商學院北京校區進行兩場弘講，與民眾分享調心轉念、消融自我的禪修心法，也讓漢傳禪法的種子，跨地域播散成長。

護法關懷 持續深耕推廣

各地道場和分會的各項護法、弘法活動，本年多所進展。道場建設上，5月舊金山分會新會址正式啟用；擴建中的東初禪寺舉行梁皇寶懺法會，祈願工程順利；香港道場於4月邀集上百位悅眾回臺灣總本山朝山發願，為未來發展凝聚共識，10月啟動「眾願成就，護持擴建」勸募專案，盼能接引更多民眾學佛修禪，廣種福田。

弘化關懷方面，除節慶的新春、傳燈、清明報恩、浴佛、中元地藏等大型法會皆如期展開，以及例行的念佛、禪坐、法會等共修外，海外道場、分會也持續規畫各項佛學講座、成長課程等，來關懷信眾、接引民眾親近佛法。

以義工和信眾的成長課程來說，舊金山、新澤西州、多倫多等分會，3月先後開辦義工培訓課程，溫哥華道場於11月舉行悅眾義工成長工作坊；4月、6月和7月，北美四處道場、四處分會，就大事關懷、助念共修、佛教徒生死觀等主題舉辦系列課程，引領信眾在學佛路上持續前進。

結語

「心靈環保」是創辦人聖嚴師父在1992年所提出的理念，希望以觀念的導正，來提昇人的品質，以健康的心態，面對現實，處理問題。方丈和尚也於「2015世界佛教論壇」中，提出當代佛教二大關懷方向：「一是從內心環境的清淨來建設淨土，一是從生命同體的共識來開啟人間和平」，呼應心靈環保，並獲得熱烈迴響。

面對全球氣候異常及天災頻繁、宗教及種族衝突不斷等嚴峻考驗，法鼓山以「心靈環保」在國際發聲，震聾發聵，期使消弭不同地域、宗教、族群、文化的差異，每個人能由內而外，擴大到對社會、人類、自然環境的整體關懷，和合共生，匯歸成全人類永續的共同利益。

● 01.12～25

美國象岡道場「冬安居」

精進修行　寒冬「心」體驗

　　法鼓山僧團於 1 月 12 至 25 日在美國紐約象岡道場舉辦「冬安居」，東初禪寺、象岡道場的七位女眾法師、三位男眾法師，放下萬緣，在寧靜的內外環境中，以打坐、拜佛、拜懺、經行，聆聽聖嚴師父的影音開示，共同精進用功。

　　為期十四日的「冬安居」，前四天為「前行方便」，以調身為主，除了隨眾的早晚課、早午齋，其他時間可以依個人狀況調整。之後七天以「禪七」的作息為主，聆聽師父在 1998 年僧眾禪七的開示。最後三天，則是分享、交流、戶外禪，讓平日四處弘法的法師們得以凝聚道情。

在白雪覆蓋的象岡道場，僧團法師度過精進修行的「冬安居」。

　　參與「冬安居」的常慧法師表示，雖然有四天的前行方便，但多數法師都在第三天就漸漸進入禪七的作息。印象最深刻的，莫過於聆聽聖嚴師父的開示，初發心再次被提起；而透過禪七，重新思考出家的意義、心態與重心，讓心靈與意志，再度充電，有重新出發的感受。

● 01.18

大馬青年分享「臺灣哈佛之旅」

傳遞感動與感恩

　　馬來西亞道場於 1 月 18 日舉辦「哈佛之旅分享會」，監院常藻法師出席關懷，有三十位參與 2014 年 12 月底「臺灣哈佛之旅」的青年分享十天的見聞，共有八十多人參加。

　　分享會上，學員們表示印象最深刻的，莫過於體驗不一樣的跨年。在德貴學苑，與臺北法青一同禮拜《八十八佛大懺悔文》，接著到北投農禪寺參加「跨年迎新念佛」，不同於璀璨煙火和喧嘩人群，而是以大磬聲、佛號聲，為 2014 年畫下句點，迎接光明遠大的新年。

　　也有學員分享，在法鼓山園區，聆聽方丈和尚果東法師關懷開示、與僧大法師交流、隨導覽義工參訪園區，從中體會到「心靈環保」的理念、落實四種環

馬來西亞青年參訪臺中東勢共修處,從法師、義工菩薩身上,體驗到無私奉獻的快樂。

保的方法,更加了解聖嚴師父「建設人間淨土」的悲願。

監院常藻法師總結時,說明旅程中的感恩和感動,不能僅止於旅行,期許學員傳遞臺灣帶回來的感動,讓身邊的人能感受這份美好,是感恩因緣最好的回饋。

「哈佛之旅」由馬來西亞法青會籌辦規畫,邀請該國青年於 2014 年 12 月 26 日至 2015 年 1 月 3 日期間,來臺參訪法鼓山園區及各地分院,並與臺北、臺中的法青學員交流。

● 01.18 01.21

馬來西亞道場協辦兩場講座
常藻法師與談正信佛教、佛法妙用

馬來西亞道場與馬佛青雪隆州聯委會、馬佛總雪隆分會、國際佛光會馬來西亞協會、馬來西亞佛教弘法會協會聯合於《星洲日報》禮堂舉辦兩場講座,由常藻法師分享佛法的真實義。

首場於 1 月 18 日展開,由監院常藻法師與自由評論人覃亞灣對談「莫把馮京當馬涼——佛教正信、迷信與邪信的差別」,兩位對談人皆鼓勵大眾,應深入佛法核心,了解佛陀的本懷,才不致隨波逐流。至於多數人遇到問題習慣向外求的心態,法師幽默地以衝浪比喻,說明人生雖然像大海一樣,無法預測,但可以學習如何衝浪。深入淺出的說明,讓人豁然開朗。

21 日的對談以「心生活,心主張——樂活 VS. 樂佛」為主題,由常藻法師與媒體工作者葉劍鋒對談,分享生命經驗、如何運用佛

常藻法師(左)、覃亞灣(右)對談正信的佛教,咸認應深入了解佛陀的本懷,才不致隨波逐流。

法簡單過生活。法師說明,現代人過度目標導向,讓心追逐不斷變動的外境,透過禪修可提昇專注力、覺照力,讓自己活在當下,做心的主人,才能找到真正的自由與自在。

常藻法師並分享自己學佛的因緣,體悟任何一個因緣都是最好的安排,只要以正面態度來面對,就能從中找到成長的禮物。

● 02.03～16

西雅圖分會舉辦弘法活動
常延法師主持佛學講座、帶領禪修

常延法師於西雅圖分會帶領禪一,勉勵大眾在生活中運用〈四眾佛子共勉語〉,提昇生活品質。

2月3至16日,北美護法會華盛頓州西雅圖分會舉辦多場弘法活動,由僧大講師常延法師帶領,共有四百多人次參加。

首先舉行的是佛學講座,由法師主講「《心經》指要——心識的解構與重建」,共六堂。除了觀念上的理解,常延法師特別強調以體驗的態度來解讀《心經》,說明學習佛法的過程,就是解構與重建。法師鼓勵學員挑戰既有的意識形態,回歸學佛的本懷,以五蘊皆空的智慧,消除一切苦厄以及煩惱。

4日及7日,常延法師於分會帶領初級禪訓班,以調身、調息、調心為主軸,指導放鬆訣竅與要領。由於初學者眾多,法師深入講解禪坐基礎,包括坐姿及方法,適時回應禪眾的需要。

緬懷聖嚴師父師恩與教澤,分會於8日舉辦「法鼓傳燈日」活動,由法師帶領禪一,並開示〈四眾佛子共勉語〉的涵義,期勉眾人隨時隨地活用「共勉語」,淨化心念,提昇生活品質。

15日,常延法師帶領新春藥師法會,說明誦經的過程要眼看經文、高聲誦念、耳聽與思惟,將藥師如來大願轉化為實踐的動力,方能與藥師佛感應道交,共同建立淨土,隨願來去。

學員表示,感恩法師為大眾建立佛法和禪修的正知見;首次參與分會活動的西方眾則分享,當法師引導放鬆並感受到微笑從心底升起時,自己體驗到從未有過的輕鬆與喜悅,對於禪修的活潑實用,更有信心。

● 02.07～03.03期間

海外分支道場舉辦緬懷師恩活動
禪修、法會、座談續慧命

聖嚴師父圓寂六週年，法鼓山海外分支道場、分會於2月7日至3月3日期間，以禪修、法會、座談等共修活動，承續師父於西方弘法的悲願。各地活動概述如下：

北美地區，美國紐約東初禪寺、北美護法會新澤西州分會及安省多倫多分會，皆於2月7日舉辦精進禪一。其中東初禪寺由住持果醒法師帶領四十名東、西方信眾共修，法師勉勵大

馬來西亞信眾互勉學習聖嚴師父的悲願，成為點燈的人。

眾，依正知正見來修行和生活，學習放下執著，就是傳遞智慧心燈。

加州洛杉磯道場於8日舉行傳燈法會，由監院果見法師帶領，近百名信眾參加；洛杉磯法青會亦於當日正式成立，不僅實踐聖嚴師父接引青年人學佛、培養青年領袖人才的悲願，也為傳承佛法，燃起無盡的光明與希望。

北美護法會加州舊金山分會於15日以精進禪一表達對聖嚴師父的感恩，四十位信眾在東初禪寺常慧法師的帶領下，禪修傳燈；在〈菩薩行〉的音樂中，常慧法師傳下盞盞燈火，並以師父英文著作《禪的內外和平Ⅱ》（*Zen and Inner Peace* Vol.2）與大眾結緣，祝福大眾心燈不滅。

加拿大溫哥華道場的傳燈法會於28日舉行，由監院常悟法師主持，法師以維摩詰居士所說「無盡燈法門」勉勵大眾，效法聖嚴師父，做一位燃燈者，在黑暗中為人照路、在寒冷中給人溫暖。

亞洲地區，香港道場於27日與臺灣同步連線舉行傳燈，三百七十五位弟子聆聽主法法師常展法師的期勉，傳燈的目的不只是緬懷聖嚴師父，而是要「飲水思源」，提醒大眾有煩惱時，要記起佛法的觀念，以佛法助己助人。馬來西亞道場則於28日以座談會的方式舉行傳燈日，近百位信眾分成小組，分享學佛路上的點滴，監院常藻法師也以「緬懷師恩」為主題，勉勵大眾學習聖嚴師父的悲願，成為點燈的人，把佛法明燈傳遞下去。

大洋洲的澳洲雪梨分會則於3月1日舉行傳燈法會，信眾手持象徵慈悲、智慧的燭燈，供於佛前；一位瑞典裔的澳洲信眾也在傳燈日分享學佛的過程和心得，並發願要把「禪」介紹給西方人。

2015 海外分支道場「法鼓傳燈日」活動一覽

地區	主辦單位	日期	活動內容
美洲	美國紐約東初禪寺	2月7日	禪一
	美國加州洛杉磯道場	2月8日	傳燈
	加拿大溫哥華道場	2月28日	傳燈
	北美護法會新澤西州分會	2月7日	禪一
	北美護法會安省多倫多分會	2月7日	禪一
	北美護法會華盛頓州西雅圖分會	2月8日	禪一
	北美護法會加州舊金山分會	2月15日	禪一、傳燈
	北美護法會伊利諾州芝加哥分會	2月15日	禪坐共修
亞洲	馬來西亞道場	2月28日	座談會
	香港道場	2月27日	念佛、傳燈
	新加坡護法會	3月3日	念佛、傳燈
大洋洲	澳洲護法會雪梨分會	3月1日	傳燈

● 02.08

常藻法師出席「教師閱讀減壓營」
分享無事掛心頭的紓壓之道

　　馬來西亞道場監院常藻法師於 2 月 8 日，應邀出席當地《星洲日報》舉辦的「教師閱讀減壓營」，與近百位教師分享「無事掛心頭」的紓壓之道。

　　常藻法師表示，自己從小就喜歡閱讀，經老師提點：「生命中最重要的一本書，是自己的心。」才明白讀懂生命劇本，方能提昇生命的品質。

　　法師進一步說明，「默照禪」的心法能幫助現代人在萬般繁雜的人事中「無事掛心頭」，具體的落實方法有三：一是「活在當下」，不帶以往的經驗，讓事情回歸本來的因緣，把心留在當下，每個當下都是全新的經驗；二是「正面解讀，逆向思考」，事情的因緣不應以表相妄斷，凡事

常藻法師與馬來西亞教師分享把心放在當下，就可減少壓力。

正面看待，體諒他人也是因緣所成，就能安住自心；三是「無我」，什麼都有，就是沒有我。

最後，常藻法師指出，煩惱的根源是欣樂厭惡，如果能隨緣盡分，安住每一因緣，心清楚知道，就能不受影響；也讚歎教育工作者做為心靈工程師的願力與能耐，期勉大眾不忘初衷。

● 02.15～22期間

海外各道場舉辦共修迎新春
節慶活動接引西方人

慶祝羊年新春，除了全臺各分支道場展開系列新春活動，海外包括美國紐約東初禪寺、加拿大溫哥華道場、馬來西亞道場與香港道場，以及北美、亞洲各護法會，也於 2 月 15 至 22 日期間，同步舉辦祈福法會、敦親睦鄰交誼等活動，廣邀信眾共度法喜自在的好年。

北美地區，首先是北美護法會華盛頓州西雅圖分會於 15 日舉辦新春藥師法會，由僧大講師常延法師帶領。東初禪寺於 19 至 21 日舉辦新春藥師法會，大紐約信眾一早即前往禮佛、參加法會，相互關懷賀年；22 日年初四逢週日，全日的活動有普佛法會、鼓隊表演、音樂演出及茶

溫哥華道場首度以全英語活動，接引西方人體驗中國新年。

會，住持果醒法師並以「羊羊得意‧得意洋洋」為題開示，以羊比喻眾生都能得到開悟的心性，而此心性廣大無邊與法相應，共有一百六十多人參加。

加州洛杉磯道場的《金剛經》共修、藥師法會，於 19、20 日分別展開，百餘位信眾參加誦經祈福，祝福一切有情皆能離苦得樂、開智慧；今年特別展出聖嚴師父及繼程法師的書畫，為喜氣洋洋的春節，增添濃厚禪味。

加拿大溫哥華道場於 18 日起一連三天，舉辦除夕大悲懺、普佛、藥師法會；21 日並展開「敦親睦鄰慶新年」活動，邀請信眾帶著西方朋友、鄰居和社區團體一起來過年，內容包括禪修體驗、中華年節習俗和親子活動等，許多西方人士和第二、三代的年輕移民，經由節慶活動認識中華文化，並學習將動靜皆宜的禪法，融入生活中。

　　亞洲地區，馬來西亞道場於 18、19 日，分別舉辦除夕拜懺及新春普佛法會；香港道場則於 21 日舉辦普佛法會，由僧團副住持果品法師主法，法師說明，不論是順境或逆境，都是成長的因緣，期勉大眾以感恩心面對一切外境，在事相中學習，在黑暗中見到光明。

2015 海外分支道場新春主要活動一覽

區域	地點	日期	活動名稱／內容
北美	紐約東初禪寺	2 月 19 至 21 日	新春藥師法會
		2 月 22 日	新春普佛法會、講座、藝文表演、茶會
	加州洛杉磯道場	2 月 19 日	《金剛經》共修
		2 月 20 日	新春藥師法會
		2 月 22 日	新春大悲懺法會
	加拿大溫哥華道場	2 月 18 日	除夕大悲懺法會
		2 月 19 日	新春普佛法會
		2 月 20 日	新春藥師法會
		2 月 21 日	「敦親睦鄰慶新年」活動
	北美護法會新澤西州分會	2 月 21 日	新春祈福法會
	北美護法會加州舊金山分會	2 月 22 日	新春祈福法會
	北美護法會華盛頓州分會	2 月 15 日	新春藥師法會
	北美護法會安省多倫多分會	2 月 22 日	新春祈福法會
亞洲	馬來西亞道場	2 月 18 日	除夕拜懺法會
		2 月 19 日	新春普佛法會
	香港道場	2 月 21 日	新春普佛法會

● 02.28

雅佳美浪中學佛學會參訪大馬道場
常藻法師期勉與眾人分享法喜

　　馬來西亞雅佳美浪中學佛學會會員約八十人，在師長陪同下，於 2 月 28 日參訪馬來西亞道場，並與法青進行交流。

　　監院常藻法師首先介紹法鼓山心靈環保的理念，法師表示，許多人認為寺院應是雕樑畫棟，隱藏在深山，事實上都會中的道場是一座寶山，蘊含豐盛的精神食糧；真正的寶藏不是金錢可以衡量的，而是可以為他人奉獻的慈悲與智慧。法師勉勵同學們常到道場淘寶，也希望能夠把這些寶藏帶回去，將法喜分享給身邊的每一個人。

法青代表則與同學們分享臺灣深度之旅的回顧短片，也帶領體驗坐禪和法鼓八式動禪，了解幫助自己放鬆身心、安定身心的方法。

雅佳美浪中學佛學會是該校歷史悠久的學生社團，成立逾二十年，

雅佳美浪中學師生與馬來西亞道場法師、法青代表合影。

定期舉辦讀書會、安排參訪行程，接引青年學子接近佛法，每年均舉辦慈善晚會以回饋社會。

● 03.06

馬來西亞道場舉辦心靈講座
繼程法師分享轉苦為樂之道

馬來西亞道場與坤成中學佛學會聯合舉辦「究竟樂，何處尋」心靈講座，於3月6日邀請聖嚴師父法子繼程法師主講，分享轉苦為樂的方法，共有八百多人參加。

繼程法師首先帶領大眾體驗半小時的禪修放鬆，接著引導大眾從禪修時的狀況，發現自己在生活中的慣性。法師表示，一般人往往擔心擁有的會失去，追逐得不到的，漸漸地會發現，內心無法真正地快樂；而有些人在學佛後，誤解「苦」、「空」、「無常」、「無我」的真義，認為既然所有的事物都會變，就什麼都放棄，變得消極也不快樂。法師勸勉大眾，要盡力把握因緣，把應該做的事情都做好，在過程中凝聚、增長正面的心念，學會放下負面的情緒。

講座最後，繼程法師提醒，要時時觀照心是不是處在放鬆、清明的狀態；也可以透過禪修學習不受外境所擾，照看自己本來清淨的心。

繼程法師於馬來西亞坤成中學大禮堂演講，逾八百人出席聆聽。

● 03.06～08

馬來西亞道場指導國際青年禪修
接引大專青年學佛、實踐佛法

3月6至8日，馬來西亞道場常鑑法師應當地諾丁漢大學佛學會（Nottingham Buddhist Society）之邀，於丹絨士拔佛教會（Tanjung Sepat）進行的英文佛學營指導禪修，接引大專青年學佛，並增強實踐佛法的行動力，共有四十位來自英國、馬爾地夫、美國以及馬來西亞的青年參與。

常鑑法師首先就佛學營的主題「快樂，其實很簡單」指出，佛教裡提到的快樂，是內心的安定自在，而禪修是很好的途徑，因為禪修讓身心回歸到最單純的狀態，進而以安定的身心體驗佛法，學習心不隨境轉的智慧。

7日清晨，法師帶領學員至海邊戶外禪，引導學員從放鬆開始，透過經行、立禪，以及聽聲音的方法，進一步體驗禪修；鼓勵大眾以身心聆聽大自然的聲音，用生命體驗大自然的美好。一改平時邊吃邊聊天的用餐模式，學員也在海邊進行吃飯禪，學習以禪心來體驗每一口食物。

常鑑法師受邀於英文佛學營中，指導禪修。

學佛營中，常鑑法師講解禪修方法並引導學員實際體驗，學員踴躍發問，從「如何放鬆」到「如何持續在生活中禪修」，表現出學習的熱忱，也開啟生命新的里程碑。

● 03.06～23期間

北美三分會義工培訓課程
資深悅眾分享義工的心態及威儀

3月6至23日，北美護法會加州舊金山、新澤西州、安省多倫多分會分別舉辦義工培訓課程，由義工團前團長秦如芳、前副團長吳麗卿、資深悅眾陳修平講授義工的心態及威儀，分享在義工團服務的經驗與技巧。

課程中，對於義工應有的心態、威儀禮儀，以及接待技巧，均有精要而深入的解說。講師並帶領義工從規畫準備、迎接貴賓、走路引導、報到簽名，甚至如何切水果、擺設餐具，以及送茶水點心等細微之處，一一為學員示範。三位

講師表示，穿上義工服是殊勝的，因為隨時隨地都呈現法鼓山的精神，而微笑，更是義工隨身的身分證；也舉實例說明，不論大、小活動都不能省略橫向與縱向的溝通，更要把每次活動都當成第一次般地謹慎用心。

新澤西州義工培訓課程中，學員分組演練接待行儀。

講師們提醒學員，從事義工服務，要以護眾度眾的精神，用心觀察、放下身段，隨時能到位遞補；面對挫折與困難，也要時時提醒自己，以佛法清淨身、口、意三業，並發願承擔起弘法的責任，以法鼓道風來接引更多人學佛。

課程並運用示範分組演練、問答等活潑互動方式，讓學員更容易學習與理解。許多學員表示，課程內容豐富充實，相當受用，不僅能提昇義工的服務品質，也能靈活運用在日常生活，對家庭和工作都有很大的助益。

北美三分會義工培訓課程一覽

時間	地點
3月6至9日	北美護法會加州舊金山分會
3月13至15日	北美護法會新澤西州分會
3月20至23日	北美護法會安省多倫多分會

● 03.22

馬來西亞道場舉辦 Fun 鬆一日禪
體驗清楚、放鬆的法喜

馬來西亞道場、馬來西亞佛教青年總會於 3 月 22 日在當地綠野國際展覽中心舉辦「Fun 鬆一日禪」，由監院常藻法師、常鑑法師帶領，內容包括法鼓八式動禪、托水缽、走路禪、吃飯禪等，有近兩百七十位青年學員體驗身心清楚、放鬆的禪修法喜。

練習走路禪時，法師們帶領學員靜下心來，身心放鬆地踏出每一步，覺知每一次的移動，細心地感覺平凡動作中的安定與自在；進行托水缽時，常藻法師提醒學員要將碗中的水，視為如自己生命一樣的珍貴，讓托水缽的體驗有不同

「Fun鬆一日禪」中,學員們練習走路禪,學習身心放鬆地踏出每一步。

層次的感受。

午齋時間,常鑑法師帶領學員體驗吃飯禪。飯前發給每人一根香蕉,引導學員細細體會吃香蕉的每一個過程,從握在手裡、聞到香味、剝皮、咀嚼,體驗身心合一、專注吃香蕉的感覺,再用這個方法用餐。

最後的大堂分享時,有學員表示,練習法鼓八式動禪坐姿中的「觀身受法」,透過移動的雙手,可以達到內心的安定;也有學員分享,首次感受到飯、菜的香甜。常藻法師勉勵青年學員,只要用心去體會、時時刻刻回到當下,即使只是吃飯,也能感受到真正的快樂。

● 03.30

基督教學院學子參訪溫哥華道場
體驗禪修 認識佛教起源與發展

來自基督教學院的學生參訪溫哥華道場,歡喜與常悟法師合影。

加拿大華斯特拉斯科基督教學院(Strathcona Christian Academy)五十位高中學生,於3月30日參訪溫哥華道場,認識漢傳禪法。

監院常悟法師首先帶領學生體驗禪修,練習用清楚、放鬆的方法,覺察身體每一個部位的感受;之後再介紹佛教的起源與發展,並以問答的方式,引領學子認識佛法在日常生活的應用。學子也踴躍發問,活潑地與義工分享所見所聞。

透過跨宗教交流,學生們與法師、義工歡喜結緣,也在心中種下慈悲智慧的菩提種子。

● 03.31～04.13

新加坡護法會慶祝成立二十週年

系列活動凝聚力量

　　新加坡護法會慶祝成立二十週年，於 3 月 31 日至 4 月 13 日舉辦系列活動，包括禪修活動、講座、師資培訓課程等，由常願法師、常護法師自臺灣前往帶領，共有四百多人次參加。

　　講座方面，首先於 3 月 31 日舉行禪法講座，由常護法師主講「禪與生活」，法師說明，學禪的目的，是要我們在日常生活中，不去執著自己的分別心，讓內心隨時保持安定與喜悅。

　　常願法師的兩場心靈環保講座，於 4 月 12、13 日進行，講題分別是「禪與心靈環保」、「禮物──心靈環保，生活中的角色同理」。法師指出人們生活所需多半來自身外，所以誤以為所有的煩惱、困難也都是來自外界，就不停地向心外的環境追求和抗爭，忽略了去開發自己的內心世界，修正身、口、意；而「心靈環保」強調以具體行動從心出發，由內而外，在生活中淨化自己與利益他人。常願法師鼓勵大眾以禪法無我的態度，化解自我中心的煩惱，還原清淨的本來面目，開啟無盡的光明力量，在生活和工作中用佛法感化自己，以行為感動他人。

　　禪修活動，包括禪三、中級 1 禪訓密集班。學員在 6 至 9 日的禪三中，藉由早晚課、瑜伽、經行、拜佛、禪坐、吃飯禪等修行，體會行住坐臥皆是禪的妙用；於 11 至 12 日進行的中級 1 禪訓密集班，常願法師介紹了禪修的心態以及中級 1 禪訓班的架構，並複習了數息、隨息以及數數念佛的方法，讓學員更熟練地掌握方法。

　　另一方面，護法會也舉行法鼓八式動禪以及助理監香師資培訓等相關課程，希望接引更多民眾體驗禪法帶來的安寧和平安。

　　這次二十週年慶活動，從規畫、場勘、布置到香積安排，義工都熱情主動參與，在過程中相互學習與成長，這股凝聚力量，將帶動護法會繼續成長茁壯。

學員透過中級 1 禪訓密集班課程，學習更熟練掌握方法。

●04.01～07

西雅圖分會舉辦弘法活動
常慧法師帶領禪修、主持佛學講座

北美護法會華盛頓州西雅圖分會於4月1至7日，舉辦弘法活動，包括禪修、佛法講座等，由美國紐約東初禪寺常慧法師帶領，共有兩百多人次參加。

法師首先於1日舉行禪修講座，主講「止觀與定慧」，說明「止」是心念止於一境，妄念不起；「觀」是觀照心念的動靜狀態，念念分明。在同一個焦點上不斷反覆地止與觀，便能定心與安心。止觀必須並用，最初收攝散心，繫止於一境，但僅僅止於一境也不行，止的目的是要再起智慧觀照，擴大心性，然後再止下來，再起觀照，止觀並用，才能工夫日漸進步。

3至7日，常慧法師於分會帶領禪五，為方便禪眾作息，禪期分為禪三與禪五。法師說明止觀可對治禪修時散亂和昏沉的毛病，修觀可以對治昏沉，修止對治散亂；當漸漸克服了散亂心和昏沉心，便可以漸漸達到止觀雙運、定慧圓明的境界。

禪五圓滿，常慧法師與西雅圖禪眾法喜合影。

兩場佛法講座於6日及7日晚間進行，主題是「解開幸福密碼」，法師解說人性本善，佛性本自具足，但境界現前，每做一件事如種子都是業，而透過修行，可廣播善法種子。常慧法師提醒大眾，物質上的擁有，不是真正的幸福；心靈的安定寧靜，活在當下，才是幸福的源頭。

●04.02～07

香港悅眾法鼓山園區精進共修
為未來發展方向凝聚共識

4月2至7日，一百多位來自香港的悅眾參訪法鼓山園區，除於禪堂舉行禪三，也以朝山發願、「世界咖啡館」（World Café）等活動彼此交流，為香港道場未來發展方向凝聚共識。

禪三由常展法師擔任總護，內容包括法鼓八式動禪、早晚課、打坐、經行、

瑜伽、戶外禪，在規律的生活中，大眾練習清楚、放鬆地活在每一個當下；也學習以「不迎不拒」的心情，觀照每刻的身心狀況，練習將佛法落實到生活的細節中。禪期中，禪堂堂主果元法師也為學員進行開示，從禪坐的意義

香港悅眾回到園區禪修、朝山，清楚放鬆再成長。

與方法，到出坡、用齋、生活作息，都有清晰的指引。

　　5日清明節清晨，果元法師帶領學員以朝山放鬆身心，親近大地。法師說明每一個人都是「頂天立地」，人人都有平等成佛的可能，從照壁到祈願觀音殿，每一步、每一拜，代表著感恩父母、三寶、一切眾生的心，也象徵誠摯學佛的精進心。

　　在「世界咖啡館」的活動中，悅眾分成小組，就禪修體驗、如何落實整體關懷與道場發展等議題，以開放、正面的態度交互激盪，透過對話連結不同的視野，在輕鬆的氣氛下，為道場未來發展方向分享了寶貴的意見。

● 04.07

常悟法師英屬哥大分享漢傳佛教
闡述禪法適應性、包容性和實用性

　　加拿大溫哥華道場監院常悟法師於4月7日受邀前往加拿大英屬哥倫比亞大學（University of British Columbia），於該校亞洲研究學系開設的「漢傳佛教」課程中，講授「漢傳佛教的發展與演變」，共有五十多位選修該課程學生聆聽。

　　法師首先講解漢傳禪法的源頭與中國禪宗三個發展時期，並介紹禪宗的頓悟法門。常悟法師指出，從菩提達摩的「二入四行」中的「理」入為始，三祖僧璨的《信心銘》繼之，六祖惠能的《壇經》更是頓悟法門的寶典，其中的即心即佛、定慧不二，和對坐禪的新釋，是千古流傳的精髓。

　　課程中，法師以「一行三昧」引出禪法的殊勝，於行、住、坐、臥間，時時可修行，處處是道場，一念清淨、一念淨土，當下從煩惱出離，當下即得解脫；也鼓勵學生實際參與禪修，體驗禪法奧妙。

　　有學生表示，法師闡揚漢傳禪法特有的適應性、包容性和實用性，對西方社會大眾非常受用。

● 04.11～26

常健法師美、加推廣大事關懷
帶領學員省思生命、關懷自他

常健法師美、加弘法，以「生死兩相安」及「助念與關懷」兩大主題開辦大事關懷培訓課程。

4月11至26日，關懷院監院常健法師於美國、加拿大弘法，分別在美國加州洛杉機道場、紐約象岡道場，以及北美護法會加州舊金山分會、安省多倫多分會開辦大事關懷系列課程，為海外信眾建立大事關懷的正確觀念，及佛化奠祭的理念與做法，並解答實務上的問題與疑惑。

兩日課程的主題分別是「生死兩相安」、「助念與關懷」。第一日「生死兩相安」課程，常健法師以《一片葉子落下來》、《豬奶奶說再見》兩本繪本故事，傳達萬物有成、住、壞、空四相的觀念，死亡只是這段生命學習階段的結束，並不是一切的終點，以正確的態度思考、面對死亡，並以適當的方式給予臨終者關懷、助念，便可以超越對死亡的恐懼。法師也介紹了「環保自然葬」，讓生命最後回歸塵土，是最符合環保觀念與大自然永續循環的方式，同時在植存的過程中學習放下，不再執著。

在「助念與關懷」課程中，法師介紹助念應有的心態、如何圓滿助念關懷、法鼓山助念義工應遵守的原則等等，並安排助念梵唄法器教學演練，帶領學員進一步學習安心與平安的祝福，協助臨終者及其家屬，坦然並從容走過生命的最終階段；法師提醒，由於因緣與地區文化不同，做法須因地制宜，但正確觀念與基本原則是不變的，期勉學員同發菩提心，共修善緣，自利利他。

許多學員分享，當法師示範往生被的用法時，難免害怕，但法師說明要以感恩心與慈悲心來面對，便放下了心中的罣礙，表示要常回分會參與助念共修，共同推廣莊嚴佛事。

2015 北美「大事關懷課程」一覽

時間	地點
4月11至12日	美國加州洛杉磯道場
4月14至15日	北美護法會加州舊金山分會
4月18至19日	美國紐約象岡道場
4月25至26日	北美護法會安省多倫多分會

● 04.12

溫哥華道場首辦佛教學術論壇
探討當代佛教發展契機和挑戰

加拿大溫哥華道場於 4 月 12 日首度舉辦佛教學術論壇，邀請加拿大卡加利大學（University of Calgary）韋聞笛（Wendi L. Adamek）教授、皇家山大學（Mount Royal University）楊石龍（Brian Nichols）教授以及美國南加州大學（University of Southern California）融道法師，探討「當代佛教發展的契機和挑戰」，全程以英語進行，同步中文翻譯，有近一百九十人參加。

論壇共兩場，首場韋聞笛教授以「當科學遇見宗教」為題，藉由兩位西方知名學者的真心告白，一位是一度出家的佛教學人，一位是信仰天主教的社會學家，探視在實證科學與心靈宗教的矛盾中，如何面對與處理內心的激盪。

韋聞笛教授建議，宗教人士應重拾方便法門，讓講究實證科學的人士可以接受不一樣的聲音，進而發現佛法並非盲信，而是可以真正運用的生命科學。

第二場由融道法師，透過視訊連線主講「現代漢傳佛教教育的回顧與展望」，法師從二十世紀初太虛大師啟迪的僧教育改革談起，說明古代叢林師徒制和現代佛學院僧眾教育的發展和轉變，並歸結任何因應時代、地域的演變，都必須不離正信的佛教，才是教育的本意。

楊石龍教授則在論壇中發表多年來研究中國僧侶寺院發展的成果，說明在中央集權的管理下和觀光、商業化的政策中，寺院僧侶團結起來，逐漸取回自主權，恢復僧侶的莊嚴和道場的清淨。

綜合討論時，聽眾熱烈提問：佛教的未來在哪裡？修行是否會因佛教觀光化或學術化產生偏差？如何導正？三位學者和常悟法師也提出觀點與觀眾互動，共同思惟傳承二千多年的佛陀本懷，在現今社會所扮演的角色。

常悟法師強調，不論在理解或實修上，都應回歸整體佛法，亦即心靈環保的要旨，體現「一念清淨，一念淨土」。

透過論壇的舉辦，溫哥華道場期望建立漢傳佛教與西方學術界的橋樑，不僅提昇修學的品質和人才的培養，也讓西方學者對漢傳佛教有更深一層的認識。

溫哥華道場舉辦佛教學術論壇，常悟法師、韋聞笛教授、楊石龍教授（右起依序），在綜合討論時與聽眾交流。

● 04.19～26

墨爾本分會舉辦系列禪修活動
以講座和禪修營介紹漢傳禪法

墨爾本分會於4月19至26日舉辦系列禪修活動,邀請聖嚴師父西方法子查可‧安德列塞維克(Žarko Andričević)帶領,包括佛法講座、禪修營等。

19日於分會展開的佛法講座,查可以「一味佛法──從東方到西方」(One Universal taste: Buddhadharma from East to West)為主題,介紹禪的印度源流,與傳入中土後的發展,也講說禪在西方世界的現況,說明禪的智慧不僅超越時空,也超越語言文字。

21日於墨爾本大學(The University of Melbourne)的佛法分享,查可以「禪的開示」(I say Chan, you say Zen,What is it?)為題,闡述禪法的修行,不是把自己變成像枯木一樣無感情,而是在過程中長養慈悲心,不再以自我為中心,以智慧包容身邊的人、事、物。

五日禪修營則於22至26日在當地詹世森中心(Janssen Spirituality Centre)展開,由查可帶領,僧團果禪法師、常濟法師擔任監香,以正信佛教觀念與漢傳禪修方法引導,系統介紹禪修的基礎,逐步深入禪法修行,共有二十一位禪眾參加。

查可秉承聖嚴師父教法,時時提醒禪眾將佛法融入禪修,將禪修延伸至生活中,行住坐臥、起心動念,無不是禪。

● 05.03～24期間

海外分支道場舉辦浴佛活動
以多元活動沐如來,淨自心

洛杉磯的信眾在唱誦「南無本師釋迦牟尼佛」的聖號中,依序出位以香湯來灌沐象徵佛陀的悉達多太子像。

為慶祝佛陀誕辰與母親節,法鼓山海外分支道場於5月3至24日期間,舉辦多元的浴佛報恩祈福活動,表達對佛恩與母恩的感念。各地活動概述如下:

亞洲的馬來西亞道場首先於3日舉辦浴佛法會,監香常鑑法師表示,浴佛的意

義是藉外在的佛來洗滌自我的煩惱和心靈，除了緬懷佛陀行誼，也要淨化自己的身、口、意，再把佛陀的慈悲精神落實在生活中，進而淨化社會。適逢連續假期，許多信眾闔家參與浴佛、供花、獻燈，氣氛溫馨。

東初禪寺舉行浴佛法會，不論東、西方眾，同以一勺香湯浴佛，莊嚴自心。

北美地區，美國加州洛杉磯道場於10日舉辦浴佛法會暨母親節感恩慶祝活動，除了莊嚴殊勝的浴佛及佛前大供外，並將孝親奉茶與茶禪結合，讓參與大眾從「心」體驗茶香與禪味。北美護法會安省多倫多分會也於同日首度舉辦浴佛法會，由美國紐約東初禪寺果樞法師主法；午齋後，分會的法鼓隊演出「獅子出洞」，為園遊會揭開序幕，並邀請大眾體驗生活禪，氣氛熱鬧而歡喜。

東初禪寺則於17日上午舉辦浴佛法會，適逢方丈和尚果東法師至北美巡迴關懷，方丈和尚期許大眾浴心佛、掃心地，體會禪無心，也多參與共修，找回本來面目。下午的藝文活動，包括東初合唱團以臺語演唱〈四眾佛子共勉語〉等佛曲、電影禪，方丈和尚並藉由《原諒，好緣亮》簽書會，與大眾輕鬆交流，圓滿了今年的浴佛慶典。

加拿大溫哥華道場24日的英語佛誕慶祝活動，安排許多精彩的項目，包括名為「成佛大道」的浴佛台，以及禪修體驗、茶禪、表演活動，並規畫以書法藝術、拓印為內容的中華文化區，以書展、禪修活動為主的禪文化區等展覽；最後，監院常悟法師帶領大眾感恩迴向，也為尼泊爾震災災區民眾祈福。

2015 海外分支道場浴佛節暨母親節活動一覽

地區	主辦單位／活動地點	時間	活動名稱／內容
北美	美國紐約東初禪寺	5月17日	浴佛法會
	美國加州洛杉磯道場	5月10日	浴佛法會暨母親節感恩慶祝活動
	加拿大溫哥華道場	5月23日	浴佛法會暨皈依典禮
		5月24日	Buddha's Birthday Celebration
	北美護法會新澤西州分會	5月16日	浴佛法會
	北美護法會伊利諾州芝加哥分會	5月24日	浴佛法會
	北美護法會安省多倫多分會	5月10日	浴佛法會暨園遊會
亞洲	馬來西亞道場	5月3日	浴佛法會
	香港道場	5月24日	浴佛法會暨皈依典禮

● 05.05～09期間

新加坡護法會舉辦佛三
學習念佛法門的慈悲

新加坡護法會舉辦佛三，大眾累積往生西方淨土的資糧。

5月7至9日，新加坡護法會於當地大悲佛教中心舉辦佛三，由果本法師、常允法師等自臺灣前往帶領，有近一百人參加。

佛三期間，大眾透過「阿彌陀佛」聖號，體會佛菩薩對眾生的慈悲心。果本法師開示，一般人常有諸多妄念，這些念頭容易在修行時被發現。修行能培養我們的覺照力，覺察後進一步改正，這就是自我肯定的過程。法師鼓勵眾人多念佛、誦經或打坐，來淨化身心。

為了讓大眾了解念佛法門，果本法師5日先於護法會主講「念佛法門」，說明念佛使我們生起慈悲心、慚愧心、懺悔心、大悲願心、感恩迴向心，這些都是成就自心淨土的基礎，也是往生西方淨土的資糧。

● 05.15   05.18

世界佛教僧伽會副會長浩霖長老圓寂
方丈和尚親往念佛緬懷

東禪寺創辦人浩霖長老捨報圓寂，方丈和尚（右）與果樞法師（左），護法信眾前往念佛緬懷，並協助安排圓滿佛事。

美國紐約東禪寺開山祖師、世界佛教僧伽會副會長浩霖長老，5月14日凌晨於紐約圓寂，正在紐約弘法的方丈和尚果東法師於15日率領僧俗四眾前往念佛緬懷，18日再度前往致意，並協助長老弟子通智法師討論佛事儀程安排，圓滿佛事。

浩霖長老與聖嚴師父道誼深

厚，透過浩霖長老的介紹，師父得於 1961 年南下高雄美濃朝元寺掩關自修；1979 年，師父於西方弘法，更蒙法師多方關照。聖嚴師父曾為文指出：「感謝東禪寺的浩霖法師，不但允許我們師徒掛單，而且還說：『就把東禪寺當作你自己的道場好了。』我們兩人就此在他的孔子大廈，一住四十多天。」對這段深刻的道情，感念不已。

　　浩霖長老生於 1927 年，世壽八十九歲，僧臘七十六，戒臘七十。十三歲依厚寬和尚出家，先後就讀泰縣竹林佛學院、常州天寧佛學院。十九歲在南京隆昌寺受具足戒，1949 年到臺灣，初就讀於新竹靈隱佛學院，繼而到汐止彌勒內院，依止慈航法師受學。

● 05.16～17

方丈和尚北美弘法關懷——紐約與新澤西
勉眾珍惜因緣，廣結善緣

　　延續往年北美弘化關懷的腳步，方丈和尚果東法師 5 月 13 日啟程前往美國、加拿大關懷海外信眾。從東岸到西岸，內容包括參加北美護法會加州舊金山分會新會所啟用系列活動、主持多場浴佛法會、祈福

方丈和尚果東法師新澤西州分會關懷，與護法信眾合影。

皈依典禮、公開演講等。

　　方丈和尚抵達美國紐約後，16 日首先前往北美護法會新澤西州分會關懷，分會正在整修於兩年前購置的新會所，方丈和尚藉著佛誕日浴佛因緣，勉勵大眾依循佛陀為我們鋪展的學佛道路，在信解行證的過程中，無論順境、逆境，都視為幫助自我成長的因緣，轉化業力造作的煩惱心，洗滌無明習性。

　　分會召委郭嘉蜀也向方丈和尚以及大眾報告新會所的工程進度，預計 2016 年正式啟用，為大眾提供更好的修行場所。方丈和尚最後以「光明遠大」掛飾與大眾結緣，期勉人人「智慧轉境，自心光明；慈悲利他，希望遠大」。

　　17 日，方丈和尚參與東初禪寺浴佛節以及佛法聚會（Dharma Gathering）活動，以「珍惜因緣、廣結善緣」為題開示，分享結善緣不能一味隨順眾生欲求

而沒有智慧引導，正如「普賢十大願」的恆順眾生願，也必須有九項大願相輔而成，期勉大眾在人際互動過程中，運用佛法來疏導觀念、健全人格，讓自己受益，並普及於家庭、職場、學校，就是廣結善緣。

方丈和尚的祝福與關懷，讓海外的護法鼓手更加珍惜學佛護法、開啟善緣的福德因緣。

● 05.16～17　05.24

馬來西亞道場兩場禪修活動
播灑禪修種子

近五十位馬來西亞企業家、公司高層管理人員參加「菁英一日禪修體驗」，學習放鬆心法。

為接引更多馬國人士認識漢傳禪法，馬來西亞道場於 5 月舉辦兩場禪修活動，有近一百四十人參加。

16 至 17 日在當地雲頂清水巖寺（Genting Highlands Chin Swee Caves Temple）舉辦舒活二日禪，由監院常藻法師、常鑑法師帶領。法師引導學員體驗四個層次的「孤立」自己，首先是與山下的大都市孤立，然後與清水巖廟宇以外的其他場地孤立，再與禪堂以外的地方孤立，最後是與蒲團以外的人、事、物孤立，把自心收攝到只剩下自己和蒲團。

禪期間，學員全程禁語，練習靜坐、法鼓八式動禪、戶外經行、瑜伽運動，也透過觀看聖嚴師父的開示影片，了解禪修的方法、心態和生活禪的實踐。

「菁英一日禪修體驗」則於 24 日在檳城舉辦，由常藻法師帶領，共有近五十位企業家、公司高層管理人員參加。法師引導學員練習把身心放鬆，並帶領動禪體驗，期許大眾藉著禪修的方法與佛法的觀念，讓身心在任何狀況之中，都可以保持平靜、穩定、自主、自在。

● 05.19～25

東初禪寺舉辦梁皇寶懺暨三時繫念法會
祈願擴建工程順利圓滿

為祈願首期擴建工程順利，美國紐約東初禪寺於 5 月 19 至 25 日啟建梁皇寶懺法會，並於圓滿日下午舉辦三時繫念法會，由住持果醒法師主法，有近八十

法會中，東西方信眾攝心禮懺，殊勝莊嚴。

位信眾全程參加。

法會中，果醒法師開示說明，《梁皇寶懺》是大懺悔法，涵蓋層面很廣，可依各人的理解來做為修行的方法，最重要的是如何轉煩惱為慈悲、智慧，往內修無我及智慧，往外度眾生離苦得樂；「三時繫念」則是二六時中念佛的超度法門，以虔誠的心念佛給往生者善緣資糧，雖然法門不同，但目標一致，都是透過懺悔或念佛達到身心清淨。

七天的法會，不論是本地或遠從各州來的信眾，大多數是全程參加，出坡及休息時多能禁語，因此共修的氛圍相當凝聚，有信眾表示，感恩佛菩薩、護法龍天的庇佑與法師的帶領，在眾緣和合下，成就殊勝的法會。

● 05.21～24

方丈和尚北美弘法關懷——溫哥華道場
勉眾修學佛法、成長智慧

圓滿於美國東岸的關懷，方丈和尚果東法師一行於 5 月 21 日飛抵加拿大溫哥華，參與道場舉辦的佛誕祈福慶祝活動。

抵達溫哥華後，方丈和尚隨即參與道場舉辦的悅眾關懷聯誼活動，感恩護法信眾多年的護持與奉獻，也勉勵大眾持續在法鼓山護法體系中修學佛法、護持佛法，進而弘揚佛法。

23 至 24 日，溫哥華道場舉辦兩場母親節暨佛誕日慶典。23 日的中文場，首先舉行浴佛法會，由監院常悟法師帶領，方丈和尚開示，以虔敬的心，沐浴佛身，也洗淨心中的無明煩惱，成長智慧，有近兩百三十人參加；法會圓滿後舉行皈依典禮，由方丈和尚授三皈依，共有四十八人成為三寶弟子。

方丈和尚於溫哥華道場，勉勵大眾在法鼓山護法體系中修學佛法、護持佛法，進而弘揚佛法。

● 05.23～24

馬來西亞道場舉辦「山寶尋 ME 戶外營」
引領青年學員放鬆身心、成長自我

馬來西亞「山寶尋 ME 戶外營」團康遊戲中，青年學員體驗團隊合作的重要。

馬來西亞道場於 5 月 23 至 24 日，在當地武來岸戶外探險營地（Outback Broga）舉辦「山寶尋 ME 戶外營」，共有八十三位青年學員參加。

兩天一夜的戶外營，白天的活動內容豐富，包括了初級禪訓班課程，及戶外禪，學員們離開水泥叢林，貼近大自然，在溪水聲、鳥聲、蟲聲合奏的天然交響樂中，感受禪的輕安自在；另一方面，也輔以各項戶外活動，如攀岩、飛索滑行、翻牆等，從中培養冒險犯難、團隊合作的精神。

晚間的「與法師有約」，由監院常藻法師帶領，學員分組分享在戶外活動過程中尋寶——默契、合作精神、自信心、信任、友情等；法師則期勉學員，如不停下腳步，就無法深入了解生命的意義，也無法認識真正的自己，探索的過程雖漫長艱辛，但意義非凡。

有學員表示，參加營隊最大的收穫，就是在禪修中體會到放鬆的輕安自在；擔任小隊輔的法青也表示，在營隊籌備的過程中，學習良多，也開啟一個好契機，接引更多年輕人學習成長、自利利他。

● 05.29～31

舊金山新會所啟用系列活動
舉辦皈依典禮、《地藏經》共修及水懺等

北美護法會加州舊金山分會新會所於 5 月 29 至 31 日舉辦正式啟用系列活動，在方丈和尚果東法師的祝福下，29 日首先舉行《地藏經》共修、30 日舉辦「新會所啟用暨佛像開光典禮」系列活動、31 日啟建慈悲三昧水懺法會，為舊金山分會開啟嶄新的一頁。

30日新會所啟用暨佛像開光典禮系列活動中，包括從臺灣與美國東、西岸前來關懷的僧團法師與護法信眾、原屋主奈爾斯發現教會（Niles Discovery Church）的代表與社區居民，以及臺北駐舊金山經濟文化辦事處副處長鍾文正、聖嚴師父西方法子吉伯‧古帝亞茲（Gilbert Gutierrez），近五百人齊聚一堂，東西文化融合、願力傳承交接，別具意義。

方丈和尚開示時，感恩東、西方信眾一起成就新會所，也期勉學習觀世音菩薩的精神，無剎不現身，以智慧轉境，將自己的所能奉獻利他；奈爾斯發現教會的牧師表示，感謝有讓舊建築物重建新生的機會，更歡喜看見佛教和基督教共同有服務社區，利益他人的精神。

典禮後進行佛前大供及皈依儀式，由方丈和尚親授三皈五戒，為四十七位新佛子祝福，其中有四位小菩薩，在父母的陪伴下，隨著英文翻譯完成皈依。同時間也於戶外舉行園遊會，透過多元活潑的方式，分享法鼓山的四環理念與禪修方法；在後方的禪堂則是以「共擊大法鼓」為題，用攝影作品敘述聖嚴師父的生命故事，以及舊金山分會篳路藍縷的建立過程。

31日啟建慈悲三昧水懺法會，由紐約東初禪寺住持果醒法師主法，新會所的大殿、觀音殿座無虛席，大眾以精進拜懺的修行功德迴向給法界眾生，沐浴在清涼法水中，同霑法喜，也為道場開啟新頁。

舊金山新會所啟用暨佛像開光典禮，是西方教堂與漢傳佛教的交會，別具意義，也為分會開啟嶄新的一頁。

●06.03～07

方丈和尚北美弘法關懷──洛杉磯
弘講「禪──二十一世紀的安心法門」

方丈和尚果東法師北美關懷行，於6月2日抵達洛杉磯。系列關懷弘法行程，以3日的信眾聯誼開啟序幕，約有八十位信眾攜家帶眷前來洛杉磯道場，方丈和尚也一一為大眾祝福。

6日上午方丈和尚於道場主持祈福皈依典禮，祝福新皈依弟子「生日快樂」，

並開示皈依如同「註冊學籍」，期勉大眾用佛法感化自己，以寬容心、同理心、慈悲心來對待身邊的人。下午進行的「法青與方丈和尚有約」，十七位法青以問答的方式，向方丈和尚請法；法青的提問，包括人際、職場、生活等面向，方丈和尚幽默、深入淺出的回答，讓法青與參與旁聽的父母們都深感收穫良多。

7日，方丈和尚於太平洋棕櫚度假中心（Pacific Palms Resort）舉行公開演講，講題是「禪——二十一世紀的安心法門」，透過「禪，踏實地體驗生命」、「生命與生活，由身、語、意三業行為的活動所構成」及「安心，便能安身、安家、安業」等三大主軸，方丈和尚說明如何藉由轉變心念消融自我，生活中的每個時刻都可以修行，培養慈悲與智慧，以積極正面心態創造更美好的未來。包括駐洛杉磯臺北經濟文化辦事處組長徐允功、聖瑪利諾市（San Marino）華裔市議員孫國泰，共有四百多人參與聆聽。

演講會後，道場以方丈和尚祝福小卡與大眾結緣，卡上印有「菩提心十隨」、「信願行十力」、「調心轉化光明語」等智慧叮嚀語，時時刻刻提醒眾人要活在當下，放鬆身心，知足常樂，以慈悲心與智慧減輕他人與自身煩惱，盈滿正向能量度過每一天。

洛杉磯道場的祈福皈依典禮後，方丈和尚親切地與信眾互動。

● 06.06～07　11.21～22

馬來西亞道場開辦「2015兒童生命教育」課程
以家庭及自然倫理為主軸

6月6至7日、11月21至22日，馬來西亞道場開辦「2015兒童生命教育課程」，由監院常藻法師及專業師資帶領，以心六倫的「家庭倫理」及「自然倫理」為主軸，每梯次有三十位小學員參加。

第一天進行的「自然倫理」課程，分別在當地GK有機農場（GK Organic Farm）、巴生人民公園展開。首先由農場工作人員、法青會員帶領孩子們認識自然科學知識及製作有機堆肥的過程，並讓小學員學習種植莧菜；也介紹認識水上蜘蛛、青蛙、布袋蓮等水中生物的生態；「環保小超人」單元，則教導垃圾減量與分類，在日常生活中，隨手做環保。最後孩子們把親手種植的小盆栽帶回家，藉由觀察樹苗的成長過程，延續在營隊中培養出的環保意識。

第二日的「家庭倫理」課程，則在道場禪堂進行，透過觀賞《回到最初》影片，了解嬰兒的哺育及成長；閱讀繪本《小企鵝的家》，引導學習及時感恩、分擔家務，並進行手語帶動唱〈孝順不能等〉；茶禪則由老師說明奉茶的意義，並分組練習奉茶；「小家事達人」單元，由小菩薩們練習收拾茶具、清理現場，學習做家務，分擔父母的辛勞。另一方面，也藉由靜心圓、法

小學員於有機農場學習認識自然環境。

鼓八式動禪等活動，學習專注與放鬆，培養穩定的性格。

馬來西亞道場希望藉由兒童營的舉辦，引導小學員培養體諒包容、感恩孝順、知福惜福、愛護地球、尊重生命的胸懷，實踐生命教育的目標。

● 06.07　06.10

舊金山分會舉辦兩場禪修講座
果醒法師勉眾以「無我」翻轉生命經驗

北美護法會加州舊金山分會於6月7、10日，舉辦兩場禪修講座，由美國紐約東初禪寺住持果醒法師主講分享「無我」的生命哲學，共有一百五十多人次參加。

7日講座的主題是「You Are Not You」（你不是你），法師演繹「無我」、「空」與「禪修」三大主軸，說明了解一切都是因緣聚散生滅不停變化的影像，就能漸漸沖淡執著之心，亦即「無我」的核心觀念；然後時時檢查、警惕、結合日常生

果醒法師結合佛學與三十年的禪修經驗，與大眾分享在生活中實踐佛法的體會。

活中實際的身心經驗，就能體悟「緣起性『空』」；再加入禪修觀照，懂得取相、不取相，如此不但從此與外界的互動完全不一樣，生命經驗也會翻轉而大不同。

在 10 日的「夢中說夢」演講中，果醒法師表示，如果執著「色受想行識」五蘊不放，就會一直顛倒夢想，以迷妄為真，認物為己。如何才能「遠離顛倒夢想」？首先要明瞭何謂「我」，「我」不是身體或感受，而是「能知能覺、無形無相、不生不滅、沒有能所」的真心。

法師進一步以波浪、海水來譬喻，海水如真心，波浪是「色受想行識」五蘊的生滅變化現象；波浪不離海水，而且是由海水所產生。在日常生活與外界互動時，練習讓真心不停留在五蘊變化的暫時現象上，不受影響而起波浪，仍然維持寂靜的本質而不起煩惱，就是遠離顛倒夢想。

有學員表示，法師以禪修三十年經驗分享佛法名相，運用種種譬喻解說，指引大眾在日常生活中實踐佛法，期望能透過實踐，開發生命的潛能。

● 06.13

東初禪寺舉辦「生死自在談」共修會
思考、聆聽、分享、討論生命課題

東初禪寺「生死自在談」共修會，學員分組討論生命課題。

美國紐約東初禪寺於 6 月 13 日舉辦「生死自在談」助念共修課程，由監院常華法師、果乘法師帶領，課程結合西方心靈活動「臨終告別前的願望」（Go Wish Game）和「談談如何面對生死」（Death Café），並以「World Café」分組進行，共同思考、聆聽、分享和討論生命課題，有近五十人參加。

課程中，法師分發十二張小卡給每位學員，每張小卡上各列有一項生前願望，如僧團協助、不靠機器維生、讓家人處理後事、保有尊嚴、保持神智清醒、佛在心中平靜無憾等，學員先依重要性排列順序，再以五分鐘時間說明自己的想法和意願。分享完畢後，由小組代表綜合組員的陳述，報告討論的結果。

經過兩個小時的熱烈討論和發表，「保持神智清醒」，和「佛在心中平靜無憾」是眾人心目中的首選大事。

許多學員表示，期許自己在有生之年能夠多多行善，分享佛法，帶給這個社會良善和向上提升的力量，讓這期生命的旅程充滿希望與意義，將來離開的時候才不會有遺憾。

● 06.13

青年培力工作坊墨爾本舉行
多元宗教青年探討心的力量

6月13日，美國法鼓山佛教協會（DDMBA）與法鼓山墨爾本分會，以及澳洲維多利亞佛教協會（Buddhist Council of Victoria）、墨爾本跨宗教中心（Interfaith Centre of Melbourne），共同於墨爾本維多利亞多元文化協會（Victorian Multicultural Council）主辦「青年培力一日工作坊」，由僧團果禪法師、常濟法師主持，提供學員們實用的方法，能在生命的旅程中，提昇自己的能力，以積極正面的心態來處理身體、心理和社交上的障礙。與會的青年分別來自佛教、基督教、伊斯蘭教、巴哈伊教等不同宗教。

課程中，首先播放由聯合國所拍攝的短片《什麼是可能的？》（What's Possible?），常濟法師引用片中旁白「你可以選擇今天讓世界變得不一樣，我們不能等到明天才行動」，帶領學員省思「要別人如何記得你？想在歷史上留下何種痕跡？」法師解釋，真正留下來的，是這個星球以及生活在這裡的人們。當人生走到終點時，重要的是如何度過人生和彼此扶持。

由果禪法師帶領的「心靈藍圖素描」單元，其中一項是列出三位心目中景仰的英雄，有位男學員分享心目中的英雄是「地球媽媽」（Mother Earth），因為「地球媽媽付出、滋養萬物、包容、有智慧」，描述出大自然如母親般的順應和包容。果禪法師指出，在心靈藍圖素描的過程中，每個人都會了解，原來自心就擁有心目中英雄的特質。

常濟法師提醒，我們所處的現實世界，是由自己的心所編造出來的，只要改變觀念，就可重新詮釋，因此我們可以選擇成為創作者，而不是受害者。

有學員回應，要做這樣的改變，必須轉換慣性的思維模式，從問題取向轉為解決導向，將問題轉化為「機會」。

「青年培力一日工作坊」是世界公民教育（Global Citizenship Education）的課程之一，提供學員們實用的方法，提昇能力，期望在國際社會中培養出開朗明智的青年領袖。

果禪法師（右三）、常濟法師（左二）於墨爾本主持「青年培力一日工作坊」，帶領不同宗教族群的青年探討心的力量。

● 06.23～27

法鼓山參與羅馬「天主教與佛教之宗教對話」

果見法師、常華法師代表出席

美國各地區的佛教及天主教代表與教宗方濟各（中）合影。

6月23至27日，法鼓山應「美國天主教主教團普世與跨宗教事務主教團委員會（United States Conference of Catholic Bishops, USCCB）」之邀，出席在義大利羅馬瑪麗亞波里中心（Centro Mariapoli）舉辦的「天主教與佛教之宗教對話」，由美國加州洛杉磯道場監院果見法師與紐約東初禪寺監院常華法師代表參加。

這項活動是由梵諦岡宗教對談理事會（The Pontifical Council for Interreligious Dialogue, PCID）與美國天主教主教團普世與跨宗教事務主教團委員會合辦，首次建立以美國為區域性對話平台，邀請紐約、華盛頓特區、芝加哥、舊金山及洛杉磯等五大城市的佛教與天主教團體代表共四十五人，前往羅馬參與對話。果見法師與常華法師分別代表紐約及洛杉磯的漢傳佛教法鼓山教團出席。

會議的交流主題為「苦、解脫及友愛（Suffering, Liberation, and Fraternity）」，透過層次性的議題開展討論與交流，期能達到「療癒、和解修復及和平（Healing, Reconciliation and Peace）」三個進程的目的。

常華法師在 25 日「從人們相關的痛苦中得到解脫」場次中發表論文，法師列舉心靈環保、心五四、大悲心水陸法會及心靈環保農法等實例，說明法鼓山在落實生活佛法及協助大眾解脫煩惱的做法；果見法師則在閉幕式中代表佛教與會者致詞，肯定此次交流對話成就很好的跨宗教平台，使「友愛及和平」的對話種子能在美國乃至全球各地生根發芽，也分享聖嚴師父《建立全球倫理》一書中所強調的「異中求同、同中存異」觀念。

● 07.02～09.05

果元法師美、亞兩洲弘傳禪法

主持系列禪修活動及禪講課程

接續聖嚴師父海外弘法的足跡，禪堂堂主果元法師偕同僧大學僧演定、演正法師，7 至 9 月於美國、墨西哥、新加坡、印尼等地，主持系列禪修活動及禪

講課程。首站為美國加州洛杉磯道場，7 月 2 日於道場帶領「助理監香師資培訓」課程，約有三十人參加；3 至 4 日，於近二十人參加的「禪文化國際青年研習營」中，擔任指導老師。

10 至 17 日，飛往墨西哥中部納亞里特州（Nayarit）玉海禪堂（Mar de Jade Holistic Center），帶領五十一人參與的禪七；24 至 25 日，在墨西哥市律師拉墨（Ramon）家中禪堂，為二十餘人主持禪二。

8 月接續展開亞洲弘法行程，14 日於新加坡護法會會址龍泉寺，演講「禪文化精髓──佛教成語」，約有一百多人到場聆聽；15 日帶領英文禪一，有六十四位禪眾參與；16 日的中文禪一，則有七十三人參加。

18 至 19 日，於印尼峇里島佛法精舍（Vihara Buddha Dharma）帶領英文禪修工作坊，共有六十人參加；21 至 30 日於峇里島市區舉行禪十，有十六位禪眾精進共修；圓滿後前往雅加達，於 9 月 3 至 5 日在當地體正教育大樓（Prasadha Jinarakkhata Buddhist Center），帶領都市禪三，有近百人參與，期間並與南傳長老（Bhante Kheminda），就漢傳禪觀與修行生活議題，進行深入交流。

果元法師此行帶領的禪修相關活動，參加對象包括初習禪的青年族群與較有經驗的中年以上禪眾，法師的教學內容彈性活潑，應機說法，幽默風趣，不時穿插當地生活、文化語彙，譬喻生動，使聽眾心領神會。除在墨西哥透過玉海禪堂負責人蘿拉（Laura Del Valle）以西班牙語翻譯，在印尼由居士翻譯成當地語言外，果元法師全程皆用英語以自身豐富的生命體驗，直接面對跨國籍與不同族裔的禪眾。

有禪眾回饋表示，法師深入淺出、完整講解禪修觀念與方法，使聽眾能循序漸進、放鬆身心，也能動靜調和，透過梵唄唱誦、教學與講解，乃至立姿、坐姿動禪、經行與瑜伽運動，讓學員感受到最單純而直接的法喜。

果元法師第八度前往墨西哥主持禪七，帶領禪眾禪修，圖為戶外經行。

● 07.02～08.09

果慨法師北美弘法關懷
禮懺、講經、禪觀 分享法喜

7 月 2 日至 8 月 9 日，弘化發展專案召集人果慨法師北美弘法關懷，主要帶領「《法華三昧懺儀》研習營」、舉辦佛法講座等。

果慨法師於象岡道場主持「《法華三昧懺儀》研習營」，學員把握因緣禮懺用功。

法師分別於美國紐約象岡道場以及加拿大溫哥華道場主持「《法華三昧懺儀》研習營」，講解懺法的內容架構、修法以及經教義理，同時講析《法華經》的脈絡；也安排以靜默的方式禮懺用功、禪坐，並從第一天禮懺三部《法華三昧懺》，逐漸增加至六部，從學員繳交的學習記錄中，可以感受精進用功與法喜充滿。

佛法講座方面，包括「佛教徒的生死觀」，分別於美國加州洛杉磯道場，以及北美護法會加州舊金山分會、華盛頓州西雅圖分會等三地舉辦，系列課程五至六堂，講述《金剛經》、《阿彌陀經》、《地藏經》及《心經》等經典的生命實相，勉勵學員對生死建立正向的觀念，圓滿這一期的生命，邁向另一個光明的旅程。

「《金剛經》與無悔的人生」講座，除了於溫哥華道場、北美護法會新澤西州分會舉辦外，也應紐約漢傳佛教文化協會之邀，於喜來登飯店（Sheraton Hotel）弘講《金剛經》，並帶領死亡冥想的練習，深入思考死亡與生命的意義。

果慨法師此行，也與信眾分享梵唄與修行、懺法心要、《法華經》概說、雲端祈福等清涼法宴，與會者皆把握因緣用功，充實菩薩願行的資糧。

果慨法師北美弘法關懷行程一覽

時間	地點	活動內容
7月2至10日	美國紐約象岡道場	・《法華三昧懺儀》研習營
7月11日	美國紐約漢傳佛教文化協會（喜來登飯店）	・佛法講座：《金剛經》與無悔的人生
7月12日	北美護法會新澤西州分會	・佛法講座：梵唄與修行 ・佛法講座：《金剛經》與無悔的人生
7月16至19日	美國加州洛杉磯道場	・佛法講座：梵唄與修行 ・佛法講座：佛教徒的生死觀 ・佛法講座：懺法心要 ・義工成長課程 ・戶外禪
7月21至27日	北美護法會加州舊金山分會	・佛學講座：《法華經》概說 ・佛法講座：佛教徒的生死觀 ・專題講座：雲端祈福牌位 ・戶外禪

時間	地點	活動內容
7月29日至8月2日	北美護法會華盛頓州西雅圖分會	・佛法講座：佛教徒的生死觀
8月3至9日	加拿大溫哥華道場	・《法華三昧懺儀》研習營 ・佛法講座：《金剛經》與無悔的人生

● 07.03〜04

華裔青年初遇禪

洛杉磯道場舉辦「禪文化國際青年研習營」

美國洛杉磯道場於7月3至4日舉辦「禪文化國際青年研習營」，全程以英語進行，由禪堂堂主果元法師擔任營隊指導老師，監院果見法師及常俱法師擔任授課老師，這是道場首次以營隊方式接引大洛杉磯地區十八至三十五

學員用手機在道場拍下照片，並與小組分享拍攝的動機與意涵。

歲，以英語為主要溝通語言的年輕人，計有十二人參加。

課程以禪修體驗為主軸，輔以中華禪法鼓宗的法脈傳承、佛門行儀、書法禪、禪與生活工作坊等內容，藉此讓在西方社會成長的華裔青年，或對漢傳禪文化有興趣的年輕人，生起學習的興趣，進而深入理解禪法涵容一切的精神與特色。

第一天活動結束，考量年輕學員喜歡互動、分享式的學習，因此調整讓學員可用手機在道場拍攝照片，再以小組討論與大堂分享拍攝的動機與意涵，從生活中觀察身心與環境的變化，體驗禪無處不在的精神。另一方面，學員對托水缽與書法禪感到相當新鮮，為了寫下一句話送給想送的人，每個人都認真一筆一畫練習。

大堂分享時，有學員表示，即將到外州上大學，禪修的安定與放鬆，是面對問題或煩惱的安心之道；也有學員肯定營隊課程內容活潑，對佛法有初步的認識與體驗。

果見法師表示，透過與年輕人的互動，喜見年輕人對大環境的關心，也對探索生命價值很有看法，未來將進一步為年輕族群規畫認識禪法的活動。

● 07.03～07

香港青年五日禪
學習成為「心」的主人

香港青年禪五,學員藉由團康遊戲,進一步認識自我、體悟人生。

7月3至7日,香港道場與香港中文大學共同舉辦青年五日禪,主題是「心『零』建築師」,由副寺常展法師、常禪法師、常格法師等帶領,共有一百三十九位來自香港、中國大陸、澳門、臺灣等地青年學員參加。

五天四夜的禪修營,包括了初級禪訓班的課程,並輔以心靈成長活動。禪修課程方面,以聖嚴師父過去於「大專禪修營」的開示影片,引導學員建立禪修應有的觀念與心態,並搭配禪修方法,實際練習和體驗禪法在日常生活中的活用;心靈成長活動以團康遊戲為主,帶領學子探索如何從「自我肯定」進而達成「自我成長」與「自我超越」,並透過放鬆身心的活動,更深一層地認識自我與生命的本質與內涵。

許多學員在心得分享時表示,最大的收穫就是聖嚴師父在開示影片中對修行態度的提醒:應該抱持著無所求的心態,只問耕耘,不問收穫;法師也勉勵學員,把一切歸零後,再從心開始,做心的主人,以慈悲智慧處理問題,走向更光明廣闊的未來。

● 07.04～21期間

溫哥華道場舉辦「《華嚴經》講座」
常玄法師帶領翱翔華藏玄門

加拿大溫哥華道場於7月4至21日,每週二、六舉辦「《華嚴經》講座」,共六堂,由常玄法師主講,有近一百五十人參加。

研習華藏思想多年的常玄法師首先從經史入手,梳理《六十華嚴》、《八十華嚴》、《四十華嚴》的來龍去脈,敘述「華嚴五祖」的傳承及史上諸位大師的各種注釋著書,也指導在家時的持誦儀軌。法師引用聖嚴師父言:「讀誦華嚴,往往可以開大智慧。」期勉學員,發願於聽經期間誦完一部《華嚴經》。

常玄法師授課內容生動活潑,分享幽默機智的生活智慧,並搭配影片、遊戲讓說法更為傳神,層層深入,引發學員領略華嚴要義,生起成佛之心;課程圓滿時,監院常悟法師也鼓勵大眾,時常提起菩提願心,藉由華藏玄門的修行,走上成佛之道。

常玄法師溫哥華道場講《華嚴經》,帶領翱翔華藏玄門。

● 07.10～26

多倫多分會舉辦弘法活動
果醒法師主持佛學講座、帶領禪修

北美護法會安省多倫多分會於7月10至26日舉辦多場弘法活動,內容包括佛學講座、禪修活動等,由美國紐約東初禪寺住持果醒法師帶領,共有三百多人次參加。

10至24日的佛學講座,由果醒法師主講《六祖壇經・無相頌》,共四堂。法師概要提點〈無相頌〉的經義,並剖析心的「性」與「相」,引領學員了解性空的道理,勉眾時時刻刻都要保持一顆平靜的心,念頭生起時,不要執著,學習不對「相」執著,讓內外達到和諧。

禪修活動方面,「二日生活禪」於11至12日展開,引導學員在放鬆與自我觀照間,體驗禪修的自在法味。果醒法師說明,負面情緒的產生,是因為貪、瞋、癡心與煩惱流轉,有分別心才會與他人對立;如果能學習在日常生活中運用「身心覺察」、「對境何心」、「夢幻無我」、「心湖倒影」等四個層次的禪修來修行、觀照自心,「好的不喜歡,壞的不討厭」,就不會陷於執著的情境中,而讓身心保

果醒法師於多倫多分會講〈無相頌〉。

持寧靜與穩定。

果醒法師於 24 至 26 日的念佛禪三禪期中，將六根比喻成六種動物，無時無刻都想往外跑，六根可以拴在一處，繩子就是方法，而念佛禪練習的方法，就是收攝身心，以禪修方式念佛，如果能念到一心不亂，所有外境、聲音、景象、人，就都是佛號。

另一方面，果醒法師也於分會講授佛學課程、帶領大悲懺法會、主持皈依儀式等。許多學員表示，透過法師的帶領和分享，體驗到禪法的活潑實用和盎然的生趣，期待法師再來多倫多弘法。

● 07.11

方丈和尚出席普照寺落成大典
參加「佛教的危機與契機」座談會

方丈和尚出席普照寺落成典禮，繼程法師致贈書法作品。右為馬佛青總會長吳青松。

方丈和尚果東法師於 7 月 11 日，應邀參加馬來西亞普照寺落成大典，及慶祝大馬佛教青年總會成立四十五週年活動；並參加於下午展開的「佛教的危機與契機」座談會。

典禮上，方丈和尚以「馬佛青讓我們馬上得到佛法的慈悲與智慧，普度有情，照亮大千！」祝賀馬來西亞佛教青年總會四十五週年；並以金句「大悲願力、啟發智力、群策群力、同心協力、一起努力、展現美麗、堅定毅力、圓滿順利」讚歎眾人籌建普照寺的艱辛過程。

於普照寺大殿舉行的「佛教的危機與契機」座談會，由方丈和尚與該寺住持繼程法師、慈法禪寺住持淨耀法師三方對談，共同省思在日新月異的科技洪流中，佛法提供的安心之道。淨耀法師認為，人們雖然可以從 3C 產品等得到許多資訊，但需要進一步深思從中受益了什麼，是成為手機的奴隸？還是做了手機的主人？方丈和尚指出，面對各種新奇事物，人們總是喜新厭舊，無法分辨「需要」和「想要」，禪修讓人心不攀緣、回到方法、以正念觀照，加上懺悔禮拜等，就能保持身心的平衡與健康。繼程法師則表示，大乘佛教是將六根收攝一處來達到心安定的狀態，而禪往往會結合藝術來修行；若能善巧地將禪修

和佛法觀念設計成手機中的遊戲，就能引導青年生活在正念中。

位於大馬柔佛州居鑾縣的普照寺，由聖嚴師父法子繼程法師擔任住持，方丈和尚、護法總會輔導法師果器法師、馬來西亞道場監院常藻法師等，與來自海內外各佛教團體的法師、居士代表及信眾逾四千人，共同祝福該寺的落成啟用。

● 07.11

香港道場與林大輝中學合辦禪修活動
分享禪修對生命的轉化

香港道場與香港林大輝中學於 7 月 11 日合辦「心‧安好──教育及專業人員禪修活動」，由常啟法師擔任總護，僧團五位法師共同協助帶領，有近一百三十人參加。

禪修活動內容，包括認識心靈環保、禪坐、動禪練習等；午齋時，由法師帶領練習吃飯禪，學習放鬆而專注地品味每一口飯的方法；下午的茶禪中，大眾在安定的環境下，茶主人一一進場巡茶，讓學員深刻領會禪在生活中，不只打坐而已。

常展法師（中）、香港立法會議員林大輝（右）、中文大學國學研究中心博士鄧立光（左），一同分享對禪修的體驗。

活動並安排道場副寺常展法師與香港立法會議員林大輝、中文大學國學研究中心博士鄧立光進行對談，分享禪修對生命的轉化。曾於法鼓山參加社會菁英禪修營的林大輝議員，說明從禪修中感受到的正面力量，希望將這份安定人心的力量，帶入香港；鄧立光博士表示，禪修是內在的進路，面對自己，在完全安靜下來、沒有理性的計量之後，學會了珍惜，連每一粒米都珍貴。

最後，常展法師感謝林大輝議員的支持，除提供場地，並給予許多寶貴意見；林大輝議員也鼓勵學員，以「四它」及正面的力量，處理生活及工作上的狀況，多了解法鼓山的理念，對生命一定能有所啟發。

● 07.12～14

方丈和尚東南亞弘法關懷──馬來西亞
怡保、八打靈主持皈依暨講座

7 月 12 至 25 日，方丈和尚果東法師、護法總會輔導法師果器法師於東南亞展開弘法關懷行，內容包括舉辦專題演講、主持皈依典禮等。

方丈和尚於馬來西亞道場主持皈依典禮，聆聽開示的信眾，坐滿大殿。

12日上午，方丈和尚首先於馬來西亞怡保共修處關懷信眾，隨後並在舜臣飯店（Syuen Hotel）主持祈福皈依典禮以及講座，共有四十九人皈依三寶；典禮後的公開講座，方丈和尚以「清淨、智慧、結好緣」為題，與近三百位聽眾分享法喜。

方丈和尚說明，面對境界，正可以學習實踐心靈環保來安定身心，調整自己，心就不會隨外境轉；「五蘊皆空」的「空」，是對事物沒有任何的執著，以慈悲對待人、以智慧處理事，珍惜所擁有的資源來建立人際關係。

14日，於馬來西亞道場主持皈依典禮，方丈和尚為七十七位新皈依弟子解說皈依佛是轉迷成悟，皈依法是學習佛陀智慧與慈悲的觀念和方法，皈依僧是化染為淨；皈依必須三寶具足，缺一則會有偏頗，持守五戒則是保護自己與他人的最佳規範。

典禮後的講座，方丈和尚分享在生活中運用〈四眾佛子共勉語〉和禪修的攝心方法，以達到身心健康、心理平衡和人格穩定；同時進一步說明，時時提起法鼓山的理念：「提昇人的品質，建設人間淨土」；以心靈環保為核心，心五四、心六倫為方法，則處處是道場。

● 07.15～21

香港道場參加香港書展
推廣心靈環保理念

7月15至21日，香港道場參加於香港會議展覽中心舉行的「2015香港書展」，展出聖嚴師父著作與法鼓山出版品；18日並於會議中心舉辦「禪心自在每一天」心靈環保體驗工作坊，有近一百八十人參加。

護法會以「心靈環保──四要」為2015年書展主題，展場設計分為書籍推廣、理念推廣、活動推廣三區。書籍推廣區為介紹聖嚴師父著作以及《人生》雜誌；理念推廣區是藉由特別製作的《法鼓會訊》，向讀者說明聖嚴師父生平、

法鼓山園區、心靈環保的理念、護法會組織等;活動推廣區則是介紹道場的各項共修活動。

18日的「禪心自在每一天」工作坊,由演清法師帶領體驗禪修,學習如何在忙碌紛亂的環境中,安定身心,義工也帶領參與者在講場外體驗經行。工作坊圓滿前,法師以《一〇八自在語》小冊與大眾結緣,期勉在生活中運用佛法的清涼智慧。

一連七天的書展,共有近百位義工分為早、午、晚三班,輪流服務,雖然長時間站立為讀者提供諮詢與解說,仍能保持專注、放鬆和面帶笑容。許多義工表示忙得很歡喜,更感恩有此因緣,共同成就書展順利圓滿。

香港道場參加香港國際書展,推廣心靈環保的理念。

● 07.15～20

方丈和尚東南亞弘法關懷──泰國
感恩護法會圓滿十年好福緣

方丈和尚果東法師一行東南亞弘法行,於7月15至20日前往泰國關懷。適逢泰國護法會成立十週年,方丈和尚除於護法會親授三皈五戒,18日並以「心安好福緣」為題,在曼谷飛躍大飯店(The Grand Fourwings Hotel Srinakarin)舉行專題講座,甫到泰國履新的駐泰代表謝武樵也到場致詞並聆聽,共有兩百五十多位信眾參加。

方丈和尚演講時表示,面對資訊繁忙的數位時代,安心的首要之務,在於理解現象、明辨是非,面對境緣,不

泰國護法會成立十週年,方丈和尚(中排左五)於演講圓滿後,與當地護法悅眾合影。

生對立、分別心,則可保護內心不受外境影響。方丈和尚深入淺出地演說現代人的安心之道,從安心的基礎、人格修養與行善利他等視角,引導大眾認識安心的力量。

「自求心安就有平安,關懷他人就有幸福。」方丈和尚從人格修養賦予安心另一層詮釋,包括兩個層面:一是從個人身、語、意行為的省察,練習放下自我中心而成長自己;一是以行善利他為出發點,隨緣盡分,扮演好自己的角色,所以心安理得。

演講開始前,播放泰國護法會十週年回顧影片,串連自 2005 年創辦人聖嚴師父為泰國護法會開幕、方丈和尚與僧團法師多次關懷、舉辦佛法講座、帶領共修,以及活動中義工與悅眾護法、學佛的身影,讓與會者為走過的歷程而感動。

● 07.20～21

「宗教體驗營」園區舉行
國際青少年探索漢傳禪佛教

國際青少年學員體驗托水缽的放鬆與專注。

7 月 20 至 21 日,法鼓山、國際扶輪社三五二○地區共同舉辦「宗教體驗營」,除了安排參訪現代化的園區,也巡禮桃園齋明寺,認識臺灣傳統寺院建築,並學習漢傳禪法,共有二十三位來自歐、美地區及印度的國際扶輪青少年參加。

學員們首先在齋明寺隨常鐘法師盤起雙腿打坐,也至戶外托水缽、經行,體驗禪修帶來的放鬆與專注;午齋時,禁語的吃飯禪,更是迥然不同的文化體驗。

參訪園區時,常慶法師指導學員學習「蠶頭燕尾」的隸書,眾人用書法寫下祝福法語,創作出各具特色的作品;法師表示,寫字的心法是「意在筆先」,需要持續練習,才能駕輕就熟,鼓勵學員將禪修方法運用其中。

傍晚,學員們換著海青做晚課,在莊嚴的氣氛中,感受到不同的宗教之美。有學員表示,歡喜此行的所見所聞,對漢傳佛教有進一步的認識。

● 07.21

法鼓山出席巴黎氣候心靈高峰會
僧團法師以梵唄引導大眾回歸己心

法鼓山聯合國NGO
規畫小組成員常濟法
師與馬來西亞道場監
院常藻法師，7月21
日代表出席法國政府
於巴黎舉行的氣候心
靈高峰會，與近四百
位全球宗教、文化、
人文等領域領袖及聯
合國會員國大使、諾
貝爾獎得主、氣候及
環境專家、民間團體

在巴黎進行的會議上，常濟法師（右二）提到地球是生命之源，我們應為自然環境與人性需求找回平衡。

代表，共同討論氣候變遷議題，是全場唯一的漢傳佛教代表。

高峰會舉辦的目的是喚起共識，有別於一般的正式演說，透過主題：「我為什麼要關心？」（Why do I care？），在全球氣候落入無法扭轉的局勢前，激發與會者思考世界公民的義務，並透過網路推廣「氣候心靈格言」。方丈和尚果東法師也受邀撰寫一則短文，刊載在網站上（https://www.whydoicare.org/en/personnalites）。

大會首先以「我們為什麼要關心？」為開場主題，透過不同的宗教、文化背景，探討關心氣候變遷課題的重要性；主題二「我為什麼要關心？」，邀請與會者提出有利於全球改變的積極行動；主題三「如何表示我的關心？」敘述如何落實對於氣候變遷的關心，包括改變個人生活習慣，乃至推動倫理相關政策等行動方針；主題四「我要做些什麼？」所探討的，則是面對氣候變遷的挑戰中，個人還能有哪方面的突破和努力；最後，以第五個主題「啟發全球共同來關心」為總結，希望喚起全人類的覺醒，共同為地球盡一份力。

常濟法師與常藻法師並受邀在大會中唱誦「四弘誓願」，透過梵唄引導大眾回歸己心，以發願為內在動力之源頭。

會議不談政策、不以數據為本，而是回歸每個人內心的省思與世界的聯結。多位與談人也提及人類擁有許多優勢，如：愛、覺知、改變的能力，只要回歸內心的和平，一定能帶來外在的改變。

從「心」體驗環保，善待地球家園

刊載於巴黎氣候心靈高峰會網站
https://www.whydoicare.org/en/personnalites

◎果東法師

二十一世紀面臨的環保課題，是擺盪於科技發展與精神文明之間的天秤。當我們看見科技發展，正加速自然資源的急速損耗、氣候急遽變遷及生活環境的日益惡化，難道是我們所樂見的嗎？

從佛教的角度，一切環境現象，包括個人內心的活動、與人相處，及對待自然環境的舉動，均緣於內心體驗及心念的推動。科技發展雖時代所趨，卻也可以成為保護地球環境與自然資源永續使用的助力，著力點則須返回內心自省，從每個人的價值觀改變做起。

環保是思惟，是生活方式，也是善待大地環境的一種行動。以下為法鼓山團體對環保的承諾，願與大家共勉。

我願

珍惜每一個念頭與行為

從心出發，從自己做起

以成就他人來成長自己

以止惡行善來關懷環境

我願

珍惜每一次互動的契機

講求倫理，而非論理

以感恩心接受順逆緣

用報恩心奉獻結善緣

我願

珍惜每一個生活的當下

考慮自己，也考慮他人生存的空間

不浪費、不汙染

知福知足過簡樸的生活

我願

珍惜每一個物種生命與自然資源

以大地為人類共同的身體

不破壞所有動植物生存的空間與環境

不剝奪後代子孫享有清淨地球家園的權利

● 07.24～08.08

果暉法師新州、舊金山分會弘法關懷
弘講次第禪觀與安般法門

7月24日至8月8日，僧團副住持果暉法師前往美國，於北美護法會新澤西州分會、加州舊金山分會弘法關懷，主要弘講次第禪觀與安般法門，並帶領研習營。

在「次第禪觀——以安般法門為主」講

果暉法師（第二排右六）、北美護法會輔導法師常華法師（第二排右七），於新州分會與參加研習的學員合影。

座中，果暉法師引用聖嚴師父的開示：「禪法本身無次第，修行的過程則是有次第的。」表示一般人可以透過次第禪觀的學習，加強禪修的基礎，對於默照與話頭禪法的修行非常有助益。

除了說明四禪八定與九次第定，與其所對應的九種無漏禪定，果暉法師進一步分析次第禪定與頓悟禪定的異同。其一是不論是默照禪或話頭禪，注重智慧的見地開發，不注重修禪定來達成解脫生死苦惱。其二是次第禪觀是先定後慧，從散心到一心是修定；成就之後，從一心到無心是修慧，此時需要有方法上的轉換。而默照與話頭，則是定慧等持，透過觀念與方法的掌握，修行可以更得力。

在兩天的「安那般那研習營」中，法師翔實說明數息觀的觀念與方法，由身體放鬆、覺察呼吸、數息練習，一層一層循序漸進，引導以輕鬆的心情來練習安般法門，禪堂裡呈現安定寧靜的氛圍。

果暉法師勉勵學員，在日常生活中，以禪修來調整身心，時時歸零，釋放壓力，保持覺照。

2015 果暉法師北美弘法一覽

時間	地點	內容
7月24至26日	北美護法會新澤西州分會	・「次第禪觀——以安般法門為主」講座 ・「安那般那研習營」
8月2至8日	北美護法會加州舊金山分會	・「次第禪觀——以安般法門為主」講座 ・「安那般那研習營」

● 07.25

方丈和尚東南亞弘法關懷──新加坡
護法會二十週年，分享《心經》智慧

　　為慶祝成立二十週年，新加坡護法會於 7 月 25 日在當地嘉龍劇院舉辦專題演講，由方丈和尚果東法師主講「原諒，好緣亮！」，包括新加坡前總理吳作棟夫人陳子玲、菩提閣住持果峻法師、龍泉寺住持永南長老尼等來賓，共有一千三百多人參加；講座後並舉行皈依典禮，有一百多人皈依三寶。

　　方丈和尚於演講中說明《心經》的智慧，並以唐朝高僧「寒山」與「拾得」一段膾炙人口的對話與大眾分享。寒山問：「世間謗我、欺我、辱我、笑我、輕我、賤我、惡我、騙我，如何處治乎？」拾得回：「只是忍他、讓他、由他、避他、耐他、敬他、不要理他，再待幾年，你且看他。」

　　方丈和尚表示，在生命過程及人際相處中，不可能不受到任何埋怨、批評，若是能把逆行菩薩給的考驗，以忍辱培養福澤，用精勤增長善根，那麼不論對方的出發點是什麼，只管把一切境界，當成是讓我們變得更好的期盼，結果是得或失，時間自然會有最後的答案。

　　演講開始前，護法會播放二十週年影片，回顧護法會歷經六次搬遷的發展史；也安排心靈環保生活禪，帶領大眾體驗法鼓八式動禪，並奉上一碗心靈茶湯，讓前來聽講的民眾，體驗心靈沉澱與放鬆的感覺，淺嘗禪的安定力量。

方丈和尚於新加坡勉勵大眾，把一切境界當成是讓自己變得更好的期盼，便能看淡得失。

● 07.25

溫哥華道場舉辦英語專題講座
麥潔西教授分享當代日本佛教觀察

　　加拿大溫哥華道場於 7 月 25 日舉辦英語專題講座，邀請英屬哥倫比亞大學亞洲研究系所教授麥潔西（Jessica L. Main）主講「當代日本佛教──從本土型態走向系統化改革」，共有六十多人參加。

麥潔西教授研究當代日本佛教多年，對於寺院的傳承及社會運動等方面有深入的觀察，指出在二次世界大戰前，日本佛教發展非常蓬勃活躍，當時寺廟經濟穩定，能提供醫療、托嬰、公共浴堂與公會堂等服務，也與地方政府合作，建設水利、道路等基礎建設；戰後百業蕭條，為了繼續經營，寺院轉而仰賴以喪葬儀式的誦經為主要收入來源，導致人們普遍把佛教與死亡連接，認為佛教是負面的，是與社會脫節的群體。

麥潔西教授於溫哥華道場分享對當代日本佛教的深度觀察。

麥潔西教授表示，現今許多年輕僧人，正努力復興佛教及減少社會對佛教的負面看法，例如設置佛教大學附設幼兒園，或提供老年關懷、自殺輔導、臨終關懷、安寧照顧等服務；佛教大學如高野山大學，也陸續開設精神、心靈層面等關懷課程；期許透過機構和個人的努力，能改變世人對佛教的看法。

● 07.28

佛法與心理學對談
常藻法師分享放下煩惱

7月28日，馬來西亞道場與《星洲日報》於該報總社舉辦座談會，由監院常藻法師與心理輔導師李志祥對談「放下心包袱，展開新生命」，分享心的作用與觀照內心的方法，共有五百多人參加。

李志祥表示，從心理學的角度來看，「心」是一種意識，當意識不斷地與外界互動，便會不停地發展、累積，累積至造成影響時，「心」的「包袱」就形成了；此刻要放下心的包袱，才能開展新的生命。放下不是遺忘，而是不去否認「包袱」，在意識上與「包袱」建立一段新的關係，並與之共同存在。

常藻法師指出，佛教認為煩惱是來自和過去做「比較」或「期待」的心，當事情不如預期，心的包袱就產生了，這

馬來西亞道場監院常藻法師（左），與心理輔導師李志祥（右），分享放下煩惱的觀念與方法。

不是別人給的，而是自己的心造成的；學習卸下包袱，才是究竟的方法。一般人常把負面的事情當成包袱或敵人看待，因此常以「受害者」的身分去消滅敵人、對抗逆境。常藻法師表示，更有用的方法是在事情發生的當下，不要與之對立，並且告訴自己，事情的發生一定有其意義，無論順、逆，都是來成就我們的善因緣。

最後，常藻法師以「自己才是自己的貴人」與大眾互勉，除了懷抱感恩心，還要有懺悔的心，才能清除內心的垃圾，進而放下煩惱。

● 08.01～21

繼程法師波蘭帶領禪二十一

於歐陸首度弘講《六祖壇經》

繼程法師於波蘭禪二十一講解《六祖壇經》，接引西方禪眾認識漢傳佛教的精華。

聖嚴師父法子繼程法師與美國紐約象岡道場法師，於8月1至21日應波蘭禪宗協會（The Chan Buddhist Union of Poland）邀請，至波蘭德露潔芙（Dluzew）一處莊園指導禪二十一，同時首度弘講《六祖壇經》，共有四十六位來自波蘭、瑞士、瑞典、英國、德國、克羅埃西亞、美國、加拿大、新加坡、馬來西亞、中國、臺灣等十四個國家的學員參加。

此次禪期，由象岡道場代理監院常襄法師擔任總護法師、常聞法師擔任英文翻譯與小參。禪期第一週是禪修指導，由繼程法師幫助學員建立完整、穩固的禪修基礎，接下來兩週則由法師講解印順長老研究校訂的敦煌本《壇經》的修行大意，如「自性清淨」、「定慧一體」、「坐禪」、「禪定」、「一行三昧」、「無念、無相、無住」等主要觀念，並結合止觀、默照等方法的練習與運用。

波蘭禪宗協會自2008年以來，每年7、8月間皆邀請繼程法師前往指導禪修，往年的禪期大多為七或十天。經過兩年籌畫，終於在今年首度舉行二十一天的精進禪期，禪二十一是密集與進階的禪修指導，也是繼程法師首度於歐陸講解禪宗經典，尤其《壇經》被視為禪修者必讀的大乘經典，意義非凡，讓西方禪眾得以領受漢傳佛教的精華。

● 08.01

馬來西亞道場舉辦「禪修介紹與體驗」
三十多位企業高階主管學習放鬆與專注

馬來西亞道場於 8 月 1 日舉辦「禪修介紹與體驗」活動，由監院常藻法師帶領，共有三十多位當地企業高階主管及專業人員參加。

三十多位企業高階主管於馬來西亞道場學習放鬆與專注。

活動中，學員首先觀看《虛空有盡，我願無窮》、《法鼓山的禪悅境教》等影片，認識創辦人聖嚴師父的悲願及法鼓山的理念；接著練習七支坐法、法鼓八式動禪與經行，體驗幫助自己放鬆身心、安定身心的方法。常藻法師指出，現代人在生活中，勞心勞力，禪修協助我們的心回到每一個當下，清清楚楚，明明白白。

活動圓滿前，法師鼓勵學員參與道場活動，包括初級禪訓班、Fun 鬆一日禪、快樂學佛人等，體驗日常生活中的衣食住行、起臥坐立都是禪機佛法。

● 08.05～13

常展法師英國弘法
帶領禪五及兩場禪修講座

應法鼓山英國倫敦聯絡處及劍橋東方文化學會之邀，香港道場副寺常展法師及常禪法師於 8 月 5 至 13 日，前往英國弘法，帶領禪五及進行兩場禪修講座。

首場活動於 6 日在倫敦市區展開，常展法師以「基礎禪修」為主題進行演講，從禪宗達摩祖師切入，概述漢傳禪法的歷史，再說明禪修無我的概念。演講後的 Q&A 時間，聽眾自在提問、交談，氣氛熱絡。

於伯克郡舉行的禪五，禪眾放鬆身心享受經行的自在。

7 至 11 日於伯克郡（Berkshire）寇艾許禪修中心（Cold Ash Retreat and Conference Centre）主持禪五，除了禪坐，法師也分享禪修的觀念與方法，並

帶領經行與戶外禪，禪期結束後，則以簡易茶禪，讓西方眾體驗中國茶的香與味。共有十三位來自世界各地，包括英國、中國大陸、臺灣、以色列、土耳其等地的禪眾參加。

12日，常展法師以「宏智正覺默照禪」為講題，於劍橋大學城演講，參加者多是在劍橋的留學生；法師並帶領大眾練習默照的方法。與會者對默照禪的觀念，感覺相當新鮮與特別，希望有機會能再邀請法師到劍橋指導禪修。

● 08.08～09

馬來西亞道場舉辦水懺法會
大眾解行並進 攝受水懺深意

8月8至9日，馬來西亞道場於吉隆坡蕉賴孝恩館舉辦「法水沁涼——《慈悲三昧水懺》法會」，包括來自新加坡、砂勞越、柔佛和怡保的信眾，有近兩百人參加。

兩天的法會由關懷院監院常綽法師自臺灣前往主法、馬來西亞道場監院常藻法師擔任維那，監香常施法師於法會開始前，先帶領大眾體驗放鬆，在身心安定中，聆聽常綽法師講解《慈悲三昧水懺》。透過禪修與義理講解，使大眾在拜懺時，更能攝受懺文的深意，建立正信的修行觀念。

常綽法師說明，由於人心裡有太多的「石頭」，所以要拜懺；所謂石頭，就是過去讓我們不舒服，或對不起的人、事、物，所造成的擔心和不安，甚至往生後還和這些「石頭」綁在一起，而透過拜懺，就能解開心結。

如何拜懺？常綽法師表示，首先須承認自己因貪、嗔、癡而造身、口、意的惡業，而生命也在貪瞋間流轉，卻渾然不知，還樂此不疲，所以要懺悔煩惱、業、果報三障，並不再造惡業；勉勵大眾珍惜人身道器，把握時間，精進學佛。

首次參與拜懺的信眾表示，法師帶領大眾一起誦經，攝心拜懺，場面殊勝莊嚴，身心更專注，冥陽兩利，相信離世的親人能夠收到祝福。

馬來西亞道場舉辦《水懺》法會，由關懷院監院常綽法師主法。

● 08.21～23

舊金山分會茶禪課程
學員體驗茶與禪的意境

8月21至23日，北美護法會
加州舊金山分會舉辦「茶禪」課
程，共六堂課，由「無事文創商
號」三姊妹吳曉慧、吳曉貞、吳
曉柔帶領體驗茶與禪的意境，有
近三十人參加。

課程內容包括一碗茶、地球行
者（茶禪之旅）、味蕾初體驗、
品一壺好茶、茶席文人花、茶席

茶禪課程中，學員體驗茶與禪的意境

布置、水房、空間氛圍等，引領學員體會茶禪一味。三姊妹說明，當下有什麼就
是最好的泡茶方式，不執著何種茶桌、哪種水質，手中捧著的這杯茶源自於本心，
將茶和禪結合，將空間留給自己，品茗無聲、插花無聲；品茗時不想過去也不想
未來，清清楚楚每一個過程，也藉由茶湯檢視是否沉靜平和，從而觀察自己的起
心動念。以茶會友、以心為家；強調心不忙才有閒暇，心不盲才能抽離習性與慣
性，重新與自己相遇，而每次相遇都是一期一會。

三姊妹學有專長，古琴、茶道、花藝，配合無間。課程中也援引繼程法師的
字畫「茶有道，禪無門」，分享法師開示：「因為禪無門，所以沒有裡內，無
所不在。」思索茶的本質和生命的意義，由品茶的自在，體驗到禪無所不在。

● 08.29

溫哥華道場舉辦「悅眾義工成長工作坊」
在團隊合作中體會快樂和友誼的真諦

加拿大溫哥華道場於8月29日舉辦「悅眾義工成長工作坊」，由曾任法鼓
山北美護法會會長、企業管理顧問的講師張允雄主持，監院常悟法師到場關
懷，共有一百零八位學員參與。

課程規畫三個單元，首先是改變眼見為憑的慣性，建立掌握資訊的觀念。張
允雄顧問建議以發掘真相、關懷當事人，進一步表達提供協助的意願，有助於
彼此互相信任，進入正向善意的循環互動；第二單元是了解自我，可以透過工
具與測驗，找到自己的強項，選擇最適才適性的工作，在團隊中適切地奉獻。

下午進行團隊帶領的分組活動，學員根據團隊發展的五個階段，到團隊所處狀態的診斷表，一一逐項討論。

課程進行過程中，風雨不斷造成溫哥華多處停電，學員應變以手機的手電筒照著講義，努力學習；張允雄顧問也發揮危機處理能力，讓課程順暢進行。

溫哥華道場「悅眾義工成長工作坊」，學員學習在團隊合作體會快樂和友誼。

常悟法師表示，每次籌辦活動都整合了最優秀的工作團隊，也設定明確的工作目標：奉獻、修行、開發潛能，希望來到道場奉獻的義工，都能有所成長，並在團隊中體會快樂和友誼的真諦。

● 08.29～30

響應社區「惜福市場」
舊金山分會接引西方眾認識法鼓山

北美護法會加州舊金山分會於8月29至30日，參與當地社區古董市集與惜福市場，安排「生活環保二手貨義賣」，除了義賣書籍、生活用品，並規畫禪修體驗，以及知客、親子、交通、香積等服務，透過活動走入社區，接引西方眾認識法鼓山。

義工分成六組，其中義賣組負責義賣物品，禪修組在觀音殿與川堂區設有坐墊和蒲團，帶領十分鐘禪修靜坐，也安排西方禪眾在草地上示範打坐，接引民眾體驗禪修的放鬆與安定；知客服務陳列法鼓山出版品、分會活動海報，和大眾結緣；親子組則為小朋友提供畫臉遊戲，並義賣果汁、餅乾等，在歡樂中學習親子合作與為人服務的意義。

參與活動的義工表示，感恩服務的機緣，學習運用佛法智慧，不僅在活動中凝聚彼此情誼，也在融入社區和推廣漢傳佛法上，向前邁進了一大步。

惜福市場活動中，西方禪眾示範禪坐，接引民眾認識禪修的放鬆與安定。

● 09.01

馬來西亞道場舉辦心靈講座
楊蓓分享在付出與收穫之間完成自我

馬來西亞道場於9月1日舉辦心靈講座,由聖基會執行長楊蓓以「付出與收穫」為題進行演講,引導逾百名聽講者共同思考生命的意義。

楊蓓老師表示,付出與收穫是一體的兩面,付出的同時也在得到;如果把所有的付出和收穫放進生死的框架裡,就顯得微不足道了。只是一般人很少會用生死來看待付出和得到,所以容易陷入計較的迷思,而「拿著算盤天天在算」。

楊老師進一步說明,付出與收穫是無法量化的,無論是別人對自己、或自己對別人的付出和收穫,都是因緣聚合而來,付出和得到之間,其實是在完成自己活著的意義。

講座最後,楊蓓老師鼓勵大眾,付出的時候,可以將付出的對象視為菩薩供奉,過程中,必然會逐漸減少世俗性的計較,而以生死的視框看待世間,如此一來,生命將會更顯獨立,眼光也就不再只局限於「付出」及「收穫」了。

馬來西亞道場舉辦心靈講座,楊蓓分享「付出與收穫」的生命意義。

● 09.04～09

東初禪寺舉辦念佛禪五
綿密用方法 精進有法喜

美國紐約東初禪寺於9月4至9日舉辦念佛禪五,由住持果醒法師帶領,共有六十一位禪眾參與,除了東岸各州,亦有遠從西岸加州、密西西比州,以及加拿大多倫多而來,有三分之一禪眾是首次參加。

禪期間,每天早齋及下午第一炷香,安排聆聽聖嚴師父的影音開示。師父說明,禪修是逐步把散亂心修到集中心,再到統一心,最後達到無心,念佛禪也是如此,只是在程度上有事一心、理一心及有相和無相的分別。

聖嚴師父提醒禪眾,修行念佛禪的方法,從始至終只專心念「阿彌陀佛」一句佛號,最後念到佛號消失了,沒有了念佛的人,所有煩惱亦已不生,達到明心菩提的境界,此時自然生起與佛相應的清淨、慈悲及智慧心,就是自心淨土

的出現。所謂「心淨國土淨」，因此對接觸到的一切人、事、物，都會感覺如西方淨土般的美好與莊嚴，生起感恩以及感謝的心，不但感化了自己，也感動了他人，進而成就人間淨土。

念佛禪五圓滿後大眾合影，互相提醒生活中要時時提起佛號。

每晚藥石後，果醒法師將聖嚴師父開示的重點提出討論，說明修行要從有相念佛開始，當念佛念到一心不亂時，即可開始提話頭「念佛的是誰？」，也可運用默照禪的方法，勉勵大眾時時提起佛號，走路、吃飯、洗手都是「阿彌陀佛」。

大堂分享時，有禪眾表示，以前都是打默照禪，這次參加念佛禪，跑香、坐念、默念安排得綿綿密密，雖然一刻都不得休息，但最後感受到的法喜，難得而珍貴。

● 09.20～22

新州分會佛學講座
繼程法師弘講《六祖壇經》

北美護法會新澤西州分會於 9 月 20 至 22 日舉辦佛學講座，邀請聖嚴師父法子繼程法師主講《六祖壇經》，深入了解禪修精髓，有近六十人參加。

法師講析，《壇經》的中心思想有二，一是「自性清淨」，「自性」就是「佛性」，眾生都有佛性，必須靠自己覺悟；二是「定慧不二」，定是慧的體，慧是定的用，慧的覺照功能，要在心定不動的時候才能發揮，所有的修行方法，不論是念佛、打坐、拜佛，都離不開這個原則。

繼程法師於新州分會講《六祖壇經》。

繼程法師強調，《壇經》講述的道理，看似簡單，但需要具備深厚的禪修基礎，切勿好高騖遠；建議先練習放鬆身體，不但是打坐時放鬆，也在日常生活中隨時放鬆，讓雜念沉澱，覺照功能自然顯現。法師勉勵學員，自性「本自清淨，本自具足」，只要不斷努力，老實修行，自能水到渠成。

● 09.20～27

馬來西亞、新加坡跨國首辦禪七
禪眾學習安定身心的方法

馬來西亞道場與新加坡護法會於 9 月 20 至 27 日，在馬來西亞普照寺首次合辦跨國初階禪七，由僧團常參法師擔任總護，常應法師、果徹法師擔任男、女眾小參法師，共有九十一位來自馬來西亞、新加坡，以及香港的學員參加。

馬來西亞普照寺跨國初階禪七中，禪眾在動靜之間體驗安定身心的方法。

禪七內容，包括坐禪、立禪、臥禪、法鼓八式動禪、早晚課、經行、拜佛、瑜伽運動、聆聽開示、出坡等，法師帶領學員在動靜活動中，用方法清楚觀照、放鬆身心，如實體驗。常參法師不時提醒「一時一事、一事一時」，也調整學員坐姿，引導禪修的觀念與方法，包括提醒入靜的運動、七支坐法、止靜、出靜的按摩方法等。

有來自新加坡的禪眾分享，從身體的覺受中看到自己的緊張、從經行中照見習性，也從出坡中發現內心的不平，更從聖嚴師父的開示中，懂得調整觀念，點點滴滴學習幫助安定身心的方法。

● 10.04～05

溫哥華道場、UBC大學合辦佛學研討會
探討多媒體、跨領域的佛學運用與推廣

加拿大溫哥華道場和英屬哥倫比亞大學東亞宗教系於 10 月 4 至 5 日，聯合舉辦佛學研討會，以「紙本、刻本、數位網路空間——探討多媒體、跨領域的佛學全球網絡前景」為主題，4 日於道場開幕並進行兩場主題演講，包括來自歐洲、亞洲、北美的二十三位學者，共有一百多人參加。

主題演講分別由英國倫敦大學（University of London）亞非學院宗教系教授巴瑞特（T. H. Barrett）與日本東京大學教授下田正弘發表。巴瑞特以「木刻本——印刷和手抄本的言外之音」為題，指出以宮廷或寺廟之力編纂的藏經，難免經過選擇；二十世紀初用來當做數位文本基礎的版本，也未收錄早期文獻之

東京大學下田正弘教授提出建構多元化、國際性佛學研究平台的重要性。

外的史料，有遺珠之憾。目前西方對東亞木刻的認識只在收藏文物，而非史料，巴瑞特教授希望喚起學界重視這些未收錄在典籍中的木刻版史料。

由下田正弘教授主講的「建立電子人文、多元化佛學研究資料庫的重要性」，則舉證人文研究範疇不應局限於地域文化，應提昇至全球視野，佛學龐大的知識體系，若沒有新科技媒介和新人文形式（電子人文）很難適當整合。下田教授提出以東方豐厚的人文，結合西方電子資料庫治學方法，建構一個國際性佛學研究平台，將佛法更有效、如實地傳給下一代。

5日則於英屬哥倫比亞大學進行十三場論文發表與研討，聚焦「現代人文學」與「電子人文」視野，探討佛學的數位網路運用與推廣。

● 10.15～19

香港道場啟動擴建計畫
方丈和尚主持皈依、弘法講座

方丈和尚果東法師於 10 月 15 至 19 日前往香港弘法關懷，包括主持「眾願成就 護持擴建」勸募專案啟動典禮、公開講座及皈依典禮，凝聚共識，也為當地信眾帶來清涼與法喜。

方丈和尚於講座結束後，關懷大眾。

17日，在九龍會址舉辦的勸募專案啟動典禮上，方丈和尚以「法鼓勸募十證行」勸勉出席的悅眾、勸募及護持會員，以募人募心出發，接引大眾來學佛修行，並帶領發願，期許大眾都能學觀音、做觀音。晚間，以「無常最積極」為題舉辦公開講座，並安排視訊，在港島會址同步直播，方丈和尚透過活潑生動的開示，鼓勵大眾，把心靈環保運用在日常生活中，珍惜當下，以抱願而不抱怨來面對無常，用智慧轉境，把握生命行菩薩道。

18 日下午的祈福皈依典禮，方丈和尚為一百五十位民眾授三皈五戒與開示，鼓勵發心學佛者受持五戒，淨化自己，為社會帶來正向的能量。

● 10.18　11.14

馬來西亞道場兩場 Fun 鬆禪
青年學習動禪的清楚放鬆

馬來西亞道場於 10 至 11 月期間，舉辦兩場 Fun 鬆禪，共有一百一十位學員參加。首場為 10 月 18 日在當地皇后公園（Taman Tasik Permaisuri）舉辦的「青年 Fun 鬆禪」，由監院常藻法師帶領，學習動禪的清楚放鬆。

活動包括法鼓八式動禪、行禪、立禪、大休息、正念夾豆、吃飯禪等，法師說明，每個活動當下都要保持兩種心境：清楚察覺身體每一個動作的變化、

常藻法師帶領拉曼大學學院學子，以最小的力量體驗法鼓八式動禪。

放鬆地完成每一個環節。常藻法師也提醒，動作可以快，卻要放鬆、不急躁。

11 月 14 日，道場應拉曼大學學院（Tunku Abdul Rahman University College）雙溪龍分校佛學會之邀，由常藻法師、演祥法師於該會帶領「Fun 鬆一日禪」，引領學員練習以最小的力量來體驗法鼓八式動禪、托水缽及經行等，共有六十多人參加。

有學員分享，平日吃飯都是想著快快把飯菜吃完，嘗不出食物的味道，經由法師帶領練習用感恩心細細品嘗每一口飯菜，咀嚼出食物的香甜；也有學員表示，練習托水缽時，領略到必須先把心安定下來，水才不容易溢出，唯有時時照顧好自己的心，才能度過重重的考驗。

● 10.23～25

方丈和尚、僧團法師出席世界佛教論壇
與五十二國佛教代表交流互動

方丈和尚果東法師、僧團副住持果品法師、關懷院監院常綽法師、弘化發展專案召集人果慨法師一行，於 10 月 23 至 25 日受邀出席於中國大陸江蘇省無錫市舉辦的第四屆世界佛教論壇，與五十二個國家的佛教代表交流互動。

弘化發展專案召集人果慨法師於論壇發表論文，方丈和尚在場聆聽並參與分組討論。

論壇中，常綽法師以論文分享法鼓山推廣植存的理念與歷程，以及環保自然葬在臺灣的發展現況。果慨法師則發表法鼓山推廣雲端祈福的經驗，法師指出，「雲端祈福」突破傳統實體牌位局限，轉變大眾對佛教消災超度的觀念，正是落實聖嚴師父提倡的四種環保，透過雲端祈福系統寫牌位的人數，從實體牌位的十餘萬人次，增長到逾五十萬人次。

「和諧世界，從心開始，眾緣和合，建人間淨土；同願同行，交流互鑒，生命同體，啟世界和平。」25 日的閉幕式上，方丈和尚串起歷屆論壇主題，說明當代佛教的關懷有二：一是從內心環境的清淨來建設淨土，一是從生命同體的共識來開啟人間和平；也期許大眾從心出發，由內而外，擴大到對社會、人類、自然環境的整體關懷，成就建設「人間淨土」的目標。

● 11.06

馬來西亞「觀音之美」講座
常藻法師分享觀音信仰的實踐

馬來西亞道場監院常藻法師，11 月 6 日應《星洲日報》之邀，於當地佛光文教中心舉辦的「佛學、藝術與生活講座」上，與佛光山星馬總住持覺誠法師，以「觀音之美」為主題，與大眾分享如何學習觀世音菩薩，有近兩百人參加。

常藻法師表示，如何學觀音和做觀音，才是觀音信仰完整的實踐，例如觀世音菩薩聞聲救苦，學做觀音就是真正看見別人的需要，給人恰到好處的幫助，而不是只為了滿足自己想要服務的心。法師勉勵大眾應抱持「我是觀音」的心態，平等地看待身邊所有人，並把每個人視作觀音菩薩，無論順境或逆境，都當成是讓自己改變和成長的助緣。

覺誠法師說明佛陀以不同的方便法門來度化眾生，並引用《心經》說明「觀自在」，就是觀察自己，若要學習觀音菩薩，就要先觀察自己、善用自己的能力，才能有智慧的幫助他人。

對於主持人《星洲日報》副執行總編輯曾毓林提問「如何持咒念佛才能與佛

相應？」，常藻法師表示，透過專心持咒念佛，心安定，自然與佛相應，因此可以思考「如果我是佛菩薩，會怎麼做？」學習佛菩薩的慈悲和智慧。

● 11.12

馬來西亞道場菩薩戒講座
以戒律做為人生導航

　　鑑於大眾對戒律的疑惑與誤解，馬來西亞道場 11 月 12 日舉辦專題講座，由監院常藻法師主講「菩薩戒——成佛必備的資糧」，有近一百二十人參加。

　　「如果要送世界一份禮物，你會送什麼？」常藻法師以提問開場，說明在充滿刺激和誘惑的現代社會中，彷徨無措，稍有不慎便容易迷失；人心迷亂，終會造成社會的不安定。要送給世界「快樂、平安、健康、富足、和平」的禮物，必須先做好自己。

常藻法師說明菩薩戒就像是人生導航儀，陪伴人們走向正確道路。

　　法師進一步說明，菩薩戒就像是人生的導航儀（GPS），陪伴人們走向正確的道路；「戒」不是約束和控制的教條，而是如何做好一個人的保護層，讓我們不必走冤枉路，也不會迷失在人生道路上。

　　講座中，法師引用聖嚴師父開示：「有戒可犯是菩薩，無戒可犯是外道。」鼓勵大眾踏出成佛的第一步，發菩薩誓願、修行菩薩道，種下成佛的正因。菩薩戒的殊勝在於「一受永受」，若能生生世世守護此心，則能步步踏實走向成佛之路。

● 11.14～21

溫哥華道場舉辦弘法活動
進行默照禪七與禪修講座

　　11 月 14 至 21 日，加拿大溫哥華道場舉辦禪修弘法活動，邀請聖嚴師父的西方法子查可・安德烈塞維克帶領默照禪七，共有三十八人參加。

查可·安德烈塞維克於溫哥華道場帶領默照禪七，提點禪眾放鬆身心、清楚覺知。

查可說明，「默照」就是停止一切的念頭，清清楚楚地觀照身心與環境，而不做任何的回應，即是《六祖壇經》「無住，無念，無相」的本來面目。也提點禪眾，修行默照的基礎是放鬆身心，覺知自己在打坐，只管打坐，改變平時身心分離的狀態，第一個階段是覺知整個身體；第二個階段是身與心漸漸合而為一，身體的感受消失，接著覺照環境；進入第三個階段時，逐漸體驗到無限的環境，清清楚楚了解到周遭的事物而心不受影響，每個時刻都是在當下。

禪期中，配合無相與感恩禮拜、猶如踩在蓮花瓣上的慢步經行、不和內心對話的禁語、融入行住坐臥的生活禪，引領學員的身心逐漸放鬆，進而體會真正的放鬆。

21 日圓滿日晚間，道場另舉行禪修講座，邀請查可主講「禪與現代生活」，講說禪法在現代生活的應用，勉勵大眾放鬆身心、體驗呼吸、觀照全身，生活就得大自在。

● 11.20～21

方丈和尚北京兩場演講
抱持願心開創光明人生

方丈和尚果東法師應中國大陸長江商學院之邀，為該學院北京校區學員舉行兩場講座，分享抱持願心，開創光明人生的生活哲學。

首場 20 日於北京東方君悅酒店舉辦的「抱願不抱怨」講座中，方丈和尚從數位時代特性指出，多元、迅速、即時的傳播背後，卻也同時顯現「忙、盲、茫」的無所適從感；從網路世界到現實生活，想要開心生活，更應省察自己的言行，而抱願不抱怨，是現代人的基本修養。

21 日於東方廣場進行第二場講座，主題「原諒好緣亮」，則以人生順逆因緣為序，共勉珍惜因緣，把握當下。方丈和尚表示，生命旅程中遭遇重大衝擊，

或緣於歷史因素造成長期世仇，要談原諒雖不容易，仍應盡力化解仇恨，冤家宜解不宜結。

化解心結，「原諒」是關鍵，方丈和尚闡述其中三層次：一是心不隨境轉，面對事情而能冷靜處理；處理後，學習放下過程中產生的心理負荷，是善待自己。二從因緣觀看待事件，給予體諒、包容。第三層次是寬恕，即使肇事方不認錯、不道歉，仍無條件地接受。

演講會後，均開放學員提問，方丈和尚一一解答，勉勵大眾，佛法的教導不離慈悲智慧，犯錯即改，慚愧懺悔，就是修行。

方丈和尚果東法師以聖嚴師父「光明遠大」墨跡，與長江商學院結緣，副院長梅建平（右）代表接受。

● 11.30～12.11

DDMBA 出席聯合國巴黎氣候變化締約國大會
分享心靈環保　永續地球未來

11月30日至12月11日，美國法鼓山佛教協會受邀參加聯合國氣候變化綱要公約（United Nations Framework Convention on Climate Change, UNFCCC）於法國巴黎舉辦的第二十一次締約國大會（COP21），由常濟法師、果禪法師、馬來西亞道場監院常藻法師和聖嚴師父西方法子查可‧安德列塞維克代表參加，與各國專家學者就自然環境與工業發展平衡、永續地球未來議題，共同探討對應與解決之道。

會議期間，美國法鼓山佛教協會並聯合全球女性和平促進會（The

果禪法師（右）與常藻法師（左）代表法鼓山出席氣候變化締約國大會，唱誦「四弘誓願」引導大眾以發願為內在動力之源頭。

Global Peace Initiative of Women，GPIW）、婆羅摩庫瑪立（Brahma Kumaris）和亞洲綠人聯盟（Green Asia Network），於 12 月 5 日舉辦一場名為「倫理與人性覺知在氣候變遷解決方案所扮演的角色」（The Role of Ethics and Human Awareness in Climate Change Solutions」）的聯合國周邊會議，常濟法師和查可皆為與談人之一。常濟法師呼籲，我們應找回自然環境與人性的平衡點，強調地球是生命之源，而非用來自私地開採、浪費和貪婪的資源。

此外，果禪法師於 12 月 6 日與跨宗教領袖們，共同藉由豐富多元的宗教祈禱來展現智慧和同理心，全心奉獻人類；常藻法師於 8 日在公民社會氣候世代會場區（Climate Generation），一場以「氣候變遷的內在面向——心靈層面」為題的青年座談中發表：「我們真正可以留給後代的是，這個地球以及生活在地球上的人們」，分享心存感謝，是知足、滿足和感恩的關鍵所在。

歷時一週的會外小組會議、交涉談判和磋商，一百九十五個國家於 12 日通過協議，來共同對抗氣候變化、展開行動並投入心力，邁向低碳、具復原力與永續的未來。「巴黎協議」定下的目標，是以工業時代前為基準，全球升溫幅度不能超過攝氏二度，並努力進一步把氣溫升幅維持在攝氏一點五度以下。

● 12.11

果醒法師香港講《楞嚴經》
引導大眾掌握要義　放下執見

果醒法師於香港城市大學講《楞嚴經》，分享經典智慧。

12 月 11 日，美國紐約東初禪寺住持果醒法師應香港城市大學之邀，於該校演講「《楞嚴經》——漢傳禪法的理論依據」，由中文及歷史學系主任李孝悌主持，共有一百四十多人參加。

果醒法師帶領大眾進入《楞嚴經》的世界，從一般人相信眼見、聽見的為真切入，指出絕大部分的「相信」，全都是自我的經驗世界，而不是實存的世界，但人們總是執取自我的經驗，為客觀的實存。法師講析深入淺出，聽眾逐漸掌握概念，由迷轉悟。

當天聽眾出席踴躍，校方增加座椅，讓廳外等候區的學子，經由電視轉播聆聽。講座圓滿後，果醒法師也一一回答大眾的提問，分享《楞嚴經》的智慧。

大事記

1月 JANUARY

01.01

◆《人生》雜誌第 377 期出刊，本期專題「光明遠大──大家來讀《金光明經》」。

◆《法鼓》雜誌第 301 期出刊。

◆ 法鼓文化出版新書：《光明遠大──智慧轉境，自心光明；慈悲利他，希望遠大。》（人間淨土系列，聖嚴法師著，法鼓文化編輯部選編）；《法會 50 問》（學佛入門 Q&A 系列，法鼓文化編輯部編著）；英文書《禪的世界》（*The World of Chan*）（法鼓全集英譯禪修系列，聖嚴法師著）。

◆《金山有情》季刊第 51 期出刊。

◆《法鼓文理學院校刊》第 2 期出刊。

◆《護法季刊》復刊第 1 期出刊。

◆ 1 月 1 日至 5 月 29 日，臺北安和分院舉辦「49 部《地藏經》」共修活動，監院果旭法師勉眾透過共修學習地藏菩薩誓度眾生的願力，點亮自性光明，照亮家人、朋友與人間。

◆ 桃園齋明寺舉辦佛一暨八關戒齋，由監院果舟法師帶領，法師勉勵大眾把握受持清淨戒的因緣，在佛號聲中精進用功，啟動一整年的修行，共有兩百八十多人參加。

◆ 法鼓山網路電視台每月「主題影片」單元，1 月播出「學佛新鮮人──如何正確學習佛法」，精選聖嚴師父相關的開示影片，引領大眾重溫師父的智慧開示。

◆ 慈基會延續 2014 年 12 月 20 日起舉辦的 103 年度「法鼓山歲末大關懷」系列活動，至 2015 年 2 月 28 日期間，陸續於全臺各地分院、護法會辦事處展開，合計二十個關懷據點，共關懷近兩千九百戶家庭。

◆ 聖基會出版結緣書《念觀音・學觀音》、《今生與師父有約》第七集，收錄聖嚴師父有關觀音法門的開示，以及資深悅眾廖今榕、陳嘉男、葉榮嘉與劉明山分享師父的言教與身教。

◆ 加拿大溫哥華道場舉辦新年大悲懺法會，由監院常悟法師帶領，共有八十多人參加。

01.02

◆ 2 至 4 日，三峽天南寺舉辦精進禪二，由常松法師帶領，有近一百二十人參加。

◆ 2 至 10 日，禪堂舉辦默照禪九，由常乘法師帶領，共有九十多人參加。

01.03

◆ 弘化院於北投雲來寺舉辦版畫轉印藝術培訓課程，並由常越法師帶領經行、法鼓八式動禪及禪坐練習等，引導學員將禪修體驗融入版畫轉印動作，共有八十多人參加。

◆ 1 月 3 日至 2 月 7 日，桃園齋明別苑每週六舉辦「歡喜看生死」系列講座，3 日至 24 日，由法鼓文理學院助理教授辜琮瑜主講「生死學中學生死」，從哲學、佛學及心理學的角度，分享正向的生死觀念，有近兩百五十人參加。

◆ 3至4日，馬來西亞道場舉辦心靈環保兒童營，主題是「家庭倫理」和「自然倫理」，由監院常藻法師帶領，共有二十八位學童參加。

01.04

◆基隆精舍舉辦念佛禪一，由果舫法師帶領，共有八十多人參加。

◆桃園齋明別苑舉辦佛一暨八關戒齋，由副寺常參法師帶領，有近一百一十人參加。

◆1月4日至12月27日，人基會與教育廣播電台合作製播《幸福密碼》節目，邀請各界知名人士及專家學者，分享生命故事及人生經歷，每季由滾石文化發行人段鍾沂、白鷺鷥基金會董事長陳郁秀、詩人許悔之與聲樂家張杏月擔任主持人，節目於每週日下午該台各地頻道播出。

◆美國紐約東初禪寺舉辦週日講座，由果乘法師主講「道元禪師〈坐禪箴〉」，共有六十多人參加。

01.05

◆1月5日至2月16日，香港道場每週一於港島會址舉辦佛學專題課程，由果興法師導讀《八大人覺經》，有近一百四十人參加。

01.06

◆ 6至7日，慈基會於中國大陸四川省安縣秀水第一中心小學舉辦生命教育課程，主題是「禮儀環保」與「團隊合作」，共有兩百多位學童參加。

01.07

◆ 7至28日，信眾教育院每週三晚上於北投農禪寺舉辦「法鼓講堂」佛學課程，由弘化發展專案召集人果慨法師主講「大悲懺法」；課程同時在「法鼓山心靈環保學習網」線上直播，提供全球學員上網聽講，並參與課程討論。

01.08

◆1月8日至5月28日、7月16日至11月12日，北投農禪寺每週四舉辦「《金剛經》共修」，由常住法師帶領，學習《金剛經》的智慧，首堂課程有兩百多位民眾參加。

◆ 8至11日，臺東信行寺舉辦初級禪悅四日營，由常澂法師帶領，有近二十人參加。

◆法行會於臺北國賓飯店舉辦第一六四次例會，由果祥法師主講「藥師法門」，共有兩百三十人參加。

01.09

◆法鼓文理學院於德貴學苑舉辦專題講座，邀請聖嚴師父法子繼程法師主講「安心淨

心」，法師運用生活實例，分享生命的盲點，勉眾放下執著，與外境互動就不再是追逐，
才是真正的安心，有近三百人參加。

01.10

◆三峽天南寺舉辦念佛禪一，由常甯法師帶領，共有八十五人參加。

◆僧大於禪堂舉辦期末禪七，邀請聖嚴師父法子繼程法師帶領，有近九十人參加。

◆榮譽董事會於宜蘭三富農場舉辦北六區關懷聯誼會，信眾服務處監院常續法師、榮董
會會長黃楚琪、執行長陳宜志到場關懷，活動中並由法鼓文理學院校長惠敏法師介紹
文理學院的辦學特色與校園規畫，有近兩百人參加。

01.12

◆12 至 18 日，臺南雲集寺舉辦新春祈願法會，由監院果謙法師帶領，包括 12 至 17 日
的觀音法會，以及 18 日大悲懺法會，有近一千人次參加。

◆12 至 13 日，慈基會於中國大陸四川省安縣秀水明興中學舉辦生命教育課程，主題是
「禮儀環保」與「團隊合作」，共有兩百多位中學生參加。

◆12 至 25 日，法鼓山僧團首次於美國紐約象岡道場舉行「冬安居」，紐約東初禪寺、
象岡道場的三位男眾法師與七位女眾法師，藉由打坐、拜佛、拜懺、經行，聆聽聖嚴
師父的影音開示，凝聚道情。

◆美國紐約象岡道場舉辦吃飯禪，邀請聖嚴師父西方弟子哈利‧米勒（Harry Miller）帶
領，共有十多人參加。

01.13

◆方丈和尚果東法師於北投雲來寺大殿，對僧團法師、全體專職精神講話，主題是「隨
師學佛，隨眾推動理念」，全臺各分院道場同步視訊連線聆聽開示，有近三百人參加。

01.14

◆法鼓文理學院舉辦專題講座，邀請淡江大學中文系教授高柏園主講，講題是「佛教文
化與現代社會」，共有六十多人參加。

01.15

◆香港佛教雙週刊《溫暖人間》舉辦 1 至 400 期「最觸動封面」票選，1 月中旬結果揭
曉，248 期「感恩聖嚴法師」獲讀者票選為「最觸動人心的封面」。

01.16

◆16 至 18 日，北投農禪寺舉辦禪二，由監院果毅法師帶領，有近一百一十人參加。

◆ 16 至 18 日，三峽天南寺舉辦精進禪二，由常甯法師帶領，有近一百二十人參加。

01.17

◆慈基會於新竹市朝山國小舉辦學輔班結業式感恩餐會，並前往新竹市環保局及香山濕地進行戶外教學，認識自然環保的重要性，共有四十位學員及義務教學的交通大學學生參加。

◆香港道場於港島會址舉辦歲末感恩分享會，僧團副住持果品法師出席關懷，感恩義工的護持與奉獻，共有三百多人參加。

01.18

◆法鼓山於園區舉辦「第二十屆佛化聯合婚禮」，邀請伯仲基金會董事長吳伯雄擔任證婚人，臺灣大學醫學院名譽教授陳維昭伉儷擔任主婚人、長春集團董事長廖龍星伉儷擔任介紹人，並由方丈和尚果東法師為五十九對新人授三皈依。今年的佛化婚禮獲得環保署環保低碳活動認證，有多對新人以國光號為禮車，還有十二對歷屆新人帶著孩子歡喜回法鼓山參訪。

◆ 1 月 18 日至 12 月 20 日，桃園齋明別苑每月第三週週日舉辦心靈環保講座，18 日進行首場，由僧才培育室室主常法法師、《雲水林間》作者黃憲宇主講「小林村心靈陪伴札記」，分享在八八水災最受重創的高雄市甲仙區小林里的服務心路歷程，有近九十人參加。

◆臺中分院「活出絕妙人生──法華智慧系列講座」，18 日進行第六場，邀請聖嚴師父法子繼程法師、導演蔡明亮、音樂工作者張學友，分別藉由佛法、電影、音樂等面向，暢談「美善正在流轉」，與四千多位聽眾分享美善的人生故事。

◆臺東信行寺舉辦禪一，由常澄法師帶領，有近二十人參加。

◆ 1 月 18 日至 5 月 3 日、7 月 19 日至 10 月 11 日，傳燈院每月週日於德貴學苑舉辦「遇見心自己」課程，每梯次六堂，由常願法師帶領，引導學員覺察情緒，保持專注力、決斷力，將禪修心法運用於日常生活中，每堂均有近六十位青年學員參加。

◆美國紐約東初禪寺舉辦週日講座，邀請聖嚴師父西方弟子李世娟（Rebecca Li）主講「佛陀的啟示──通往內心自在平靜的修行之路」，有近五十人參加。

◆美國紐約東初禪寺舉辦電影禪，邀請聖嚴師父西方弟子林晉城（Peter Lin）賞析《心靈捕手》（*Good Will Hunting*）影片中的佛法意涵，共有十多人參加。

◆馬來西亞道場於《星洲日報》禮堂舉辦專題講座，監院常藻法師與當地文化評論者覃亞灣對談「莫把馮京當馬凉──佛教正信、迷信與邪信的差別」，分享佛法的真實義，共有一百三十多人參加。

◆馬來西亞道場舉辦「哈佛之旅」交流分享會，三十位青年學員分享 2014 年 12 月 26 日至 2015 年 1 月 3 日，來臺展開十天的法鼓山參學見聞，監院常藻法師期許學員，將從臺灣帶回來的感動傳遞出去，讓身邊的人能感受這份美好，也是感恩因緣最好的回饋。

◆香港道場於港島會址舉辦勸募關懷培訓課程，由召委黃仲健帶領，資深悅眾分享勸募心法，共有六十多人參加。

01.21

◆馬來西亞道場於《星洲日報》禮堂舉辦專題講座,由監院常藻法師與媒體工作者葉劍鋒對談「心生活,心主張——樂活 vs. 樂佛」,分享如何運用佛法簡單過生活,共有三百多人參加。

01.23

◆23 至 30 日,禪堂舉辦默照禪七,由堂主果元法師、常正法師帶領,有近一百一十人參加。

01.24

◆臺北安和分院舉辦禪一,由監院果旭法師帶領,共有一百四十人參加。
◆臺東信行寺舉辦佛學講座,由常寬法師主講「休息、休閒與修行」,有近八十人參加。
◆慈基會於新竹市富興國小舉辦學輔班結業式暨感恩餐會,齋明寺監院果舟法師和常依法師、新竹地區召委楊晉銨出席關懷,有近四十人參加。
◆法鼓文理學院於園區舉辦考生輔導說明會,由校長惠敏法師、佛教學系主任果暉法師等多位師長,解說辦學理念與教學特色,並介紹校園環境,有近六十位來自臺灣、馬來西亞、中國大陸等地有志報考者參加。
◆加拿大溫哥華道場舉辦歲末感恩分享會,由監院常悟法師出席關懷,感恩義工長期護持與奉獻,共有一百五十多人參加。

01.25

◆傳燈院於北投雲來寺舉辦禪一,由常願法師帶領,共有一百一十人參加。
◆中華佛研所於德貴學苑舉辦兩場校友專題分享座談會,由第一屆校友果祥法師、第二屆校友厚觀法師、第十三屆校友越建東、黃國清等,以「臺灣佛教(學)教育」、「心靈環保農法經驗」為題,與歷屆校友、現場聽眾展開知性交流。
◆護法總會及各地分院聯合舉辦「邁向 2015 光明遠大——歲末感恩分享會」,於法鼓山園區、北投農禪寺、三峽天南寺、桃園齋明寺、臺中寶雲別苑、臺南雲集寺、高雄紫雲寺、臺東信行寺以及護法會花蓮辦事處,與海外馬來西亞道場,共十個地點同步展開,方丈和尚果東法師於主場地雲集寺,透過視訊連線對參與信眾表達關懷與祝福,共有七千四百多位信眾參加。
◆加拿大溫哥華道場舉辦禪一,由常盛法師帶領,有近四十人參加。
◆香港道場於九龍會址舉辦禪一,由常禪法師帶領,共有七十多人參加。
◆北美護法會加州舊金山分會舉辦禪一,邀請美國佛羅里達州立大學宗教學系副教授俞永峯帶領,共有二十多人參加。
◆新加坡護法會舉辦佛一,共有三十人參加。

01.26

◆馬來西亞西部東海岸於 2014 年 12 月遭逢嚴重水患，慈基會與馬來西亞道場於 1 月 26 日至 2 月 2 日，派遣法師與義工組成關懷醫療團，前往受災地區提供中、西醫療會診及心靈關懷，看診民眾達五百三十二人次。

01.28

◆1 月 28 日至 12 月 30 日，法鼓山人基會每月最後一週週三於德貴學苑舉辦「2015 光明遠大心靈講座」。28 日進行首場，邀請臺灣師範大學化學系教授吳家誠主講「食得安心」，探討食安問題，有近一百五十人參加。

01.29

◆1 月 29 日至 2 月 3 日，教聯會於三峽天南寺舉辦教師禪五，由中華佛研所所長果鏡法師帶領，共有一百一十四人參加。

01.30

◆1 月 30 日至 2 月 1 日，傳燈院於三義 DIY 心靈環保教育中心舉辦坐姿動禪學長培訓課程，由常願法師帶領，共有七十多人參加。

01.31

◆方丈和尚果東法師應邀前往高雄日月禪寺，出席中國佛教會暨大高雄佛教會聯合舉辦的「歲末迎春吉祥團圓拜年」，並為全堂圓滿佛供擔任主法和尚。

◆桃園齋明別苑「歡喜看生死」系列講座，1 月 31 日及 2 月 7 日，邀請蓮花基金會董事張寶方主講「臨終關懷」，分享面對死亡的智慧。

◆1 月 31 日至 2 月 1 日，臺南分院於安平精舍舉辦「兒童藝術生活冬令營」，由教聯會悅眾、法青會會員帶領，營隊課程結合藝術、環保與禪修，體驗心靈環保在生活中的實用，共有五十多位小學生及三十多位家長參加。

◆1 月 31 日至 12 月 12 日，高雄紫雲寺舉辦「法鼓青年開講」活動，共九場。31 日進行首場，邀請《邊境漂流》作者賴樹盛主講「看見世界的需要——從服務中，走出自己的路」，分享國際援助工作的體驗，有近一百五十位青年到場聆聽，並有五位來自高雄中學、高雄女中、中山大學、高雄應用科技大學的青年代表參與對話交流。

◆1 月 31 日至 6 月 27 日，國際禪坐會（International Meditation Group, IMG）每月第四週週六於北投雲來寺舉辦英文禪一，共有一百一十多人次參加。

◆1 月 31 日至 2 月 10 日，僧大於法鼓山園區舉辦「第十二屆生命自覺營」，共有一百七十三位來自北美、東南亞、中國大陸、香港、臺灣等地青年學員，於短期出家生活體驗中，啟動生命的覺醒與超越。

◆ 1月31日至12月27日，法青會每月週六或日於德貴學苑舉辦「The AMP Livehouse 大師講唱系列」，全年共十場，邀請音樂工作者剖析創作的經驗和歷程、分享對音樂的想像與拆解，並演唱作品。首場於1月31日進行，邀請陳小霞主講，共有一百多人參加。

◆ 美國紐約東初禪寺舉辦英文禪一，由果樞法師帶領，有近二十人參加。

◆ 1月31日至5月16日，北美護法會加州舊金山分會每月週六舉辦兒童心靈環保課程，內容涵蓋人文、藝術、禪修、環保體驗等，在快樂學習中，體驗「四種環保」、「心五四」與「心六倫」的日常運用，有近三十位小學員參加。

2月 FEBRUARY

02.01

◆ 《人生》雜誌第378期出刊，本期專題「新春，遇見八十八佛」。

◆ 《法鼓》雜誌第302期出刊。

◆ 法鼓文化出版新書：《原諒，好緣亮！》（琉璃文學系列，果東法師著）；《創意佛藝好好玩——20種佛教手作藝術輕鬆上手》（人生DIY系列，吳大仁、張錦德著，張錦德、李東陽攝影）；《看見法鼓山最美的風景——義工身影》攝影集（人生DIY系列，李東陽攝影、鄧沛雯文案）。

◆ 即日起，法鼓山園區運用祈願觀音殿迴廊，規畫「微笑‧禪生活館」特區，以心靈環保為內涵，用微笑來呈現禪的生活，提供練習與傳播微笑的方法，鼓勵參訪者從自身出發，影響周遭，讓良善的力量得以傳遞、發酵。

◆ 臺北中山精舍舉辦Fun鬆一日禪，由常嘉法師帶領，有近六十人參加。

◆ 桃園齋明別苑舉辦禪一，由副寺常參法師帶領，共有一百一十多人參加。

◆ 臺東信行寺舉辦佛一暨八關戒齋，由監院果增法師帶領，共有五十多人參加。

◆ 法鼓山網路電視台每月「主題影片」單元，2月播出「光明遠大——智慧轉境，自心光明；慈悲利他，希望遠大」，精選聖嚴師父相關的開示影片，引領大眾重溫師父的智慧開示。

◆ 法鼓山社大新莊校區、護法會新莊辦事處，於新莊校區舉辦「感恩有『里』——茶香團員賀新春、光明遠大迎心年」活動，感恩社區居民的護持和關懷，有近兩百位民眾參加。

◆ 慈基會於北投雲來寺舉辦歲末感恩分享會，祕書長果器法師出席關懷，感恩義工的護持與奉獻，共有北部地區六十九位慰訪義工參加。

◆ 北美護法會加州舊金山分會舉辦歲末感恩分享會，感謝義工長期護持與奉獻，共有八十多人參加。

02.03

◆ 2月3日至5月26日，臺南分院每週二舉辦佛學講座由監院果謙法師主講《楞嚴經》，有近一百二十人參加。

◆ 3至16日，北美護法會華盛頓州西雅圖分會舉辦佛學講座，由僧大講師常延法師主講「《心經》指要——心識的解構與重建」，共六堂，有近五十人參加。

02.04

◆ 僧團中午於法鼓山園區舉辦歲末圍爐，共有兩百多位僧眾參加；下午於開山紀念館辭歲禮祖，除了觀看聖嚴師父開示影片，也接受方丈和尚的祝福及鼓勵，方丈和尚並在流芳堂菩提祈福區，寫下2015年第一張菩提葉祈願卡「抱願，不抱怨；原諒，好緣亮」，作為對世界的祝福。

◆ 4至6日、9至11日，臺北中山精舍舉辦兩梯次「冬季兒童心靈環保體驗營」，由教聯會師資帶領，內容包括心經梵唄、新春系列體驗、童話心視界等，共有一百二十多位小朋友在多元課程中，快樂學習心靈環保的理念。

◆ 臺灣復興航空客機意外墜落臺北基隆河，法鼓山第一時間於全球各分院道場豎立超薦及消災牌位，並設置網路持咒祈福專區，籲請社會大眾傳遞祝福心念；也派遣義工前往醫院陪伴傷者及家屬，並捐助乾式防寒潛水衣支援救難工作。

02.05

◆ 法鼓文化於北投農禪寺舉辦《創意佛藝好好玩》新書發表會，作者吳大仁現場揮毫，分享「佛藝禪」，為新書推薦的方丈和尚果東法師、華梵大學校長朱建民、中國書法學會顧問陳坤一、表演工作者杜滿生、臺北榮民總醫院感染科主任馮長風都到場祝福，有近一百人參加。

◆ 法行會於臺北國賓飯店舉辦第一六五次例會，由果祥法師主講「藥師法門」，有近兩百一十人參加。

02.06

◆ 2月6日至5月29日，臺南分院每週五舉辦佛學講座由監院果謙法師主講《楞嚴經》，有近六十人參加。

◆ 6至12日，青年院於三峽天南寺舉辦「2015冬季青年卓越禪修營」，由常灃法師擔任總護，主題為「一起來敲開心門吧！」，共有一百多位學員參加。

02.07

◆ 緬懷聖嚴師父師恩與教誨，美國紐約東初禪寺舉辦「法鼓傳燈日」活動，由住持果醒法師帶領禪一，共有四十多位禪眾參加。

◆ 7至8日,香港道場於九龍會址舉辦大事關懷課程,內容包括認識法鼓山大關懷教育、佛事的意義、梵唄與法器練習等,由關懷院監院常健法師帶領,有近一百人參加。

◆ 緬懷聖嚴師父師恩與教誨,北美護法會新澤西州分會舉辦「法鼓傳燈日」活動,由美國紐約東初禪寺監院常華法師、常慧法師帶領禪一,共有四十多人參加。

◆ 緬懷聖嚴師父師恩與教誨,北美護法會安省多倫多分會舉辦「法鼓傳燈日」活動,進行禪一,共有三十多人參加。

02.08

◆ 臺中分院「活出絕妙人生——法華智慧系列講座」,8日進行第七場,邀請僧團都監果光法師、藝術工作者王俠軍、舞蹈工作者許芳宜對談「璀璨生命的湧出」,分享如何追尋夢想、實踐夢想。

◆ 臺東信行寺舉辦佛學講座,由文化中心副都監果賢法師主講「夢中作夢不知夢」,共有八十多人參加。

◆ 美國紐約東初禪寺舉辦週日講座,由住持果醒法師主講「無心無法可傳,名傳燈」,開示傳燈的真義,有近八十人參加。

◆ 緬懷聖嚴師父師恩與教誨,美國加州洛杉磯道場舉辦「法鼓傳燈日」活動,由監院果見法師主持傳燈法會,有近一百人參加;法會圓滿後,洛杉磯法青會正式成立,實踐聖嚴師父接引青年人學佛、培養青年領袖人才的悲願,也為傳承佛法,燃起無盡的光明與希望。

◆ 馬來西亞道場監院常藻法師應邀出席當地《星洲日報》舉辦的「教師閱讀減壓營」,與近百位教師分享「無事掛心頭」的紓壓之道。

◆ 緬懷聖嚴師父師恩與教誨,北美護法會華盛頓州西雅圖分會舉辦「法鼓傳燈日」活動,由僧大講師常延法師帶領禪一,共有三十多人參加。

02.09

◆ 為協助清寒、獨居的榮民安心過年,慈基會派遣義工前往臺北市榮民服務處捐贈上千份即食調理餐,轉達關懷與祝福。

◆ 加拿大溫哥華道場舉辦佛一,由監院常悟法師帶領,有近五十人參加。

02.10

◆ 法鼓山於臺北市立第二殯儀館為復興航空空難罹難者舉辦「追思祝福法會」,由方丈和尚果東法師率同慈基會祕書長果器法師、關懷院監院常健法師及助念團義工,帶領大眾共同祝禱,為罹難者追思祝福。

02.11

◆ 11至15日,禪堂舉辦青年禪五,邀請聖嚴師父法子果峻法師帶領,有近一百一十一人參加。

02.13

◆ 13 至 16 日，北美護法會安省多倫多分會舉辦禪五，由美國紐約東初禪寺住持果醒法師帶領，法師並開示「心中的媽媽不是真正的媽媽」，勉勵大眾從禪修的角度探索自我，有近四十人參加。

02.14

◆ 14 至 15 日，高雄紫雲寺舉辦「聆聽心聲音──青年生命成長二日營」，由監院果迦法師帶領，活動中並邀請以帆船環航地球一周的梁琴霞，與隻身攀登馬拉雅山的李寶蓮，與近百位學員分享生命旅程，並與五位也具備行旅經驗的青年代表互動交流。
◆ 護法會泰山共修處舉行新會所灑淨啟用儀式，由關懷院監院常健法師主法，除代表僧團感謝信眾許鐵优儷發心提供場地，並鼓勵大眾參與共修，互相成就學佛因緣，推廣法鼓山理念。

02.15

◆ 桃園齋明別苑心靈環保講座，15 日邀請中央研究院歐美研究所研究員單德興主講「我打禪家走過」，有近七十人參加。
◆ 美國紐約東初禪寺舉辦週日講座，邀請聖嚴師父西方弟子哈利・米勒主講「洞山良价──祇這是」，有近七十人參加。
◆ 2 月 15 日至 12 月 27 日，美國加州洛杉磯道場週日舉辦講經活動，由監院果見法師主講《華嚴經》，介紹並講說《華嚴經》要義，有近八十人參加。
◆ 緬懷聖嚴師父師恩與教誨，北美護法會伊利諾州芝加哥分會舉辦「法鼓傳燈日」活動，進行禪坐共修，共有三十多人參加。
◆ 緬懷聖嚴師父師恩與教誨，北美護法會加州舊金山分會舉辦「法鼓傳燈日」活動，由東初禪寺常慧法師帶領禪一，有近四十人參加。
◆ 北美護法會華盛頓州西雅圖分會舉辦新春藥師法會，由僧大講師常延法師帶領，共有六十多人參加。

02.16

◆ 報恩寺普瑛長老尼捨報圓寂，享壽九十一歲，果禪法師等僧眾代表僧團前往關懷致意，方丈和尚果東法師於 24 日親往追思，並出席 3 月 12 日的追思讚頌會，與晴虛法師、明光法師、界雲法師、厚賢法師等教界長老，共同擔任主法法師。
◆ 為迎接 5 月 10 日母親節當日舉行的「心靈環保 Stop・Relax・Enjoy」禪修體驗活動，2 月 16 日至 4 月 30 日，傳燈院「心靈環保 SRE」地區宣講團陸續至大臺北地區、宜蘭、桃園、新竹各精舍、辦事處，展開三十場宣講活動，共有近一千一百人參與，分別由監院常乘法師、常願法師與地區禪眾分享 Stop、Relax、Enjoy 在生活中的活潑妙用。

02.18

◆法鼓山園區舉辦「除夕祈福撞鐘」活動,方丈和尚果東法師、首座和尚惠敏法師、總統馬英九、副總統吳敦義、新北市長朱立倫等共同敲響第一百零八響法華鐘聲,現場同時投影「光明遠大」,呈現 2015 年法鼓山關懷社會,與大眾共勉的年度祝福。

◆臺中分院於寶雲別苑舉辦除夕彌陀普佛法會,由果雲法師帶領,監院果理法師出席關懷,勉眾學習佛陀的智慧與慈悲,讓自己的善根成長茁壯,有近一百人參加。

◆法青會「The AMP Livehouse 大師講唱系列」,28 日邀請音樂工作者陳樂融分享創作的經驗和歷程,共有一百多人參加。

◆加拿大溫哥華道場舉辦除夕大悲懺法會,由監院常悟法師帶領,有近九十人參加。

◆馬來西亞道場舉辦除夕拜懺法會,由常鑑法師帶領,有近五十人參加。

02.19

◆ 2 月 19 日至 12 月 28 日,法鼓山園區於開山紀念館舉辦「一鼓一棒一大願——法鼓山園區落成 10 週年特展」,以「鼓」與「願」為主題,分五大區域引領參訪者回顧聖嚴師父與四眾弟子共同「發大悲願,擊大法鼓」的點點滴滴,分享法鼓山十年來的發展歷程。

◆ 19 至 23 日,法鼓山園區舉辦新春系列活動,內容包括祈福法會、聆聽方丈和尚果東法師新春祝福、供燈、鈔經、版畫拓印、初心奉茶等,有近萬民眾闔家上山走春,啟動光明遠大的一年。

◆ 2 月 19 日至 9 月 30 日,北投農禪寺於開山農舍館展開「追尋智者的心光」特展,帶領參訪者從聖嚴師父的生命歷程中,領受智者所綻放的生命心光。

◆ 19 至 21 日,北投農禪寺舉辦新春慈悲三昧水懺法會,由監院果毅法師帶領,有近三千人次參加;同時間並舉行新春系列活動,包括裝置藝術與紙黏土、剪紙、手工藝製作等禪藝,傳遞新年的祝福。

◆ 19 至 21 日,北投文化館舉辦新春千佛懺法會,由監院果諦法師帶領以臺語誦經,共有一千三百多人次參加。

◆臺北安和分院舉辦新春普佛法會,由監院果旭法師帶領,有近五百位民眾以禮佛、拜懺及善念、善願迎接新年。

◆ 19 至 21 日,三峽天南寺舉辦「遊心禪悅喜迎春」新春系列活動,內容包括聖嚴法師書法展、膠彩畫展、音樂饗宴,體驗清楚放鬆的茶禪、托水缽、息心缽、龍洗盆等,共有一千二百多人參加。

◆ 19 至 21 日,桃園齋明寺舉辦新春慈悲三昧水懺法會,由監院果舟法師帶領,有近九百人次參加;同時間並舉行新春系列活動,內容包括鈔經、茶禪、禪藝,以及聖嚴師父的頑皮童年展等,共有一千多人參加。

◆ 19 至 20 日,桃園齋明別苑舉辦新春大悲懺法會,由副寺常參法師帶領,共有兩百九十多人次參加。

◆臺中分院於寶雲別苑舉辦新春普佛法會,由信眾服務處監院常續法師主法,有近七百人參加。

◆南投德華寺舉辦新春普佛法會,由副寺果弘法師帶領,有近七十人參加。

◆臺南分院舉辦新春普佛法會,由慈基會祕書長果器法師主法,共有四百多人參加。

◆臺南雲集寺舉辦新春普佛法會,由果本法師主法,並開示祈福、發願的功能與力量,勉勵大眾有願才有力,共有一百多人參加。

◆19至21日,高雄紫雲寺舉辦新春千佛懺法會,由常護法師主法,共有四千五百多人次參加;同時間並舉辦園遊會,包括祈福撞鐘、許好願、親子闖關遊戲等。

◆臺東信行寺舉辦新春普佛法會暨園遊會,由禪堂堂主果元法師主法,共有六百多人參加。

◆2月19日至5月31日,文化中心於園區活動大廳迴廊舉辦「義工身影攝影展」,並同步出版《看見法鼓山最美的風景──義工身影》攝影集,藉由義工踏實而堅定的身影,引導大眾認識慈悲與智慧的人間道場,並邀請共同耕耘福田。

◆19至24日,慈基會於中國大陸四川安心服務站舉辦「禪心過新年」活動,內容包括托水缽、新年祈願、書法靜心、108自在語繪圖等,共有近千位當地民眾參與;同時於23、24日進行新春家庭訪視,為學童們帶來祝福及關懷。

◆19至23日,法鼓文理學院教職員於園區設立新春展覽專區,透過填寫問卷、臉書按讚送結緣福袋,與前往法鼓山及校園走春的民眾分享辦學理念,每天約有三百多位民眾了解文理學院的教學環境與課程規畫。

◆19至21日,美國紐約東初禪寺舉辦新春藥師法會,由果樞法師帶領,有近兩百人次參加。

◆美國加州洛杉磯道場舉辦新春《金剛經》誦經祈福共修,由監院果見法師帶領,有近一百人參加。

◆加拿大溫哥華道場舉辦新春普佛法會,由監院常悟法師帶領,有近一百五十人參加。

◆馬來西亞道場舉辦新春普佛法會,由常鑑法師帶領,有近一百人參加。

02.20

◆臺北安和分院舉辦新春《藥師經》共修,由監院果旭法師帶領,共有一百五十多人參加。

◆臺中分院於寶雲別苑舉辦新春大悲懺法會,由信眾服務處監院常續法師主法,共有五百多人參加。

◆臺南安平精舍舉辦新春觀音法會,由慈基會祕書長果器法師主法,有近兩百人參加。

◆臺東信行寺舉辦新春觀音法會,由禪堂堂主果元法師主法,有近一百一十人參加。

◆美國加州洛杉磯道場舉辦新春藥師法會,由監院果見法師帶領,共有五十多人參加。

◆加拿大溫哥華道場舉辦新春藥師法會,由監院常悟法師帶領,有近一百人參加。

02.21

◆臺北安和分院舉辦新春大悲懺法會,由文化中心副都監果賢法師主法,有近五百二十人參加。

◆臺中分院於寶雲別苑舉辦新春慈悲三昧水懺法會,由信眾服務處監院常續法師主法,共有四百多人參加。

◆南投德華寺舉辦新春大悲懺法會,由副寺果弘法師帶領,有近四十人參加。

◆臺南分院舉辦新春大悲懺法會，由慈基會祕書長果器法師主法，共有兩百二十多人參加。

◆臺南雲集寺舉辦新春大悲懺法會，由果本法師主法，有近一百二十人參加。

◆臺東信行寺舉辦新春大悲懺法會，由禪堂堂主果元法師主法，共有六十多人參加。

◆ 21 至 25 日，禪堂舉辦新春禪五，由常正法師帶領，有近一百五十人參加。

◆護法會嘉義辦事處舉辦新春普佛法會，共有八十多人參加。

◆加拿大溫哥華道場舉辦「敦親睦鄰慶新年」活動，由監院常悟法師帶領，邀請信眾帶著西方朋友、鄰居和社區團體一起過年，經由節慶活動認識中華文化，也體驗坐禪、茶禪、吃飯禪與園藝禪等生活禪法，有近五百人參加。

◆香港道場於港島會址舉辦新春普佛法會，由僧團副住持果品法師帶領，共有六百多人參加。

◆北美護法會新澤西州分會舉辦新春觀音法會，由美國紐約東初禪寺果乘法師帶領，有近七十人參加。

02.22

◆臺北安和分院舉辦新春藥師法會，由財會處監院常炬法師主法，有近四百人參加。

◆高雄三民精舍舉辦新春慈悲三昧水懺法會，由常護法師主法，共有兩百多人參加。

◆護法會潮州辦事處舉辦新春普佛法會，共有七十多人參加。

◆美國紐約東初禪寺舉辦新春普佛法會，由住持果醒法師主法，法師以「羊羊得意，得意洋洋」為主題，以羊比喻眾生都能得到開悟的心性，而此心性廣大無邊與法相應，共有一百六十多人參加。

◆美國加州洛杉磯道場舉辦新春大悲懺法會，由常宗法師帶領，共有四十多人參加。

◆北美護法會加州舊金山分會舉辦新春觀音法會，共有八十多人參加。

◆北美護法會安省多倫多分會舉辦新春觀音法會，由美國紐約東初禪寺常齋法師帶領，共有四十多人參加。

◆新加坡護法會舉辦新春祈福法會，由果濬法師、常穎法師等帶領，有近八十人參加。

02.27

◆聖嚴師父圓寂六週年，法鼓山園區、北投中華佛教文化館、農禪寺、臺北安和分院、三峽天南寺、桃園齋明寺、臺中分院、南投德華寺、臺南雲集寺、高雄紫雲寺、臺東信行寺及基隆精舍，同步舉辦「法鼓傳燈日」傳燈法會，方丈和尚也於主場地法鼓山園區，透過視訊連線對大眾開示，共有五千六百多位信眾攝心念佛，緬懷聖嚴師父教澤及開啟慧命的法乳深恩，也互勉接續師願，實踐菩薩行。

◆緬懷聖嚴師父師恩與教誨，香港道場於港島會址與臺灣同步連線舉辦傳燈法會，由常展法師帶領，有近三百八十人參加。

02.28

◆基隆精舍舉辦禪一，由常願法師帶領，有近七十人參加。

◆法行會於臺北國賓飯店舉辦第一六六次例會，由方丈和尚果東法師主講「光明遠大」，共有兩百四十多人參加。

◆美國紐約東初禪寺舉辦英文禪一，邀請聖嚴師父西方弟子南茜・波那迪（Nancy Bondari）帶領，共有十多人參加。

◆美國加州洛杉磯道場舉辦英文禪一，由監院果見法師帶領，共有十多人參加。

◆緬懷聖嚴師父師恩與教誨，加拿大溫哥華道場舉辦「法鼓傳燈日」活動，由監院常悟法師帶領傳燈法會，法師以維摩詰居士所說的「無盡燈法門」勉勵大眾，效法聖嚴師父，做一位燃燈者，在黑暗中為人照路、在寒冷中給人溫暖，共有八十多人參加。

◆馬來西亞雅佳美浪中學佛學會會員一行約八十人，參訪馬來西亞道場，由監院常藻法師代表接待，介紹認識法鼓山的理念，並與法青進行交流。

◆緬懷聖嚴師父師恩與教誨，馬來西亞道場舉辦「法鼓傳燈日」活動，由監院常藻法師主持座談會，介紹聖嚴師父生平行誼，並分享學佛歷程，有近一百人參加。

3月 MARCH

03.01

◆《人生》雜誌第 379 期出刊，本期專題「原諒，好緣跟著亮！」。

◆《法鼓》雜誌第 303 期出刊。

◆法鼓文化出版新書：《展讀巴利新課程——進入佛陀的語言世界》（*A New Course in Reading Pali: Entering the World of the Buddha*）（法鼓文理學院譯叢，詹姆斯・吉爾 James W. Gair、卡魯那提拉克 W.S. Karunatillake 著，溫宗堃譯）；《菩薩行》CD（法鼓山歌曲系列，李俊賢音樂製作）。

◆桃園齋明寺舉辦禪一，由常灌法師帶領，共有一百零一人參加。

◆1 至 29 日，臺南分院週日舉辦佛學課程，由弘化發展專案召集人果慨法師主講「佛教徒的生死觀」，講說《金剛經》、《阿彌陀經》、《地藏經》與《心經》等經典中生命的實相，共四堂，每堂有近四百人參加。

◆信眾教育院於北投農禪寺舉辦「普化教育悅眾充電營」，主題是「建立快樂的高績效團隊」，由北美護法會前會長張允雄帶領，監院果毅法師出席關懷，共有一百五十多位擔任福田班、長青班、快樂學佛人課程的關懷員參加。

◆法鼓山網路電視台每月「主題影片」單元，3 月播出「修行與休閒——如何兼顧修行與休閒」，精選聖嚴師父相關的開示影片，引領大眾重溫師父的智慧開示。

◆1 至 8 日，法鼓文理學院於禪堂舉辦期初禪七，由禪文化研究中心主任果鏡法師帶領，有近一百人參加。

◆馬來西亞道場舉辦元宵燃燈供佛法會，由常施法師帶領，共有六十多人參加。

◆緬懷聖嚴師父師恩與教誨，澳洲雪梨分會舉辦「法鼓傳燈日」活動，並分享親近佛法與法鼓山的因緣，瑞典裔的澳洲人林安德（Anders）分享學佛的過程和心得，並發願要把「禪」介紹給西方人，共有三十多人參加。

03.03

◆臺東信行寺舉辦元宵燃燈供佛法會,由果質法師帶領,共有四十多人參加。

◆緬懷聖嚴師父師恩與教誨,新加坡護法會舉辦「法鼓傳燈日」活動,進行念佛共修,
共有六十多人參加。

03.04

◆4至25日,信眾教育院每週三晚上於北投農禪寺舉辦「法鼓講堂」佛學課程,由僧
大講師大常法師主講「天台學之解脫道──以藏教為主」;課程同時於「法鼓山心靈
環保學習網」線上直播,提供全球學員上網聽講,並參與課程討論。

◆3月4日至6月24日,美國紐約東初禪寺週三舉辦佛學課程,由常諦法師主講《法
華經》,有近四十人參加。

03.05

◆北投農禪寺舉辦元宵燃燈祈福法會,由監院果毅法師帶領,有近六百人參加。

◆3月5日至6月29日,臺北中山精舍每週一舉辦佛學課程,邀請淡江大學歐洲研究
所副教授林立主講《心經》,有近五十人參加。

◆桃園齋明寺舉辦元宵燃燈供佛法會,由監院果舟法師帶領,法師引用《施燈功德經》,
說明供佛、供燈、布施等善行的意義,勉勵大眾用虔誠莊重的心,一心專注、放下萬
緣,在心田播下菩提種子,共有一百八十多人參加。

◆臺中分院舉辦新春元宵燃燈供佛法會,由監院果理法師帶領,共有一百多人參加。

◆南投德華寺舉辦元宵燃燈供佛法會,由副寺果弘法師帶領,共有四十多人參加。

03.06

◆基隆精舍舉辦元宵燃燈供佛法會,由常印法師帶領,有近七十人參加。

◆法鼓文理學院「藏傳佛典漢譯暨人才培訓計畫」,自2014年3月與美國欽哲基金會
簽約合作,已屆滿一年。一年來,在計畫主持人文理學院助理教授蘇南望傑帶領下,
已建立藏傳佛典漢譯準則、完成部分藏傳佛典實際翻譯,並開辦課程培育翻譯人才。

◆加拿大溫哥華道場舉辦元宵燃燈供佛法會,由監院常悟法師帶領,共有五十多人參加。

◆馬來西亞道場與坤成中學佛學會於坤成中學大禮堂合辦「究竟樂,何處尋」心靈講座,
邀請馬來西亞佛學院院長繼程法師主講,分享轉苦為樂的方法,共有八百多人參加。

◆6至8日,馬來西亞道場常鑒法師應當地諾丁漢大學佛學會(Nottingham Buddhist
Society)之邀,於丹士拔佛教會(Tanjung Buddhist Society)舉辦的「快樂,其實很
簡單」(Hands-On Happiness)英文佛學營中,擔任禪修指導,為四十多位來自英國、
馬爾地夫、美國的大學生,介紹簡易禪修方法,並分享禪修理念。

◆6至9日,北美護法會加州舊金山分會舉辦義工培訓課程,由義工團前團長秦如芳、
前副團長吳麗卿、資深悅眾陳修平講授義工的心態及威儀,有近四十人參加。

03.07

◆法鼓山於北投農禪寺舉辦新春祈福法會，方丈和尚果東法師及護法總會輔導法師果器法師、關懷院監院常健法師，與護法總會副總會長黃楚琪到場關懷；法鼓文理學院校長惠敏法師也與會說明學校現況及願景，感恩大眾承繼聖嚴師父的興學大願，共有一千五百多人參加。

◆北投農禪寺舉辦佛一暨八關戒齋，由監院果毅法師帶領，共有六百二十多人參加。

◆3月7日至5月30日、9月12日至12月26日，中山精舍隔週週六開辦「童話心視野」課程，每梯次八堂，由教聯會師資帶領，引領學童學習尊重生命價值，每梯次有五十位國小學童參加。

◆3月7日至5月9日，高雄紫雲寺舉辦八堂「幸福講談」系列講座，主題是「快樂，是自找的」，7日進行第一場，邀請臨床心理師呂錡濡主講「讓人更快樂的心理學——談正向心理學」，有近五十人參加。

◆社大於金山校區服務中心舉辦「法鼓童軍團」說明會，社大校長曾濟群、團長張瑞松說明童軍團成立理念，現場並開放報名，有近三十位國小學童參加遴選。

03.08

◆桃園齋明別苑舉辦專題講座，邀請淨光茶園負責人廖本民、臺中世豐菓園負責人林世豐和八田綠色自然農莊負責人陳佩雲與果祥法師對談「心靈環保農法」，分享實務經驗與深刻體驗，有近百位關心農業栽植與身心健康的民眾參與。

◆高雄紫雲寺舉辦念佛禪一，由監院果迦法師帶領，法師勉勵大眾，放下萬緣，在每一個當下、行住坐臥中，都要和阿彌陀佛的聖號不離不棄，有近三百人參加。

◆臺東信行寺舉辦專題講座，由心六倫宣講師林知美、許新風主講「活出心好人生」，有近四十人參加。

◆8至14日，加拿大溫哥華道場舉辦話頭禪七，由美國紐約東初禪寺常慧法師帶領，共有十多人參加。

◆香港道場於九龍會址舉辦佛一，由演清法師帶領，共有一百二十多人參加。

03.09

◆3月9日至7月6日，臺北安和分院每週一舉辦佛學課程，邀請心理諮商專家鄭石岩主講《楞嚴經》，有近兩百八十人參加。

03.10

◆3月10日至7月7日，臺北安和分院每週二舉辦佛學課程，由常超法師主講《地藏經》，有近一百人參加。

◆3月10日至7月7日，臺北中山精舍每週二舉辦佛學課程，邀請華梵大學中文系副教授胡健財主講《圓覺經》，有近四十人參加。

◆高雄紫雲寺「幸福講談」系列講座，10日於三民精舍進行第二場，邀請臨床心理師呂鎬濡主講「我的快樂我決定——談情緒管理」，有近五十人參加。

◆3月10日至12月18日，行政中心人力資源處於北投雲來寺舉辦職能訓練課程，全年共九場。10日進行首場，主題是「感動服務」，邀請企業管理顧問張麗娟主講，有近六十人參加。

03.11

◆3月11日至7月8日、9月9日至2016年1月20日，臺北安和分院每週三舉辦佛學課程，由法鼓文理學院助理教授辜琮瑜主講《六祖壇經》，有近九十人參加。

◆3月11日至7月1日，臺北中山精舍每週三舉辦佛學課程，由普化中心佛學課程講師謝水庸主講《六祖壇經》，有近六十人參加。

03.12

◆12至15日，法鼓山於園區舉辦「第二十屆在家菩薩戒」第一梯次，由方丈和尚果東法師、首座和尚惠敏法師、副住持果暉法師擔任菩薩法師，共有六百三十五人受戒。

◆人基會、法鼓山社大合辦的新住民「幸福廚房」烹飪課程，於新北市石門區老梅國小開課，本年除了持續在新北市金山區金美國小、萬里區萬里國小及石門區開課，關懷觸角也延伸到新北市新店區安坑國小以及花蓮縣壽豐鄉豐裡國小，為新住民媽媽加油打氣。

◆3月12日至5月28日、7月30日至10月29日，馬來西亞道場每週四舉辦「學佛五講」佛學課程，由監院常藻法師主講，有近八十人參加。

03.13

◆3月13日至7月3日，臺北中山精舍每週五舉辦佛學課程，邀請王育昆老師主講「佛教藝術」，解說中國石窟藝術內容及內涵，認識佛教藝術的華彩和精湛，共有五十多人參加。

◆13至15日，三峽天南寺舉辦精進禪二，由常松法師帶領，有近一百二十人參加。

◆13至15日，傳燈院於三義DIY心靈環保教育中心舉辦地區助理監香培訓課程，由常願法師帶領，有近六十人參加。

◆13至15日，北美護法會新澤西州分會舉辦義工培訓課程，由義工團前團長秦如芳、前副團長吳麗卿、資深悅眾陳修平講授義工的心態及威儀，護法會輔導法師常華法師到場關懷，有近五十人參加。

03.14

◆3月14至22日、8月22至30日，百丈院進行清洗園區祈願觀音池活動，包括洗石、曬石、刷池壁、擦池底，鋪石等作業，每日有四十多位民眾及義工參與。

◆北投農禪寺舉辦戶外禪，由果仁法師帶領，有近兩百人參加。

◆高雄紫雲寺「法鼓青年開講」系列活動，14日進行第三場，邀請《雲水林間》作者黃憲宇，與近一百三十位聽眾分享投入關懷偏鄉教育十年的心路歷程，並與六位青年代表一起思索「服務」的真諦與生命的方向。

◆14至21日，禪堂於臺東信行寺舉辦初階禪七，由常正法師帶領，有近一百人參加。

◆關懷院於北投農禪寺舉辦「助念團新進團員成長營」，內容包括法鼓山的理念、大事關懷的原則與方法等，由關懷院監院常健法師、常導法師，助念團團長顏金貞、副團長黃欣逸、李純如等帶領，共有七百多位來自大臺北、桃園、新竹、宜蘭等地區團員參加。

◆榮譽董事會於臺南雲集寺舉辦雲嘉南地區榮譽董事關懷聯誼會，護法總會輔導法師果器法師、榮董會會長黃楚琪、執行長陳宜志到場關懷，有近三百二十人參加。

◆加拿大溫哥華道場舉辦佛法講座，由美國紐約東初禪寺常慧法師主講「心的鍛鍊」，有近四十人參加。

03.15

◆桃園齋明別苑心靈環保講座，15日由作家梁寒衣導讀《聖嚴法師教觀音法門》，有近一百五十人參加。

◆南投德華寺舉辦禪一，由副寺果弘法師帶領，有近三十人參加。

◆臺南分院舉辦禪一，由監院果謙法師帶領，共有四十多人參加。

◆僧伽大學於園區舉辦招生說明會，副院長果肇法師、常寬法師、教務長常順法師等師長出席介紹僧大的學制與教育理念，院長方丈和尚果東法師到場關懷，共有四十一位海內外青年參加。

◆美國紐約東初禪寺舉辦週日講座，邀請聖嚴師父西方弟子林晉城主講「夢幻泡影」，有近七十人參加；講座後進行電影禪，賞析《看見臺灣》影片中的佛法意涵。

03.16

◆慈基會祕書長果器法師受邀出席於淡江大學舉行的「2015春季北區大學校際聯合愛心勸募」活動開幕儀式，法師致詞感謝各校師生對於公益活動的熱情和努力，鼓勵學子成長自己，利益他人。

03.19

◆19至22日，法鼓山於園區舉辦「第二十屆在家菩薩戒」第二梯次，由方丈和尚果東法師、首座和尚惠敏法師、副住持果暉法師擔任菩薩法師，共有六百三十一人受戒。

◆聖嚴師父的法門同窗覺真長老，3月16日於中國大陸安徽廣德紫金寺安詳示寂，世壽八十三歲。方丈和尚果東法師於19日前往追思致意，代表僧團感恩長老對法鼓山的護念，並由紫金寺住持曙明法師、長老隨侍弟子真顗法師等陪同，瞻禮長老遺容，於佛前念佛迴向。

◆3月19日至5月24日，北投中華佛教文化館舉辦清明報恩《地藏經》共修，由監院果諦法師帶領，每日均有五十多人參加。

03.20

◆臺中分院為感恩信眾的護持，舉辦「大願力，大家庭——法華禮讚」感恩晚會，方丈和尚果東法師、臺中分院監院果理法師等二十多位僧團法師，與上千位臺中、彰化、南投、苗栗等地區護法信眾齊聚一堂，透過影片，聆聽聖嚴師父的開示勉勵，回顧二十七年來法鼓山在臺中的弘化歷程。

◆20 至 23 日，北美護法會安省多倫多分會舉辦義工培訓課程，由義工團前團長秦如芳、前副團長吳麗卿、資深悅眾陳修平講授義工的心態及威儀，有近四十人參加。

◆行政中心人力資源處於北投雲來寺舉辦專題講座，邀請臺灣大學農藝學系教授郭華仁主講「生活中的基改食物」，有近五十人參加。

03.21

◆北投農禪寺舉辦禪一，由常生法師帶領，共有一百八十多人參加。

◆臺北中山精舍舉辦 Fun 鬆一日禪，由常嘉法師帶領，有近六十人參加。

◆基隆精舍舉辦佛一，由常遂法師帶領，共有五十多人參加。

◆臺南分院舉辦佛學講座，由美國紐約東初禪寺住持果醒法師主講「從《楞嚴經》看禪的生死觀」，共有兩百多人參加。

◆21 至 27 日，臺南雲集寺舉辦清明報恩地藏法會，由監院果謙法師帶領，共有九百多人次參加。

◆高雄紫雲寺「幸福講談」系列講座，21 日進行第三場，邀請臨床心理師呂錡濡主講「有智慧的樂觀——談勇於承擔」，有近三十人參加。

◆法青會「The AMP Livehouse 大師講唱系列」，21 日邀請音樂工作者陳建良分享創作的經驗和歷程，共有一百多人參加。

◆教聯會於北投雲來寺舉辦教師心靈環保一日營，由常捷法師帶領，有近四十人參加。

03.22

◆法鼓山於園區禪堂舉辦「社會菁英禪修營第八十三次共修會」，由美國紐約東初禪寺住持果醒法師帶領，有近一百三十人參加。

◆桃園齋明別苑舉辦義工戶外禪，由果明法師帶領，有近九十人參加。

◆高雄紫雲寺舉辦心靈環保講座，邀請淨光茶園負責人廖本民、臺中世豐菓園負責人林世豐和八田綠色自然農莊負責人陳佩雲，與果祥法師對談「心靈環保農法」，共有一百五十多人參加。

◆法青會於法鼓山園區舉辦山水禪，由常義法師帶領，共有四十七人參加。

◆3 月 22 至 29 日，6 月 7 至 28 日，美國紐約東初禪寺舉辦週日講座，由常慧法師主講「〈信心銘〉的修證境界」，有近七十人參加。

◆馬來西亞道場、馬來西亞佛教青年總會於當地綠野國際展覽中心舉辦 Fun 鬆一日禪，由監院常藻法師帶領，有近兩百七十位學員參加。

◆北美護法會新澤西州分會舉辦禪一，由美國紐約東初禪寺果乘法師帶領，有近三十人參加。

◆北美護法會加州舊金山分會舉辦禪一，由美國紐約東初禪寺常齋法師帶領，共有三十
多人參加。

◆新加坡護法會舉辦佛一，共有三十人參加。

03.23

◆北美護法會新澤西州分會舉辦清明慈悲三昧水懺法會，由紐約東初禪寺果樞法師、常
慧法師主持，共有五十多人參加。

03.24

◆德國之翼航空 4U-9525 班機在臺北時間 24 日晚間於法國南部墜落，法鼓山第一時間
於海內、外分寺院豎立超薦及消災牌位，祝禱罹難者往生淨土。

◆高雄紫雲寺「幸福講談」系列講座，24 日於三民精舍進行第四場，邀請臨床心理師呂
錡濡主講「幸福的人生不空談──談實踐的力量」，有近五十人參加。

◆慈基會、馬來西亞道場，與馬國多個佛教團體聯合推動「未來與希望・家園重建計
畫」，援助馬來西亞東海岸遭逢嚴重水災的村落，24 日於瓜拉吉賴（Kuala Krai）奧
杜麗村完成第一間新建組合屋，監院常藻法師等人前往進行房屋移交儀式，並關懷當
地居民。

03.25

◆人基會「2015 光明遠大心靈講座」，25 日由美國紐約東初禪寺住持果醒法師主講「心
中媽媽不是媽媽，才是真媽媽」，有近一百四十人參加。

03.26

◆齋明別苑舉辦孝親報恩講座，由美國紐約東初禪寺住持果醒法師主講「六祖無相頌
──恩則孝養父母」，有近兩百人參加。

03.27

◆27 至 29 日，三峽天南寺舉辦精進禪二，由常甯法師帶領，有近一百二十人參加。

◆27 至 29 日，桃園齋明別苑舉辦清明報恩地藏法會，由副寺常參法師帶領，共有四百
二十多人次參加。

◆27 至 29 日，臺東信行寺舉辦清明報恩地藏法會，由監院果增法師帶領，有近一百
六十人次參加。

◆27 至 29 日，美國紐約象岡道場舉辦禪三，邀請聖嚴師父西方弟子李世娟帶領，共有
十多人參加。

03.28

◆ 臺中寶雲寺於上午舉行落成啟用大典，方丈和尚果東法師、僧團法師、臺中市長林佳龍、寶雲寺籌建團隊以及信眾代表，共同圓滿佛像揭幔、開光儀式；下午舉辦祈福皈依大典，由方丈和尚果東法師授三皈依，共有一千零三十五位民眾成為三寶弟子。

◆ 3月28日至4月3日，高雄紫雲寺舉辦清明報恩《地藏經》共修，由監院果迦法師帶領，共有一千五百多人次參加。

◆ 28至29日，法鼓文理學院行願社參加教育部於林口國立體育大學舉辦的全國大專院校社團暨觀摩活動，並從參與評鑑的兩百八十二個社團中，再度獲得績優獎肯定。

◆ 美國紐約東初禪寺舉辦英文禪一，邀請聖嚴師父西方弟子南茜‧波那迪帶領，共有十多人參加。

◆ 美國加州洛杉磯道場於當地蘇巴佬公園（Peter F. Schabarum Regional Park）舉辦戶外禪，由常俱法師帶領，共有二十多人參加。

03.29

◆ 3月29日至4月4日，北投農禪寺舉辦清明報恩佛七，監院果毅法師並於每晚講說佛法的基本觀念，勉勵大眾精進不懈怠，共有三千五百多人次參加。

◆ 3月29日至4月12日，臺北安和分院舉辦清明報恩地藏法會，由監院果旭法師帶領，共有三千多人次參加。

◆ 3月29日至4月5日，臺北中山精舍舉辦清明報恩地藏法會，由常嘉法師帶領，每日有近七十人參加。

◆ 3月29日至4月3日，臺中寶雲寺啟建「清明報恩祈福梁皇寶懺法會」，方丈和尚果東法師出席3日於臺中市政府廣場舉行的瑜伽焰口法會，並勉勵大眾以慈悲心、柔軟心，待人處事；法會期間，監院果理法師每日開示禮懺心要，鼓勵大眾將懺文內化到身心，並對三寶生堅固信心、發菩提心，從而轉化生命，有近八千人次參加。

◆ 3月29日至4月4日，臺南分院舉辦清明報恩地藏法會，由監院果謙法師帶領，法師每日開示《地藏經》的意涵，勉勵大眾學習地藏菩薩的大願精神，有近一千八百人次參加。

◆ 社大於法鼓山園區舉辦「走入法鼓山——2015法鼓山社會大學授課講師共識營」，透過參學與課程分享，了解社大辦學理念與方向，凝聚共識，共有三十三位金山、新莊、北投校區的講師參加。

◆ 香港道場於九龍會址舉辦禪一，由常展法師帶領，有近八十人參加。

◆ 北美護法會安省多倫多分會舉辦清明報恩地藏法會，由美國紐約東初禪寺常盛法師、常裕法師帶領，共有五十多人參加。

03.30

◆ 加拿大華斯特拉斯科基督教學院（Strathcona Christian Academy）五十位高中學生，參訪溫哥華道場，由監院常悟法師介紹佛教的起源與發展，並以問答的方式，引領學子認識佛法在日常生活的應用。

03.31

◆社大自 104 年春季班起，首度以五十五歲以上長者為對象，於金山、北投、新莊各校區同步開設「樂齡課程」，3 月 31 日起陸續開課，接引社區長者輕鬆快樂學習，啟動樂齡人生。

◆3 月 31 日至 4 月 13 日，新加坡護法會舉辦成立二十週年慶系列活動，31 日舉行禪法講座，由傳燈院常護法師主講「禪與生活」，有近五十人參加。

4月 APRIL

04.1

◆《人生》雜誌第 380 期出刊，本期專題「病，不煩惱」。

◆《法鼓》雜誌第 304 期出刊。

◆法鼓文化出版新書：《禪味六十》（琉璃文學系列，繼程法師著）；《中國文化中的佛教──中国 III 宋元明清》（新亞洲佛教史系列，沖本克己編，辛如意譯）。

◆《金山有情》季刊第 52 期出刊。

◆《法鼓文理學院校刊》第 3 期出刊。

◆《護法季刊》復刊第 2 期出刊。

◆法鼓山網路電視台每月「主題影片」單元，4 月播出「需要與想要──知足常樂」，精選聖嚴師父相關的開示影片，引領大眾重溫師父的智慧開示。

◆1 至 10 日，法鼓文理學院於法鼓山園區舉辦校慶週活動，包括各社團成果展、李志夫教授書法展、春季五分鐘說書、趣味運動競賽、綜合語言競賽等，展現和樂、歡慶的學習活力；於臺大醫院金山分院展出的禪韻國畫師生聯展，展期至 6 月 30 日，延伸校園禪修與藝術教育的學習成果。

◆北美護法會華盛頓州西雅圖分會舉辦禪學講座，由美國紐約東初禪寺常慧法師主講「止觀與定慧」，說明禪修的過程和目的，解說如何止觀並用，達到定心與安心，共有五十多人參加。

◆新加坡護法會成立二十週年慶系列活動，1 至 3 日舉行助理監香師資培訓活動，由傳燈院常護法師教授木魚、引磬、搖鈴、打板等法器的操作，以及禪修坐姿、按摩、動禪、臥禪、立禪、經行、瑜伽、拜佛、拉筋等示範，有近五十人參加。

04.02

◆2 至 5 日，桃園齋明寺舉辦清明報恩佛三暨八關戒齋，由監院果舟法師帶領，果竣法師開示念佛的殊勝，有近一百七十人參加。

◆法行會於臺北國賓飯店舉辦第一六七次例會，由美國紐約東初禪寺住持果醒法師主講「禪的源流」，共有兩百五十多人參加。

◆ 2 至 7 日，一百多位來自香港的悅眾參訪法鼓山園區，除於禪堂舉行禪三，並以朝山發願、「世界咖啡館」（World Café）等活動，為香港道場未來發展方向凝聚共識。

04.03

◆ 3 至 7 日，北美護法會華盛頓州西雅圖分會舉辦止觀禪五，由美國紐約東初禪寺常慧法師帶領，為方便禪眾作息，禪期分為禪三與禪五，各有近五十人、三十多人參加。

04.04

◆ 高雄紫雲寺舉辦清明報恩慈悲三昧水懺法會，由常空法師主法，有近五百二十人參加。
◆ 美國紐約東初禪寺舉辦清明地藏法會，由常諦法師帶領，有近一百一十人參加。
◆ 美國紐約象岡道場舉辦禪一，由常襄法師帶領，有近二十人參加。
◆ 4 至 5 日，美國加州洛杉磯道場舉辦清明念佛禪二，由監院果見法師、常宗法師帶領，有近四十人參加。
◆ 4 至 5 日，加拿大溫哥華道場舉辦清明報恩地藏法會，由監院常悟法師帶領，有近兩百六十人次參加。
◆ 北美護法會伊利諾州芝加哥分會舉辦念佛禪一，共有二十多人參加。
◆ 新加坡護法會成立二十週年慶系列活動，4 至 5 日舉行法鼓八式動禪師資培訓活動，由傳燈院常願法師帶領，有近三十人參加。

04.05

◆ 4 月 5 日至 5 月 24 日，安和分院每週日舉辦《法華經》講座，共七堂，由弘化發展專案召集人果慨法師，以「《法華經》與改變的力量」為題，從經義為大眾介紹佛教的修行觀，有近八百人參加。
◆ 臺南分院舉辦清明慈悲三昧水懺法會，由常空法師帶領，共有三百多人參加。
◆ 4 月 5 日至 12 月 20 日，美國紐約東初禪寺舉辦周日講座，由常諦法師主講「尋找善知識」，有近六十人參加。

04.06

◆ 6 至 7 日，北美護法會華盛頓州西雅圖分會舉辦佛學講座，由美國紐約東初禪寺常慧法師主講「解開幸福密碼」，有近五十人參加。
◆ 新加坡護法會成立二十週年慶系列活動，6 至 9 日舉行禪三，由傳燈院常護法師帶領，有近八十人參加。

04.07

◆ 僧團與中華佛研所、法鼓文理學院、文化中心等單位於德貴學苑舉辦「聖嚴法師文物

史料數位典藏與理念推廣研究」專案第二次成果發表會，並邀請學者專家、科技界代表，對談數位史料的運用與開展。

◆ 高雄紫雲寺「幸福講談」系列講座，7日於三民精舍進行第五場，邀請臨床心理師呂錡濡主講「壞情緒別獨自承擔——談書寫與分享」，共有三十多人參加。

◆ 加拿大溫哥華道場監院常悟法師受邀前往英屬哥倫比亞大學（University of British Columbia），於該校亞洲研究學系開設的「漢傳佛教」課程中，講授「漢傳佛教的發展與演變」，共有五十多位選修該課程學生聆聽。

04.08

◆ 4月8日至5月27日，桃園齋明寺每週三舉辦佛學課程，由果竣法師主講《慈悲三昧水懺》，有近七十人參加。

◆ 8至29日，信眾教育院每週三晚上於北投雲來寺舉辦「法鼓講堂」佛學課程，由常炬法師主講「中國佛教史」；課程同時於「法鼓山心靈環保學習網」線上直播，提供全球學員上網聽講，並參與課程討論。

◆ 法鼓文理學院首屆校慶，於園區舉辦「法鼓文理學院」揭牌暨揚生館揭幕啟用典禮。前副總統蕭萬長、法鼓學校財團法人董事今能長老、歷屆法鼓大學籌備處主任、校舍建築設計團隊代表，與方丈和尚果東法師、校長惠敏法師，於新校區綜合大樓前，共同揭開「悲、智、和、敬」的校訓布幔，共有五百多人觀禮祝福。

04.09

◆ 9至12日，法鼓山於三峽天南寺舉辦第十二屆自我超越禪修營，由僧團副住持果品法師帶領，有近一百二十位學員參加。

◆ 傳燈院於臺北國父紀念館舉辦「心靈環保SRE」講座，由法鼓文理學院校長惠敏法師主講「腦科學與心靈環保」，提供放鬆身心、活在當下的心法，共有兩百多人參加。

◆ 持續關懷馬來西亞東海岸水患，9至12日，馬來西亞道場組成安心服務團，前往災區吉蘭丹州瓜拉吉賴，提供中醫義診和關懷活動，包括禪繞畫、電影分享會和心靈茶會等，協助民眾安頓身心。

04.10

◆ 10至12日，美國紐約象岡道場舉辦生活禪，邀請聖嚴師父西方弟子南茜・波那迪、李世娟帶領，有近二十人參加。

04.11

◆ 11至12日，北投農禪寺舉辦初階中文導覽培訓課程，內容包括法鼓山的理念、心靈環保的內涵，以及農禪寺發展歷史等，由果寰法師、常麓法師等帶領，監院果毅法師到場關懷，有近六十人參加。

◆桃園齋明寺舉辦義工禪一,由果澔法師帶領,共有八十多人參加。

◆人基會心劇團於德貴學苑舉辦成果展,演出取材自石屋禪師的詩句、集體創作的劇目《梅子熟時梔子香》,結合茶禪與表演藝術,引領感受空間的意境,包括青年院監院常元法師、人基會祕書長李伸一、群馨慈善事業基金會董事長蔡富女,共有一百多人參加。

◆11 至 26 日,關懷院監院常健法師於美國、加拿大弘法,並推廣大事關懷系列課程,11 至 12 日於美國加州洛杉磯道場進行,主題是「生死兩相安」、「助念與關懷」,有近六十人參加。

◆北美護法會安省多倫多分會舉辦禪一,共有二十多人參加。

◆新加坡護法會成立二十週年慶系列活動,11 至 12 日舉行中級 1 禪訓密集班,由傳燈院常願法師帶領,有近五十人參加。

◆行政中心人力資源處舉辦職能訓練課程,11 日的主題是「一日義工體驗營」,於法鼓山園區體驗出坡作務,共有三十多人參加。

04.12

◆4 月 12 日至 5 月 31 日,慈基會於全臺各地舉辦「第二十六期百年樹人獎助學金」頒發活動,共計四十四場,共有一千七百多位學子受獎。

◆12 至 13 日,法鼓文理學院受邀出席中國大陸北京大學「佛學教育研究中心」舉辦的「本煥長老與當代佛教學術研討會」,由助理教授鄧偉仁代表參加,並以「學術與修行兼備的佛教研修學院——『法鼓佛教學系』挑戰與契機」為題,發表演說。

◆加拿大溫哥華道場首辦佛教學術論壇,邀請加拿大卡加利大學(University of Calgary)韋聞笛(Wendi L. Adamek)教授、皇家山大學(Mount Royal University)楊石龍(Brian Nichols)教授以及美國南加州大學(University of Southern California)融道法師,探討「當代佛教發展的契機和挑戰」,全程以英語進行,同步中文翻譯,有近一百九十人參加。

◆馬來西亞道場舉辦清明報恩地藏法會,由常施法師帶領,共有八十多人參加。

◆香港道場於九龍會址舉辦清明報恩佛一,由常展法師帶領,有近一百九十人參加。

◆北美護法會新澤西州分會舉辦念佛禪一,由美國紐約東初禪寺果樞法師帶領,共有五十多人參加。

◆北美護法會加州舊金山分會上午舉辦佛學講座,由護法會輔導法師常華法師主講「水懺——懺悔三障輪迴業力的洗心法門」,講說《水懺》的真正意涵,勉勵大眾藉由拜懺儀式回歸修行,落實在日常生活;下午舉辦清明地藏法會,由常華法師帶領,共有一百四十多人次參加。

◆新加坡護法會成立二十週年慶系列活動,12 日舉行禪法講座,由傳燈院常願法師主講「禪與心靈環保」,共有八十多人參加。

04.13

◆新加坡護法會成立二十週年慶系列活動,13 日舉行禪法講座,由傳燈院常願法師主講「禮物——心靈環保,生活中的角色同理」,有近七十人參加。

04.14

◆ 方丈和尚果東法師於北投雲來寺大殿，對僧團法師、全體專職精神講話，主題是「佛法的基本原則」，全臺各分院道場同步視訊連線聆聽開示，有近三百人參加。

◆ 關懷院監院常健法師美國、加拿大弘法，14至15日於北美護法會加州舊金山分會進行大事關懷系列課程，以「與摯愛說再見——談大事關懷」為主題，解說大事關懷七項服務，並進行助念法器梵唄教學，有近八十人參加。

04.16

◆ 行政中心人力資源處於法鼓山園區舉辦「緊急救護基礎培訓」課程，邀請中華民國紅十字會總會專業師資帶領，有近八十人參加。

04.17

◆ 17至19日，傳燈院於三義DIY心靈環保教育中心舉辦精進禪二，由常應法師帶領，有近六十人參加。

◆ 17至19日，青年院於三峽天南寺舉辦「悟吧！二日營」，由常義法師、常灃法師及演道法師帶領，內容包括坐禪、經行及托水鉢等禪修體驗，以及大屯山連峰健走活動，共有四十五位學員參加。

04.18

◆ 18至25日，北投農禪寺舉辦初階禪七，由果明法師帶領，有近一百八十人參加。

◆ 18至26日，禪堂舉辦話頭禪九，由常源法師帶領，共有五十多人參加。

◆ 僧大於法鼓山園區階梯教室舉辦第七屆講經交流會，除了以佛教經典為主題，另有學僧以分享法鼓山理念、心五四等為內容，共有十二位學僧參加。

◆ 禪坐會於桃園石門水庫舉辦北一轄區聯合戶外禪，由常願法師、常哲法師等帶領，有近兩百九十位禪眾參加。

◆ 關懷院監院常健法師美國、加拿大弘法，18至19日於美國紐約象岡道場進行大事關懷系列課程，主題是「生死兩相安」、「助念與關懷」，有近六十人參加。

04.19

◆ 法鼓山於臺南二中舉行祈福皈依大典，由方丈和尚果東法師授三皈五戒，共有三百五十位民眾皈依三寶。

◆ 臺北中山精舍舉辦Fun鬆一日禪，由常嘉法師帶領，有近八十人參加。

◆ 桃園齋明別苑心靈環保講座，19日邀請心理諮商師洪仲清主講「跟自己和好」，有近三百人參加。

◆ 臺東信行寺舉辦佛學講座，由果竣法師主講「地藏菩薩的大願法門」，有近九十人參加。

◆美國紐約東初禪寺舉辦週日講座，邀請聖嚴師父西方弟子李世娟主講「三無漏學——戒、定、慧」，共有四十多人參加。

◆馬來西亞道場於當地武吉加里爾公園（Bukit Jalil Park）舉辦戶外禪，由常鑑法師帶領，共有二十一位法青學員參加。

◆北美護法會加州舊金山分會於當地庫比蒂諾市紀念公園（Memorial Park, Cupertino）舉辦親子戶外禪，共有三十多位親子參加。

◆澳洲墨爾本分會舉辦佛法講座，邀請聖嚴師父西方法子查可·安德烈塞維克（Žarko Andričević）主講「一味佛法——從東方到西方」（One Universal Taste: Buddhadharma from East to West），有近三十人參加。

04.20

◆北美護法會安省多倫多分會舉辦佛法講座，由美國紐約東初禪寺常慧法師主講「人生四要」，分享如何取捨「需要」、「想要」、「能要」和「該要」，獲得真正的平安與幸福，及煩惱時安定人心的妙方，共有四十多人參加。

◆長期與法鼓山合作交流文史典藏、學術研討的國家圖書館，由館長曾淑賢率同六十多位同仁，在曾任國圖館館長的法鼓山社大校長曾濟群全程陪同下，參訪法鼓山園區，並由參學導覽義工引領體驗禪悅境教。

04.21

◆高雄紫雲寺「幸福講談」系列講座，21日於三民精舍進行第六場，邀請臨床心理師呂錡濡主講「活在當下——談正念減壓」，共有三十多人參加。

◆澳洲墨爾本分會於墨爾本大學（The University of Melbourne）舉辦佛法講座，邀請聖嚴師父西方法子查可·安德烈塞維克主講「禪的開示」（I Say Chan, You Say Zen, What Is It?），有近四十人參加。

04.22

◆22至26日，澳洲墨爾本分會於當地詹世森中心（Janssen Spirituality Centre）舉辦五日禪修營，邀請聖嚴師父西方法子查可·安德烈塞維克帶領，僧團果禪法師、常濟法師擔任總護，共有二十一人參加。

04.23

◆方丈和尚果東法師應邀前往臺灣鐵路管理局，以「抱願，不抱怨」為主題，分享面對壓力時，如何以智慧轉境，進而提起奉獻利他的心力，有近一百位臺鐵主管參加。

◆23至26日，臺東信行寺舉辦中級禪悅四日營，由果竣法師帶領，有近四十人參加。

04.24

◆ 24 至 26 日，臺南雲集寺舉辦禪三，由監院果謙法師帶領，共有六十四人參加。

◆ 24 至 26 日，傳燈院於三義 DIY 心靈環保教育中心舉辦中級 1 禪訓班輔導學長培訓課程，由常願法師帶領，有近六十人參加。

◆ 24 至 26 日，加拿大溫哥華道場舉辦英文禪三，邀請聖嚴師父西方弟子李世娟帶領，有近四十人參加。

◆ 北美護法會安省多倫多分會舉辦禪學講座，由寺院管理副都監果祺法師主講「敲醒夢中人」，分享禪法的生活運用，引導大眾如何放下執著，用方法修行，共有三十多人參加。

04.25

◆ 尼泊爾於 25 日起接連發生強震，造成嚴重傷亡，法鼓山海內外各分寺院即時為受災民眾豎立超薦及消災牌位，並將法會、共修的功德迴向受難者，方丈和尚果東法師也籲請四眾弟子，為受災地區民眾祝福，祈願救援工作順利圓滿。

◆ 法鼓山於北投農禪寺舉行祈福皈依大典，由方丈和尚果東法師授三皈五戒，共有近九百位民眾皈依三寶，開啟修學佛法的新生命。

◆ 臺北安和分院舉辦禪一，由監院果旭法師帶領，有近一百五十人參加。

◆ 三峽天南寺舉辦念佛禪一，由常松法師帶領，共有一百四十多人參加。

◆ 25 至 26 日，桃園齋明寺舉辦春季報恩法會，包括地藏法會與三時繫念法會，由果峙法師主法，方丈和尚果東法師首日到場關懷，期勉大眾參加法會要真正與「法」相「會」，並將修行工夫帶到日常生活中，有近兩千九百人次參加。

◆ 高雄紫雲寺「法鼓青年開講」系列活動，25 日進行第四場，邀請臺東 Amrita 農莊負責人許慶貴，與一百六十位聽眾分享「聽見蝴蝶的聲音——聖嚴師父教我的農禪法寶」，並與來自成功大學、臺灣大學、空軍官校等學府的青年代表，進行對談。

◆ 高雄紫雲寺「幸福講談」系列講座，25 日進行第七場，邀請臨床心理師呂錡濡主講「自娛娛人——談幽默」，共有五十多人參加。

◆ 社大於法鼓山園區舉辦「法鼓童軍團」成立活動，由校長曾濟群、三學研修院男眾副都監常遠法師、僧大男眾學務長常順法師、團長張瑞松等師長，為幼童軍小隊代表，別上法鼓童軍團的領巾與布章。「法鼓童軍團」創團即於金山、石門、萬里、三芝等北海岸四區召募二十六位幼童軍，更有二十多位家長與社會人士加入服務員行列，親子共同學習、成長。

◆ 法青會「The AMP Livehouse 大師講唱系列」，25 日邀請音樂工作者大支分享創作的經驗和歷程，共有一百多人參加。

◆ 美國紐約東初禪寺舉辦英文禪一，邀請聖嚴師父西方弟子李祺·阿謝爾帶領，共有十多人參加。

◆ 25 至 26 日，美國加州洛杉磯道場舉辦禪二，由常宗法師帶領，有近三十人參加。

◆ 關懷院監院常健法師美國、加拿大弘法，25 至 26 日於北美護法會安省多倫多分會進行大事關懷系列課程，主題是「生死兩相安」、「助念與關懷」，共有八十多人次參加。

◆行政中心人力資源處於北投雲來寺舉辦專題講座，邀請臺北市立聯合醫院中興院區婦產科醫師昝舜華主講「女性更年期之醫療與照顧」，共有八十多人參加。

04.26

◆北投文化館舉辦浴佛法會，由監院果諦法師帶領，共有兩百五十多人參加。

◆基隆精舍舉辦佛一暨八關戒齋，由常法法師帶領，共有七十多人參加。

◆南投德華寺舉辦戶外禪，由副寺果弘法師帶領，共有六十多人參加。

◆26至27日，國際禪坐會於園區禪堂舉辦英文禪二，由常諗法師帶領，有近二十人參加。

◆法青會成員與法鼓文理學院「淨心淨土，金山環保」社團，於桃園市觀音區觀新藻礁生態保育區淨灘，並將撿拾的垃圾記錄在「ICC國際淨灘行動記錄表」，回報至臺灣清淨海洋行動聯盟（Taiwan Ocean Cleanup Alliance, T.O.C.A），讓淨灘成果納入研究的數據。

◆香港道場於當地太平山頂舉辦戶外禪，由演清法師帶領，共有三十多人參加。

◆北美護法會加州舊金山分會舉辦禪一，共有十多人參加。

◆新加坡護法會舉辦禪一，有近三十人參加。

04.27

◆關懷院監院常健法師美國、加拿大弘法，27日於北美護法會安省多倫多分會舉辦專題演講，主講「如何看待生命」，講說當生命走到盡頭，該如何面對生命的消逝，將悲傷轉化為慈悲的願力，共有三十多人參加。

04.28

◆行政中心人力資源處於北投農禪寺舉辦「緊急救護基礎培訓」課程，邀請中華民國紅十字會總會專業師資帶領，有近兩百人參加。

04.29

◆法鼓文理學院舉辦專題講座，邀請中國文化大學哲學系教授曾春海主講「易經的宇宙與人生」，共有六十多人參加。

◆人基會「2015光明遠大心靈講座」，29日邀請陽明大學物理治療暨輔助科技學系助理教授林千禾主講「不敗養生，元氣到老」，共有一百二十多人參加。

04.30

◆方丈和尚果東法師受邀於中華科技大學臺北校區，以「快樂，從心開始」為題進行演講，分享佛法的「解脫之樂」，包括校長田振榮，有近三百位教職員參與聆聽。

◆傳燈院於臺北國父紀念館舉辦「心靈環保SRE」講座，由禪堂堂主果元法師主講「禪與心靈環保」，分享禪修方法與觀念在日常生活的應用，達成心靈環保的功能，共有兩百多人參加。

◆法鼓山關懷尼泊爾震災，慈基會勘災義工團隊與加德滿都市腫瘤醫院放射科醫師勝偉甘瓦利（Sarvesh Gyawali），於 30 日前往尼泊爾與當地佛教單位合作，進行關懷、勘災，提供受災民眾必要的協助。

5月 MAY

05.01

◆《人生》雜誌第 381 期出刊，本期專題「大家來學〈楞嚴咒〉」。

◆《法鼓》雜誌第 305 期出刊。

◆法鼓文化出版新書：《PURE LAND・淨土──許朝益攝影集》（人生 DIY 系列，許朝益攝影）；《佛菩薩 50 問》（學佛入門 Q&A 系列，法鼓文化編輯部編著）；《好讀雜阿含經第一冊──遠離憂悲苦惱》（卷一至卷十）（好讀系列，台大獅子吼佛學專站編著）。

◆1 至 29 日，臺北中山精舍每週五舉辦「生活佛法點亮幸福」佛法講座，共五堂，由果竣法師主講。1 日進行首場，主題是「普賢十大願與生活之應用」，有近兩百人參加。

◆1 至 3 日，三峽天南寺舉辦精進禪二，由常甯法師帶領，有近一百三十人參加。

◆法鼓山網路電視台每月「主題影片」單元，5 月播出「開運與改運──如何看待命運與迷信」，精選聖嚴師父相關的開示影片，引領大眾重溫師父的智慧開示。

◆馬來西亞道場舉辦佛一，由常尊法師帶領，有近一百人參加。

05.02

◆2 至 3 日，北投農禪寺舉辦佛二暨八關戒齋，由監院果毅法師帶領，有近一百七十人參加。

◆基隆精舍舉辦 Fun 鬆一日禪，由常綽法師帶領，共有五十多人參加。

◆桃園齋明別苑舉辦浴佛法會，由副寺常參法師帶領，共有一百七十多人參加。

◆2 至 9 日，禪堂舉辦念佛禪七，由常應法師帶領，有近一百二十人參加。

◆2 至 9 日，禪堂於臺東信行寺舉辦初階禪七，由常興法師帶領，有近一百二十人參加。

◆2 至 30 日，聖基會每週六舉辦「聖嚴法師經典講座」，由桃園齋明寺監院果舟法師主講「地藏菩薩之大願法門」，有近七十人參加。

05.03

◆桃園齋明別苑舉辦佛一暨八關戒齋，由副寺常參法師帶領，有近一百二十人參加。

◆高雄紫雲寺舉辦佛一暨八關戒齋，由常諗法師主法，共有三百多人參加。

◆護法會羅東辦事處於羅東國中自然史教育館舉辦佛一，由常定法師帶領，共有八十多人參加。

◆馬來西亞道場舉辦浴佛法會,由監院常藻法師帶領,法師說明浴佛的意義,在於以恭敬的心,感恩佛陀、虔誠懺悔,共有三百多人參加。

05.04

◆5月4日至6月6日,香港道場每週一舉辦佛學專題課程,由果興法師導讀《四十二章經》,有近七十人參加。

05.05

◆新加坡護法會舉辦佛學講座,由果本法師主講「念佛的方法」,有近一百二十人參加。

05.06

◆6至27日,信眾教育院每週三晚上於北投農禪寺舉辦「法鼓講堂」佛學課程,由果徹法師主講「修行法門的精華錄——《四十二章經講記》選讀」,課程同時在「法鼓山心靈環保學習網」進行線上直播,提供全球學員上網聽講,並參與課程討論。

05.07

◆法行會於臺北國賓飯店舉辦第一六八次例會,由果徹法師主講「禪的概說」,有近兩百一十人參加。

◆7至8日,香港道場分別於九龍會址與港島會址舉辦專題講座,由禪堂堂主果元法師主講「默照銘」,各有兩百多人參加。

◆7至9日,新加坡護法會於當地大悲佛教中心舉辦佛三,由果本法師、常允法師自臺灣前往帶領,有近一百人參加。

05.08

◆臺北中山精舍「生活佛法點亮幸福」佛法講座,由果竣法師主講,8日進行的主題是「〈四眾佛子共勉語〉與生活之應用」,有近兩百人參加。

05.09

◆桃園齋明寺舉辦戶外禪,由果澔法師帶領,共有六十多人參加。

◆9至30日,桃園齋明別苑每週六舉辦佛學講座,由僧大講師常延法師導讀《心經》,有近一百二十人參加。

◆臺南雲集寺舉辦心靈環保講座,邀請淨光茶園負責人廖本民、臺中世豐菓園負責人林世豐和八田綠色自然農莊負責人陳佩雲,與果祥法師對談「心靈環保農法」,有近一百人參加。

◆ 高雄紫雲寺「幸福講談」系列講座，9日進行第八場，邀請心理師呂錡濡主講「離開舒適圈──談自我實現」，共有四十多人參加。

◆ 榮譽董事會於北投農禪寺舉辦北區榮譽董事聘書頒發暨聯誼會，方丈和尚果東法師、護法總會輔導法師果器法師、榮董會會長黃楚琪等出席關懷，有近四百人參加。

◆ 美國紐約象岡道場舉辦禪一，由常襄法師帶領，有近二十人參加。

◆ 5月9日至10月17日，香港道場隔週週六於港島會址舉辦佛學專題課程，由常展法師導讀《金剛經》，有近六十人參加。

O5.10

◆ 為慶祝母親節暨佛誕節，法鼓山於臺北市國父紀念館中山公園廣場舉辦「心靈環保Stop → Relax → Enjoy」禪修活動，內容包括浴佛、鈔經、撞鐘、法鼓八式動禪與生活禪體驗等，臺北市長柯文哲、民政局長藍世聰、國父紀念館館長王福林等各界來賓，以及方丈和尚果東法師、法鼓文理學院校長惠敏法師等到場參與，現場近萬民眾和各國遊客，透過生活化的禪法放鬆身心，感謝親恩、佛恩、眾生恩及大地恩，為臺灣、世界祈福。

◆ 南投德華寺舉辦浴佛法會暨園遊會，由副寺果弘法師帶領，共有七十多人參加。

◆ 5月10日至10月11日，美國紐約東初禪寺舉辦週日講座，由住持果醒法師主講「《楞嚴經》講要」，有近七十人參加。

◆ 美國加州洛杉磯道場舉辦浴佛節暨母親節感恩慶祝活動，包括法會、親子園遊會與茶禪，有近八十人參加。

◆ 北美護法會安省多倫多分會舉辦浴佛活動，內容包括法會、法鼓隊演出、園遊會等，共有八十多人參加。

O5.11

◆ 原作為法鼓文理學院推廣教育中心辦公室及教室的愛群教室，轉型為般若禪坐會會本部之用，於11日舉辦灑淨儀式，由傳燈院常願法師主法，共有二十多人參加。

O5.12

◆ 5月12日至7月14日，香港道場每週二於港島會址舉辦佛學專題課程，由常展法師主講「學佛入門」，內容包括佛學基礎概念、禪修入門介紹、學佛行儀等，有近一百三十人參加。

◆ 行政中心人力資源處於臺東信行寺舉辦「緊急救護基礎培訓」課程，邀請中華民國紅十字會總會專業師資帶領，有近四十人參加。

O5.13

◆ 方丈和尚果東法師啟程前往美國、加拿大弘法關懷，內容包括主持多場浴佛法會、祈

福飯依典禮，以及北美護法會加州舊金山分會新會所啟用典禮，並進行公開演講，與大眾以法相會，也凝聚海外護法鼓手的願力。

05.15

◆ 美國紐約東禪寺開山祖師、世界佛教僧伽會副會長浩霖長老，14 日凌晨於紐約圓寂，正在紐約弘法的方丈和尚果東法師隨即於 15 日率領僧俗四眾前往念佛緬懷，18 日再度前往致意，並與長老弟子通智法師討論佛事儀程安排，協助圓滿佛事。

◆ 臺北中山精舍「生活佛法點亮幸福」佛法講座，由果竣法師主講，12 日進行的主題是「念佛法門與生活之應用」，有近兩百人參加。

◆ 15 至 23 日，禪堂舉辦英文禪九，由堂主果元法師、常耀法師帶領，共有三十人參加。

◆ 15 至 17 日，傳燈院於三義 DIY 心靈環保教育中心舉辦助理監香成長營，由常乘法師帶領，共有三十二人參加。

◆ 泰國法身寺助理住持日威法師、日進法師一行共四十人，參訪法鼓文理學院，並拜會校長惠敏法師、佛教學系主任果暉法師，就漢傳和南傳佛教的宗教教育交換意見。

05.16

◆ 北投農禪寺舉辦禪一，由常佑法師帶領，共有一百九十多人參加。

◆ 基隆精舍舉辦禪一，由常綽法師帶領，共有四十多人參加。

◆ 三峽天南寺舉辦朝山暨浴佛法會，由監院常乘法師帶領，法師開示朝山的意義，藉由朝禮外在有形的山，進而朝禮內心自性靈山，一方面要慚愧自己，一方面要懺悔業障，更要勤修一切善法，發菩提心，有近五百人參加。

◆ 臺中寶雲寺舉辦浴佛法會，由監院果理法師帶領，有近五百人參加，同時啟動「小沙彌回法鼓山」活動，將信眾點點滴滴儲蓄的善款與善念，匯集為眾善的大海，以實際行動報師恩，承續聖嚴師父興學悲願。

◆ 高雄紫雲寺「法鼓青年開講」系列活動，16 日進行第五場，邀請合樸農學市集創辦人陳孟凱分享「好好耕讀、互動互惠——城鄉協力孕育夢想」，並與青年代表，探討推動農夫友善社群的生命經驗，有近一百四十人參加。

◆ 16 至 17 日，關懷院於桃園齋明別苑舉辦大事關懷課程，由監院常健法師、常導法師帶領，內容包括禮儀環保理念、法鼓山大事關懷作法與細則等，有近兩百八十人參加。

◆ 16 至 17 日，馬來西亞道場於當地雲頂清水巖寺（Genting Highlands Chin Swee Caves Temple）舉辦舒活二日禪，由監院常藻法師、常鑑法師等帶領，有近九十人參加。

◆ 香港道場於九龍會址舉辦禪一，由常展法師帶領，共有五十多人參加。

◆ 北美護法會新澤西州分會舉辦浴佛法會，由美國紐約東初禪寺住持果醒法師主法，法師開示懺悔及浴心的真諦；下午舉辦心靈茶會，方丈和尚果東法師出席關懷，有近一百人參加。

◆ 北美護法會安省多倫多分會舉辦禪一，共有十多人參加。

05.17

◆北投農禪寺首度舉辦義工半日禪，由監院果毅法師帶領，共有一百二十多人參加。

◆桃園齋明別苑心靈環保講座，17日邀請作家蔣勳主講「捨得·捨不得——談人生的兩難」，有近九百人參加。

◆臺中寶雲寺舉辦消防演練教育課程，邀請臺中市黎明消防分隊、寶雲寺大樓消防系統廠商等人員，進行消防宣導、實境解說及演練操作消防器材設施、了解逃生動線等，包括監院果理法師與常住法師、專職、義工等，共有九十多人參加，為6月1日正式開放做周全準備。

◆臺南雲集寺舉辦浴佛法會，由監院果謙法師帶領，有近兩百人參加。

◆臺東信行寺舉辦專題講座，邀請媒體工作者陳月卿主講「健康升級！幸福加分！」，有近一百四十人參加。

◆17、23日，法鼓童軍團幼童軍於每月定期集會活動中，隨同法鼓山《金山有情》季刊編輯前往北海岸社區，聆聽海女林劉碧蘭、草鞋師傅鄧賢能和竹仔師方瑞其分享採石花、編草鞋的技藝，除了認識北海岸民俗傳統，也讓幼童軍學習阿公、阿嬤就地取材、與自然和合共生的智慧。

◆美國紐約東初禪寺舉辦浴佛節感恩慶祝活動，內容包括法會、藝文表演、電影禪等，方丈和尚果東法師出席關懷，並以「珍惜因緣、廣結善緣」為題，進行開示，期許大眾浴心佛、掃心地，體會禪無心，有近兩百二十人參加。

05.19

◆基隆精舍舉辦浴佛法會，由果舫法師帶領，共有七十多人參加。

◆19至25日，美國紐約東初禪寺啟建梁皇寶懺法會，並於25日圓滿日下午舉辦三時繫念法會，由住持果醒法師主法，有近七百人次參加。

05.20

◆5月20日至7月15日，慈基會舉辦端午關懷活動，除攜帶應景素粽前往關懷家庭表達祝福外，慰訪義工並分別至各地社福機關、安養機構，與院民歡度佳節，共計關懷近一千兩百戶家庭。

◆法鼓文理學院執行行政院科技部「慈悲心像——禪修在宗教教育場域的運用研究」計畫，5月20日至7月8日，每週一於德貴學苑開辦八堂實體「正念慈心培育課程」，由助理教授溫宗堃授課；6月5日至7月24日，線上課程在學聯網（Share Course）數位學習平台開課，運用新一代數位學習模式，開啟佛教禪修課程在線上互動學習之先例。

◆法鼓文理學院行願社於萬里仁愛之家舉辦浴佛活動，內容包括浴佛儀程、藝文表演等，表達對長者的關懷。

05.21

◆法鼓山「心靈環保地圖」應用程式上線，內容包括認識心靈環保、心靈環保地圖、心

靈環保日記三單元，使用者在面對各項身心、生活、家庭、感情等課題時，可以透過電腦或手機抽取心靈處方，以聖嚴師父法語作為穿越人生關卡的指引。

◆加拿大溫哥華道場舉辦榮譽董事關懷聯誼活動，方丈和尚果東法師、榮董會會長黃楚琪、副執行長李大瀚等到場關懷，有近八十人參加。

05.22

◆22 至 24 日，法鼓山於三峽天南寺舉辦社會菁英禪修營禪二，由果峙法師帶領，有近九十人參加。

◆臺北中山精舍「生活佛法點亮幸福」佛法講座，由果竣法師主講，22 日進行的主題是「觀音法門與生活之應用」，有近兩百人參加。

◆22 至 24 日，傳燈院於三義 DIY 心靈環保教育中心舉辦禪訓班輔導學長成長營，由常願法師帶領，有近七十人參加。

◆22 至 31 日，美國紐約象岡道場舉辦默照禪十，邀請聖嚴師父西方法子賽門·查爾得（Simon Child）帶領，共有二十五人參加。

05.23

◆法鼓山受邀參加於臺北市長官邸藝文沙龍舉行的「心靈與土地的對話」座談會，由僧團果祥法師代表參加，與泰國米之神基金會（Khao-Kwan Foundation）執行長迪查（Daycha Siripatra）、阿原肥皂創辦人江榮原，進行對談，分享如何從接觸自然、傾聽大地的過程中，回歸健康、富足的心靈樂土，共有一百三十多人參加。

◆23 至 24 日，法鼓山園區舉辦「朝山·浴佛·禮觀音」活動，共有兩千人次參加。

◆北投農禪寺舉辦浴佛法會，由監院果毅法師帶領，有近一千人參加。

◆臺中寶雲寺舉辦戶外禪，由果雲法師帶領，共有七十多人參加。

◆高雄三民精舍舉辦浴佛法會，由監院果迦法師帶領，有近一百八十人參加。

◆23 至 31 日，禪堂舉辦話頭禪九，由常源法師帶領，共有六十多人參加。

◆教聯會於新北市坪林舉辦教師戶外禪，由常獻法師帶領，共有四十多人參加。

◆加拿大溫哥華道場舉辦浴佛法會，由監院常悟法師帶領，共有兩百三十多人參加；法會圓滿後舉行皈依典禮，由方丈和尚果東法師授三皈依，共有四十八人成為三寶弟子。

◆23 至 24 日，馬來西亞道場於當地武來岸戶外探險營地（Outback Broga）舉辦「山寶尋 ME」戶外營，共有八十三位青年學員參加。

◆香港道場於九龍會址舉辦電影禪，由常展法師帶領賞析《東京家族》影片中的佛法意涵，共有四十多人參加。

05.24

◆臺北安和分院舉辦浴佛法會，由果舫法師主法，共有六百多人參加。

◆桃園齋明寺舉辦浴佛法會，由監院果舟法師帶領，法師開示藉由浴佛來清淨自身佛性，洗淨貪瞋癡慢疑五毒，開啟慈悲智慧之心，共有三百多人參加。

◆臺南分院舉辦浴佛法會，由監院果謙法師帶領，共有兩百五十多人參加。

◆高雄紫雲寺舉辦浴佛法會，由監院果迦法師帶領，共有五百多人參加。

◆臺東信行寺舉辦浴佛法會暨園遊會，由果質法師帶領，包括臺東市長張國洲，有近五百人參加。

◆法青會心潮梵音團隊於德貴學苑舉辦「青年彌陀祈福晚會」，由演道法師帶領，以梵音為尼泊爾震災傷亡者祈福，共有六十多人參加。

◆加拿大溫哥華道場舉辦英語佛誕節慶祝活動，擴大邀請社區的西方人士、各佛教團體、英屬哥倫比亞大學師生，藉由佛誕日，促進社區、不同傳承的佛教與學界的互動和了解，有近八百人參加。

◆馬來西亞道場於檳城舉辦「菁英一日禪修體驗」，由監院常藻法師帶領，有近五十位當地企業家、中高階主管參加。

◆香港道場於佛教孔仙洲紀念中學舉行浴佛法會，由果興法師主法，共有七百多人參加；法會圓滿後舉辦皈依典禮，有近百人成為三寶弟子。

◆北美護法會伊利諾州芝加哥分會舉辦浴佛法會，共有三十多人參加。

◆北美護法會華盛頓州西雅圖分會舉辦新會所灑淨儀式，共有四十多人參加。

◆新加坡護法會舉辦佛一，共有三十人參加。

05.25

◆北投雲來寺舉辦浴佛法會，由果禪法師帶領，共有一百多人參加。

05.26

◆社大校長曾濟群應新北市金山高中之邀，與各界代表簽署產學合作協議，並為該校「科技創新應用教育中心」揭牌，率先啟動北海岸「創客」教育（Maker），首先兩校將合作於假日籌辦「假日手作工坊」活動。

◆行政中心人力資源處於高雄紫雲寺舉辦「緊急救護基礎培訓」課程，邀請中華民國紅十字會總會專業師資帶領，有近五十人參加。

05.27

◆法鼓文理學院舉辦專題講座，邀請第六世噶陀仁珍千寶貝瑪旺晴仁波切主講「西藏佛教覺囊派他空思想探討」，共有六十多人參加。

◆人基會「2015光明遠大心靈講座」，27日邀請導演張世主講「假行僧」，共有一百一十多人參加。

05.29

◆29至31日，北投農禪寺舉辦精進禪二，由監院果毅法師帶領，共有一百一十多人參加。

◆臺北中山精舍「生活佛法點亮幸福」佛法講座，由果竣法師主講，29日進行的主題是「六波羅蜜與生活之應用」，有近兩百人參加。

◆ 29 至 31 日，三峽天南寺舉辦精進禪二，由常松法師帶領，有近一百四十人參加。

◆臺中寶雲寺舉辦「迎三寶佛像回寶雲新家」活動，監院果理法師帶領常住法師、麗明營造董事長吳春山伉儷和近三百位信眾，將二十年來一路守護臺中分院的三寶佛像，由臨時分院迎回寶雲寺，安座於七樓。

05.30

◆信眾教育院於臺中寶雲別苑舉辦「聖嚴書院佛學班中區聯合結業典禮」，臺中寶雲寺監院果理法師到場關懷，共有一百四十二位學員圓滿三年學習。

◆護法會三重蘆洲辦事處舉辦新會所灑淨祈福儀式，由護法總會監院常續法師主法，共有來自大臺北地區兩百多位信眾參加。

◆法青會於新北市新店銀河洞舉辦戶外禪，由演道法師帶領，共有五十多人參加。

◆法青會「The AMP Livehouse 大師講唱系列」，30 日邀請音樂工作者謝銘祐分享創作的經驗和歷程，共有一百多人參加。

◆美國紐約東初禪寺舉辦英文禪一，邀請聖嚴師父西方弟子南茜‧波納迪帶領，共有十多人參加。

◆香港道場於當地粉嶺鶴藪舉辦戶外禪，由果興法師帶領，有近四十人參加。

◆北美護法會加州舊金山分會舉辦「新會所啟用暨佛像開光典禮」，包括方丈和尚果東法師、美國紐約東初禪寺暨象岡道場住持果醒法師、洛杉磯道場監院果見法師、聖嚴師父西方法子吉伯‧古帝亞茲（Gilbert Gutierrez），以及護法總會副總會長黃楚琪、駐舊金山臺北經濟文化辦事處副處長鐘文正等，有近五百人參加；典禮圓滿後並進行皈依大典，由方丈和尚授三皈依，共有四十七人成為三寶弟子。

◆新加坡護法會舉辦浴佛法會，有近一百人參加。

05.31

◆南投德華寺舉辦佛一暨八關戒齋，由副寺果弘法師帶領，共有五十多人參加。

◆臺南分院舉辦禪一，由監院果謙法師帶領，共有七十人參加。

◆美國紐約東初禪寺舉辦週日講座，邀請聖嚴師父西方弟子林晉城主講「雪泥鴻爪」，共有五十多人參加。

◆北美護法會舊金山分會首度於新會所舉辦慈悲三昧水懺法會，由紐約東初禪寺住持果醒法師主法，有近一百二十人參加。

6 月 JUNE

06.01

◆《人生》雜誌第 382 期出刊，本期專題「用〈淨行品〉過每一天」。

◆《法鼓》雜誌第 306 期出刊。

◆法鼓文化出版新書：《聖嚴研究第六輯》（聖嚴思想論叢系列，聖嚴教育基金會學術
研究部編）；《佛教與中國文化》（智慧海系列，東初老人著）。

◆1 至 25 日，僧團於法鼓山園區禪堂舉行結夏安居，先以禪四調整身心，接著展開
二十一天的精進禪期，邀請聖嚴師父法子繼程法師擔任主七法師，共有一百七十多位
僧眾報到。

◆6 月起，臺中寶雲寺正式對外開放，六、七樓展覽館「法鼓山故事館」同步開館，並
舉辦三項落成特展——「塑個又大又美的觀音——聖嚴法師與觀音菩薩」、「遊心禪
悅——聖嚴法師書迹展」、「點亮城市的一座寺院——寶雲寺落成回顧展」，引領大
眾了解法鼓山的理念與寶雲寺的發展歷史。

◆法鼓山網路電視台每月「主題影片」單元，6 月播出「情緒與煩惱——情緒管理的智
慧」，精選聖嚴師父相關的開示影片，引領大眾重溫師父的智慧開示。

◆1 至 2 日，僧大於園區階梯教室舉辦「2015 畢業製作暨禪修專題發表」，發表的主題
聚焦於兩大類，一是藉由文獻與史料重現，研究聖嚴師父的禪法；另一類則是從生活
出發，讓修行深耕於生活中，共有九位學僧參加，展現學習成果。

◆聖基會出版結緣書《今生與師父有約》第八集，收錄資深悅眾謝水庸、陳秀梅、李純
恩、熊清良分享聖嚴師父的言教與身教。

06.03

◆方丈和尚果東法師美、加弘法關懷，3 日於美國加州洛杉磯道場參加信眾聯誼，有近
八十人參加，接受方丈和尚的祝福。

06.04

◆法行會於臺北國賓飯店舉辦第一六九次例會，由僧團副住持果暉法師主講「次第禪
法」，有近一百八十人參加。

06.06

◆方丈和尚果東法師美、加弘法關懷，6 日於美國加州洛杉磯道場主持祈福皈依典禮，
有三十位信眾求受皈依；下午進行「法青與方丈和尚有約」，十七位法青透過提問，
向方丈和尚請法。

◆6 月 6 至 7 日、11 月 21 至 22 日，馬來西亞道場開辦「2015 兒童生命教育」課程，
主題是家庭倫理與自然倫理，由監院常藻法師帶領，學習感恩孝順、知福惜福、愛護
地球、尊重生命，共有三十位學童參加。

06.07

◆方丈和尚果東法師美、加弘法關懷，7 日於美國加州洛杉磯太平洋棕櫚度假中心

（Pacific Palms Resort），以「禪——二十一世紀的安心法門」為題，舉行生活佛法講座，有近四百人參加。

◆北美護法會加州舊金山分會舉辦禪修講座，由美國紐約東初禪寺住持果醒法師講「You Are Not You」（你不是你），透過「無我」、「空」、與「禪修」三大主軸，運用種種譬喻解說，指引大眾在日常生活中實踐佛法，逐漸通往「提昇人的品質」的成佛之道，共有七十多人參加。

06.10

◆北美護法會加州舊金山分會舉辦專題講座，由美國紐約東初禪寺住持果醒法師講「夢中說夢」，說明不執著於「色、受、想、行、識」的五蘊，就不會顛倒夢想，有近八十人參加。

06.11

◆法鼓山持續關懷尼泊爾地震災情，11至14日，慈基會派遣義工再度前往受災地區，除於加德滿都近郊的斯瓦揚布（Swoyambhunath），勘查援建中的雅久日奔學校（Ngagyur Memorial School），也為暫時安置在努日（Nubri）山區的學童送上新制服和文具用品；並透過當地政府單位、公益團體，於重災山區設置一百間臨時學習中心（Temporary Learning Center, TLC），協助受災居民與學童能夠安度雨季。

06.13

◆慈基會於新竹地區開辦的「兒童暨青少年學習輔導」課程，於富興國小舉行結業式及感恩活動，包括老師、義工和學生，共有五十多人參加。

◆法鼓文理學院舉辦校名揭牌後首屆畢業典禮，由方丈和尚果東法師、校長惠敏法師、行政副校長果肇法師、副校長蔡伯郎、佛教學系主任果暉法師等師長登壇，帶領全校教職生合掌齊唱〈三寶歌〉，為典禮揭幕，祝福二十三位佛教學系碩、學士畢結業生，行菩薩道光大生命。

◆法鼓文理學院舉辦「禪悅書苑入住前灑淨儀式」，有近八十位學生、教職員與訪問學人參加。

◆美國紐約東初禪寺舉辦「生死自在談」助念共修課程，由監院常華法師、果乘法師等帶領，課程結合西方心靈活動「臨終告別前的願望」（Go Wish Game）和「談談如何面對生死」（Death Café），並以「World Café」分組討論的方式進行，共同思考、聆聽、分享和討論生命課題，有近五十位會員參加。

◆美國紐約象岡道場舉辦禪一，由常襄法師帶領，有近二十人參加。

◆北美護法會安省多倫多分會舉辦禪一，共有十多人參加。

◆美國法鼓山佛教協會（DDMBA）與澳洲維多利亞佛教協會（Buddhist Council of Victoria）、墨爾本跨宗教中心（Interfaith Centre of Melbourne）、法鼓山墨爾本分會，共同於墨爾本維多利亞多元文化協會（Victorian Multicultural Council）主辦「青年培

力一日工作坊」，探討心的力量，由果禪法師、常濟法師主持，與會青年分別來自佛教、基督教、伊斯蘭教、巴哈伊教等不同宗教信仰。

06.14

◆ 法行會於臺中寶雲寺舉辦中區會員大會，方丈和尚果東法師出席關懷，勉勵大眾調心轉念，運用正面思考去面對無常人生，共有一百多人參加。

◆ 榮譽董事會於臺中寶雲寺舉辦中區榮譽董事聘書頒發暨聯誼會，方丈和尚果東法師、護法總會輔導法師果器法師、榮董會會長黃楚琪等出席關懷，有近一百五十人參加。

◆ 馬來西亞道場舉辦禪一，由常施法師帶領，共有三十多人參加。

◆ 香港道場於九龍會址舉辦佛一，由果興法師帶領，有近九十人參加。

◆ 北美護法會加州舊金山分會舉辦禪一，由美國紐約東初禪寺住持果醒法師帶領，共有五十多人參加。

06.15

◆ 為祈願擴遷工程順利，6月15至8月15日，美國紐約東初禪寺舉辦《地藏經》共修，由常住法師帶領，每日皆有二十多人參加。

06.16

◆ 社大於北投丹鳳公園舉辦「104年春季班銀髮族樂起來系列課程」聯合結業，有近六十位來自金山、新莊及北投校區學員參加，共同見證「活到老，學到老」的終身學習成果。

06.17

◆ 法鼓文理學院舉辦通識講座，邀請雲門舞集舞者劉航煜主講「舞蹈·漂浮·以色列」，有近八十人參加。

06.19

◆ 19至28日，美國紐約象岡道場舉辦話頭禪十，由紐約東初禪寺住持果醒法師帶領，共有四十二人參加。

◆ 19至21日，香港道場於當地將軍澳青年營舉辦舒活禪二，由果興法師帶領，有近五十人參加。

06.21

◆ 方丈和尚果東法師應中華日報、成功大學及臺南地區扶輪社友邀請，於成功大學演講「隨緣盡分結好緣」，分享佛法的人生觀與生活智慧，有近一千人參加。

◆桃園齋明別苑心靈環保講座，21 日由法鼓文理學院助理教授辜琮瑜主講「哪兒飄來這些雲」，共有一百多人參加。

◆法鼓山社大於新北市金山區金美國小舉辦「心靈環保農法經驗分享座談」，由果祥法師主持，邀請臺中世豐菓園主人林世豐、雲林古坑阿瑤田舖主人李靜瑤分享融入心靈環保理念於自然耕種的農作經驗，有近一百人參加。

◆香港道場於港島會址舉辦禪一，由常展法師帶領，共有五十多人參加。

06.23

◆23 至 27 日，應「美國天主教主教團普世與跨宗教事務主教團委員會」（United States Conference of Catholic Bishops, USCCB）之邀，美國加州洛杉磯道場監院果見法師與紐約東初禪寺監院常華法師，出席於義大利羅馬瑪麗亞波里中心（Centro Mariapoli）舉辦的「天主教與佛教之宗教對話」，主題是「痛苦、解脫及友愛」（Suffering, Liberation, and Fraterniyt），共有四十五位佛教及天主教代表參加。

06.24

◆人基會「2015 光明遠大心靈講座」，24 日邀請成功大學醫學院名譽教授賴明亮主講「找到回家的路」，介紹失智症的症狀及預防之道，共有一百五十多人參加。

06.25

◆法鼓文理學院於德貴學苑舉辦專題講座，邀請聖嚴師父法子繼程法師主講「禪味六十」，分享步入耳順之年的心境，共有三百多人參加。

06.26

◆26 至 29 日，僧團於法鼓山園區舉辦常住菩薩營，安排由副住持果暉法師與資深悅眾張允雄帶領開放論壇，以及實踐大學社會工作學系副教授楊蓓帶領工作坊等，凝聚共識與道情。

◆26 至 27 日，中華佛研所於園區主辦首屆「漢傳佛教青年學者論壇」，主題是「漢傳佛教研究的新文獻、新視野、新方法」，透過十三場發表場次，共四十五篇研究報告，帶動漢傳佛教研究走向跨域合作交流的新範式。

06.27

◆慈基會於新竹地區開辦的「兒童暨青少年學習輔導」課程，於朝山國小舉行結業式及感恩活動，包括老師、義工和學生，有近五十人參加。

◆人基會於法鼓山園區舉辦「新住民幸福廚房 103 學年度聯合結業式」，方丈和尚果東法師出席關懷，共有來自萬里、金美、老梅及安坑等四所國小，約兩百位新住民家長及小朋友參加。

◆ 6 月 27 日至 8 月 22 日，人基會於臺北安和分院舉辦「快樂婚享班」課程，共三堂，以家庭倫理為核心，內容包括夫妻相處之道、親密關係、烽火家人、家庭理財、共植一盆愛的植栽以及咖啡解禪等課程，有近四十位學員參加。

06.28

◆ 關懷院於臺北市中山區行政大樓舉辦大事關懷課程，由監院常健法師、助念團團長顏金貞、副團長黃欣逸等帶領，內容包括禮儀環保理念、法鼓山大事關懷作法與細則等，有近三百四十人參加。

◆ 法青會「The AMP Livehouse 大師講唱系列」，28 日邀請音樂工作者蕭賀碩分享創作的經驗和歷程，共有一百多人參加。

◆ 加拿大溫哥華道場舉辦禪一，由常盛法師帶領，有近四十人參加。

◆ 新加坡護法會舉辦禪一，有近三十人參加。

06.30

◆ 法鼓山第七屆全球僧團大會於園區舉辦，本屆大會通過由現任方丈和尚果東法師續任法鼓山第五任方丈，並遴選出僧團代表，共有兩百一十二位海內外僧眾參加。

◆ 6 月 30 日至 9 月 28 日，社大於臺大醫院金山分院北海藝廊舉辦「104 年春季班聯合成果展——心靈環保：智繪不起煩惱」，展出來自金山、新莊、北投三校區一百二十四位學員的創作，包含攝影、書法、鈔經、插畫、水彩素描共一百四十多件作品。

◆ 慈基會協助基隆市消防單位採購住宅用火災警報器，捐助弱勢家庭充實居家安全防護裝備，30 日基隆市長林右昌於市府治安會報中，致贈感謝狀予慈基會，由副會長柯瑤碧代表接受。

◆ 僧大於法鼓山園區國際會議廳舉辦畢結業典禮，院長方丈和尚果東法師、副院長常寬法師、果肇法師等師長出席祝福，為畢結業生搭菩薩衣、授證，並點亮象徵智慧光明的缽燈，有近五十人參加。

7月 JULY

07.01

◆ 《人生》雜誌第 383 期出刊，本期專題「禪門過關——向堂主小參，修行不卡關」。

◆ 《法鼓》雜誌第 307 期出刊。

◆ 法鼓文化出版新書：《禪門直心》（智慧人系列，繼程法師著）；《佛國留學紀實》（智慧人系列，淨海法師著）。

◆ 《金山有情》季刊第 53 期出刊。

◆ 《法鼓文理學院校刊》第 4 期出刊。

◆《護法季刊》復刊第 3 期出刊。

◆法鼓山網路電視台每月「主題影片」單元，7 月播出「慈悲與智慧──邁向修行圓滿
之路」，精選聖嚴師父相關的開示影片，引領大眾重溫師父的智慧開示。

◆ 1 至 2 日，僧大舉辦世界公民英文工作坊，由常濟法師、果禪法師帶領探討心靈環保
與永續發展的關聯，共有十多位學僧參加。

◆聖基會出版結緣書《樂活紓壓禪》，書中收錄聖嚴師父對禪修方法與觀念應用的開示，
引導現代人轉化壓力，建立身心平衡的人生觀。

07.02

◆法行會於臺北國賓飯店舉辦第一七○次例會，由中華佛研所所長果鏡法師主講「默照
禪」，有近兩百一十人參加。

◆ 7 月 2 日至 9 月 5 日，禪堂堂主果元法師率領僧大禪學系學僧演定、演正法師，前往
美國、墨西哥、新加坡、印尼等地，主持系列禪修活動及禪講課程。7 月 2 日於美國
加州洛杉磯道場舉辦助理監香培訓課程，有近三十人參加。

◆ 7 月 2 日至 8 月 9 日，弘化發展專案召集人果慨法師北美弘法關懷，7 月 2 至 10 日，
於美國紐約象岡道場舉辦《法華三昧懺儀》研習營，帶領禮懺、禪觀等修行活動，共
有四十八位學員參加。

07.03

◆方丈和尚果東法師應台灣電力公司之邀，於台電「真善美學堂」以「難，過！正面解
讀，逆向思考」為題進行演講，分享「智慧轉境，自心光明；慈悲利他，希望遠大」
的人生觀，包括董事長黃重球、副總經理李鴻洲等，共有六百多位主管及員工參加。

◆ 3 至 5 日，傳燈院於三義 DIY 心靈環保教育中心舉辦立姿動禪學長培訓課程，由常願
法師帶領，有近一百四十人參加。

◆ 3 至 4 日，美國加州洛杉磯道場舉辦英語「禪文化國際青年研習營」，由法鼓山禪堂
堂主果元法師、監院果見法師等帶領，內容包括基礎禪修、書法禪、茶禪等，共有
十二位以英文為主要溝通語言的青年學員參加。

◆ 3 至 7 日，香港道場於香港中文大學舉辦青年五日禪，主題是「心『零』建築師」，
由副寺常展法師、常禪法師、常格法師等帶領，共有一百三十九位青年學員參加。

◆行政中心人力資源處舉辦職能訓練課程，3 日於北投雲來寺進行「電話客服禮儀」，
邀請博士博數位人力資源訓練講師黃莉惠帶領，有近七十人參加。

07.04

◆ 4 至 5 日，桃園齋明別苑舉辦「2015 兒童心靈環保體驗營」，由教聯會師資以禪修精
神，融入專注力與記憶力的體驗，帶領近一百一十位小學員學習誠實、利他、禮貌與
感恩的德性。

◆ 4 至 11 日，禪堂舉辦青年禪七，由演捨法師帶領，共有四十多人參加。

◆ 4 至 5 日，信眾教育院於北投農禪寺舉辦心靈環保讀書會帶領人基礎培訓課程，由監

院果毅法師、常用法師、資深讀書會帶領人方隆彰老師帶領，內容包括聖嚴師父的思想與寫作、心靈環保讀書會的理念、有效提問四層次等，有近一百位學員參加。

◆ 4 至 5 日、11 至 12 日，人基會心劇團於德貴學苑舉辦「幸福體驗親子營」，以戲劇演出方式，帶領學員體驗心靈環保在日常生活的運用，兩梯次共有兩百零二位五至七歲的幼童與家長參加。

◆ 4 至 25 日，聖基會每週六舉辦「聖嚴法師經典講座」，由果祥法師主講「藥師法門」，並分享修學經驗，有近八十人參加。

◆ 4 至 5 日，護法會新莊辦事處舉辦「2015 兒童心靈環保體驗營」，由教聯會師資帶領，有近三十位學童參加。

◆ 念佛會於園區舉辦地區成長營，由常林法師帶領，有近兩百位來自大臺北及花蓮、宜蘭地區的學員參加。

◆ 4 至 7 日，教聯會於三峽天南寺舉辦「2015 教師心靈環保自我成長營」，由常獻法師擔任總護，共有八十五位來自各級學校的教職員參加。

◆ 4 至 21 日，加拿大溫哥華道場每週二、六舉辦佛學講座，共六堂，由常玄法師主講《華嚴經》，有近一百五十人參加。

07.05

◆ 臺中寶雲寺舉辦心靈茶會，由監院果理法師及悅眾帶領，內容包括法鼓山的理念、寶雲寺的故事等，共有一百三十四位新皈依弟子參加。

◆ 法鼓文理學院於北投雲來寺舉辦親子學佛工作坊，邀請美國杜克大學（Duke University）住校佛教宗教師蘇米（Sumi Loundon Kim），分享在社區長期帶領佛法家庭聚會的實際經驗，共有五十多位家長與僧團法師參與交流與聆聽。

◆ 法青會心潮梵音團隊於德貴學苑舉辦「青年彌陀祈福晚會」，由演道法師帶領，以梵音為新北市八仙樂園塵爆傷亡者祝禱，共有六十多人參加。

07.06

◆ 6 至 8 日，臺北中山精舍舉辦「2015 兒童心靈環保體驗營」第一梯次，由教聯會師資帶領，有近七十位學童參加。

07.07

◆ 7 至 11 日，臺東信行寺舉辦「2015 兒童心靈環保體驗營」，由教聯會師資帶領，以「尊重」為主軸，引導小學員在遊戲中，學習尊重人與人、人與社會以及人與自然之間的關係，共有六十多人參加。

07.08

◆ 8 至 27 日，信眾教育院每週三晚上於北投農禪寺舉辦「法鼓講堂」佛學課程，由僧大講師法源法師主講「世界佛教史概論」，課程同時在「法鼓山心靈環保學習網」進

行線上直播,提供全球學員上網聽講,並參與課程討論。

07.09

◆ 9 至 15 日,青年院於三峽天南寺舉辦「2015 夏季青年卓越禪修營」,由演道法師擔任總護,主題為「夢的時空旅行」,共有一百多位來自新加坡、馬來西亞、香港、大陸、美國及臺灣的青年學員參加。

07.10

◆ 法鼓山於北投農禪寺舉辦「全民祈福平安大法會」,園區與高雄紫雲寺同步視訊連線,由副住持果暉法師主法,帶領信眾及透過網路直播共修的社會大眾,共同為新北市八仙樂園塵爆意外受難者及一切有情眾生,祈願祝福。

◆ 10 至 12 日,臺北安和分院舉辦「2015 兒童心靈環保體驗營」,由教聯會師資帶領營歌帶動唱、佛門禮儀、動禪、朗讀、環保手帕 DIY、魔術貓頭鷹卡片製作等課程,學習成為安定專注、微笑有禮的「小禪士」,共有一百二十人參加。

◆ 禪堂堂主果元法師美洲、東南亞弘法關懷,10 至 17 日於墨西哥納亞里特州(Nayarit)的玉堂海灣禪修中心(Mar de Jade Holistic Center)主持禪七,由該禪修中心負責人蘿拉(Laura Del Valle)擔任西班牙文翻譯,共有五十一人參加。

◆ 加拿大溫哥華道場舉辦英文佛學講座,由美國紐約東初禪寺常濟法師主講「不完美的喜悅」,法師勉勵大眾接受不完美的自己,以積極正向的人生態度面對自我身心和人際關係,有近六十人參加。

◆ 10 至 26 日,美國紐約東初禪寺住持果醒法師於北美護法會安省多倫多分會弘法關懷,內容包括舉辦佛學講座、帶領禪修活動等。10 至 24 日舉辦佛學講座,主講《六祖壇經・無相頌》,共四堂,有近四十人參加。

07.11

◆ 法鼓山於北投農禪寺舉辦「社會菁英禪修營第八十四次共修會」,由三學研修院男眾副都監常遠法師帶領,有近一百人參加。

◆ 方丈和尚果東法師上午出席馬來西亞普照寺落成大典,同時慶祝大馬佛教青年總會成立四十五週年;下午參加「佛教的危機與契機」座談會,與該寺住持繼程法師、慈法禪寺住持淨耀法師對談,有近兩千人出席聆聽。

◆ 桃園齋明別苑舉辦佛一暨八關戒齋,由果舫法師帶領,有近一百一十人參加。

◆ 11 至 12 日,臺南分院舉辦「2015 兒童心靈環保體驗營」,由教聯會師資帶領,共有五十二位學童參加。

◆ 信眾教育院於北投農禪寺舉行「聖嚴書院佛學班北區聯合結業典禮」,監院果毅法師到場關懷,共有農禪、安和、中山、新莊、雙和、土城等七個班級,三百七十二位學生結業。

◆ 11 至 19 日,法鼓文理學院社會企業研究中心與法青會,每週六、日於德貴學苑聯合

`

舉辦「挑戰自我，創造時代——青年創業工作坊」研習營，內容包括創業易點通、社企新視界、文創新視界、達人創業分享、戶外觀摩等，邀請各專業人士帶領，共有五十位學員參加。

◆ 11 至 18 日，教聯會於禪堂舉辦教師禪七，由常興法師、常乘法師、常源法師等帶領，共有七十人參加。

◆ 弘化發展專案召集人果慨法師北美弘法關懷，11 日應美國紐約漢傳佛教文化協會之邀，於喜來登飯店（Sheraton Hotel），以「《金剛經》與無悔的人生」為題進行演講，有近一百一十人參加。

◆ 美國紐約象岡道場舉辦禪一，由常襄法師帶領，有近二十人參加。

◆ 香港道場與香港林大輝中學合辦「心．安好——教育及專業人員禪修活動」，由副寺常展法師、常啟法師等帶領，有近一百三十人參加。

◆ 美國紐約東初禪寺住持果醒法師於北美護法會安省多倫多分會弘法關懷，11 至 12 日舉辦生活禪，藉由授課、互動練習、與分組討論，帶領學員學習將禪法應用在生活中，共有四十多人參加。

07.12

◆ 臺東信行寺舉辦專題講座，由法鼓文理學院教授杜正民主講「法的療癒——漢傳佛教的養生醫學」，共有七十人參加。

◆ 美國紐約東初禪寺舉辦週日講座，由常襄法師主講「學佛的進程」，共有五十多人參加。

◆ 12 至 25 日，方丈和尚果東法師、護法總會輔導法師果器法師於東南亞弘法關懷。12 日馬來西亞怡保共修處於當地舜苑飯店（Syuen Hotel）舉辦皈依典禮暨佛法講座，共有四十九人皈依三寶；典禮後，方丈和尚以「清淨、智慧、結好緣」為題，與近三百位聽眾分享法喜。

◆ 弘化發展專案召集人果慨法師北美弘法關懷，12 日於北美護法會新澤西州分會舉辦兩場佛法講座，上午的主題是「梵唄與修行」，下午的主題是「《金剛經》與無悔的人生」，共有一百多人次參加。

07.13

◆ 13 至 15 日，臺北中山精舍舉辦「2015 兒童心靈環保體驗營」第二梯次，由教聯會師資帶領，共有近六十位學童參加。

◆ 13 至 14 日，臺中寶雲寺舉辦「2015 兒童心靈環保體驗營」第一梯次，由教聯會師資帶領，共有八十位國小中年級學童參加。

07.14

◆ 14 至 18 日，法鼓山園區舉辦「2015 兒童心靈環保體驗營」第一梯次，結合園區的自然環境，邀請陽明山國家公園、天文台義工進行戶外生態觀察與星象課程，有近一百一十位國小高年級學童參加。

◆ 北投農禪寺舉辦義工半日禪，由監院果毅法師帶領，共有一百四十多人參加。

◆ 方丈和尚果東法師東南亞弘法關懷，14 日於馬來西亞道場為七十七位信眾主持皈依典禮，並進行佛法講座，分享在生活中運用〈四眾佛子共勉語〉和禪修的攝心方法，共有兩百多人參加。

07.15

◆ 15 至 16 日，臺中寶雲寺舉辦「2015 兒童心靈環保體驗營」第二梯次，由教聯會師資帶領，共有八十位國小中年級學童參加。

◆ 7 月 15 日至 8 月 15 日，社大舉辦「小威，社大在找你——學員作品募集徵選活動」，邀請曾在社大各校區參加課程的學員，分享珍貴的學習成果，徵選出的作品與故事將集結成書出版。

◆ 15 至 21 日，香港道場參加於香港會議展覽中心舉行的「2015 香港書展」，以「心靈環保——四要」為主題，展出聖嚴師父著作與法鼓山出版品，推廣心靈環保理念。18 日並於會議中心舉辦「禪心自在每一天」心靈環保體驗工作坊，由演清法師帶領體驗禪修，並學習如何在忙碌紛亂的環境中，安定身心，共有一百多人參加。

07.16

◆ 弘化發展專案召集人果慨法師北美弘法關懷，16 日於美國加州洛杉磯道場舉辦專題講座，主題是「梵唄與修行」，共有三十三人參加。

07.17

◆ 17 至 19 日，三峽天南寺舉辦精進禪二，由常松法師帶領，有近一百三十人參加。

◆ 17 至 19 日，高雄紫雲寺舉辦「2015 兒童心靈環保體驗營」，由教聯會師資帶領，藉由戲劇、說故事、大地遊戲、自然體驗等課程，引導學習「轉念」的智慧，有近一百五十位學童參加。

◆ 7 月 17 日至 11 月 20 日，人基會每月第三週週五於德貴學苑開辦「心藍海策略——企業社會責任」系列課程，共五場。17 日進行首場，由人基會祕書長李伸一、宣講團團長林知美主講「幸福企業密碼」，有近五十人參加。

◆ 17 至 26 日，美國紐約象岡道場舉辦禪十，邀請聖嚴師父法子繼程法師帶領，共有四十六人參加。

◆ 弘化發展專案召集人果慨法師北美弘法關懷，17 日於美國加州洛杉磯道場帶領戶外禪，共有七十多人參加。

◆ 行政中心人力資源處於臺中寶雲寺舉辦「緊急救護基礎培訓」課程，邀請中華民國紅十字會總會專業師資帶領，共有六十多人參加。

07.18

◆ 北投農禪寺舉辦佛一暨八關戒齋，由監院果毅法師帶領，共有四百八十多人參加。

◆ 18 至 19 日，臺南雲集寺舉辦「2015 兒童心靈環保體驗營」，由教聯會師資帶領，有近五十位學童參加。

◆ 18 至 25 日，禪堂舉辦念佛禪七，由常學法師帶領，共有一百二十多人參加。

◆ 弘化發展專案召集人果慨法師北美弘法關懷，18 日於美國加州洛杉磯道場帶領義工成長課程，主題包括法鼓山萬行菩薩的身心口儀、獨立運作與團隊合作等，共有八十多人參加。

◆ 美國紐約東初禪寺住持果醒法師於北美護法會安省多倫多分會弘法關懷，18 日於基礎佛學課程中，講授佛法八宗與大乘三系，有近五十人參加。

◆ 方丈和尚果東法師東南亞弘法關懷，18 日於泰國曼谷飛躍大飯店（The Grand Fourwings Hotel Srinakarin）舉辦專題講座，主題是「心安好福緣」，共有兩百五十多人參加。

07.19

◆ 臺北中山精舍舉辦 Fun 鬆一日禪，由常嘉法師帶領，有近七十人參加。

◆ 桃園齋明別苑心靈環保講座，19 日邀請前農委會主委陳武雄主講「快樂過生活」，共有八十多人參加。

◆ 美國紐約東初禪寺舉辦週日講座，邀請聖嚴師父西方弟子哈利・米勒主講「憤怒和恐懼」，共有四十多人參加。

◆ 弘化發展專案召集人果慨法師北美弘法關懷，19 日於美國加州洛杉磯道場舉辦兩場專題演講，主題分別是「佛教徒的生死觀」、「懺法心要」，共有兩百二十多人次參加。

◆ 香港道場於港島會址舉辦禪一，由副寺常展法師帶領，有近五十人參加。

07.20

◆ 20 至 21 日，法鼓山、國際扶輪社三五二〇地區共同舉辦「宗教體驗營」，除了安排參訪園區與桃園齋明寺，認識臺灣傳統寺院建築，並學習漢傳禪法，共有二十三位來自歐、美與印度的國際扶輪青少年參加。

07.21

◆ 21 至 25 日，法鼓山園區舉辦「2015 兒童心靈環保體驗營」第二梯次，結合園區的自然環境，邀請陽明山國家公園、天文台義工進行戶外生態觀察與星象課程，共有一百一十多位國小高年級學童參加。

◆ 21 至 24 日，北投農禪寺舉辦「2015 兒童心靈環保體驗營」，由教聯會師資帶領，藉由導覽尋寶圖、通關體驗、農禪尋寶趣、消費小達人、跟身體玩遊戲、鼓動童心等課程，學習四種環保，共有一百五十五位學童參加。

◆ 法鼓山受邀出席法國於巴黎舉辦的氣候心靈高峰會，由聯合國 NGO 規畫小組成員常濟法師與馬來西亞道場監院常藻法師代表參加，與近四百位全球宗教、文化、人文等領域領袖代表共同討論「我為什麼要關心？」（Why do I care？）議題，是全場唯一的漢傳佛教代表；方丈和尚果東法師亦受邀撰寫一則短文，刊載在網站上（https://

www.whydoicare.org/en/personnalites）。

◆ 弘化發展專案召集人果慨法師北美弘法關懷，21 至 22 日於北美護法會加州舊金山分會舉辦佛學講座，21 日主講《法華經》，介紹《法華經》的要義，有近五十人參加。

07.22

◆ 弘化發展專案召集人果慨法師北美弘法關懷，22 日於北美護法會加州舊金山分會舉辦專題講座，介紹雲端祈福牌位，共有四十多人參加。

07.23

◆ 23 至 27 日，慈基會於中國大陸四川省安縣綿陽中學舉辦「生命教育心靈環保體驗營」，由僧團副住持果品法師、寺院管理副都監常寬法師、常悅法師、演清法師及僧大學僧帶領授課，有近一百七十位高中生參加。

◆ 行政中心人力資源處於北投雲來寺舉辦「緊急救護種子培訓」課程，邀請中華民國紅十字會總會專業師資帶領，共有四十多人參加。

07.24

◆ 弘化院於法鼓山園區為新設置的「與佛共舞」雕塑舉行揭幕儀式，在〈快樂頌〉的口哨與大、小提琴聲中，共有一百多位參訪遊客及兒童營隊學員參加。

◆ 24 至 26 日，三峽天南寺舉辦精進禪二，由常甯法師帶領，有近一百一十人參加。

◆ 7 月 24 日至 8 月 14 日，護法會文山辦事處每週五開辦「助念法器共修」密集課程，內容包括助念與執掌法器的威儀、往生助念的唱誦與演練、慰問關懷誦念、理念分享和作法，了解「同理心」的內涵、釐清和練習，共有二十位學員參加。

◆ 禪堂堂主果元法師美洲、東南亞弘法關懷，24 至 25 日於墨西哥首都墨西哥市主持禪二，共有二十多人參加。

◆ 7 月 24 日至 8 月 8 日，僧團副住持果暉法師於美國弘法關懷，主要推廣漢傳禪法。24 日於北美護法會新澤西州分會舉辦專題講座，主題是「次第禪觀——以安般法門為主」，有近七十位中西方人士與會。

◆ 弘化發展專案召集人果慨法師北美弘法關懷，24 至 26 日於北美護法會加州舊金山分會舉辦「佛教徒的生死觀」系列課程，共五堂，有近一百人參加。

◆ 美國紐約東初禪寺住持果醒法師於北美護法會安省多倫多分會弘法關懷，24 至 26 日舉辦念佛禪三，有近三十人參加。

07.25

◆ 北投農禪寺舉辦禪一，由常鐘法師帶領，共有兩百多人參加。

◆ 7 月 25 日至 8 月 2 日，禪堂舉辦默照禪七，由常正法師帶領，有一百一十多人參加。

◆ 25 至 26 日，傳燈院於嘉義奮起湖舉辦戶外禪二日營，由常願法師帶領，共有三十位禪坐會助理監香參加。

◆ 7 月 25 日至 12 月 26 日，國際禪坐會週六於臺北愛群大廈舉辦英文禪一，共四場，有近五十人次參加。

◆ 美國紐約東初禪寺舉辦英文禪一，邀請聖嚴師父西方弟子南茜‧波納迪帶領，共有十多人參加。

◆ 加拿大溫哥華道場舉辦專題講座，邀請英屬哥倫比亞大學亞洲研究系所教授麥潔西（Jessica L. Main）主講「當代日本佛教──從本土型態走向系統化改革」，共有六十多人參加。

◆ 25 至 26 日，馬來西亞道場開辦「智慧之劍──禪法修學」課程，由監院常藻法師主講《永嘉證道歌》，有近六十人參加。

◆ 僧團副住持果暉法師美國弘法關懷，25 至 26 日於北美護法會新澤西州分會舉辦「安那般那研習營」，說明數息觀的觀念與方法，有近五十人參加。

◆ 方丈和尚東南亞弘法關懷，25 日於新加坡嘉龍劇院舉辦專題演講，主題是「原諒，好緣亮！」，包括新加坡前總理吳作棟夫人陳子玲、菩提閣住持果峻法師、龍泉寺住持永南長老尼等來賓，共有一千三百多人參加；講座後並舉行皈依典禮，共有一百多人皈依三寶。

07.26

◆ 南投德華寺舉辦禪一，由副寺果弘法師帶領，有近二十人參加。

◆ 法青會「The AMP Livehouse 大師講唱系列」，26 日邀請音樂工作者巴奈‧庫穗分享創作的經驗和歷程，共有一百多人參加。

◆ 7 月 26 日至 8 月 23 日，美國紐約東初禪寺舉辦週日講座，由果樞法師主講「四無量心於日用」，有近六十人參加。

◆ 加拿大溫哥華道場舉辦禪一，由常盛法師帶領，共有五十人參加。

◆ 新加坡護法會舉辦佛一，共有三十人參加。

07.27

◆ 弘化發展專案召集人果慨法師北美弘法關懷，27 日於北美護法會加州舊金山分會帶領戶外禪，有近五十人參加。

07.28

◆ 馬來西亞道場與《星洲日報》於該報總社舉辦座談，由監院常藻法師與心理輔導師李志祥對談「放下心包袱，展開新生命」，分享心的作用與觀照內心的方法，共有五百多人參加。

07.29

◆ 7 月 29 日至 8 月 3 日，青年院於臺東信行寺舉辦第三屆「心‧生活高中營」，由常義法師擔任總護，內容包括放鬆體驗、電影討論、團體合作遊戲、戶外活動等，共有

近一百一十位青年學子參加。

◆ 人基會「2015 光明遠大心靈講座」，29 日邀請「2014 法鼓山關懷生命獎」得主蕭建華主講「活出生命的光采」，共有一百一十多人參加。

◆ 弘化發展專案召集人果慨法師北美弘法關懷，7 月 29 日至 8 月 2 日於北美護法會華盛頓州西雅圖分會舉辦「佛教徒的生死觀」系列課程，共六堂，有近六十人參加。

▎07.31

◆ 7 月 31 日至 8 月 2 日，北投中華佛教文化館舉辦中元報恩地藏法會，由監院果諦法師帶領，有近五百人次參加。

◆ 7 月 31 日至 8 月 2 日，三峽天南寺舉辦精進禪二，由果峙法師帶領，有近一百二十人參加。

◆ 7 月 31 日至 8 月 2 日，美國加州洛杉磯道場舉辦禪三，由監院果見法師帶領，有近三十人參加。

8月 AUGUST

▎08.01

◆《人生》雜誌第 384 期出刊，本期專題「認識六道——把握人身好修行」。

◆《法鼓》雜誌第 308 期出刊。

◆ 法鼓文化出版新書：《早安好食！》（禪味廚房系列，藍子竣著）；《陳那現量理論及其漢傳詮釋》（中華佛學研究論叢系列，仁宥法師著）。

◆《法鼓文苑》第 7 期出刊，本期專題「心的甦醒——生命自覺號，從心出發」，學僧們分享參與、承擔生命自覺營執事的心路與成長。

◆ 法鼓山網路電視台每月「主題影片」單元，8 月播出「你可以不怕鬼——佛教如何看待鬼月」，精選聖嚴師父相關的開示影片，引領大眾重溫師父的智慧開示。

◆《法鼓》雜誌 Android 版 App 在 Google play 商店上架，即日起透過手機 App 就能閱覽《法鼓》各版詳細內容，還能掌握最新共修活動、聖嚴書院、普化教育課程開班動態。

◆ 教聯會於北投農禪寺舉辦「20 週年回顧與展望」慶祝活動，方丈和尚果東法師、慈基會祕書長果器法師，以及教聯會創會會長楊美雲等出席祝福，共有一百多位來自各級學校的教師參加。

◆ 1 至 21 日，聖嚴師父法子繼程法師應波蘭禪宗協會（The Chan Buddhist Union of Poland）邀請，於波蘭德露潔芙（Dluzew）一處莊園舉辦禪二十一，由美國紐約象岡道場代理監院常襄法師擔任總護、常聞法師擔任英文翻譯與小參；禪期間，繼程法師首度弘講《六祖壇經》，共有四十六位來自波蘭、瑞士、瑞典、英國、德國、克羅埃西亞、美國、加拿大、新加坡、馬來西亞等十四個國家、地區的禪眾參加。

◆ 馬來西亞道場舉辦「禪修介紹與體驗」活動，由監院常藻法師帶領，共有三十多位當

地企業中高階主管及專業人員參加。

08.02

◆桃園齋明寺舉辦佛一暨八關戒齋,由監院果舟法師帶領,共有一百七十多人參加。

◆普化中心於北投農禪寺舉辦「普化教育關懷員北區聯合培訓」課程,由副都監果毅法師帶領,有近兩百七十位快樂學佛人、長青班、福田班、佛學班、禪學班等課程的關懷員參加。

◆8月2日、10月18日,美國紐約東初禪寺舉辦週日講座,由常震法師主講「〈淨行品〉概要」,有近六十人參加。

◆僧團副住持果暉法師美國弘法關懷,2日於北美護法會加州舊金山分會舉辦專題講座,主題是「次第禪觀——以安般法門為主」,有近四十人參加。

08.03

◆3至12日,法鼓文理學院禪文化研修中心於園區舉辦「2015年兩岸大學校院教師禪文化研習營」,由果鏡法師帶領禪修活動、助理教授鄧偉仁講解佛學基礎,共有二十位來自臺灣與中國大陸的教師與博士生,深度體驗漢傳禪風。

◆弘化發展專案召集人果慨法師北美弘法關懷,3至9日於加拿大溫哥華道場舉辦「《法華三昧懺儀》研習營」,帶領禮懺、禪觀等修行活動,共有五十多位學員參加。

08.04

◆8月4日至9月12日,北投中華佛教文化館舉辦中元《地藏經》共修,由監院果諦法師帶領,每日均有五十多人參加。

◆4至7日,桃園齋明寺舉辦「桃園市仁和國中跆拳道校隊禪修營」,由教聯會師資帶領,有二十四位學生參加。

08.05

◆8月5日至9月30日,桃園齋明寺每週三舉辦「《地藏經》講記」,共八堂,由果竣法師主講,介紹地藏菩薩的深心悲願,有近七十人參加。

◆5至13日,香港道場副寺常展法師、常禪法師前往英國弘法關懷,內容包括舉辦禪修講座、禪五等。

◆僧團副住持果暉法師美國弘法關懷,5至8日於北美護法會加州舊金山分會舉辦「安那般那研習營」,說明數息觀的觀念與方法,有近三十人參加。

08.06

◆8月6日至9月15日,法鼓文理學院佛教學系碩士生宏滿法師與林悟石,申請通過

教育部「學海築夢」海外實習計畫，於美國加州洛杉磯道場實習，由監院果見法師規畫實習內容，除每日隨眾作息、觀摩道場運作事務、擔任禪七內護、參訪鄰近道場與大學院校，並安排兩場「佛法與修行講座」，分享學習見聞。

◆ 法行會於臺北國賓飯店舉辦第一七一次例會，由方丈和尚果東法師主講「簡單就好」，共有兩百四十多人參加。

◆ 香港道場副寺常展法師、常禪法師英國弘法關懷，6 日以「基礎禪修」為題，於倫敦市區演講，共有十多人參加。

08.07

◆ 香港道場副寺常展法師、常禪法師英國弘法關懷，7 至 11 日，於伯克郡（Berkshire）寇艾許禪修中心（Cold Ash Retreat and Conference Centre）舉辦禪五，共有十三位來自各國的禪眾參加。

08.08

◆ 8 至 9 日，蘇迪勒颱風過境臺灣，法鼓山各地分院分別有輕重不一的損害，風雨後僧俗四眾進行普請，齊心將道場恢復本來面目。

◆ 8 至 9 日，法鼓山社大金山校區舉辦「2015 兒童心靈環保體驗營」，由教聯會師資帶領，有近六十位學童參加。

◆ 8 至 13 日，慈基會於中國大陸四川省江油羅漢寺舉辦「生命教育心靈環保體驗營」，由僧團副住持果品法師、寺院管理副都監常寬法師、常悅法師、演清法師及僧大學僧帶領授課，有近一百一十位大學生參加。

◆ 8 至 9 日，馬來西亞道場於吉隆坡蕉賴孝恩館舉辦「法水沁涼——《慈悲三昧水懺》法會」，由關懷院監院常綽法師主法，有近兩百人參加。

◆ 北美護法會安省多倫多分會舉辦禪一，共有十多人參加。

08.09

◆ 8 月 9 日至 9 月 9 日，基隆精舍舉辦中元《地藏經》共修，每日有近五十人參加。

◆ 桃園齋明別苑舉辦佛一，邀請聖嚴師父法子果峻法師帶領，有近八十人參加。

◆ 9 至 15 日，高雄紫雲寺舉辦中元報恩《地藏經》共修，由監院常參法師帶領，共有兩千一百多人次參加。

◆ 臺東信行寺舉辦禪一，由常覺法師帶領，有近二十人參加。

◆ 弘化發展專案召集人果慨法師北美弘法關懷，9 日於加拿大溫哥華道場舉辦佛法講座，主題是「《金剛經》與無悔的人生」，共有一百五十多人參加。

08.10

◆ 蘇迪勒颱風為臺灣各地帶來災情，慈基會於第一時間啟動緊急救援系統，掌握風災地

區民眾需求，10日深夜至11日凌晨，祕書長果器法師帶領義工與專職，前往新北市新店區龜山活動中心、三峽區公所轉達各界對災區的關懷，並提供救援物資；14日，海山區緊急救援組二十五位義工也前往三峽區有木里，協助居民清理家園。

08.11

◆ 法鼓山社大校長曾濟群受邀至臺大醫院金山分院演講，以「聖嚴法師與法鼓山社會大學」為題，分享師父創辦社大的理念，共有一百多位醫院員工及民眾參加。

08.12

◆ 12至18日，臺南分院舉辦中元報恩地藏法會，由監院常嘉法師帶領，共有一千八百多人次參加。

◆ 香港道場副寺常展法師、常禪法師英國弘法關懷，12日於劍橋大學城舉辦禪修講座，主題是「宏智正覺默照禪」，共有十多人參加。

08.14

◆ 8月14日至9月25日，臺北中山精舍每週五舉辦佛學講座，由果竣法師主講《地藏經》，有近一百一十人參加。

◆ 14至16日，三峽天南寺舉辦精進禪二，由常松法師帶領，共有近一百二十人參加。

◆ 14至16日，臺中寶雲寺舉辦中元報恩地藏法會，由監院果理法師帶領，共有八百多人次參加。

◆ 14至16日，禪堂舉辦助理監香培訓課程，由常正法師帶領，有近三十人參加。

◆ 加拿大溫哥華道場舉辦兒童心靈環保體驗營，由臺灣教聯會師資帶領，共有三十多人參加。

◆ 北美護法會伊利諾州芝加哥分會於當地華僑文教服務中心舉辦專題講座，邀請佛羅里達州立大學宗教學系副教授俞永峯主講「如何用禪法──自在過生活」，共有五十多人參加。

◆ 禪堂堂主果元法師美洲、東南亞弘法關懷，14日於新加坡護法會舉辦專題講座，主講「禪文化精髓──佛教成語」，共有一百多人參加。

08.15

◆ 桃園齋明別苑舉辦戶外禪，由副寺常雲法師帶領，有近七十人參加。

◆ 榮譽董事會於桃園齋明寺舉辦北五區關懷聯誼會，護法總會輔導法師常續法師、榮董會會長黃楚琪、執行長陳宜志到場關懷，共有兩百七十多人參加。

◆ 美國紐約東初禪寺舉辦中元報恩地藏暨三時繫念法會，由住持果醒法師主法，共有一百多人次參加。

◆ 15至19日，北美護法會伊利諾州芝加哥分會舉辦英文禪五，邀請佛羅里達州立大學宗教學系副教授俞永峯帶領，有近三十人參加。

◆禪堂堂主果元法師美洲、東南亞弘法關懷，15日於新加坡護法會舉辦英文禪一，共有六十四位禪眾參加。

08.16

◆16至21日，北投農禪寺啟建《梁皇寶懺》法會，首日有逾七千位信眾及義工參加；法會期間，並由弘化發展專案召集人果慨法師開示《梁皇寶懺》的結構與意涵，共有兩萬三千多人次參加。

◆桃園齋明別苑於羅東運動公園舉辦戶外禪，由常璧法師帶領，共有五十多人參加。

◆桃園齋明別苑心靈環保講座，16日邀請以《人生啊，歡迎迷路》廣受歡迎的九歲插畫家「迷路」汪以墨的媽媽「米米」，分享「快樂會『迷路』會快樂」的教養觀，許多家長帶著小朋友一同聽講，共有一百二十多人參加。

◆高雄紫雲寺舉辦中元三時繫念法會，由常順法師主法，共有七百五十多人參加。

◆臺東信行寺舉辦專題講座，由僧大講師常延法師主講「從街頭『快閃』──佛教的淨土思想」，從街頭音樂快閃的場域氛圍，探討佛教建設淨土的理想和方法，共有五十多人參加。

◆北美護法會新澤西州分會舉辦生活佛法講座，由美國紐約東初禪寺住持果醒法師主講「茶來‧無事」，共有五十多人參加。

◆北美護法會加州舊金山分會舉辦中元地藏法會，由美國加州洛杉磯道場常宗法師帶領，共有四十多人參加。

◆禪堂堂主果元法師美洲、東南亞弘法關懷，16日於新加坡護法會舉辦禪一，共有七十三位禪眾參加。

08.17

◆17至23日，桃園齋明別苑舉辦中元報恩地藏法會，由監院果舟法師帶領，共有一千五百多人次參加。

◆高雄氣爆事故一週年之際，慈基會祕書長果器法師與紫雲寺監院常參法師，偕同多位地區義工，於17日前往高雄市消防局，代表法鼓山捐贈高雄地區一部排煙消防車。

08.18

◆禪堂堂主果元法師美洲、東南亞弘法關懷，18至19日於印尼峇里島佛法精舍（Vihara Buddha Dharma）帶領英文禪修工作坊，共有六十人參加。

08.20

◆20至22日，臺東信行寺舉辦中元慈悲三昧水懺法會，由監院果增法師帶領，果竣法師講說水懺的意涵，共有兩百三十多人次參加。

08.21

◆ 21 至 23 日，三峽天南寺舉辦精進禪二，由常願法師帶領，有近九十人參加。

◆ 人基會「心藍海策略──企業社會責任」系列課程，21 日邀請財團法人聯合工商教育基金會董事張昌邦、GWCC 全球職場顧問公司董事長張祐康主講「從法規要求到取財有道」，共有六十多人參加。

◆ 禪堂堂主果元法師美洲、東南亞弘法關懷，21 至 30 日於印尼峇里島市區民宅舉行禪十，共有十六位禪眾參加。

◆ 21 至 23 日，美國紐約象岡道場舉辦禪三，邀請聖嚴師父西方弟子李世娟帶領，有近二十人參加。

◆ 21 至 23 日，北美護法會加州舊金山分會舉辦「茶禪」，共六堂課，由「無事文創商號」三姊妹授課，內容包括一碗茶、地球行者（茶禪之旅）、味蕾初體驗、品一壺好茶、茶席文人花、茶席布置、水房、空間氛圍等課程，引領體驗茶與禪的意境，有近三十人參加。

◆ 行政中心人力資源處於北投雲來寺舉辦專題講座，邀請慈濟綜合醫院一般醫學主治醫師許瑞云主講「哈佛醫師心能量」，共有一百六十多人參加。

08.22

◆ 臺南分院於臺南二中舉辦中元慈悲三昧水懺法會，由果傳法師帶領，共有七百三十多人參加。

◆ 加拿大溫哥華道場舉辦中元報恩地藏法會，由監院常悟法師帶領，共有一百四十多人參加。

◆ 北美護法會新澤西州分會舉辦中元地藏法會，由美國紐約東初禪寺住持果醒法師主法，共有八十多人參加。

08.23

◆ 23 至 30 日，臺北中山精舍舉辦中元報恩地藏法會，有近五百人次參加。

◆ 南投德華寺舉辦中元報恩地藏法會，由副寺果弘法師帶領，共有七十多人參加。

◆ 臺南分院於臺南二中舉辦中元三時繫念法會，由果傳法師帶領，共有七百多人參加。

◆ 臺東信行寺舉辦中元三時繫念法會，由監院果增法師帶領，果竣法師講說三時繫念的意涵，有近一百一十人參加。

◆ 加拿大溫哥華道場舉辦中元慈悲三昧水懺法會，由監院常悟法師帶領，有近一百五十人參加。

◆ 馬來西亞道場舉辦禪一，由常施法師帶領，共有五十多人參加。

◆ 23 至 29 日，香港道場於九龍會址舉辦中元報恩「都市地藏週」活動，期間共修七部《地藏經》，29 日圓滿日並禮拜地藏寶懺，由副寺常展法師帶領，共有逾千人次參加。

◆ 北美護法會安省多倫多分會舉辦中元地藏法會，由三學研修院男眾部副都監常遠法師主法，共有六十多人參加。

◆ 新加坡護法會舉辦禪一，有近三十人參加。

08.24

◆ 24 至 29 日，桃園齋明寺舉辦中元報恩地藏懺法會，由監院果舟法師帶領，有近一千七百人次參加。

08.25

◆ 行政中心人力資源處於高雄紫雲寺舉辦「緊急救護種子培訓」課程，邀請中華民國紅十字會總會專業師資帶領，共有四十多人參加。

08.26

◆ 慈基會於北投雲來寺舉辦專題講座，邀請內政部消防署災害預防組長許哲銘主講「防火防災和應變講座」，共有八十多人參加。
◆ 人基會「2015 光明遠大心靈講座」，26 日邀請作家王浩一主講「跟著季節，說說土地故事」，共有一百二十多人參加。

08.28

◆ 8 月 28 日至 9 月 11 日，臺北安和分院舉辦中元報恩祈福法會，由監院果旭法師帶領，內容包括《地藏經》共修和地藏法會，共有三千多人次參加。

08.29

◆ 8 月 29 日至 9 月 5 日，禪堂於臺東信行寺舉辦初階禪七，由中華佛研所所長果鏡法師帶領，有近九十人參加。
◆ 為了感恩親友、師長、各方善緣的成就，僧大於法鼓山園區國際宴會廳為十三位即將剃度的行者舉辦溫馨茶會，與親友們分享在法鼓山上的學習和成長，方丈和尚果東法師到場關懷，感恩成就子女出家慧命。
◆ 法青會「The AMP Livehouse 大師講唱系列」，29 日邀請音樂工作者施利分享創作的經驗和歷程，共有一百多人參加。
◆ 美國加州洛杉磯道場舉辦佛學講座，由監院果見法師主講《地藏經》，共有七十多人參加。
◆ 加拿大溫哥華道場舉辦「悅眾義工成長工作坊」，主題是「在團隊中贏得友誼和快樂」，由北美護法會前會長張允雄帶領，共有一百零八位義工參加。
◆ 29 至 30 日，北美護法會加州舊金山分會參與當地社區古董市集與惜福市場，安排「生活環保二手貨義賣」，除了義賣物品，並規畫禪修體驗，以及知客、親子、交通、香積等服務，透過活動走入社區，接引西方眾認識法鼓山。

08.30

◆桃園齋明寺舉辦中元報恩地藏法會，由監院果舟法師帶領，共有五百二十多人參加。

◆8月30日至9月6日，臺南雲集寺舉辦中元地藏法會，由監院常嘉法師帶領，共有九百多人次參加。

◆護法會高雄北區辦事處於屏東哭泣湖、水上草原舉辦勸募會員戶外聯誼活動，由悅眾分享勸募和擔任義工的心法與經驗，共有六十八人參加。

◆美國加州洛杉磯道場舉辦中元地藏法會，由常宗法師帶領，共有九十多人參加。

◆加拿大溫哥華道場舉辦「青年工作坊」，由北美護法會前會長張允雄帶領，引領學員認識自己的能力、工作願景，並發揮正面能量，平衡人生，共有六十多位青年參加。

◆泰國護法會舉辦中元地藏法會，由果舫法師主法，共有九十多人參加。

08.31

◆鑑於蘇迪勒颱風為新北市新店區龜山國小造成嚴重受損，慈基會與佛光山慈悲基金會、慈濟基金會等團體，共同捐贈新式課桌椅、資訊設備、字典與圖書繪本等，並於8月31日該校開學日舉行捐贈儀式，慈基會祕書長果器法師勉勵學子安心就學，長大後回饋社會。

9月 SEPTEMBER

09.01

◆《人生》雜誌第385期出刊，本期專題「聖嚴法師講〈觀心銘〉」。

◆《法鼓》雜誌第309期出刊。

◆法鼓文化出版新書：《禪修入門50問》（學佛入門Q&A系列，法鼓文化編輯部編著）；英文書《〈雜阿含〉研究》（*Saṃyukta-āgama Studies*）（法鼓文理學院論叢，無著比丘Bhikkhu Anālayo著）。

◆1至30日，弘化院於法鼓山園區展開「禪修月」，透過靜坐、法鼓八式動禪、慢步經行、放鬆體驗、觀身受法、鈔經等行禪體驗活動，引領民眾放鬆身心，有近萬人次參加。

◆9月起，農禪寺行願館展現人文新風貌，並規畫主題書展「遇見善知識」，完整呈現聖嚴師父包括《歸程》、《聖嚴法師學思歷程》、《枯木開花──聖嚴法師傳》、《雪中足跡》等一生各階段的傳記與出版歷程。

◆1至4日，傳燈院應桃園市快樂國小之邀，於校園舉辦十一場「吃飯趣」教學活動，結合禪修與用餐教育，引導學童體驗吃飯禪。

◆法鼓山網路電視台每月「主題影片」單元，9月播出「開發生命潛能──如何修福修

慧」，精選聖嚴師父相關的開示影片，引領大眾重溫師父的智慧開示。

◆馬來西亞道場舉辦心靈講座，由聖基會執行長楊蓓主講「付出與收穫」，引導思考生命的意義，共有一百多人參加。

09.02

◆2至30日，信眾教育院每週三晚上於北投農禪寺舉辦「法鼓講堂」佛學課程，由常持法師主講「《佛說善生經》與心靈環保導讀」，課程同時在「法鼓山心靈環保學習網」進行線上直播，提供全球學員上網聽講，並參與課程討論。

◆越南胡志明市慧嚴寺住持明通律師率領二十四位僧俗四眾參訪法鼓山園區，由弘化發展專案召集人果慨法師、常為法師代表接待，並就僧團的佛學教育議題，進行交流。

09.03

◆慈基會協助臺東縣消防單位採購住宅用火災警報器，捐助弱勢家庭充實居家安全防護裝備，3日臺東縣長黃健庭於縣務會議中，致贈感謝狀予慈基會，由祕書長果器法師代表接受。

◆法行會於臺北國賓飯店舉辦第一七二次例會，由僧團都監果光法師主講「觀音法門」，共有兩百多人參加。

◆禪堂堂主果元法師美洲、東南亞弘法關懷，3至5日於印尼雅加達體正教育大樓（Prasadha Jinarakkhata Buddhist Center），帶領都市禪三，有近百人參加；期間並與南傳長老（Bhante Kheminda），就漢傳禪觀與修行生活議題，進行交流。

◆中央大學校長周景揚率二十多位該校各學院院長及一級主管，參訪法鼓山園區，由方丈和尚果東法師陪同前往祈願觀音殿、開山紀念館及大殿，體驗禪悅境教，並致贈《安身禪》等書結緣；法鼓文理學院校長惠敏法師也分享以「心靈環保」為核心的辦學理念。

09.04

◆4至6日，北投農禪寺舉辦精進禪二，由監院果毅法師帶領，共有一百六十多人參加。

◆4至6日，三峽天南寺舉辦精進禪二，由常松法師帶領，有近八十人參加。

◆4至6日，傳燈院於三義DIY心靈環保教育中心舉辦初級禪訓班輔導學長培訓，由常乘法師帶領，有近九十人參加。

◆4至9日，美國紐約東初禪寺於象岡道場舉辦念佛禪五，由住持果醒法師帶領，共有六十一人參加。

◆行政中心人力資源處舉辦職能訓練課程，4日於北投雲來寺進行「製作出色的簡報暨初階表達技巧」，邀請企業管理顧問陳泳瀠帶領，有近三十人參加。

09.05

◆9月5日至10月25日，法鼓山陸續於全臺各分支道場及護法會辦事處舉辦二十七場

「2015 第二十二屆佛化聯合祝壽」活動，內容包括法師關懷、祈福法會、感恩奉茶等，有近三千九百位長者接受祝福。

◆臺北中山精舍舉辦 Fun 鬆一日禪，有近六十人參加。

◆臺中寶雲寺舉辦「相約寶雲——新進勸募會員茶會」，由監院果理法師及悅眾帶領，分享學佛心得與勸募心法，共有七十多人參加。

◆關懷院於桃園齋明別苑舉辦大事關懷課程，由常健法師、常導法師等帶領，內容包括禮儀環保理念、法鼓山大事關懷作法與細則等，有近兩百二十人參加。

◆新加坡護法會舉辦中元地藏法會，由果舫法師帶領，共有八十多人參加。

09.06

◆臺中寶雲寺舉辦心靈茶會，由果雲法師及悅眾帶領，分享法鼓山的理念、寶雲寺的故事等，有近一百位新皈依弟子參加。

◆臺東信行寺舉辦佛學講座，由弘化發展專案召集人果慨法師主講「《金剛經》與無悔的人生」，有近八十人參加。

09.07

◆9月7日至 2016 年 1 月 18 日，臺北安和分院每週一舉辦佛學課程，邀請心理諮商專家鄭石岩主講《華嚴經》，有近三百人參加。

◆7 至 11 日，禪堂舉辦中觀教理研習營，由果徹法師帶領，有近九十人參加。

09.08

◆9月8日至 2016 年 1 月 9 日，臺北安和分院每週二舉辦佛學課程，由僧團副住持果燦法師主講《法華經》，有近兩百人參加。

◆9月8日至 2016 年 1 月 19 日，臺北中山精舍每週二舉辦佛學講座，由華梵大學中文系副教授胡健財主講「修行在紅塵《維摩經》六講」，有近五十人參加。

◆8 至 14 日，美國加州洛杉磯道場舉辦默照禪七，邀請聖嚴師父法子繼程法師帶領，共有三十二人參加。

09.09

◆9月9日至 2016 年 1 月 20 日，臺北中山精舍每週三舉辦佛學講座，由普化中心佛學課程講師謝水庸主講「福慧自在《金剛經》生活」，有近一百一十人參加。

◆法鼓文理學院於首屆新生開學日舉辦新生營，由教職員帶領近七十位人文社會學群與佛教學系新生，走訪各行政處室，巡禮校舍空間，並展開多場師生交流，幫助學生安頓身心，適應新生活。

09.10

◆ 10 至 11 日，僧大於園區祈願觀音殿舉辦「剃度大悲懺法會」，以法會共修，祝福新戒沙彌、沙彌尼。

09.11

◆ 內政部於新北市政府集會堂舉辦「104 年宗教團體表揚大會」，法鼓山所屬佛教基金會、北投文化館、雲來寺、農禪寺獲獎，由僧團常學法師、鑑心長老尼、果會法師、果昌法師代表出席受獎。

◆ 9 月 11 日至 2016 年 1 月 22 日，臺北中山精舍每週五舉辦佛學講座，邀請王育昆老師主講「亞洲佛教藝術」，介紹絲路沿線佛教藝術遺蹟，了解法相緣起，有近六十人參加。

◆ 感謝法鼓山對尼泊爾震災的關懷與援助，尼泊爾努日白玉分寺住持堪布扎西徹令仁波切，率同堪布袞桑、臺灣大方廣佛學講修學會一行八人，參訪園區，方丈和尚果東法師與多位參與震災救援的僧俗代表，以茶敘接待，關懷受災地區的復原情況。

09.12

◆ 法鼓山於園區舉辦剃度典禮，由方丈和尚果東法師擔任戒和尚，副住持果暉法師擔任教授阿闍黎，為十三位求度者圓頂、授沙彌（尼）戒，並有十三位僧大新生、五位僧團行者求受行同沙彌（尼）戒，有近六百人觀禮祝福。

◆ 臺中寶雲寺舉辦「圓滿人生」專題講座，邀請生死學講師郭惠芯、石櫻櫻分享如何圓滿生命中最後一件大事——臨終關懷，有近兩百一十人參加。

◆ 9 月 5 日至 10 月 17 日，高雄紫雲寺每週六舉辦佛學講座，由弘化發展專案召集人果慨法師主講「佛教徒的生死觀」，講說《金剛經》、《阿彌陀經》、《地藏經》、《心經》與《法華經》等經典中的生命實相，共七堂，每堂有逾六百人參加。

◆ 美國紐約象岡道場舉辦禪一，由常襄法師帶領，有近二十人參加。

◆ 9 月 12 日、12 月 12 日，北美護法會新澤西州分會舉辦佛學講座，由美國紐約東初禪寺常諦法師主講「法華法門的修行」，有近五十人參加。

09.13

◆ 9 月 13 日、10 月 4 日、12 月 12 日，北投農禪寺舉辦佛曲教唱，由護法會合唱團團長李俊賢、賴玨好老師分享唱歌技巧，並進行練唱指導，有近四百人次參加。

◆ 臺北安和分院舉辦禪一，由監院果旭法師帶領，有近一百六十人參加。

◆ 高雄紫雲寺舉辦念佛禪一，由監院常參法師帶領，共有兩百四十多人參加。

◆ 13 至 18 日，法鼓文理學院於禪堂舉辦期初禪五，由禪文化研究中心主任果鏡法師帶領，有近九十人參加。

◆ 9 月 13 日至 12 月 13 日，聖基會週日舉辦「佛教生命倫理專題系列講座」，由臺灣

大學哲學系教授蔡耀明主講，共十堂，有近七十人參加。

◆榮譽董事會於北投農禪寺舉辦北二區關懷聯誼會，護法總會輔導法師常續法師、榮董
會會長黃楚琪、執行長陳宜志到場關懷，共有四百八十多人參加。

◆護法會海山辦事處舉辦新址啟用灑淨祈福儀式，由慈基會祕書長果器法師主法，有近
兩百三十人參加。

09.14

◆9月14日至12月29日，人基會於臺北市、新北市、基隆、桃園等地，十所中小學
共四十五個班級，推廣「香草進校園」課程，每期八堂課，透過觀察植物的生長、榮
枯，引導學童尊重生命、感恩生命。

◆14至15日，行政中心人力資源處於北投雲來寺舉辦舒活二日營，由常甯法師帶領，
有近二十人參加。

09.15

◆北美護法會加州舊金山分會舉辦佛法講座，由美國紐約東初禪寺住持果醒法師主講
「無我──誰行善誰解脫」，共有六十多人參加。

◆行政中心人力資源處於臺東信行寺舉辦「緊急救護種子培訓」課程，邀請中華民國紅
十字會總會專業師資帶領，有近二十人參加。

09.16

◆人基會心劇團於德貴學苑舉辦「2015轉動幸福計畫《媽媽萬歲II旅程》校園巡演活
動」記者會，人基會祕書長李伸一、臺塑關係企業暨王詹樣公益信託資深副總經理王
文堯、群馨慈善事業基金會董事劉美娥及庭芳慈善關懷協會理事長蕭菁菁到場關懷，
肯定心劇團的巡演幫助偏鄉學童建立起勇氣、愛和希望的價值觀。

◆北美護法會加州舊金山分會舉辦佛法講座，由美國紐約東初禪寺住持果醒法師主講
「生死中無生死」，共有六十多人參加。

09.17

◆9月17日至12月31日，臺北安和分院隔週週四開辦念佛班，內容包括念佛共修、
坐姿動禪、佛法分享，帶領大眾藉由念佛安定身心。17日首堂課程，共有三百二十多
人參加。

◆17至20日，臺東信行寺舉辦初級禪悅四日營，由常全法師帶領，有近四十人參加。

09.18

◆人基會「心藍海策略──企業社會責任」系列課程，18日邀請中華民國全國工業總會

理事長陳武雄、誠邦網絡公司總監廖志德主講「重視公司治理、打造幸福職場」，共有五十多人參加。

◆ 18 至 20 日，美國紐約象岡道場舉辦禪三，邀請聖嚴師父西方弟子李世娟、大衛・史列梅克帶領，有近二十人參加。

◆ 行政中心人力資源處於臺中寶雲寺舉辦「緊急救護種子培訓」課程，邀請中華民國紅十字會總會專業師資帶領，有近三十人參加。

09.19

◆ 法鼓山於園區舉辦祈福皈依大典，由方丈和尚果東法師授三皈五戒，共有七百多人成為三寶弟子。

◆ 北投農禪寺舉辦佛一暨八關戒齋，由監院果毅法師帶領，共有四百八十多人參加。

◆ 北投農禪寺舉辦戶外禪，由常實法師帶領，共有一百六十多人參加。

◆ 臺北安和分院於文山農場舉辦戶外禪，共有七十多人參加。

◆ 桃園齋明寺舉辦中秋晚會，內容包括祈福法會與法鼓隊、烏克麗麗等藝文表演，共有三百多人參加。

◆ 19 至 20 日，臺中寶雲寺於三義 DIY 心靈環保教育中心舉辦舒活二日營，由果雲法師帶領，有近九十人參加。

◆ 高雄紫雲寺「法鼓青年開講」系列活動，19 日進行第六場，邀請「天空的院子」創辦人何培鈞主講「百年夢想，感動四方」，分享自覺與實踐的創業心路歷程，共有一百七十多人參加。

◆ 護法會天母共修處舉辦成立二十週年感恩聯誼會，護法總會副都監常續法師、常健法師及資深悅眾張光斗到場關懷，與一百三十位信眾互相關懷勉勵，歡喜迎向下一個二十年。

◆ 護法會虎尾共修處、雲林科技大學及斗六人文有機市集共同舉辦「農安食安，心安平安」座談會，於斗六市人文公園展開，由僧團副住持果祥法師與斗六市市長謝淑亞、雲科大設計學院院長李傳房等，分享「用愛心從事耕種，以友善保護環境」的初發心。

◆ 19 至 20 日，香港道場於九龍會址舉辦禪二，由副寺常展法師帶領，有近八十人參加。

09.20

◆ 9 月 20 日至 12 月 27 日，臺北安和分院每週日開辦「童趣班」，內容包括佛曲教唱、繪本故事、手作 DIY，以及簡易禪修與讀經課程，培養學童的專注力及良好的情緒管理，共有六十位學童參加。

◆ 基隆精舍舉辦 Fun 鬆一日禪，由常綽法師帶領，共有六十多人參加。

◆ 桃園齋明別苑心靈環保講座，20 日邀請心理諮商師洪仲清、李郁琳主講「心園家園──找一條回家的路」，說明接納不完美的自己，與自己和好，就能找到回家的路，共有一百二十多人參加。

◆ 臺南分院舉辦禪一，由監院常嘉法師帶領，共有八十人參加。

◆ 20 至 30 日，禪堂舉辦話頭禪十，由常源法師帶領，有近五十人參加。

◆護法總會於北投雲來寺舉辦「全球信眾大會義工培訓課程」，由信眾大會專案負責人連智富帶領，弘化發展專案召集人果慨法師講授「《金剛經》與無悔的人生」，分享生命的理事無礙；臺中寶雲寺、高雄紫雲寺同步連線，共有四百五十多位義工參加。

◆法青會於三峽天南寺舉辦山水禪，由常義法師帶領，有近五十人參加。

◆20至27日，馬來西亞道場與新加坡護法會於馬來西亞柔佛州普照寺，首次合辦跨國初階禪七，由高雄紫雲寺監院常參法師擔任總護，常應法師、果徹法師擔任男、女眾小參，共有九十一位學員參加。

◆20至22日，北美護法會新澤西州分會舉辦佛學講座，邀請聖嚴師父法子繼程法師主講《六祖壇經》，有近六十人參加。

◆北美護法會加州舊金山分會舉辦禪一，由美國紐約東初禪寺住持果醒法師帶領，共有五十多人參加。

◆法鼓文理學院校長惠敏法師受邀至新加坡三慧講堂於竺摩長老教育中心舉辦的佛法研習營中，進行「禪修、腦科學與人生」專題講座，共有兩百多人參加。

09.21

◆臺北市政府民政局於臺大醫院國際會議中心舉辦「103年度臺北市績優宗教團體、民俗暨104年度孝行模範聯合表揚大會」，北投文化館、農禪寺再獲肯定，由鑑心長老尼、果仁法師代表出席受獎。

◆9月21日至11月3日，人基會心劇團舉辦「2015轉動幸福計畫《媽媽萬歲II旅程》」校園巡演，共十場演出，包括雲林縣元長鄉、東勢鄉、四湖鄉等十五所小學及幼兒園，逾一千六百位學童、教師、家長及在地居民參與觀賞。9月21日於雲林縣四湖鄉四湖國小進行首場。

09.23

◆慈基會受邀參與行政院原子委員會、新北市政府，於核一廠、北海岸地區及新莊綜合體育館舉行的核安第21號演習——災民收容安置演練，共有三十二位新莊地區緊急救援義工參加。

◆法鼓文理學院舉辦專題講座，邀請拉然巴格西第八世康薩仁波切主講「聞思修入中論甚深道次第的方法」，共有六十多人參加。

◆人基會心劇團舉辦「2015轉動幸福計畫《媽媽萬歲II旅程》」校園巡演，23日於雲林縣元長鄉和平國小演出，引導學童從看戲、作戲、演戲中體驗生命、認識情緒，學習與自己相處。

09.24

◆行政中心人力資源處於北投雲來寺舉辦「心靈環保農法」經驗分享座談會，由僧團副住持果祥法師主持，邀請淨光茶園負責人廖本民、臺中世豐菓園負責人林世豐和八田綠色自然農莊負責人陳佩雲與談，有近一百人參加。

09.26

◆ 三峽天南寺舉辦「野餐來賞月——素食‧電影‧手作」中秋活動，並體驗戶外禪、月光禪，由常甯法師帶領，有近五百人參加。

◆ 臺東信行寺舉辦中秋晚會，內容包括祈福法會、藝文表演等，由監院果增法師帶領，共有八十多人參加。

◆ 美國紐約東初禪寺舉辦英文禪一，邀請聖嚴師父西方弟子南茜‧波納迪帶領，共有十多人參加。

◆ 美國加州洛杉磯道場舉辦禪一，由常俱法師帶領，共有二十多人參加。

◆ 26至28日，香港道場於港島會址舉辦中級1禪訓班輔導學長培訓課程，由常乘法師、常願法師帶領，共有二十人參加。

◆ 北美護法會新澤西州分會舉辦佛學講座，由護法會輔導法師常華法師主講「地藏法門」，共有七十多人參加。

◆ 北美護法會加州舊金山分會舉辦義工舒活營，由資深悅眾張允雄帶領，透過互動式討論、工具分享、Workshop工作坊等方式，提昇團隊合作默契，共有四十多人參加。

◆ 北美護法會華盛頓州西雅圖分會舉辦半日禪，共有三十多人參加。

09.27

◆ 北投農禪寺舉辦「農禪水月過中秋」，內容包括祈福法會、藝文表演等，共有八百多人參加。

◆ 27至28日，臺北安和分院舉辦《法華經》共修，每日誦持一部《法華經》，由監院果旭法師帶領，共有九百多人次參加。

◆ 臺中寶雲寺舉辦中秋晚會，內容包括放鬆體驗、藝文表演等，監院果理法師出席關懷，共有一百多人參加。

◆ 加拿大溫哥華道場舉辦禪一，由監院常悟法師帶領，共有四十多人參加。

◆ 新加坡護法會舉辦佛一，共有三十人參加。

09.28

◆ 桃園齋明寺舉辦禪一，由果澔法師帶領，共有六十多人參加。

◆ 桃園齋明別苑舉辦佛一，由副寺常雲法師帶領，有近一百四十人參加。

09.30

◆ 人基會心劇團舉辦「2015轉動幸福計畫《媽媽萬歲II旅程》」校園巡演，30日於雲林縣東勢鄉安南國小演出，引導學童從看戲、作戲、演戲中體驗生命、認識情緒，學習與自己相處。

◆ 人基會「2015光明遠大心靈講座」，30日邀請無事文創商號負責人吳曉柔主講「微笑告別」，有近一百人參加。

10月 OCTOBER

10.01

◆《人生》雜誌第 386 期出刊，本期專題「大家來讀《普門品》──學做現代觀音」。

◆《法鼓》雜誌第 310 期出刊。

◆法鼓文化出版新書：《求法與弘法──漢傳佛教的跨文化交流國際研討會論文集》（佛學會議論文彙編系列，釋果鏡、廖肇亨主編）；2015 法鼓山桌曆《天地寬》。

◆《金山有情》季刊第 54 期出刊。

◆《法鼓文理學院校刊》第 5 期出刊。

◆《護法季刊》復刊第 4 期出刊。

◆法鼓山網路電視台每月「主題影片」單元，10 月播出「觀音法門（二）──學觀音，做觀音」，精選聖嚴師父相關的開示影片，引領大眾重溫師父的智慧開示。

◆聖基會出版結緣書《生活處處皆是禪》，書中收錄聖嚴師父對禪修方法與觀念應用的開示，引導現代人轉化壓力，建立身心平衡的人生觀。

◆法行會於臺北國賓飯店舉辦第一七三次例會，由普化中心副都監果毅法師主講「十牛圖」，有近兩百一十人參加。

◆香港道場於九龍會址舉辦專題講座，由僧大講師常延法師主講「佛教生死觀」，共有一百多人參加。

10.02

◆2 至 4 日，法鼓文理學院禪文化研修中心舉辦「人社研修體驗營」，由人社學群教師授課，共有七十多位來自福田班、佛學班、禪學班的學員，領略校園的境教與人文關懷，一窺課程概貌，感受博雅學風。

10.03

◆桃園齋明別苑心靈環保講座，3 日邀請電影工作者蔡明亮主講「我身邊的人」，分享創作哲學，有近兩百人參加。

◆慈基會於護法會新竹辦事處舉辦新竹區「104 年度下半年兒少學輔班」行前教育活動，桃園齋明寺監院果舟法師出席關懷，共有二十七位擔任課輔師資的交通大學學生及義工參加。

◆護法總會於臺中寶雲寺舉辦 2015 新進勸募會員授證典禮，方丈和尚果東法師、護法總會副都監常續法師、寶雲寺監院果理法師、護法總會副總會長黃楚琪、楊正雄等出席關懷，共有一百二十八位新進勸募會員加入鼓手的行列。

◆美國紐約象岡道場舉辦禪一，由常襄法師帶領，有近二十人參加。

◆3 至 4 日，北美護法會新澤西州分會舉辦「一茶一禪」研習營，由美國紐約東初禪寺

住持果醒法師帶領，分享「一杯清茶，一念清淨；以茶入禪，茶禪一味」的修心之法，有近六十人參加。

10.04

◆臺中寶雲寺舉辦禪一，由果雲法師帶領，共有一百四十多人參加。

◆臺南分院舉辦佛一，由監院常嘉法師帶領，有近一百二十人參加。

◆臺東信行寺舉辦佛一暨八關戒齋，由果舫法師帶領，有近四十人參加。

◆法鼓山社大於金美國小舉辦「友善農耕市集」，推廣友善環境的自然農耕，邀請金山社大心靈環保農法實務班、種子盆栽班學員帶來親耕作物，並集結北海岸金門、三芝、石門、萬里地區的農友共同參與，合力推廣愛護大地的農產品。

◆4至5日，加拿大溫哥華道場和英屬哥倫比亞大學東亞宗教系聯合舉辦佛學研討會，以「紙本、刻本、數位網路空間——探討多媒體、跨領域的佛學全球網絡前景」為主題，4日於道場開幕並進行兩場主題演講，5日於英屬哥倫比亞大學進行十三場研究發表會。

◆香港道場於九龍會址舉辦佛一，由僧大講師常延法師帶領，共有兩百多人參加。

◆行政中心人力資源處於法鼓山園區進行「緊急救護種子培訓」課程，邀請中華民國紅十字會總會專業師資帶領，共有八十多人參加。

10.05

◆人基會心劇團舉辦「2015轉動幸福計畫《媽媽萬歲II旅程》」校園巡演，5日於雲林縣四湖鄉建華國小演出，四湖鄉立幼兒園師生共同觀賞，引導學童從看戲、作戲、演戲中體驗生命、認識情緒，學習與自己相處。

10.07

◆北投雲來寺舉辦公益講座，邀請心理學家鄭石岩，以「情緒管理與壓力調適」為題，從神經科學、宗教信仰、療癒案例，分享學界及個人的研究經驗，有近兩百人參加。

◆7至28日，信眾教育院每週三晚上於北投農禪寺舉辦「法鼓講堂」佛學課程，由常綽法師主講「《心經》」，課程同時在「法鼓山心靈環保學習網」進行線上直播，提供全球學員上網聽講，並參與課程討論。

10.08

◆法鼓文理學院與臺中寶雲寺，入圍「2015年臺灣建築獎」，文理學院由姚仁喜設計，以聖嚴師父期許的「本來面目」精神為依歸，設計極簡卻頗富詩意；寶雲寺由黃明威設計，以現代手法創新呈現傳統寺院意象，各樓層採無柱空間設計，融入佛法「空」的意涵，體現禪宗精神。

◆8至11日，北投農禪寺舉辦禪三，由監院果毅法師帶領，有近一百七十人參加。

◆ 8 至 11 日，桃園齋明寺舉辦佛三暨八關戒齋，由監院果舟法師帶領，有近兩百一十人參加。

◆ 8 至 11 日，傳燈院於三峽天南寺舉辦第二屆「全國社工禪修營」，結合初級禪訓班、禪一等課程，由常乘法師帶領，並邀請實踐大學社會工作學系副教授楊蓓分享自身的禪修經驗，共有六十七位專業社工人員參加。

10.09

◆ 9 至 12 日，法鼓山於三峽天南寺舉辦第十三屆自我超越禪修營，由僧團副住持果品法師帶領，有近一百二十位學員參加。

◆ 10 月 9 日至 11 月 13 日，弘化院於園區舉辦「水陸季」特展，以「懺悔、感恩、發願、迴向」為主軸，設置四個主題展，引領民眾認識懺悔感恩的意義、諸佛菩薩發願的典故、眾生皆能成佛的啟示，並透過念佛體驗，引導大眾了解水陸法會的慈悲觀與平等普施精神。

◆ 9 至 10 日，信眾教育院於臺中寶雲寺舉辦「心靈環保讀書會帶領人培訓」課程，由常用法師、資深讀書會帶領人方隆彰老師帶領，內容包括《法鼓全集》導讀、心靈環保讀書會的理念、有效提問四層次、讀書會帶領技巧等，共有七十多位學員參加。

◆ 9 至 14 日，美國紐約象岡道場舉辦禪六，邀請聖嚴師父西方法子賽門・查爾得帶領，有近二十人參加。

10.10

◆ 10 至 18 日，禪堂舉辦話頭禪七，由常興法師帶領，共有七十多人參加。

◆ 北美護法會新澤西州分會舉辦佛學講座，由美國紐約東初禪寺住持果醒法師主講「空性與四念處及十二因緣」，共有六十多人參加。

◆ 北美護法會加州舊金山分會舉辦禪一，邀請聖嚴師父西方法子吉伯・古帝亞茲帶領，共有三十多人參加。

10.11

◆ 臺東信行寺舉辦「心靈環保農法」經驗分享座談會，由僧團副住持果祥法師主持，邀請淨光茶園負責人廖本民、臺中世豐菓園負責人林世豐和八田綠色自然農莊負責人陳佩雲與談，有近五十人參加。

◆ 10 月 11 日至 11 月 22 日，慈基會於全臺各地舉辦「第二十七期百年樹人獎助學金」頒發活動，共計四十場，一千六百多位學子受獎。

◆ 香港道場於當地大埔海濱公園舉辦戶外禪，由常寬法師帶領，共有三十多人參加。

◆ 北美護法會安省多倫多分會於當地河濱公園（Riverwood Park）舉辦戶外禪，由美國紐約東初禪寺常齋法師帶領，有近三十人參加。

10.12

◆ 應輔仁大學宗教系「宗教產業與職涯規畫」課程之邀，文化中心副都監果賢法師於 12 及 19 日，分別以「法鼓山文化出版概況」、「從事宗教文化應有的準備」為題，與該系近三十位同學介紹佛教文化部門的架構與功能，並分享投入佛教文化領域的意義與成長。

◆ 人基會心劇團「2015 轉動幸福計畫《媽媽萬歲 II 旅程》」校園巡演，12 日於雲林縣四湖鄉東光國小演出，引導學童從看戲、作戲、演戲中體驗生命、認識情緒，學習與自己相處。

10.14

◆ 人基會心劇團舉辦「2015 轉動幸福計畫《媽媽萬歲 II 旅程》」校園巡演，14 日於雲林縣四湖鄉鹿場國小演出，內湖國小師生共同觀賞，引導學童從看戲、作戲、演戲中體驗生命、認識情緒，學習與自己相處。

◆ 馬來西亞道場舉辦禪一，由監院常藻法師帶領，有近五十人參加。

10.15

◆ 15 至 19 日，方丈和尚果東法師前往香港弘法關懷，內容包括主持「眾願成就　護持擴建」勸募專案啟動典禮、公開講座及皈依典禮，為當地的信眾帶來清涼與法喜。

10.16

◆ 10 月 16 日至 11 月 20 日，臺北中山精舍每週五舉辦佛學講座，由常持法師導讀《善生經》，解說運用五戒十善等修行方法，妥善處理人際關系，創造和諧圓滿又富足的生活，有近一百二十人參加。

◆ 人基會「心藍海策略——企業社會責任」系列課程，16 日邀請信義房屋董事長周俊吉、標竿學院資深顧問陳若玲主講「從誠信出發的心社會責任」，共有五十多人參加。

◆ 16 至 18 日，北美護法會華盛頓州西雅圖分會舉辦十四週年慶系列活動，16 日舉行佛法講座，由北美護法會輔導法師常華法師主講「佛教放下的藝術」，共有六十多人參加。

10.17

◆ 17 至 18 日，北投農禪寺舉辦佛二暨八關戒齋，由監院果毅法師帶領，有近一百四十人參加。

◆ 北投農禪寺舉辦戶外禪，由常琨法師帶領，共有一百七十多人參加。

◆ 高雄紫雲寺「法鼓青年開講」系列活動，17 日進行第七場，邀請「無塑生活」推廣者洪平珊主講「不逞強的無塑人生——從垃圾中找回自己」，分享實踐環保的心路歷程，共有一百多人參加。

◆ 榮譽董事會於三峽天南寺舉辦北四區關懷聯誼會，榮董會會長黃楚琪、執行長陳宜志

到場關懷，有近三百六十人參加。

◆ 教聯會於法鼓山園區舉辦戶外禪，由常獻法師帶領，共有四十人參加。

◆ 17 至 31 日，加拿大溫哥華道場每週六舉辦英文初級禪訓班，由常玄法師帶領，有近三十人參加。

◆ 方丈和尚果東法師香港弘法關懷，17 日上午於香港道場九龍會址主持「眾願成就 護持擴建」勸募專案啟動典禮，勸勉信眾，以募人募心出發，接引大眾來學佛修行；晚間舉辦公開講座，以「無常最積極」為題，分享佛法的生活運用，港島會址同步視訊直播，有近六百人參加。

◆ 北美護法會新澤西州分會舉辦佛學講座，由美國紐約東初禪寺常峪法師主講「普賢十大願」，共有五十多人參加。

◆ 北美護法會華盛頓州西雅圖分會十四週年慶系列活動，17 日舉行大悲心水陸法會說明會，由北美護法會輔導法師常華法師介紹水陸法會的修行意涵與殊勝，共有五十多人參加。

◆ 北美護法會安省多倫多分會舉辦禪一，共有十多人參加。

◆ 行政中心人力資源處舉辦職能訓練課程，17 日於溪頭自然教育園區進行 Fun 鬆一日禪，由常峯法師帶領，有近九十人參加。

10.18

◆ 桃園齋明別苑心靈環保講座，18 日邀請作家吳若權、郭韋齊主講「折翼天使的翅膀」，有近兩百五十多人參加。

◆ 臺南分院舉辦「心靈環保農法」經驗分享座談會，由僧團副住持果祥法師主持，邀請淨光茶園負責人廖本民、臺中世豐菓園負責人林世豐和八田綠色自然農莊負責人陳佩雲與談，有近一百四十人參加。

◆ 18 至 27 日，禪堂舉辦中英默照禪九，邀請聖嚴師父法子查可·安德烈塞維克帶領，共有五十多人參加。

◆ 社大於三峽天南寺舉辦悅眾成長營，由校長曾濟群帶領，僧團都監果光法師以「心靈環保經濟學」為題進行演講，有近兩百位來自金山、新莊、北投三校區的學員參加。

◆ 繼 9 月 20 日首場「全球信眾大會義工培訓課程」，護法總會於 10 月 18 日舉辦第二場，由弘化發展專案召集人果慨法師透過視訊連線，帶領聚集於北投雲來寺、臺中寶雲寺、臺南分院和高雄紫雲寺的護法悅眾，學習以觀音法門來利益他人，做觀音菩薩的化身。

◆ 馬來西亞道場於當地皇后公園（Taman Tasik Permaisuri）舉辦「青年 Fun 鬆禪」，由監院常藻法師帶領，共有三十多位來自不同領域的青年參加。

◆ 方丈和尚果東法師香港弘法關懷，18 日於香港道場九龍會址舉辦祈福皈依典禮，為一百五十名信眾授三皈五戒。

◆ 北美護法會伊利諾州芝加哥分會舉辦佛法講座，由美國紐約東初禪寺住持果醒法師主講「神通與人通」，共有四十多人參加。

◆ 北美護法會加州舊金山分會舉辦佛法講座，由美國紐約東初禪寺常諦法師主講「法華法門的修行」，講說《法華經》的要義，共有六十多人參加。

◆北美護法會華盛頓州西雅圖分會十四週年慶系列活動，18 日舉行佛法講座，由北美護
法會輔導法師常華法師主講「禪意生活」，共有五十多人參加。

10.21

◆法鼓山園區開山十週年，六十二位僧團法師與五十四位內外護義工，循著聖嚴師父的
來時路，溯源而上，從園區出發，行腳三十公里，歷經十三個小時，回到祖庭北投中
華文化館，禮祖發願，繼起傳承法鼓山理念的願心和願力。
◆人基會心劇團舉辦「2015 轉動幸福計畫《媽媽萬歲 II 旅程》」校園巡演，21 日於雲
林縣四湖鄉林厝國小演出，引導學童從看戲、作戲、演戲中體驗生命、認識情緒，學
習與自己相處。

10.23

◆23 至 25 日，臺南雲集寺舉辦禪三，由果謙法師帶領，共有六十五人參加。
◆23 至 25 日，傳燈院於三峽天南寺舉辦禪二，由常願法師帶領，有一百一十二人參加。
◆23 至 24 日，法鼓文理學院於園區舉辦「《中阿含經》國際研討會」，研討會採取小
型、深入探討的方式進行，共有二十多位來自世界各地研究《阿含經》的學者參加。
◆23 至 25 日，方丈和尚果東法師、僧團副住持果品法師、關懷院監院常綽法師、弘化
發展專案召集人果慨法師一行，受邀出席於中國大陸江蘇省無錫市舉辦的第四屆世界
佛教論壇，與五十二國佛教代表交流互動。

10.24

◆北投農禪寺舉辦念佛禪一，由監院果毅法師帶領，共有兩百二十多人參加。
◆臺北安和分院舉辦禪一，由監院果旭法師帶領，共有一百二十多人參加。
◆24 至 25 日，桃園齋明寺舉辦秋季報恩法會，由監院果舟法師帶領，有近三千五百人
次參加。
◆法青會「The AMP Livehouse 大師講唱系列」，24 日邀請音樂工作者方文山分享創作
的經驗和歷程，共有一百多人參加。

10.25

◆臺北中山精舍舉辦 Fun 鬆一日禪，有近六十人參加。
◆南投德華寺舉辦佛一暨八關戒齋，由副寺果弘法師帶領，有近三十人參加。
◆法青會於臺北市內湖圓覺寺步道舉辦山水禪，由常義法師帶領，共有七十多人參加。
◆10 月 25 日至 11 月 22 日，美國紐約東初禪寺舉辦週日講座，由果乘法師主講「憨山大
師〈觀心銘〉」，有近三十人參加。
◆加拿大溫哥華道場舉辦禪一，由監院常悟法師帶領，共有三十多人參加。
◆新加坡護法會舉辦禪一，有近三十人參加。

10.26

◆ 人基會心劇團舉辦「2015 轉動幸福計畫《媽媽萬歲II旅程》」校園巡演，26 日於雲林縣四湖鄉南光國小演出，引導學童從看戲、作戲、演戲中體驗生命、認識情緒，學習與自己相處。

10.27

◆ 法鼓文理學院禪文化研修中心舉辦專題演講，邀請聖嚴師父法子查可·安德烈塞維克主講「禪與武術」，分享如何藉由習禪與習武，化解身心與外在衝突，有近兩百位師生參加。

◆ 馬來西亞道場監院常藻法師受邀出席馬來亞大學佛學會於該校理學院講堂舉辦的「我幸福嗎？」座談會，與馬佛青大專協調委員會副主席蘇柔蓉對談，分享活在當下的幸福哲學，共有一百多人參加。

◆ 中國大陸蘇州西園菩提書院導師濟群法師，帶領來自廈門、晉江、溫州、香港、上海、哈爾濱等地的護法居士一行二十七人，在臺灣廣修禪寺住持大慧法師陪同下，參訪法鼓山園區、北投農禪寺，體驗禪悅境教。

10.28

◆ 28 日起，農禪寺導覽組於每週三、六舉辦「禪修心體驗活動」，由導覽義工帶領，引導參訪大眾練習行禪、托水缽及池邊靜坐，體驗放鬆與自在。首日便有來自新北市板橋高中的八十一位師生，以及中國大陸的參訪團體，一同隨喜參加。

◆ 法鼓文理學院新圖書館「麗英館」開館啟用，實體冊藏以「人文社會」主題為主，也有數萬本休閒類電子書於館內網域提供下載，並將持續擴增應用科學、社會科學館藏與學術期刊，充實研究資源。

◆ 人基會「2015 光明遠大心靈講座」，28 日邀請臺灣大學園藝系教授劉麗飛主講「農安、食安，身安、心安」，提出健康飲食的新觀念：吃得健康、遠離疾病、輕鬆自在和延年益壽，共有一百三十多人參加。

10.29

◆ 人基會心劇團舉辦「2015 轉動幸福計畫《媽媽萬歲II旅程》」校園巡演，29 日於雲林縣四湖鄉飛沙國中演出，包括三崙、飛沙、建陽三所國小共同觀賞，引導學童從看戲、作戲、演戲中體驗生命、認識情緒，學習與自己相處。

10.30

◆ 加拿大溫哥華道場每週日舉辦親子生活園，由美國東初禪寺常濟法師以及法青學員帶領，進行刻南瓜、變裝秀等活動，共有四十多位親子參加。

10.31

◆法鼓山於全球信眾大會前夕，在園區舉辦「法鼓講台」（DDM Talks）活動，分別由禪堂堂主果元法師、工業技術研究院董事長蔡清彥、聖基會執行長楊蓓、人基會心劇團團長蔡旻霓，透過禪修、經濟、心理及藝術四個層面，分享心靈環保在生活及專業上的運用與實踐，共有一千多人參加。

◆10月31日至2016年1月23日，臺中寶雲寺隔週週六為六十五歲以上長者開辦學佛入門活動「銀采樂活營」，共七堂，每堂均有五十多位長者參加。

◆青年院於法鼓山園區祈願觀音殿舉辦「祈福發願晚會」，由監院常炬法師帶領，內容包括觀看聖嚴師父開示影片、法青開講、舞蹈等，方丈和尚果東法師與各地監院法師到場關懷，並帶領法青學員點燈發願，有近三百位來自臺灣、溫哥華、馬來西亞的青年學員參加；次日並於全球信眾大會演出〈純真覺醒〉，展演年輕求道者在修學、護法、傳承過程中的蛻變與成長。

◆法鼓文理學院「大願·校史館」開館，以嶄新的媒材與展覽形式，引領大眾概覽文理學院的興學歷程。

◆美國紐約東初禪寺舉辦英文禪一，邀請聖嚴師父西方弟子南茜·波納迪帶領，共有十多人參加。

11月 NOVEMBER

11.01

◆《人生》雜誌第387期出刊，本期專題「觀音法門——《楞嚴經》耳根圓通」。

◆《法鼓》雜誌第311期出刊。

◆法鼓文化出版新書：《生死50問》（學佛入門Q&A系列，法鼓文化編輯部編著）；《雪竇七集之研究》（漢傳佛教論叢系列，黃繹勳著）；《心的詩偈——信心銘講錄》（禪修指引系列，聖嚴法師著）。

◆繼十六年前首辦全球信眾大會，在法鼓山園區落成十週年之際，法鼓山於園區舉辦全球信眾大會，以「學觀音，做觀音」為主題，內容包括觀音法會、藝文演出、發願、巡禮法鼓文理學院校園等，有近一萬位四眾弟子參加。

◆11月起，法鼓山園區開山紀念館常設展區全面換展，包括尋根發願、我們的師父、法鼓山歷史及理念、感恩紀念等四區，引領參訪者了解法鼓山法脈傳承的歷程、提起學佛護法的熱忱。

◆法鼓山網路電視台每月「主題影片」單元，11月播出「觀音法門（三）——五蘊皆空」，精選聖嚴師父相關的開示影片，引領大眾重溫師父的智慧開示。

◆1至7日，六十五位北美地區信眾圓滿出席全球信眾大會後，隨即展開全臺分寺院參訪，由美國加州洛杉磯道場監院果見法師、溫哥華道場監院常悟法師帶領，體驗北投農禪寺、桃園齋明別苑、臺南雲集寺、高雄紫雲寺、臺東信行寺等道場的禪悅境教。

11.02

◆ 2至5日，中華佛研所所長果鏡法師應中國大陸廣東中山大學之邀，至該校指導心靈環保禪修課程，深入講解禪修的觀念與方法。

◆ 人基會心劇團舉辦「2015轉動幸福計畫《媽媽萬歲II旅程》」校園巡演，2日於雲林縣東勢鄉東勢國小演出，明倫國小師生共同觀賞，引導學童從看戲、作戲、演戲中體驗生命、認識情緒，學習與自己相處。

11.04

◆ 4至25日，信眾教育院每週三晚上於北投農禪寺舉辦「法鼓講堂」佛學課程，由法鼓文理學院校長惠敏法師主講「佛傳與《法華經》」，課程同時在「法鼓山心靈環保學習網」進行線上直播，提供全球學員上網聽講，並參與課程討論。

11.05

◆ 5至8日，臺東信行寺舉辦中級禪悅四日營，由常源法師帶領，有近五十人參加。

◆ 5至8日，傳燈院於三峽天南寺舉辦首屆「全國醫護禪修營」，內容結合初級禪訓班、禪一等課程，由常乘法師帶領，共有四十二位來自臺灣、新加坡等地醫護人員參加。

◆ 法行會於臺北國賓飯店舉辦第一七四次例會，由僧團副住持果元法師主講「話頭禪」，共有兩百一十多人參加。

◆ 11月5日至12月31日，護法會文山辦事處週四舉辦「早安，佛陀！」課程，共四堂，內容包括法鼓八式動禪、《心經》與《阿彌陀經》朗讀、心靈茶會等，有近兩百人次參加。

11.06

◆ 6至8日，北投農禪寺舉辦精進禪二，由常生法師帶領，共有一百六十二人參加。

◆ 6至8日，傳燈院於三義DIY心靈環保教育中心舉辦精進禪二，由常禮法師帶領，有近七十人參加。

◆ 馬來西亞道場監院常藻法師應《星洲日報》之邀，於當地佛光文教中心舉辦「佛學、藝術與生活講座」，與佛光山星馬總住持覺誠法師，以「觀音之美」為主題，與大眾分享如何學習觀世音菩薩，有近兩百人參加。

11.07

◆ 臺中寶雲寺舉辦「禪訓班輔導學長、義工及悅眾聯誼會」，由果雲法師帶領，共有六十多位中部地區禪坐會悅眾參加。

◆ 社大於北投雲來寺舉辦專題講座，邀請「點燈」製作人張光斗主講「在黑暗裡摸到光」，分享製作節目的歷程，以及如何運用「四它」，提昇心靈的力量，包括社大校

　　長曾濟群，共有一百三十多人參加。

◆美國紐約象岡道場舉辦禪一，由常襄法師帶領，有近二十人參加。

11.08

◆臺南分院舉辦禪一，由監院常嘉法師帶領，有近九十人參加。

◆高雄紫雲寺舉辦慈悲三昧水懺法會，由財會處監院常炬法師帶領，共有五百一十多人參加。

◆法青會於德貴學苑舉辦禪一，由常義法師帶領，有近三十人參加。

◆香港道場於九龍會址舉辦專題講座，由常寬法師主講「聖嚴師父的生病觀」，有近三百人參加。

◆8至10日，香港道場於當地基督教女青年會梁紹榮度假村舉辦禪二，由三學研修院男眾副都監常遠法師帶領，共有四十多人參加。

◆北美護法會新澤西州分會舉辦禪修指引課程，邀請聖嚴師父西方弟子大衛‧史烈梅克帶領，共有二十多人參加。

11.12

◆馬來西亞道場舉辦專題講座，由監院常藻法師主講「菩薩戒——成佛必備的資糧」，有近一百二十人參加。

◆13至15日，三峽天南寺舉辦精進禪二，由果峙法師帶領，有近一百三十人參加。

◆13至15日，傳燈院於三義DIY心靈環保教育中心舉辦動禪學長成長營，由常乘法師帶領，有近六十人參加。

◆13至15日，美國紐約象岡道場舉辦禪三，邀請聖嚴師父西方弟子李世娟帶領，有近二十人參加。

11.14

◆14至27日，弘化院於園區舉辦2015年大悲心水陸法會「佛國巡禮」活動，結合園區各殿堂參學導覽行程，民眾透過「大悲觀音行、祈願祝福行、禪悅感恩行」三種方式，實地體驗壇場的殊勝，也感受水陸法會的大悲精神與修行法益。

◆臺中寶雲寺於中興新村虎山步道舉辦戶外禪，由果雲法師帶領，有近八十人參加。

◆高雄紫雲寺「法鼓青年開講」系列活動，14日進行第八場，邀請花蓮生態教育家王緒昂主講「走入自然、找回自然」，分享在大自然中的體會、感動，與成為環教教育工作者的心路歷程，有近一百人參加。

◆14至21日，加拿大溫哥華道場舉辦默照禪七，邀請聖嚴師父西方法子查可‧安德烈塞維克帶領，共有三十八人參加。

◆馬來西亞道場應拉曼大學學院（Tunku Abdul Rahman University College）雙溪龍分校佛學會之邀，由監院常藻法師、演祥法師於該會帶領「Fun鬆一日禪」，有六十多位學子參加。

◆北美護法會安省多倫多分會舉辦禪一，共有十多人參加。

11.15

◆ 基隆精舍舉辦禪一，由副寺果樞法師帶領，共有五十多人參加。

◆ 桃園齋明別苑心靈環保講座，15日邀請作家蘇世豪主講「夢想這條路，跪著也要走完」，鼓勵青年學子努力實踐夢想，強調唯有自我肯定，才能找到自我存在的重要性，共有三百多人參加。

◆ 臺東信行寺舉辦專題講座，邀請陽明大學物理治療暨輔助科技學系助理教授林千禾主講「不敗養生，元氣到老」，有近五十人參加。

◆ 法鼓文理學院校長惠敏法師應南區法行會之邀，於臺南成功大學格致廳演講「禪修、腦科學與人生」，從腦科學的角度，分析禪修對人生的影響，包括宇慶建設公司董事長鄭光吉、長榮桂冠酒店總經理鄭東坡，以及多位中學校長，有近七百人參加。

◆ 法青會於臺北市內湖碧山巖舉辦山水禪，由常義法師帶領，共有三十二人參加。

◆ 美國紐約東初禪寺舉辦週日講座，邀請聖嚴師父西方弟子林晉城主講「鏡頭下的觀照」，有近二十人參加。

11.19

◆ 19至20日，法鼓文理學院佛教學系教授杜正民於中國大陸北京進行學術交流，除應北京大學佛學教育研究中心之邀，出席於北大英傑交流中心舉辦的「第二屆佛教媒體編輯研討會」，並以聖嚴師父的思想為主題，進行兩場演講。

11.20

◆ 方丈和尚果東法師應中國大陸長江商學院之邀，於北京東方君悅酒店舉辦專題講座，主題是「抱願不抱怨」，分享抱持願心，開創光明人生的生活哲學。

◆ 法鼓文理學院與欽哲基金會合作執行的「藏傳佛典漢譯暨人才培訓計畫」，於新校區綜合大樓舉辦「藏傳佛典漢譯之重要性與未來展望」研討會，邀請學者專家深入探討各領域藏經的重要性，提供翻譯計畫未來的參考依據。

◆ 人基會「心藍海策略──企業社會責任」系列課程，20日邀請統一企業前總裁林蒼生、亞碩國際管理顧問股份有限公司副總經理張莉娟主講「重視企業倫理與永續的管理思維」，有近一百人參加。

◆ 北美護法會加州舊金山分會舉辦佛學講座，由美國加州洛杉磯道場監院果見法師主講《華嚴經·淨行品》，共有四十多人參加。

11.21

◆ 方丈和尚果東法師應中國大陸長江商學院之邀，於北京東方廣場舉辦專題講座，主題是「原諒，好緣亮」，分享珍惜因緣，把握當下的處事哲學。

◆ 桃園齋明別苑舉辦禪一，由副寺常雲法師帶領，共有一百七十多人參加。

◆ 榮譽董事會於臺北安和分院舉辦北三區關懷聯誼會，榮董會會長黃楚琪、執行長陳宜

志到場關懷,共有兩百七十多人參加。

◆護法會花蓮辦事處舉辦成立二十週年回顧感恩活動,內容包括祈福法會、茶禪等,由果舫法師帶領,有近八十人參加。

◆加拿大溫哥華道場舉辦專題講座,邀請聖嚴師父西方法子查可‧安德烈塞維克主講「禪與現代生活」,講說禪法在現代生活的應用,共有八十人參加。

◆北美護法會新澤西州分會舉辦佛學講座,由美國紐約東初禪寺常齋法師主講「觀音法門」,共有六十多人參加。

11.22

◆北美護法會加州舊金山分會舉辦禪一,由美國加州洛杉磯道場監院果見法師帶領,共有三十多人參加。

◆新加坡護法會舉辦佛一,共有三十人參加。

11.25

◆人基會「2015 光明遠大心靈講座」,25 日邀請海洋公民基金會董事長胡昭安主講「光熱自我,送愛故鄉」,分享於澎湖從事棲地復育、海洋淨灘、與學童圓夢計畫的心路歷程,共有一百二十多人參加。

◆因推廣心六倫及從事淨化人心工作,人基會獲教育部頒發「104 年度社教公益獎──推展社會教育有功團體獎」,於臺大醫院國際會議中心舉辦頒獎典禮,由祕書長李伸一代表出席受獎。

11.28

◆11 月 28 日至 12 月 5 日,法鼓山於園區啟建「2015 大悲心水陸法會」,共有十二個壇場,每日均有三、四千人現場參與;藉由線上直播,全球各分支道場、護法會分會、辦事處,共三十三處據點亦同步精進共修。

◆法青會「The AMP Livehouse 大師講唱系列」,28 日邀請音樂工作者林生祥分享創作的經驗和歷程,共有一百多人參加。

11.30

◆11 月 30 日至 12 月 11 日,法鼓山受邀參加聯合國氣候變化綱要公約(United Nations Framework Convention on Climate Change, UNFCCC)於法國巴黎舉辦的第二十一次締約國大會(COP21),由美國法鼓山佛教協會(DDMBA)常濟法師、果禪法師、馬來西亞道場監院常藻法師和聖嚴師父西方法子查可‧安德列塞維克代表參加,與各國專家學者為自然環境與工業發展平衡議題,共同探討解決之道。

◆法鼓文理學院舉辦心靈環保講座,邀請建築師姚仁喜主講「一窺堂奧」,分享透過現代建築的空間與人文語彙,傳遞宗教或心靈上的自省,包括校長惠敏法師,共有一百多人參加。

12月 DECEMBER

12.01

◆《人生》雜誌第 388 期出刊，本期專題「好好睡，好好覺」。

◆《法鼓》雜誌第 312 期出刊。

◆法鼓文化出版新書：《六十感恩紀——惠敏法師訪談錄（增訂版）》（智慧人系列，侯坤宏、卓遵宏著）；《正信的佛教》（學佛入門系列，聖嚴法師著）；《正信的佛教（大字版）》（家中寶系列，聖嚴法師著）。

◆法華鐘年度定期維修作業，百丈院邀請製作者日本老子製作所工程人員，共同會勘法華鐘現狀與各組裝零件維護情況。

◆法鼓山網路電視台每月「主題影片」單元，12 月播出「十二因緣觀（一）——生命流轉的因果關係」，精選聖嚴師父相關的開示影片，引領大眾重溫師父的智慧開示。

◆法鼓文理學院舉辦學術講座，邀請日本京都大學人文學研究所副教授維習安（Christian Wittern）主講「高可靠度且可多人共享之電子佛典文獻系統之設計」，共有五十多人參加。

12.06

◆臺北中山精舍舉辦生活佛法講座，由美國紐約東初禪寺住持果醒法師主講「心中的媽媽」，有近三百人參加。

12.07

◆法鼓文理學院舉辦學術講座，邀請日本聖德學園大學教授蜷川祥美主講「日本唯識思想之展開」，有近六十人參加。

12.9

◆法鼓文理學院舉辦學術講座，邀請美國普林斯頓大學（Princeton University）宗教系博士候選人顧立德（Douglas Gildow）主講「中國改革開放以來的僧伽教育」，共有六十多人參加。

12.11

◆12 月 11 日至 2016 年 3 月 18 日，臺北中山精舍週五舉辦經典講座，由常持法師主講「佛說無常經」，有近九十人參加。

◆11 至 13 日，傳燈院於三義 DIY 心靈環保教育中心舉辦精進禪二，由常耀法師帶領，

共有六十一人參加。

◆美國紐約東初禪寺住持果醒法師應香港城市大學之邀,於該校演講「《楞嚴經》──漢傳禪法的理論依據」,共有一百四十多人參加。

◆行政中心人力資源處於北投雲來寺舉辦「生死兩相安──大事關懷」課程,由關懷院常綽法師主講,有近七十人參加。

12.12

◆法鼓山於桃園齋明寺舉辦「社會菁英禪修營第八十六次共修會」,由傳燈院監院常乘法師帶領,共有八十多人參加。

◆12 至 26 日,百丈院與福田樹木保育基金會每週六於德貴學苑、法鼓山園區舉辦「啄木鳥家族志工培訓課程」,邀請臺灣大學園藝暨景觀學系教授張育森、輔仁大學景觀設計學系副教授王秀娟、行政院農業委員會林業試驗所副研究員張東柱等專家學者授課,共有四十四位愛樹民眾、樹主人、攀樹師等學員,從中學習正確的樹木管理與照護專業。

◆北投農禪寺舉辦禪一,由常琨法師帶領,共有一百九十多人參加。

◆桃園齋明別苑舉辦佛一暨八關戒齋,由副寺常雲法師帶領,有近一百三十人參加。

◆高雄紫雲寺「法鼓青年開講」系列活動,12 日進行第九場,邀請「新手書店」創辦人鄭宇庭分享「我和一間書店在路上」,分享創設獨立書店的心路歷程,共有一百五十多人參加。

◆12 至 19 日,禪堂於三峽天南寺舉辦初階禪七,由常願法師帶領,有近一百三十人參加。

◆12 月 12 日至 2016 年 2 月 28 日,慈基會於全臺各地分院及護法會辦事處,舉辦「104年度歲末關懷」系列活動,內容包括祈福法會、點燈儀式、致贈慰問金及物資等,共關懷逾三千戶家庭。首場於 12 月 12 日於北投農禪寺展開,方丈和尚果東法師、臺北市社會局長許立民、北投區長李美麗到場關懷,由關懷院監院常綽法師帶領傳燈祈福法會,共有三百五十多戶關懷家庭參加。

◆美國紐約象岡道場舉辦禪一,由常襄法師帶領,有近二十人參加。

◆香港道場於九龍會址舉辦專題講座,由法鼓文理學院教授杜正民主講「佛典中的療癒觀」,有近一百四十人參加。

◆北美護法會新澤西州分會舉辦佛學講座,由美國紐約東初禪寺常諦法師主講「法華法門的修行」,講說《法華經》要義,共有四十多人參加。

◆北美護法會安省多倫多分會舉辦禪一,共有十多人參加。

12.13

◆法鼓山於北投雲來寺舉辦第二十一屆佛化婚禮婚前講習培訓課程,主題是「不一樣的親密關係」,由心六倫宣講團講師鄭玫玲、許新凰、蔡稔惠分享掌握幸福的學習之道,並由關懷院常持法師帶領體驗動禪、放鬆身心,提點締建和樂家庭的禪味妙方,共有八十多位參加佛化婚禮的新人參加。

◆慈基會 104 年度歲末關懷系列活動,13 日於北投中華佛教文化館展開,由僧團副住持

果祥法師帶領祈福法會，有近四百戶關懷家庭參加。

◆ 13 至 27 日，聖基會舉辦「第四屆兒童生活教育寫畫創作」頒獎典禮，共四場。首場於臺東信行寺舉行，由聖基會董事許仁壽、主任呂理勝等擔任頒獎人，有近一百二十位東部地區學童與家長參加。

◆ 榮譽董事會於北投農禪寺舉辦第三任悅眾團隊聯席會議，方丈和尚果東法師、護法總會副都監常續法師出席關懷，會中分享推動會務的經驗與心得，並對榮董的全面教育進行分組討論，共有七十位來自全臺及美、加地區的悅眾參加。

◆ 美國紐約東初禪寺舉辦週日講座，邀請聖嚴師父西方弟子李世娟主講「禪修者的生死觀」，有近五十人參加。

12.16

◆ 延續聖嚴師父關懷精神，12 月 16 日至 2016 年 2 月 4 日，護法總會副都監常續法師、常應法師，以及陳高昌、胡正中兩位主任，關懷全臺各地三十四位新任召委闔家，凝聚悅眾家庭共同護法的信心和力量。

12.18

◆ 行政中心人力資源處舉辦職能訓練課程，18 日於北投雲來寺進行「激勵技巧」，由北美護法會前會長張允雄帶領，共有三十多人參加。

12.19

◆ 臺北中山精舍舉辦 Fun 鬆一日禪，有近五十人參加。

◆ 慈基會 104 年度歲末關懷系列活動，19 日於法鼓山園區展開，新北市社會局長張錦麗、金山區長李偉人、萬里區長謝文祥到場關懷，由關懷院監院常綽法師帶領傳燈祈福法會，共有兩百五十多戶關懷家庭參加。

◆ 中華佛學研究所、法鼓佛教學院於園區舉辦校友活動，通過成立校友會，並投票票選第一屆會長、理事、監事，法鼓文理學院校長惠敏法師、總務長曾漢珍、佛教學系副教授見弘法師，也以會員身分到場關懷。

◆ 聖基會「第四屆兒童生活教育寫畫創作」頒獎典禮，19 日於臺中寶雲寺進行，由寶雲寺監院果理法師、聖基會主任呂理勝等擔任頒獎人，有近兩百位中部地區學童及家長參加。

◆ 護法總會於北投農禪寺舉辦「2016 正副會團長、轄召、召委暨委員授證營」，方丈和尚果東法師出席授證與開示，共有三百四十四位悅眾參加。

12.20

◆ 基隆精舍舉辦佛一，由副寺果樞法師帶領，共有六十多人參加。

◆ 桃園齋明別苑心靈環保講座，20 日由僧團副住持果元法師主講「他鄉遇故知」，共有兩百多人參加。

◆高雄紫雲寺舉辦佛一暨八關戒齋，由僧團副住持果燦法師帶領，共有兩百七十多人參加。

◆20至27日，禪堂於臺東信行寺舉辦初階禪七，由演捨法師帶領，有近九十人參加。

◆北美護法會加州舊金山分會舉辦禪一，共有十多人參加。

12.23

◆社大於臺中寶雲寺舉辦「104學年度銀髮族樂起來」課程聯合結業典禮，共有金山、北投、新莊三校區一百多位結業學員參加。

12.25

◆25至27日，禪堂舉辦助理監香培訓課程，由常興法師帶領，有近七十人參加。

◆25至27日，傳燈院於三義DIY心靈環保教育中心舉辦精進禪二，由果峙法師帶領，共有六十二人參加。

◆25至27日，青年院於三峽天南寺舉辦「悟吧！二日營」，由常義法師、常灃法師等帶領，內容包括坐禪、經行及托水缽等禪修體驗，有近八十位青年學員參加。

◆25至30日，美國加州洛杉磯道場舉辦止觀禪五，由美國紐約東初禪寺住持果醒法師帶領，共有三十多位義工參加。

12.26

◆慈基會104年度歲末關懷系列活動，26日於桃園齋明寺展開，由祕書長果器法師帶領祈福法會，共有三百多戶關懷家庭參加。

◆聖基會「第四屆兒童生活教育寫畫創作」頒獎典禮，26日於高雄紫雲寺進行，由紫雲寺監院常參法師、聖基會主任呂理勝等擔任頒獎人，有近兩百位南部地區學童及家長參加。

◆榮譽董事會於臺南雲集寺舉辦南區榮譽董事聘書頒發暨聯誼會，方丈和尚果東法師、護法總會輔導法師果器法師、榮董會會長黃楚琪等出席關懷，有近三百人參加。

◆26至27日，美國紐約東初禪寺舉辦省思二日禪，由監院常華法師帶領，有近三十人參加。

◆12月26日至2016年1月3日，美國紐約象岡道場舉辦話頭禪九，邀請美國佛羅里達州立大學宗教學系副教授俞永峯帶領，共有四十四人參加。

12.27

◆12月27日至2016年1月2日，北投農禪寺舉辦彌陀佛七，共有三千五百多人次參加。

◆南投德華寺舉辦佛一暨八關戒齋，由副寺果弘法師帶領，有近三十人參加。

◆臺東信行寺舉辦心靈講座，由聖基會執行長楊蓓主講「悲慟、轉化與修行」，分享轉化悲慟的修行歷程，有近七十人參加。

◆聖基會「第四屆兒童生活教育寫畫創作」頒獎典禮，27日於德貴學苑進行，由聖基

會董事許仁壽、主任呂理勝等擔任頒獎人，有近四百位北部地區學童及家長參加。

◆ 法青會「The AMP Livehouse 大師講唱系列」，27 日邀請音樂工作者陳家偉分享創作的經驗和歷程，共有一百多人參加。

◆ 加拿大溫哥華道場舉辦禪一，由監院常悟法師帶領，共有四十多人參加。

◆ 香港道場於九龍會址舉辦慈悲三昧水懺法會，由副寺常展法師帶領，共有四百五十多人參加。

◆ 新加坡護法會舉辦禪一，有近三十人參加。

◆ 瓜地馬拉共和國副總統傅恩德斯（Juan Alfonso Fuentes Soria）伉儷一行，在外交部禮賓處處長曾瑞利陪同下，參訪法鼓山園區，由方丈和尚果東法師、三學研修院男眾副都監常遠法師、果高法師等代表接待，陪同前往大殿、祈願觀音殿禮佛，體驗禪悅境教。

12.28

◆ 12 月 28 日至 2016 年 1 月 6 日，美國紐約東初禪寺舉辦念佛禪六，由監院常華法師帶領，有近三十人參加。

12.30

◆ 人基會「2015 光明遠大心靈講座」，30 日由法鼓文理學院校長惠敏法師主講「慈悲禪修與心智科學」，共有一百一十多人參加。

◆ 12 月 30 日至 2016 年 1 月 4 日，美國加州洛杉磯道場舉辦默照禪五，由美國紐約東初禪寺住持果醒法師帶領，有近二十位義工參加。

12.31

◆ 北投農禪寺舉辦「2016 跨年迎新在農禪」活動，以念佛、拜佛、聽法迎接新的一年，共有一千多人參加。

◆ 12 月 31 日至 2016 年 1 月 2 日，臺南雲集寺舉辦立姿動禪學長培訓課程，由傳燈院常願法師帶領，有近五十人參加。

◆ 馬來西亞道場舉辦跨年大悲懺法會，由監院常藻法師帶領，以精進拜懺迎接新年，共有一百五十多人參加。

◆ 北美護法會安省多倫多分會舉辦跨年祈福念佛共修，有近四十人參加。

法鼓山2015年主要法會統計

◎ 國內（分院、精舍）

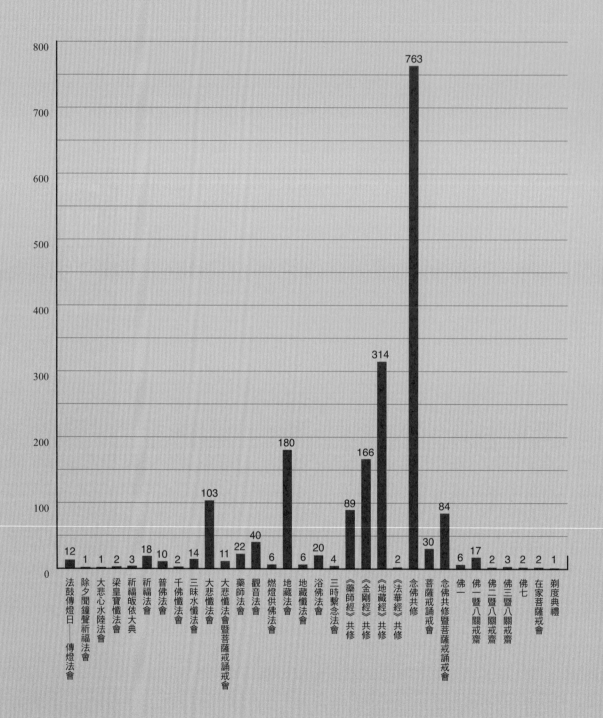

◎ 海外（道場、分會）

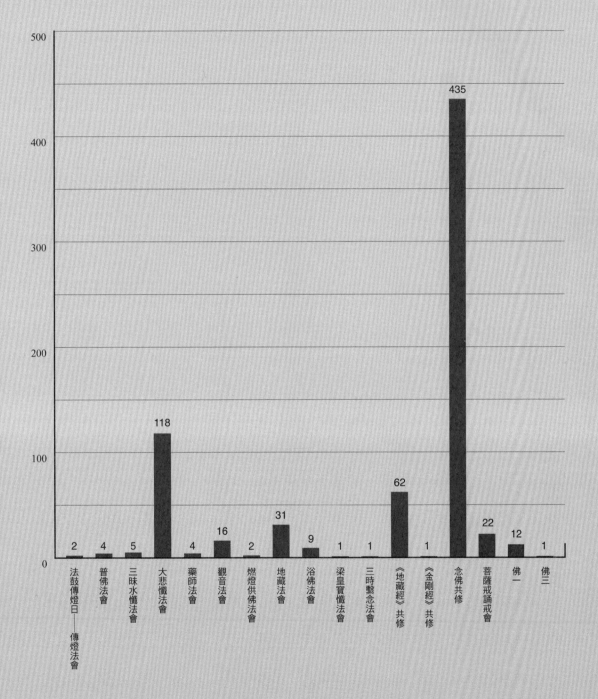

法鼓山2015年主要禪修活動統計

◎ 國內（分院、精舍）

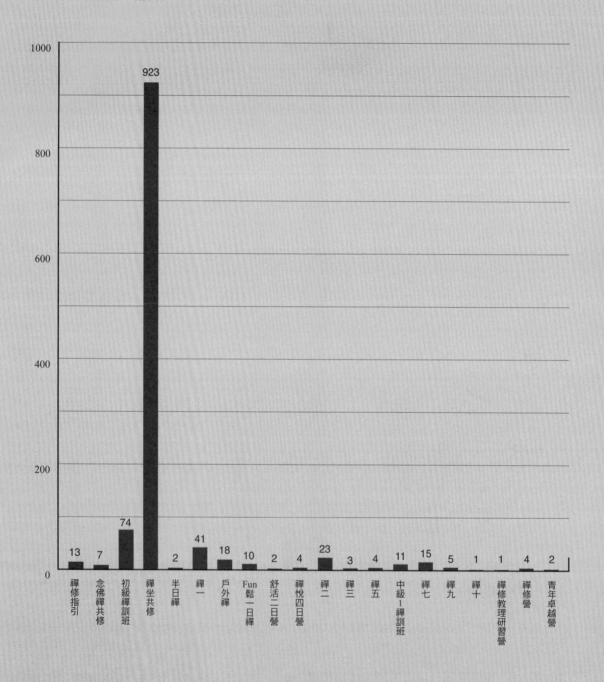

◎ 海外（道場、分會）

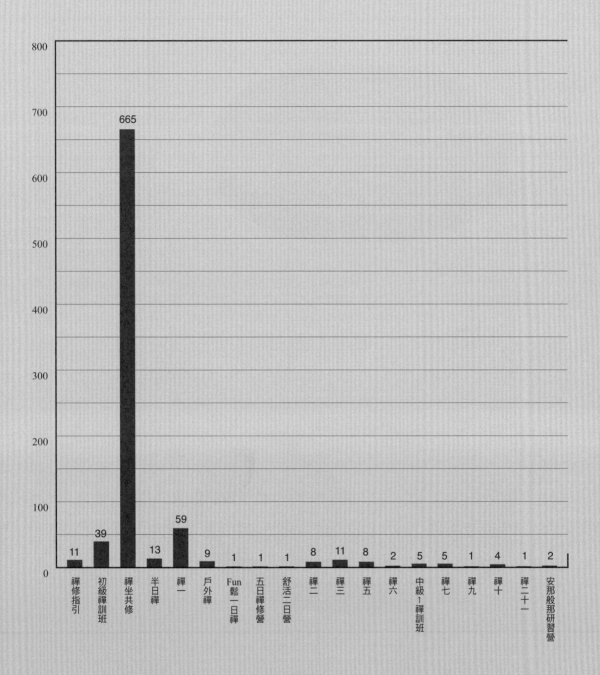

法鼓山2015年主要佛學推廣課程統計

◎ 信眾教育院

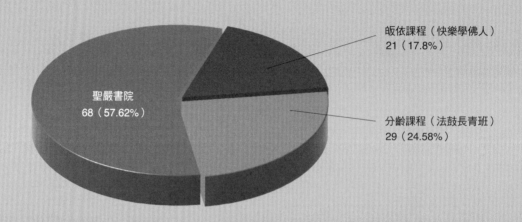

皈依課程（快樂學佛人）
21（17.8%）

分齡課程（法鼓長青班）
29（24.58%）

聖嚴書院
68（57.62%）

◎聖嚴書院

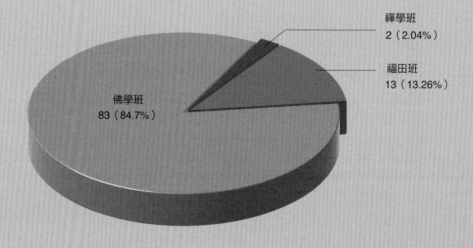

禪學班
2（2.04%）

福田班
13（13.26%）

佛學班
83（84.7%）

◎ 聖嚴書院佛學班／禪學班

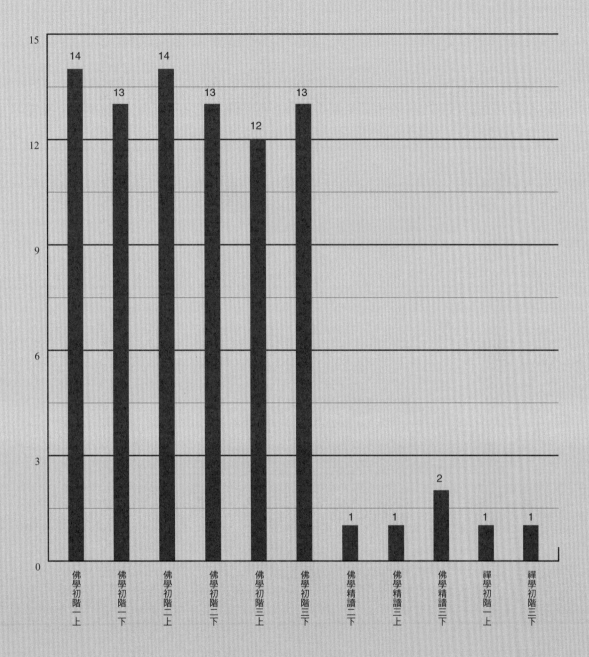

法鼓山2015年心靈環保讀書會推廣統計

◎ 全球

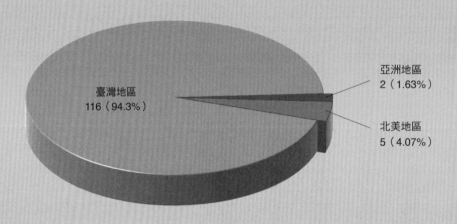

臺灣地區
116（94.3%）

亞洲地區
2（1.63%）

北美地區
5（4.07%）

◎ 臺灣

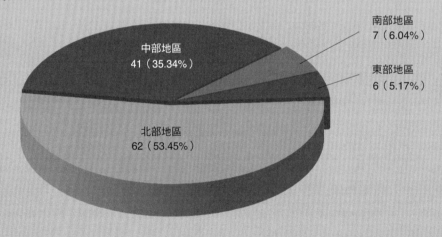

中部地區
41（35.34%）

北部地區
62（53.45%）

南部地區
7（6.04%）

東部地區
6（5.17%）

法鼓山2015年主要出版品一覽

◎ 法鼓文化

出版月份	書名
1月	《光明遠大——智慧轉境，自心光明；慈悲利他，希望遠大。》（人間淨土系列，聖嚴法師著，法鼓文化編輯部選編）
	《法會 50 問》（學佛入門 Q&A 系列，法鼓文化編輯部編著）
	英文書《禪的世界》（*The World of Chan*）（法鼓全集英譯禪修系列，聖嚴法師著）
2月	《原諒，好緣亮！》（琉璃文學系列，果東法師著）
	《創意佛藝好好玩——20 種佛教手作藝術輕鬆上手》（人生 DIY 系列，吳大仁、張錦德著，張錦德、李東陽攝影）
	《看見法鼓山最美的風景——義工身影》攝影集（人生 DIY 系列，李東陽攝影、鄧沛雯文案）
3月	《展讀巴利新課程——進入佛陀的語言世界》（*A New Course in Reading Pali: Entering the World of the Buddha*）（法鼓文理學院譯叢，詹姆斯 · 吉爾 James W. Gair、卡魯那提拉克 W.S. Karunatillake 著，溫宗堃譯）
	《菩薩行》CD（法鼓山歌曲系列，李俊賢音樂製作）
4月	《禪味六十》（琉璃文學系列，繼程法師著）
	《中國文化中的佛教——中国 III 宋元明清》（新亞洲佛教史系列，沖本克己編，辛如意譯）
5月	《PURE LAND · 淨土——許朝益攝影集》（人生 DIY 系列，許朝益攝影）
	《佛菩薩 50 問》（學佛入門 Q&A 系列，法鼓文化編輯部編著）
	《好讀雜阿含經第一冊——遠離憂悲苦惱（卷一至卷十）》（好讀系列，台大獅子吼佛學專站編著）
6月	《聖嚴研究第六輯》（聖嚴思想論叢系列，聖嚴教育基金會學術研究部編）
	《佛教與中國文化》（智慧海系列，東初老人著）
7月	《禪門直心》（智慧人系列，繼程法師著）
	《佛國留學紀實》（智慧人系列，淨海法師著）
8月	《早安好食！》（禪味廚房系列，藍子竣著）
	《陳那現量理論及其漢傳詮釋》（中華佛學研究所論叢系列，仁宥法師著）
9月	《禪修入門 50 問》（學佛入門 Q&A 系列，法鼓文化編輯部編著）
	英文書《〈雜阿含〉研究》（*Saṃyukta-āgama Studies*）（法鼓文理學院論叢，無著比丘 Bhikkhu Anālayo 著）
10月	《求法與弘法——漢傳佛教的跨文化交流國際研討會論文集》（佛學會議論文彙編系列，釋果鏡、廖肇亨主編）
	2015 法鼓山桌曆《天地寬》
11月	《生死 50 問》（學佛入門 Q&A 系列，法鼓文化編輯部編著）
	《雪竇七集之研究》（漢傳佛教論叢系列，黃繹勳著）
	《心的詩偈——信心銘講錄（新版）》（禪修指引系列，聖嚴法師著）
12月	《六十感恩紀——惠敏法師訪談錄（增訂版）》（智慧人系列，侯坤宏、卓遵宏著）
	《正信的佛教》（學佛入門系列，聖嚴法師著）
	《正信的佛教（大字版）》（家中寶系列，聖嚴法師著）

◎ 聖嚴教育基金會（結緣書籍）

出版月份	書名
1月	《學觀音‧做觀音》、《今生與師父有約（七）》
2月	《今生與師父有約（六）》（高鐵版）
3月	英文書 *Encounters with Master Sheng Yen* Ⅴ【《今生與師父有約》（五）英文版】
6月	《今生與師父有約（八）》
7月	《樂活舒壓禪》
8月	英文書 *Encounters with Master Sheng Yen* Ⅵ【《今生與師父有約》（六）英文版】
10月	《生活處處皆是禪》
	《今生與師父有約（七）》（高鐵版）
11月	2016 聖基會掛曆

法鼓山2015年參與暨舉辦之主要國際會議概況

時間	會議名稱	主辦單位	國家	地點	主要參加代表
4月12日	當代佛教發展的契機和挑戰	法鼓山溫哥華道場	加拿大	溫哥華	常悟法師
4月12至13日	本煥長老與當代佛教學術研討會	北京大學	中國大陸	北京	鄧偉仁老師
6月23至27日	天主教與佛教之宗教對話	美國天主教主教團普世與跨宗教事務主教團委員會	義大利	羅馬	果見法師 常華法師
6月26至27日	漢傳佛教青年學者論壇	中華佛學研究所	臺灣	新北市	惠敏法師 果鏡法師
7月21日	氣候心靈高峰會	法國	法國	巴黎	常濟法師 常藻法師
11月30日至12月11日	第二十一次締約國大會	聯合國氣候變化綱要公約	法國	巴黎	常濟法師 果禪法師 常藻法師

2014-2015年聖嚴師父暨法鼓山相關學術研究論文一覽

◎ 期刊論文（與聖嚴師父相關）

論文題目	作者	論文發表處	發表年
聖嚴法師「以禪攝淨」的詮釋及其運用	陳劍鍠	《文與哲》第 26 期	2015

◎ 專書（與聖嚴師父相關）

書名	作者	出版社	出版年	備註
《聖嚴研究第六輯》	聖嚴教育基金會學術研究部編	法鼓文化	2015	收錄 2014 年「第五屆聖嚴思想國際學術研討會暨法鼓山信眾論壇」部分發表論文

◎ 專書（與法鼓山及其理念相關）

書名	作者	出版社	出版年
心靈環保經濟學	釋果光	法鼓文化	2014

◎ 專書論文（與聖嚴師父相關）

論文題目	作者	論文發表處	發表年	備註
聖嚴法師旅行書寫中的禪學與禪修	王美秀	《聖嚴研究第六輯》	2014	2015 法鼓文化出版
聖嚴法師菩薩戒思想之研究——基於菩薩戒傳承思想之對照與詮釋觀點之理解	王惠雯	《聖嚴研究第六輯》	2014	2015 法鼓文化出版
聖嚴法師的人間淨土建設——以三大教育為中心	周柔含	《聖嚴研究第六輯》	2014	2015 法鼓文化出版
論聖嚴法師菩薩戒思想之佛教文化哲學義蘊	郭朝順	《聖嚴研究第六輯》	2014	2015 法鼓文化出版
以心為筆，翰墨說法——聖嚴法師《遊心禪悅》書法藝術研析	陳靜琪	《聖嚴研究第六輯》	2014	2015 法鼓文化出版
聖嚴法師戒律思想之倫理學義蘊	嚴瑋泓	《聖嚴研究第六輯》	2014	2015 法鼓文化出版
聖嚴法師的佛教通史著述與近代佛教史學	龔雋	《聖嚴研究第六輯》	2014	2015 法鼓文化出版

◎ 博碩士論文（與聖嚴師父相關）

論文題目	作者	論文發表處	發表年
釋聖嚴道德教育思想之探究	紀俊吉	臺南大學教育學系教育經營與管理博士論文	2015
《壇經》「見性成佛」的當代詮釋與實踐——以聖嚴法師為主	黃美英	法鼓佛教學院佛教學系碩士論文	2015
「頓」中開出次第化漸修——聖嚴法師禪法的特色與現代意義	張雅雯	法鼓佛教學院佛教學系碩士論文	2015

◎ 博碩士論文（與法鼓山相關）

論文題目	作者	論文發表處	發表年
法鼓山與慈濟社會福利思想實踐的比較——非營利組織的觀點	張麗君	中國文化大學中山與中國大陸研究所博士論文	2014
生命教育潛在課程——以法鼓山境教為例	陳攸婷	臺北教育大學教育學系生命教育碩士論文	2015
臺灣的生命教育——以法鼓山為例	李秋香	輔仁大學宗教學系碩士論文	2015

◎ 會議論文（與法鼓山及其理念相關）

論文題目	作者	論文發表處	發表時間	地點
法鼓山助念團的發展——以臺北市文山區為例	李明傑	2015 東亞佛教思想文化國際學術研討會	2015/10/6	臺灣

法鼓山全球聯絡網

【全球各地主要分支道場】

【國內地區】

■北部

法鼓山世界佛教教育園區
電話：02-2498-7171
傳真：02-2498-9029
20842新北市金山區法鼓路555號

農禪寺
電話：02-2893-3161
傳真：02-2895-8969
11268臺北市北投區大業路65巷89號
11268臺北市北投區大度路112號

中華佛教文化館
電話：02-2891-2550；02-2892-6111
傳真：02-2893-0043
11246臺北市北投區光明路276號

雲來寺（行政中心、普化中心、文化
中心）
電話：02-2893-9966（行政中心、普化
中心）
電話：02-2893-4646（文化中心）
傳真：02-2893-9911
11244臺北市北投區公館路186號

法鼓德貴學苑
電話：02-8978-2081（青年發展院）
電話：02-2381-2345（法鼓山人文社會
基金會）
電話：02-8978-2110（法鼓文理學院推
廣教育中心）
10044臺北市中正區延平南路77號

安和分院（大安、信義、南港辦事處）
電話：02-2778-5007~9
傳真：02-2778-0807
10688臺北市大安區安和路一段29號10樓

天南寺
電話：02-8676-2556
傳真：02-8676-1060
23743新北市三峽區介壽路二段138巷
168號

齋明寺
電話：03-380-1426；03-390-8575
傳真：03-389-4262
33561桃園市大溪區齋明街153號

齋明別苑
電話：03-315-1581
傳真：03-315-0645
33050桃園市桃園區大業路一段361號

中山精舍（中山辦事處）
電話：02-2591-1008
傳真：02-2591-1078
10452臺北市中山區民權東路一段67
號9樓

基隆精舍（基隆辦事處）
電話：02-2426-1677
傳真：02-2425-3854
20045基隆市仁愛區仁五路8號3樓

蘭陽精舍
電話：039-571-160
26563宜蘭縣羅東鎮北投街368號

大同辦事處
電話：02-2599-2571
10367臺北市大同區酒泉街34-1號

松山辦事處
電話：0918-607-195
10572臺北市松山區民生東路五段28
號7樓

中正萬華辦事處
電話：02-2305-2283
10878臺北市萬華區萬大路239號4樓

石牌辦事處
電話：02-2832-3746
11158臺北市士林區福華路147巷
28號1樓

士林辦事處
電話：02-2881-7898
11162臺北市士林區中正路335巷6弄
5號B1

社子辦事處
電話：02-2816-9619
11165臺北市士林區延平北路五段29號
1、2樓

北投辦事處
電話：02-2892-7138
傳真：02-2388-6572
11241臺北市北投區溫泉路68-8號1樓

內湖辦事處
電話：02-2793-8809
11490臺北市內湖區民權東路六段123
巷20弄3號1樓

文山辦事處
電話：02-2236-4380
傳真：02-8935-1858
11641臺北市文山區和興路52巷9之3號
1樓

金山萬里辦事處
電話：02-2408-1844
傳真：02-2408-2554
20841新北市金山區仁愛路61號

海山辦事處
電話：02-8951-3341
傳真：02-8951-3341
22067新北市板橋區三民路一段126號
13樓

新店辦事處
電話：02-8911-3242
23149新北市新店區中華路9號3樓
之1

中永和辦事處
電話：02-2231-2654
傳真：02-2925-8599
23455新北市永和區中正路417號
10樓

三重蘆洲辦事處
電話：02-2986-0168
24161新北市三重區重新路四段53
號5樓之1

新莊辦事處
電話：02-2994-6176
傳真：02-2994-4102
24242新北市新莊區新莊路114號

林口辦事處
電話：02-2603-0390
　　　02-2601-8643
傳真：02-2602-1289
24446新北市林口區中山路91號
3樓

淡水辦事處
電話：02-2629-2458
25153新北市淡水區新民街120巷
3號1樓

三芝石門辦事處
電話：0978-207-781
25241新北市三芝區公正街三段
10號

新竹辦事處
電話：03-525-8246
傳真：03-523-4561
30046新竹市北區中山路443號

中壢辦事處
電話：03-281-3127；03-281-3128
傳真：03-281-3739
32448桃園市平鎮區環南路184號
3樓之1

桃園辦事處
電話：03-302-4761；03-302-7741
傳真：03-301-9866
33046桃園市桃園區大興西路二段
105號12樓

苗栗辦事處
電話：037-362-881
傳真：037-362-131
36046苗栗縣苗栗市大埔街42號

三義DIY心靈環保教育中心
電話：04-2223-1055；037-870-995
傳真：037-872-222
36745苗栗縣三義鄉廣盛村八股路
21號

■中部
寶雲寺（臺中辦事處）
電話：04-2255-0665
傳真：04-2255-0763
40756臺中市西屯區市政路37號

寶雲別苑
電話：04-2465-6899
40764臺中市西屯區西屯路三段西平南巷
6-6號

德華寺
電話：049-242-3025；049-242-1695
傳真：049-242-3032
54547南投縣埔里鎮清新里延年巷33號

豐原辦事處
電話：04-2524-5569
傳真：04-2515-3448
42048臺中市豐原區北陽路8號4樓

中部海線辦事處
電話：04-2622-9797
傳真：04-2686-6622
43655臺中市清水區鎮南街53號2樓

彰化辦事處
電話：04-711-6052
傳真：04-711-5313
50049彰化縣彰化市中山路二段2號10樓

員林辦事處
電話：04-837-2601
傳真：04-838-2533
51042彰化縣員林市靜修東路33號8樓

南投辦事處
電話：049-231-5956
傳真：049-239-1414
54044南投縣南投市中興新村中學西路106號

■南部

臺南分院（臺南辦事處）
電話：06-220-6329；06-220-6339
傳真：06-226-4289
70444臺南市北區西門路三段159號14樓

雲集寺
電話：06-721-1295；06-721-1298
傳真：06-723-6208
72242臺南市佳里區六安街218號

紫雲寺（高雄北區／南區辦事處）
電話：07-732-1380
傳真：07-731-3402
83341高雄市鳥松區忠孝路52號

三民精舍
電話：07-225-6692
80760高雄市三民區建國一路433號2樓

嘉義辦事處
電話：05-2760071；05-2764403
傳真：05-276-0084
60072嘉義市東區林森東路343號1樓

屏東辦事處
電話：08-738-0001
傳真：08-738-0003
90055屏東縣屏東市建豐路2巷70號1樓

潮州辦事處
電話：08-789-8596
傳真：08-780-8729
92045屏東縣潮州鎮和平路26號1樓

■東部

信行寺（臺東辦事處）
電話：089-225-199；089-225-299
傳真：089-239-477
95059臺東縣臺東市更生北路132巷36或
38號

宜蘭辦事處
電話：039-332-125
傳真：039-332-479
26052宜蘭縣宜蘭市泰山路112巷8弄
18號

羅東辦事處
電話：039-571-160
傳真：039-561-262
26550宜蘭縣羅東鎮公正路246號1樓

花蓮辦事處
電話：03-834-2758
傳真：03-835-6610
97047花蓮縣花蓮市光復街87號7樓

【海外地區】

■美洲America
美國紐約東初禪寺
（紐約州紐約分會）
Chan Meditation Center
（New York Chapter, NY）
TEL：1-718-592-6593
FAX：1-718-592-0717
E-MAIL：ddmbaus@yahoo.com
WEBSITE：http://www.chancenter.org
ADDRESS：90-56 Corona Ave.,
Elmhurst, NY 11373, U.S.A.

美國紐約象岡道場
Dharma Drum Retreat Center
TEL：1-845-744-8114
FAX：1-845-744-8483
E-MAIL：ddrc@dharmadrumretreat.org
WEBSITE：
http://www.dharmadrumretreat.org
ADDRESS：184 Quannacut Rd.,
Pine Bush, NY 12566, U.S.A.

美國加州洛杉磯道場
（加州洛杉磯分會）
Dharma Drum Mountain Los Angeles Center
（Los Angeles Chapter, CA）
TEL：1- 626-350-4388
E-MAIL：ddmbala@gmail.com
WEBSITE：www.ddmbala.org
ADDRESS：4530 N. Peck Rd, El Monte,
CA 91732, U.S.A.

加拿大溫哥華道場
（加拿大溫哥華分會）
Dharma Drum Mountain Vancouver Center
（Vancouver Chapter, Canada）
TEL：1-604-277-1357
FAX：1-604-277-1352
E-MAIL：info@ddmba.ca
WEBSITE：http://www.ddmba.ca
ADDRESS：8240 No.5 Rd. Richmond,
B.C. Canada, V6Y 2V4

北美護法會
Dharma Drum Mountain Buddhist
Association（D.D.M.B.A.）
TEL：1-718-592-6593
ADDRESS：90-56 Corona Ave., Elmhurst,
NY 11373, U.S.A

◎東北部轄區North East Region
新澤西州分會
New Jersey Chapter
TEL：1-732-249-1898
E-MAIL：enews@ddmbanj.org
WEBSITE：http:// www.ddmbanj.org
ADDRESS：56 Vineyard Road,
Edison NJ 08817, U.S.A

安省多倫多分會
Antario Chapter, Canada
TEL：1-416-855-0531
E-MAIL：ddmba.toronto@gmail.com
WEBSITE：http:// www.ddmbaontario.org
ADDRESS：1025 McNicoll Avenue,
Toronto, Canada, M1W 3W6

康州南部聯絡處
Fairfield County Branch, CT
TEL：1-203-912-0734
E-MAIL：contekalice@aol.com

康州哈特福聯絡處
Hartford Branch, CT
TEL：1-860-805-3588
E-MAIL：cmchartfordct@gmail.com

佛蒙特州伯靈頓聯絡處
Burlington Branch, VT
TEL：1-802-658-3413
FAX：1-802-658-3413
E-MAIL：juichulee@yahoo.com
WEBSITE：http://www.ddmbavt.org

麻州波斯頓聯絡處
Boston Branch, MA
TEL：1-347-922-6186
E-MAIL：ddm.boston@gmail.com

賓州州大大學城聯絡處
State College Branch, PA
TEL：1-814-867-9253
E-MAIL：ddmbapa@gmail.com
WEBSITE：http://www.ddmbapa.org

◎東南部轄區South East Region
佛州塔城分會
Tallahassee Branch, FL
TEL：1- 850-274-3996
E-MAIL：
tallahassee.buddhistcommunity@gmail.com
WEBSITE：www.tallahasseechan.com
ADDRESS：647 McDonnell Drive,
Tallahassee FL 32310, U.S.A.

首都華盛頓聯絡處
Washington Branch, DC
TEL：1-240-424-5486
E-MALL：chan@ddmbadc.org

佛州奧蘭多聯絡處
Orlando Branch, FL
TEL：1-407-671-6250
E-MAIL：chihho2004@yahoo.com
WEBSITE：http://orlando.ddmusa.org

喬治亞州亞特蘭大聯絡處
Atlanta Branch, GA
TEL：1- 678-809-5392
E-MAIL：Schen@eleganthf.net

◎中西部轄區Mid-West Region
伊利諾州芝加哥分會
Chicago Chapter, IL
TEL：1-847- 255-5483
E-MAIL：ddmbachicago@gmail.com
WEBSITE：http://www.ddmbachicago.org
ADDRESS：1234 North River Rd. Mount
Prospect, IL 60056, U.S.A.

密西根州蘭辛聯絡處
Lansing Branch, MI
TEL：1-517-332-0003
FAX：1-517- 614-4363
E-MAIL：lkong2006@gmail.com
WEBSITE：http://michigan.ddmusa.org

密蘇里州聖路易聯絡處
St. Louise Branch, MO
TEL：1-636- 825-3889
E-MAIL：acren@aol.com

◎西北部轄區West North Region
加州舊金山分會
San Francisco Bay Area Chapter, CA
TEL：1-408-900-7125
E-MAIL：info@ddmbasf.org
WEBSITE：http://www.ddmbasf.org
ADDRESS：255 H. Street, Fremont,
CA 94536, U.S.A.

華盛頓州西雅圖分會
Seattle Chapter, WA
TEL：1-425-957-4597
E-MAIL：mhwang@gmail.com
WEBSITE：seattle.ddmusa.org
ADDRESS：14130 NE 21st St.,
Bellevue, WA 98007, U.S.A.

加州省會聯絡處
Sacramento Branch, CA
TEL：1-916-681-2416
E-MAIL：ddmbasacra@yahoo.com
WEBSITE：http://sacramento.ddmusa.org

加州橙縣聯絡處
Orange County Branch, CA
E-MAIL：ddmba.oc@gmail.com

◎西南部轄區West South Region
德州達拉斯聯絡處
Dallas Branch, TX
TEL：1-682-552-0519
E-MAIL：ddmba_patty@yahoo.com
WEBSITE：http://dallas.ddmusa.org

■亞洲Asia

馬來西亞道場
（馬來西亞護法會）
Dharma Drum Mountain Malaysia Center
（Malaysia Branch）
TEL：60-3-7960-0841
FAX：60-3-7960-0842
E-MAIL：admin@ddm.org.my
WEBSITE：http://www.ddm.org.my
ADDRESS：Block B-3-16, 8 Ave., Pusat
Perdagangan SEK.8, Jalan Sg. Jernih, 46050
Petaling Jaya, Selangor, Malaysia

香港道場——九龍會址
Hong Kong Branch
TEL：852-2865-3110
FAX：852-2591-4810
E-MAIL：info@ddmhk.org.hk
WEBSITE：http://www.ddmhk.org.hk
ADDRESS：Room 203 2/F., Block B,
Alexandra Industrial Building 23-27 Wing
Hong Street, Lai Chi Kok, Kowloon,
Hong Kong（香港九龍荔枝角永康街
23-27號安泰工業大廈B座2樓203室）

香港道場——港島會址
TEL：852-3955-0077
FAX：852-3590-3640
ADDRESS：2/F., Andes Plaza, No. 323
Queen's Road West, Sai Ying Pun,
Hong Kong（香港西營盤皇后大道西
323號安達中心二樓）

新加坡護法會
Singapore Branch
TEL：65-6735-5900
FAX：65-6224-2655
E-MAIL：ddrumsingapore@gmail.com
WEBSITE：http://www.ddsingapore.org
ADDRESS：38 Carpmael Rd., Singapore
429781

泰國護法會
Thailand Branch
TEL：66-2-713-7815；66-2-713-7816
FAX：66-2-713-7638
E-MAIL：ddmbkk2005@gmail.com
WEBSITE：www.ddmth.com
ADDRESS：1471. Soi 31/1 Pattnakarn Rd.,
10250 Bangkok, Thailand

■大洋洲Oceania

雪梨分會
Sydney Chapter
TEL：61-4-1318-5603
FAX：61-2-9283-3168
E-MAIL：ddmsydney@yahoo.com.au
WEBSITE：www.ddm.org.au

墨爾本分會
Melbourne Chapter
TEL：61-3-8822-3187
E-MAIL：info@ddmmelbourne.org.au
WEBSITE：www.ddmmelbourne.org.au
ADDRESS：1/38 McDowall Street Mitcham
VIC 3132 , Australia

■歐洲Europe

盧森堡聯絡處
Luxembourg Liaison Office
TEL：352-400-080
FAX：352-290-311
E-MAIL：ddm@chan.lu
ADDRESS：15, Rue Jean Schaack L-2563,
Luxembourg

英國倫敦聯絡處
London Branch
E-MAIL：liew853@btinternet.com
WEBSITE：www.chanmeditationlondon.org
ADDRESS：28 the Avenue, London NW6
7YD, U.K

【教育事業群】

法鼓山僧伽大學
電話：02-2498-7171
傳真：02-2408-2492
網址：http://www.ddsu.org
20842新北市金山區法鼓路555號

法鼓文理學院
電話：02-2498-0707轉2364～2365
傳真：02-2408-2472
網址：http://www.dila.edu.tw
20842新北市金山區法鼓路700號

法鼓文理學院‧推廣教育中心
電話：02-8978-2110轉8011
傳真：02-2311-1126
網址：http://dilatw.blogspot.tw
10044臺北市中正區延平南路77號
9樓

中華佛學研究所
電話：02-2498-7171轉2362
傳真：02-2408-2492
網址：http://www.chibs.edu.tw
20842新北市金山區法鼓路555號

法鼓山社會大學服務中心
（金山法鼓山社會大學）
電話：02-2408-2593～4
傳真：02-2408-2554
網址：http://www.ddcep.org.tw
20841新北市金山區仁愛路61號

新莊法鼓山社會大學
電話：02-2994-3755
　　　02-2408-2593～4
傳真：02-2994-4102
網址：http://www.ddcep.org.tw
24241新北市新莊區新莊路114號

北投法鼓山社會大學
電話：02-2893-9966轉6135、6141
傳真：02-2891-8081
網址：http://www.ddcep.org.tw
11244臺北市北投區公館路186號

【關懷事業群】

法鼓山社會福利慈善事業基金會
電話：02-2893-9966
傳真：02-2893-9911
網址：http://charity.ddm.org.tw
11244臺北市北投區公館路186號

法鼓山人文社會基金會
電話：02-2381-2345
傳真：02-2311-6350
網址：http://www.ddhisf.org.tw
10044臺北市中正區延平南路77號

聖嚴教育基金會
電話：02-2397-9300
傳真：02-2393-5610
網址：http://www.shengyen.org.tw
10056臺北市中正區仁愛路二段48之6
號2樓

國家圖書館出版品預行編目資料

法鼓山年鑑. 2015／法鼓山年鑑編輯組編輯. --
初版. -- 臺北市：法鼓山文教基金會，
2016.08　　面；公分

ISBN 978-986-87502-7-2（精裝）

1.法鼓山　2.佛教團體　3.年鑑

220.58　　　　　　　　　　　105010359

2015 法鼓山年鑑

創 辦 人	聖嚴法師
出 版 者	財團法人法鼓山文教基金會
地 　 址	臺北市北投區公館路186號
電 　 話	02-2893-9966
傳 　 真	02-2896-0731
編 輯 企 畫	法鼓山年鑑編輯組
召 集 人	釋果賢
主 　 編	陳重光
編 　 輯	呂佳燕、李怡慧、游淑惠
專 文 撰 述	釋演化、胡麗桂、陳玫娟
文稿資料提供	法鼓山文化中心雜誌部、叢書部、史料部，法鼓山各會團、海內外各分院及聯絡處等單位
攝 　 影	法鼓山攝影義工
美 編 完 稿	邱淑芳
網 　 址	http://www.ddm.org.tw/event/2008/ddm_history/index.htm
初 　 版	2016年8月
發 心 助 印 價	800元
劃 撥 帳 號	16246478
劃 撥 戶 名	財團法人法鼓山文教基金會